Die Österreichische Schule der Nationalökonomie
Texte – Band 2
von Hayek bis White

IIAE
Internationales Institut
„Österreichische Schule der Nationalökonomie"

Die Österreichische Schule der Nationalökonomie

Texte – Band 2
von Hayek bis White

The International Library of Austrian Economics
Herausgeber: Kurt R. Leube

Manzsche Verlags- und Universitätsbuchhandlung

Die CREDITANSTALT-BANKVEREIN
hat mit ihrer Unterstützung die Drucklegung dieses Buches ermöglicht.

Die Deutsche Bibliothek – CIP-Einheitsaufnahme

> Die österreichische Schule der Nationalökonomie : Texte /
> IIAE, Internationales Institut „Österreichische Schule der
> Nationalökonomie". Hrsg.: Kurt R. Leube. – Wien : Manz.
> (The international library of Austrian economics)
> NE: Leube, Kurt R. [Hrsg.]; International Institute Austrian
> School of Economics
> Bd. 2 Von Hayek bis White. – 1996
> ISBN 3-214-07114-9

Printed in Austria
Copyright by MANZ Verlag, Wien 1996

Alle Rechte, insbesondere der Vervielfältigung und Verbreitung sowie der Übersetzung, vorbehalten. Kein Teil des Werkes darf in irgendeiner Form (durch Photokopie, Mikrofilm oder ein anderes Verfahren) ohne schriftliche Genehmigung des Verlages reproduziert oder unter Verwendung elektronischer Systeme gespeichert, verarbeitet, vervielfältigt oder verbreitet werden.

Das Buch ist auf chlorfrei gebleichtem Papier gedruckt.

Satz: KLOSSSATZ, 2565 Neuhaus/Triesting
Druck: MANZ, A-1050 Wien

Umschlaggestaltung: Bernd Müller-Dennhof

CA, die Bank zum Erfolg in Mitteleuropa.

Wenn Sie einen verläßlichen Partner für Ihre Geschäfte im Herzen Europas wollen, brauchen Sie nicht lange zu suchen: Er ist ganz in Ihrer Nähe. Denn die Creditanstalt verfügt mit ihren zahlreichen Niederlassungen, Filialen und Beteiligungen über die größte Leistungsdichte aller Banken in Mitteleuropa: Von Budapest bis München, von Warschau bis Laibach, von Prag bis Florenz. Die Bank zum Erfolg.

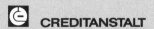

Zum Geleit

Das *"Internationale Institut ‚Österreichische Schule der Nationalökonomie'"* (*"International Institute ‚Austrian School of Economics'"*) / *IIAE* geht ursprünglich auf eine Initiative von Hans *Igler* zurück. Jahrzehnte später, 1993, ist es Werner *Tessmar-Pfohl* und Kurt *Leube* gelungen, diese Idee zu realisieren.

Ziel des IIAE ist es, das Ideengut der Österreichischen Schule der Nationalökonomie zu fördern. Wir wollen damit an eine Tradition anknüpfen, die die Sozialwissenschaften im späteren 19. Jahrhundert revolutioniert hat. In den zwanziger Jahren unseres Jahrhunderts erfuhr die Schule einen enormen Aufschwung, der sich seit den siebziger Jahren vor allem in der angelsächsischen Welt fortsetzt.

Tessmar-Pfohl und *Leube* haben nach dem Beschluß der Institutsgründung Institutionen und Unternehmen eingeladen, sich am IIAE zu beteiligen. Viele sind diesem Ruf spontan gefolgt, andere später; der Kreis der Mitglieder erweitert sich ständig.

Zu den Vorstandsmitgliedern zählen neben dem Präsidium bisher u. a. Dennis L. *Bark* (Hoover Institution, Stanford), Günter *Burkert* (Wissenschaftsministerium), Theo *Faulhaber* (Institut für Wirtschaft und Politik; Geschäftsführer des IIAE), Rudolf *Klier* (OeNB), Christoph *Kraus* (Constantia Privatbank), Kurt *Leube* (Hoover Institution, Stanford und Hayward; Geschäftsführer des IIAE), Heinrich *Neisser* (II. Präsident des Nationalrates), Ewald *Nowotny* (Wirtschaftsuniversität Wien), Manfred *Prisching* (Universität Graz), Gerhard *Riemer* (Industriellenvereinigung), Paul *Röttig* (Röttig & Rutkowski), Wendelin *Schmidt-Dengler* (Universität Wien), Gerhard *Schwarz* (Neue Zürcher Zeitung).

Ein *Kuratorium,* dem u. a. Persönlichkeiten wie Adolf *Wala* (OeNB) und Herbert *Krejci* (Verbund, VA Tech) angehören, und ein international besetzter *Wissenschaftlicher Beirat* unterstützen die Arbeit des IIAE.

Das *Arbeitsprogramm* des IIAE umfaßt derzeit nicht nur die Herausgabe einer großangelegten *Buchreihe "Die internationale Bibliothek der Österreichischen Schule der Nationalökonomie"*, sondern auch *Kongresse, Seminare* und mehrere *Forschungsprojekte.* In diesen Programmen sind führende Gelehrte aus Europa, den USA und anderen Kontinenten tätig. Ihr Interesse gilt zwar in erster Linie der Theorie, deren Umsetzung in die

Praxis zur Lösung aktueller wirtschafts- und gesellschaftspolitischer Probleme wird aber nicht vernachlässigt.

Den interdisziplinären Arbeiten eines *Menger, v. Böhm-Bawerk, Mises, Machlup, Schumpeter* oder *v. Hayek* und vieler anderer ist es zu verdanken, daß die Österreichische Schule nicht nur die Werttheorie revolutionierte, die den Schlüssel zum Verständnis ökonomischen Handelns darstellt. Diese Tradition beeinflußte durch ihren methodischen Individualismus auch die Methodologie aller Sozialwissenschaften. Ihre wegweisenden Ideen erfahren derzeit eine weltweite wissenschaftliche Renaissance – mit politischer Relevanz.

Diese Renaissance zu unterstützen, ist Aufgabe unseres Institutes.

Heinrich *Treichl*   Maria *Schaumayer*   Werner *Tessmar-Pfohl*

Inhaltsverzeichnis

KURT R. LEUBE
Vorwort 5

VACLAV KLAUS
Einleitung – Die österreichische Schule und ihre Bedeutung für die
   Transformationsprozesse der heutigen Welt 15

PAUL N. ROSENSTEIN-RODAN
Grenznutzen 23

GOTTFRIED VON HABERLER
The Evolution of Keynesian Economics 57

LIONELL ROBBINS
The Significance of Economic Science 75

OSKAR MORGENSTERN
Vollkommene Voraussicht und wirtschaftliches Gleichgewicht . . 93

F. A. VON HAYEK
Der Wettbewerb als Entdeckungsverfahren 117

FRITZ MACHLUP
On the Meaning of the Marginal Product 139

ERICH STREISSLER
The Intellectual and Political Impact of the Austrian School of
   Economics 155

LUDWIG M. LACHMANN
Marktwirtschaft und Modellkonstruktionen 175

ISRAEL M. KIRZNER
Government Regulation and the Market Discovery Process 195

GEORGE L. S. SHACKLE
Cost and the Meaning of Choice 209

LELAND B. YEAGER
Why Subjectivism? 217

MURRAY N. ROTHBARD
Austrian Definitions of the Supply of Money 249

RICHARD M. EBELING
Mises' Influence on Modern Economic Thought 263

GEORGE A. SELGIN / LAWRENCE H. WHITE
The Evolution of a Free Banking System 277

GREGORY B. CHRISTAINSEN
The Legal System as a Discovery Process 301

KURT R. LEUBE
Einige Bemerkungen zu den „Untersuchungen über die Theorie des Preises" aus der Sicht der Österreichischen Schule der Nationalökonomie 323

ROGER W. GARRISON
New Classical and Old Austrian Economics: Equilibrium Business Cycle Theory in Perspective 337

CHARLES W. BAIRD
Labor Law and Entrepreneurial Discovery 353

Quellennachweise 365

Bildnachweise 366

Vorwort

KURT R. LEUBE

"Today, all over the world, but first of all in the United States, hosts of statisticians are busy in institutes devoted to what people believe is 'economic research'. They collect figures provided by governments and various business units, rearrange, readjust, and reprint them, compute averages and draw charts. They surmise that they are thereby 'measuring' mankind's 'behavior' and that there is no difference worth mentioning between their methods of investigation and those applied in the laboratories of physical, chemical, and biological research. They look with pity and contempt upon those economists who, as they say, like the botanists of 'antiquity', rely upon 'much speculative thinking' instead of upon 'experiments'. And they are fully convinced that out of their restless exertion there will one day emerge final and complete knowledge that will enable the planning authority of the future to make all people perfectly happy."
Ludwig von *Mises*

I.

Schon von den späteren zwanziger Jahren an bis in die dreißiger Jahre hatten die meisten Mitglieder der Österreichischen Schule der Nationalökonomie kaum Aussichten auf angemessene Positionen an den heimischen Universitäten. Viele mußten des sich rasch ändernden Zeitgeistes und der akademischen Verhältnisse wegen Österreich verlassen, einige ließen sich korrumpieren, andere kamen um. Wien hörte damit auf, ein Zentrum nationalökonomischer Forschung zu sein. Überdies war nach dem Exodus der wichtigsten Vertreter der Schule aus Österreich, in den politisch unruhigen Zeiten der weltweiten Depression mit großer Arbeitslosigkeit, die „österreichische" Konjunkturtheorie, aus der sich, ungleich des Keynesianischen Ansatzes, kaum Empfehlungen für politisch zündende Maßnahmen und populäre Interventionen ableiten ließen, politisch wie auch akademisch offenbar nicht opportun. Ein Erklärungsmodell, das auf der Annahme eines Gleichgewichtes bei Unterbeschäftigung und Unterkonsumption beruhte, verdrängte daher zunächst einmal erfolgreich die Überinvestitions- und Überkonsumptionstheorie der Österreicher. Als

1938 dann auch noch Hans *Mayer,* der Nachfolger auf Friedrich von *Wiesers* Lehrstuhl und Herausgeber der „Zeitschrift für Nationalökonomie", schrieb, daß ab sofort alle nichtarischen Mitglieder aus der „Nationalökonomischen Gesellschaft" auszuscheiden hätten, besiegelte er das Ende der Schule in Wien. Und als er überdies noch den Anschluß als die „von allen Deutschen Österreichs seit Jahrhunderten erstrebte Wiedervereinigung der Ostmark mit dem großen Deutschen Reich und damit auch der Wiederherstellung des dem eigentlichen kulturellen Lebens des deutschen Volkes allein entsprechenden natürlichen Zustandes"[1] pries, brachte er auch das theoretische Organ der Schule auf strikte Parteilinie.

Ab 1974 änderte sich aber der Zustand der akademischen Ächtung der Schule mit der vollkommen überraschenden Verleihung des Nobelpreises an Friedrich A. von *Hayek* (gemeinsam mit Gunnar *Myrdal*). Von diesem Zeitpunkt an wurde *Hayek* langsam wieder salonfähig und zunehmend populär. Zunächst wohl noch auf den angelsächsischen Raum beschränkt, wurde er von Wissenschaftlern und Politikern aller Art bald hofiert, und es gehörte zum guten Ton, sich für *Hayeks* Werk zu interessieren und zu beteuern, schon immer ein „Austrian" gewesen zu sein. Jedenfalls aber gewannen die Ideen dieser Tradition an einigen größeren Universitäten der amerikanischen Ost- und fast noch mehr an der Westküste wieder an Einfluß. Hier seien nur die New York University, die George Mason University in Fairfax, Virginia, die California State University at Hayward und die Hoover Institution an der Stanford University in Kalifornien hervorgehoben, an denen das Gedankengut in Lehre und Forschung gepflegt wird. Dort gelang es sogar, „Austrian Economics" zu einem regulären und erfolgreichen vollen Studienprogramm zu machen. Die ständig steigende Zahl der Hörer, die Zahl der Veröffentlichungen sowie die Qualität der eingereichten Arbeiten ist aber angesichts des Scheiterns neoklassischer Modelle, der Grenze mathematischer Erklärungsversuche und der kaum zu rechtfertigenden „Anmassung von Wissen" doch nicht ganz so verwunderlich. Von diesen Institutionen jedoch abgesehen, sind die Vertreter der Schule an den meisten anderen Universitäten weitgehend auch heute noch vom „mainstream" des akademischen Betriebes ausgeschlossen. Aber noch mehr fällt ins Auge, daß der methodologische Ansatz der „Austrians" noch immer aus den gängigen und populäreren Lehrbüchern der Nationalökonomie mehr oder weniger verbannt zu sein scheint. Ebenso vergeblich sucht man in den meisten Einführungen zur Dogmen- und Ideengeschichte nach entsprechenden Würdigungen von Mengers bahnbrechenden Ideen und anderer theoretischer Leistungen der Schule. Ähnliches kann wohl auch für Europa gelten, wo ab den achtziger Jahren eine zaghafte Wiederbesinnung, zumindest auf Hayeks Werk, zu beobachten ist.

So ist es bedauerlich, daß insbesondere die Nationalökonomie, mehr noch als die anderen Sozialwissenschaften, immer wieder modischen Trends und der periodischen Wiederentdeckung geläufigen und eingefahrenen Aberglaubens ausgesetzt ist.

Ein paar Bemerkungen zur Geschichte dieses Niederganges und des Wiederaufstieges der Schule sind hier angebracht.

II.

Nachdem sich Carl *Menger* für viele überraschend schon Ende September 1903 im Alter von 63 Jahren von seiner aktiven Lehrtätigkeit an der Wiener Universität zurückgezogen hatte und Friedrich von *Wieser* ihm direkt auf seinen Lehrstuhl nachfolgte, wurden die führenden Köpfe der dritten Generation der österreichischen Schule im wesentlichen Schüler von *Wieser* und *Böhm-Bawerk*. Als dann 1914 Eugen von *Böhm-Bawerk* bei Ausbruch des Weltkrieges unerwartet in Tirol starb, die Lehrkanzel von Eugen von *Philippovic* altersbedingt vakant wurde, der Krieg den regulären Universitätsbetrieb weitgehend beeinträchtigte und 1922 die Emeritierung Friedrich von *Wiesers* erfolgte, war die Kontinuität der Schule an der Wiener Universität in Frage gestellt. Aus politischen wie auch aus akademischen Gründen wurden bei den nun dringend notwendigen Neubesetzungen die beiden damals führenden Nationalökonomen Ludwig von *Mises* und Joseph A. *Schumpeter* als die logischen Nachfolger ganz einfach übergangen. So wurde der Lehrstuhl *Böhm-Bawerks* bis 1924 mit Carl *Grünberg*[2], einem marxistisch orientierten Ökonomen besetzt, dem der schwache und mehr wirtschaftshistorisch interessierte Ferdinand Graf *Degenfeld-Schonburg* nachfolgte. Auf die Lehrkanzel von Eugen von *Philippovic* wurde Othmar *Spann* geholt, und schließlich übernahm Hans *Mayer* die Lehrkanzel seines Förderers, Friedrich von *Wieser*. Diese akademisch wie auch menschlich problematischen Besetzungen führten zu einem teilweise gehässig geführten Machtkampf zwischen Mayer und Spann, der das akademische Leben bis in die späteren dreißiger Jahre fast zum Erlahmen brachte. Daß es dieser unglücklichen Konstellation zum Trotz gelungen ist, die Schule mit einer Fülle neuer Ideen und bahnbrechender Arbeiten zu einer weiteren, ungeahnten Blüte zu treiben, ist wohl im wesentlichen dem damals pulsierenden außeruniversitären intellektuellen Klima Wiens zu verdanken.[3] In dieser stimulierenden Atmosphäre entwickelten sich in teilweise exklusiven Kreisen, in zahllosen Literaturzirkeln, aber auch in mitunter radikalen und obskuren Bewegungen langsam klar erkennbare Kreise. So entstanden während dieser Zeit u. a. der „Wiener Kreis", der „Verein Allgemeine Nährpflicht", der „Geistkreis", „SAWUP", der „Verein Ernst Mach" oder etwa das „Mises Seminar". Mit diesem Netzwerk intellektueller Gruppierungen fungierte Wien weiterhin als Schmelztiegel und Marktplatz für Ideen und natürlich auch Klatsch. Die wichtige Institution des Wiener Café spielte hier eine nicht zu unterschätzende Rolle und wurde so fast zur Agora des Sokrates.[4] Während sich z. B. die Mitglieder der Österreichischen Schule im Künstlercafé trafen, konnte man die Schriftsteller meist im Café Central finden.

Der zunehmende Antisemitismus an den Universitäten und die durch die unglückliche Besetzungspolitik verursachte Aussichtslosigkeit auf eine wissenschaftliche Karriere trieben die meisten ambitionierten jungen Sozialwissenschaftler zunächst einmal aus den Universitäten in private Vereinigungen hinein und dann später, als letzte Konsequenz, ins Exil. Viele verdienten sich ihren Lebensunterhalt in der Wirtschaft und publizierten nur nebenher in ihrer Freizeit. Andere begannen sich bereits mit Auswanderungsgedanken zu befassen und versuchten durch Auslandsreisen entsprechend vorzubauen.

Zwar hielt Ludwig von *Mises* (1881–1973) als außerordentlicher Professor von 1918 an ein zweistündiges Seminar an der Universität, in dem einige der Mitglieder seines später begründeten „Privatseminars" ihren ersten Kontakt mit seinen Ideen hatten, doch blieb im großen und ganzen die Weiterentwicklung der österreichischen Schule der Nationalökonomie vier außeruniversitären Zentren vorbehalten. Die Diskussion der Schule verlagerte sich in teilweise personell und intellektuell stark überschneidende Vereinigungen, wobei der sogenannte *„Geistkreis"*, das berühmte *„Privatseminar Ludwig von Mises"*, die *„Nationalökonomische Gesellschaft"* und schließlich auch das 1927 gegründete *„Österreichische Konjunkturforschungsinstitut"* die gewiß größte Rolle spielten. In diesen Zirkeln reifte dann in einer bisher nicht wieder erreichten Ballung von Talenten die 4. Generation der österreichischen Schule heran. Die wichtigsten Vertreter sind in diesem Band mit je einem repräsentativen Werk vorgestellt.

III.

Von Othmar *Spanns* Lehre unbefriedigt und wegen ihrer ständigen Kritik schließlich aus dem Spann-Seminar verwiesen, begründeten Friedrich A. von *Hayek* und sein Freund J. Herbert von *Fürth* noch während des Herbstsemesters 1921 einen eigenen Kreis. In diesem „Geistkreis", wie er spöttisch von Martha Steffy *Braun* (später *Browne*), einer der ausgeschlossenen weiblichen Kommilitonen, genannt wurde, trafen sich junge Sozialwissenschaftler ein bis zweimal pro Monat zur Diskussion möglichst nicht fachspezifischer Fragen, sondern zum Gedankenaustausch über grundlegende Probleme von allgemeinem Interesse. Knapp die Hälfte der rund 25 Mitglieder erreichte internationale Anerkennung in ihren jeweiligen Fachgebieten. Zehn der ständigen Teilnehmer, unter ihnen *Hayek, Haberler, Machlup, Morgenstern,* Alfred *Schütz,* Friedrich *Engel-Janosi* oder Karl *Menger* (der Sohn Carl *Mengers*) waren zur Zeit des Anschlusses bereits im Ausland tätig. Weitere zehn, unter ihnen Eric *Voegelin,* Felix *Kaufmann,* J. Herbert von *Fürth,* Walter *Fröhlich* oder Emanuel *Winternitz,* verließen Wien unmittelbar danach. Zwei fielen dem Nationalsozialismus zum Opfer.

Fast alle „Geistkreisler" *(Hayek)* nahmen auch an Ludwig von *Mises* Privatseminar, das er nach eigenen Angaben ab Oktober 1920[5] 14tägig in seinem Büro in der Wiener Handelskammer veranstaltete, teil. Die Diskussionen wurden regelmäßig nach Beendigung des ersten offiziellen Teiles im Restaurant „Ancora Verde" fortgesetzt und dann, wenn die Auseinandersetzungen besonders hitzig waren, versuchte man, die Wogen bis in die frühen Morgenstunden im „Künstler Café" zu glätten[6]. *Mises,* obwohl beträchtlich älter als der Großteil der Mitglieder, war stets bis in die Morgenstunden dabei und fungierte nicht als dozierender Seminarleiter, sondern als toleranter „primus inter pares". In dieser für die Weiterentwicklung der Österreichischen Schule wohl wichtigsten Institution waren im Unterschied zum „Geistkreis" Damen als hochgeschätzte Diskussionsteilnehmer sehr willkommen. Obwohl dieses berühmte und populäre Seminar keinerlei offizielle Bedeutung oder Funktion hatte, war der Andrang um eine Zulassung stets weitaus größer als das Platzangebot. Das Seminar überlebte bis zum Herbst 1934, als *Mises* den überraschenden Ruf an das Genfer „Institut Universitaire des Hautes Etudes Internationales" mit großer Freude und Erleichterung annahm.

Als dritte Institution muß die „Nationalökonomische Gesellschaft" genannt werden. Diese Gruppierung ging aus Treffen, die L. von *Mises* gemeinsam mit seinen Freunden Else *Cronbach,* Karl *Pribram* und Emil *Perels* ab März 1908 außerhalb der Universität organisiert und nach dem Krieg wiederbelebt hat, hervor. Meist kamen dort methodologische Probleme der Nationalökonomie und der Nachbarwissenschaften zur Sprache. Diese Gesellschaft hatte ungleich den anderen Kreisen mehr den Charakter einer offiziellen Berufsvereinigung, in der die Lehre ebenso wie die Verwaltung, die

Banken und die Industrie vertreten waren. Wieder gab es eine weitgehende Überschneidung der beteiligten Personen. So diente *Hayek* als Sekretär, *Machlup* und später *Morgenstern* fungierten als Kassier. Ab 1929 gab Hans *Mayer* unter Mithilfe von N. Paul *Rosenstein-Rodan* und *Morgenstern* die für die Schule wichtige „Zeitschrift für Nationalökonomie" heraus.

Und als vierte Institution muß der Vollständigkeit halber hier noch das „Institut für Konjunkturforschung" erwähnt werden, das mit Friedrich A. von *Hayek* als erstem Leiter und Oskar *Morgenstern* als Hilfskraft seinen ordentlichen Betrieb am 2. Jänner 1927 unter bescheidenen Rahmenbedingungen aufnahm. Bis 1938 entwickelte sich diese von politischen Parteien und mächtigen Interessenverbände de jure unabhängige Institution zu einem führenden europäischen Forschungsinstitut. *Mises'* und *Hayeks* gute Kontakte zur Rockefeller Foundation (John V. *van Sickle*), zum Völkerbund in Genf (G. von *Haberler*) und zu anderen Einrichtungen halfen, die finanzielle Lage immer weiter zu verbessern. Das Personal rekrutierte sich zunächst zum größten Teil wieder aus dem Mises-Seminar. Allerdings zog dann Morgenstern, der *Hayek* 1931 als Direktor nachfolgte, gegen Ende der dreißiger Jahre immer mehr formalistisch interessierte Mitarbeiter heran, die er sich teils aus Karl *Mengers* „Mathematischem Kolloquium" holte.

IV.

Ganz ähnlich wie während der achtziger Jahre des vorigen Jahrhunderts erschienen ab 1919 wieder in einem Zeitrahmen von knapp 15 Jahren eine Fülle von Werken, die das Fundament und den Ruf der Schule weiter festigten. Stellvertretend seien hier nur einige der wichtigsten Bücher genannt. So erschien *Mises'* „Staat, Nation und Wirtschaft" bereits 1919, und nur drei Jahre später ließ er seine berühmte „Gemeinwirtschaft. Untersuchungen über den Sozialismus" folgen. Richard von *Strigls* „Die ökonomischen Kategorien und die Organisation der Wirtschaft" kamen 1923 heraus, und bereits ein knappes Jahr danach wurde Leo *Schönfeld-Illys* „Grenznutzen und Wirtschaftsrechnung" in Wien veröffentlicht. „Die Goldkernwährung" von Fritz *Machlup* erschien 1925. Gottfried von *Haberler* brachte 1927 sein Buch „Der Sinn der Indexzahlen" heraus, und im selben Jahr veröffentlichte N. Paul *Rosenstein-Rodan* seinen bisher kaum überbotenen Artikel „Grenznutzen" im Handbuch der Staatswissenschaften. 1929 schrieb Friedrich A. von *Hayek* seine „Geldtheorie und Konjunkturtheorie", und Martha Steffy *Browne* brachte ihre „Theorie der staatlichen Wirtschaftspolitik" heraus. 1930 erschien Ewald *Schams'* Aufsatz „Komparative Statik", und ein Jahr danach veröffentlichte *Hayek* sein Buch „Preise und Produktion". Und 1932 folgte schon wieder eine weitere wichtige Arbeit: Hans *Mayer* veröffentlichte seinen Aufsatz „Der Erkenntniswert der funktionellen Preistheorien" in der von ihm herausgegebenen „Wirtschaftstheorie der Gegenwart". 1933 erschien *Mises'* „Grundprobleme der Nationalökonomie" und *Haberlers* berühmtes Buch „Theorie des Internationalen Handels". 1934 verfaßte *Machlup* seinen „Führer durch die Krisenpolitik", und 1937 gelang es Richard von *Strigl*, mit seiner „Einführung in die Grundlagen der Nationalökonomie" noch einen großen Beitrag zu leisten. Ludwig von *Mises'* „Nationalökonomie. Theorie des Handelns und Wirtschaftens" konnte wegen seines späten Erscheinungsjahres 1940 die Leser in Österreich und Deutschland kaum mehr erreichen und schloß zunächst einmal diese dichte Folge großer Werke in der Tradition der Österreichischen Schule auf dem Kontinent ab.

Mit *Hayek* und *Rosenstein-Rodan* in London, *Haberler* und *Mises* in Genf, *Machlup, Morgenstern* und vielen anderen Mitgliedern des *Mises*-Seminars in den USA hörte Wien auf, ein Zentrum theoretischer Forschung zu sein.

V.

Obwohl eine ordentliche Berufung Ludwig von *Mises'* jeder Universität gutgetan hätte, war es ihm, mit der Ausnahme der Jahre von 1934 bis 1940, die er am „Institut Universitaire des Hautes Etudes Internationales" in Genf lehrte, nie möglich, eine regulär bezahlte Professur zu besetzen. Und doch wirkte *Mises* weit mehr als alle seiner Studenten schulebildend. Was er im Stile seines eigenen Lehrers Böhm-Bawerk so erfolgreich zunächst in Wien praktizierte und in kleinem Rahmen in Genf fortsetzte, gelang ihm dann, Jahre nach seiner Emigration in die USA, in der Position eines geduldeten Gastprofessors an der Business School der New York University noch einmal. Ab 1948 konnte er dort bis ins hohe Alter von 88 Jahren in seinem privat finanzierten Seminar eine stattliche Gruppe ihm fast bedingungslos ergebener Studenten um sich scharen. Unter anderen nahmen an dieser Lehrveranstaltung, die er zunächst in der Nähe der Wallstreet und erst später auf dem Gelände der NYU abhalten konnte, Bettina und Percy *Greaves*, Henry *Hazlitt*, Israel M. *Kirzner*, Laurence *Moss*, Toshio *Murata*, George *Reisman*, Murray N. *Rothbard*, Hans *Sennholz* und Louis *Spadaro* teil. Aus dieser Gruppe gingen dann einige der bedeutendsten Gelehrten der 5. Generation der Schule hervor. Auch ihre Werke sind in diesem Band repräsentativ vertreten.

Es sollte aber doch hier festgehalten werden, daß schon bei den meisten amerikanischen Vertretern der 5. Generation ein gewisser Wandel im Stil, in der Breite des Ansatzes und in der Methodik nicht zu übersehen ist. Angesichts des mancherorts praktizierten Methodenmonismus, der den noch in Europa ausgebildeten Vertretern der Schule fremd war, läßt sich der Gedanke an eine Art Sektierertum mitunter kaum unterdrücken. Einer der Gründe für dieses Phänomen ist wohl der Tatsache zuzuschreiben, daß die meisten der „Austro-Americans" bereits ganz im Schul- und Universitätsbetrieb der USA ausgebildet wurden, wo auf frühe Spezialisierung, rein quantitativen Theorieunterricht und die weitgehende Vernachlässigung der humanistischen Fächer Wert gelegt wird. Der Mangel an breiterer Bildung, an Sprachkenntnissen, aber auch am „Verstehen" der sozialen Interdependenzen, der für den Ansatz der Schule typisch ist, trug gewiß ebenso dazu bei. Diese Feststellung trifft natürlich dann umso mehr auf die 6. und die jetzt bereits heranreifende 7. Generation der Schule zu. Und doch war es das Verdienst dieser in Lehre und Forschung ungemein fruchtbaren 5. Generation von Wissenschaftlern, daß die sehr innovative und diskussionsfreudige 6. Generation, teilweise mit Hilfe privater Stiftungen, die Tradition der Schule so erfolgreich und rigoros fortsetzt. Eine Auswahl von Arbeiten in der Originalsprache der Mitglieder dieser großen Gruppe beschließt den zweiten Band dieser Anthologie.

Es muß nicht extra betont werden, daß jede Auswahl notwendig immer nach subjektiven Bewertungen getroffen wird. Somit ist es unvermeidlich, daß mitunter auch unverdientermaßen eine Reihe wichtiger Autoren und Arbeiten unberücksichtigt bleiben mußte. Wieder, wie im Band I, kommen je Generation nur sechs Vertreter mit je einem repräsentativen Werk zu Wort, wobei ich mich aus Gründen der Unmittelbarkeit und des individuellen Stils entschlossen habe, die Arbeiten in der Originalsprache zu belassen. Band I und Band II dieser Anthologie bilden eine Einheit.

Ministerpräsident Vaclav *Klaus* möchte ich hier für die Zustimmung, seine Gedanken zum Stellenwert der Österreichischen Schule diesem Buch voranzustellen, sehr herzlich danken. Diesem Band wird damit eine große Auszeichnung zuteil, die es zudem einmal mehr deutlich macht, daß der hier vorgestellte theoretische Ansatz auch für die Lösung der großen Probleme unserer Zeit geeignet ist. Ich bedanke mich auch bei Professor *Sochor* für die Überlassung dieses Textes.

Ohne die spontane Großzügigkeit eines anonymen Förderers der Ideen der Schule und ohne die tatkräftige Unterstützung der Creditanstalt-Bankverein wäre die Publikation dieses Bandes kaum möglich gewesen. Dafür danke ich besonders.

Anmerkungen

1 Hans *Mayer*, in „Zeitschrift für Nationalökonomie" IX, 2, 1938.

2 Es ist ein interessanter Zufall, daß der Marxist Carl *Grünberg* nicht nur Ludwig von *Mises*', sondern auch F. A. von *Hayeks* erster akademischer Kontakt mit der Nationalökonomie war. Carl *Grünberg* wurde später auch für das Frankfurter Institut für Sozialforschung wichtig.

3 Vgl. zur Geschichte dieser Zeit Carl *Shorske*, „Fin de Siecle Vienna. Politics and Culture", New York 1981 oder William M. *Johnston*, „The Austrian Mind. An Intellectual and Social History 1848–1938", Berkeley 1983. Aber auch Steven *Bellers*, „Vienna and the Jews, 1867–1938: A Cultural History", Cambridge 1989 ist eine interessante Quelle. Ebenso ist Norbert *Lesers* „Die Wiener Schule der Nationalökonomie", Graz 1986, hier von Interesse.

4 Vgl. David S. *Luft*, „Robert Musil and the Crisis of European Culture 1880–1942", Berkeley 1979.

5 Die Zeitangaben variieren hier teilweise stark: Nach *Hayek* scheint das Seminar erst 1922 begonnen zu haben. Steffy *Braun* behauptete, es wäre erst 1923 gewesen, und *Machlup* meinte, es wäre fast gleichzeitig mit dem „Geistkreis", 1921, entstanden.

6 Vgl. Gottfried von *Haberler* und Ernst *Helmstätter* (Hrsg), „Wiener Lieder zu Philosophie und Ökonomie", Stuttgart-New York 1992.

Einleitung

Die Österreichische Schule und ihre Bedeutung für die Transformationsprozesse der heutigen Welt*)

Vaclav Klaus

Die Ideen, die von der Österreichischen Schule zur Lösung einer der Hauptaufgaben unserer Zeit – der Transformation, d. h. der Umwälzung, des kommunistischen Systems in eine freie Gesellschaft und eine freie Marktwirtschaft – beigetragen wurden, sind ganz außerordentlich und sollten in entsprechendem Maße auch heute, oder besonders heute, gewürdigt werden. Der Logik und den Gesetzmäßigkeiten der Transformation waren in letzter Zeit zahlreiche meiner Vorträge und Texte gewidmet (siehe z. B. die Hinweise 1, 2, 3, 7 am Ende dieses Textes). Heute möchte ich mich deshalb ausführlicher nur mit einem engeren Thema befassen – mit einigen Anmerkungen zur Bedeutung der Österreichischen Schule für die Bewältigung dieses Prozesses.

Gleich zu Beginn sollte ich sagen, daß trotz der Isolation, in der wir in den ehemaligen kommunistischen Ländern gelebt haben, viele von uns die Österreichische Schule schon vor einer langen Zeit entdeckt hatten und durch ihre Gedanken über Jahrzehnte beeinflußt wurden. Es scheint uns manchmal, daß wir uns damals mit diesen Gedanken mehr beschäftigt haben als unsere westlichen Kollegen, die in einer einfacheren und glücklicheren Welt gelebt haben. Wir waren grundsätzlich sowohl durch ihren konsequenten, methodologischen Individualismus (und Subjektivismus) als auch durch die daraus resultierende konsequente systematische (und somit auch komplexe) Betrachtung der Welt angesprochen. Die Methodologie der Österreichischen Schule bot uns in dieser Zeit völlig ungeahnte und ganz überzeugende Einblicke in die damalige Ordnung der Gesellschaft und Wirtschaft.

Erlauben Sie mir deshalb in meinem Vortrag, den ich *Böhm-Bawerk* widmen möchte (und ich schätze die Gelegenheit wirklich sehr), über einzelne Beiträge der Österreichischen Schule nachzudenken, die gerade auf uns, d. h. Wirtschaftswissenschaftler in Mittel- und Osteuropa, den größten Einfluß ausübten.

Der wichtigste Beitrag der Österreichischen Schule besteht meiner Meinung nach in einem klaren Beweis, daß die „kommunistische Episode" in unserem Lande und in vielen anderen Teilen der Welt nicht wie ein zufälliger Irrtum vom Himmel gefallen ist, sondern das Ergebnis eines jahrzehntelangen Prozesses war, dessen Grundlage in der Welt der Ideen lag, die eben die Österreichische Schule so genau und so richtig beschrieben und interpretiert hat. Darin bestand und verbleibt ihre unersetzliche Rolle.

Es handelt sich dabei selbstverständlich nicht nur um den Kommunismus und seine Vergangenheit, sondern um eine allgemeine Analyse der heutigen Gesellschaft und ihrer Entwicklung in den letzten Jahrzehnten. Der Kommunismus, den wir kennengelernt haben, ist im technischen Sinne des Wortes „lediglich" ein extremer Ausdruck der sozialistischen Denkweise, die, wie wir alle gut wissen, in jedem Lande existierte und existiert, auch in solchen Ländern, die eine langjährige Tradition der politischen Demokratie und der Marktwirtschaft haben. Wenn wir in der Welt der Ideen einen Kontrast zu den sozialistischen Doktrinen aller Art suchen, finden wir nur schwer einen perfekteren Gegenpol als die Österreichische Schule des ökonomischen Denkens – und dies bereits von ihrer Entstehung an.

Als Carl *Menger*, der Begründer dieser Schule, im Jahre 1871 sein Werk „Grundsätze der Volkswirtschaftslehre" veröffentlichte, bedeutete dieses in der Wirtschaftswissenschaft einen wirklichen Meilenstein. Carl *Menger* erschütterte die damals dominante, orthodoxe englische Wirtschaftsdoktrin von D. *Ricardo* und J. S. *Mill*. Diese Doktrin geriet insbesondere aufgrund ihrer falschen Auffassung der Wirtschaft als ein System, das nur durch physische Parameter – durch den Umfang und die Struktur der Produktionsressourcen – bestimmt wird, in eine Sackgasse. Dank unserer Erfahrungen empfinden wir wahrscheinlich etwas stärker als westliche Ökonomen, daß es von dieser „physikalischen" Weltbetrachtung nur ein kleiner Schritt ist, um zu den sozialistischen Ideen über die Zentralisierung von Produktionsressourcen und über die zentrale Verteilung der von ihnen stammenden Erträge zu gelangen.

Die *Menger*sche Vision der Wirtschaft war ganz unterschiedlich. Seine Auffassung des wirtschaftlichen Prozesses beginnt mit der subjektiven Einschätzung des Verbrauchers über den Nutzen der einzelnen Güter und Dienstleistungen und setzt sich über die Markttransformation dieses Nutzens in eine konkrete Art der Verwendung von Produktionsressourcen fort. *Menger* führte somit eine ganz andere Kausalkette als die klassische Wirtschaftslehre ein. Dort hat nämlich der gesamte Prozeß immer nur mit der Verwendung von Produktionsressourcen begonnen, und die Rolle des

Verbrauchers wurde auf den passiven Verbrauch der unabhängig von ihm entstehenden „Werte" reduziert. Von allen Pionieren der modernen Volkswirtschaftslehre hat *Menger* vielleicht am besten den wahren Sinn, die wirkliche Meinung der Schaffung von Werten (wirtschaftlich gesehen) und des Reichtums verstanden. Er hat verstanden, daß Reichtum keine bloß physische Natur hat, sondern durch menschliche Präferenzen, d. h. durch eine subjektive menschliche Wahl, determiniert wird. Diese Erkenntnis ermöglichte es *Menger,* die Grenze zwischen der Welt der Güter und der Welt der Produktionsressourcen und damit auch die künstliche Grenze zwischen der subjektiven Welt der Präferenzen und der physischen Welt der Ressourcen aufzulösen. Auf diese Weise wurde ein einheitliches und universales Bild der Wirtschaft geschaffen, das auf dem Prinzip des subjektiven Nutzens basiert. Nicht umsonst bezeichnete J. A. *Schumpeter* diese *Menger*sche Vision als einen „Geistesblitz".

Ein nicht minder großer Vertreter der Österreichischen Schule war der Nachfolger von *Menger,* Eugen v. *Böhm-Bawerk,* geboren in Brünn, Mähren, und Professor an der Universität Innsbruck.

Sein besonderes Talent, Theorie und Praxis zu verbinden, ist ein Beweis seiner außerordentlichen Fähigkeiten. Seine Tätigkeit als Finanzminister beanspruchte den größten Teil seiner Energie (unter anderem bereitete er die grundsätzliche Reform des österreichisch-ungarischen Fiskalsystems vor). Als Theoretiker ist es ihm gelungen, ein umfangreiches und gedanklich sehr bedeutsames Werk zu schaffen, welches zu einem dauerhaften Bestandteil der Weltwirtschaftslehre avanciert ist und welches zur Formierung einer neuen modernen Wirtschaftslehre beitragen konnte. Seine zeitliche Auslastung durch Staatsverpflichtungen und auch ein gewisser Unwille, die Mathematik in der Ökonomie anzuwenden (ein Unwille, der eigentlich für die gesamte Österreichische Schule typisch ist), verhinderten, daß *Böhm-Bawerk* sein theoretisches Werk zu formaler Vollkommenheit entwickelte. Diese Fakten ändern jedoch nichts an der Gedankentiefe und Originalität seines Werkes, das seinen Höhepunkt in dem Buch „Kapital und Kapitalzins" erreichte. Dieses Werk bedeutet eine Überwindung der ricardianisch-marxistischen Verteilungstheorie, die auf der Arbeitswerttheorie und der Konzeption der Ausbeutung der Arbeitskraft durch das Kapital basiert. *Böhm-Bawerks* Erläuterungen zu den Grundlagen von Kapital und Zins erwiesen sich als unentbehrliche Bausteine der Verteilungstheorie und gehören zu einer allgemeinen Inspiration für die Weiterentwicklung der modernen Ökonomie. Ich kann Ihnen versichern, daß dieses Werk auch für die Studenten der Ökonomie in einem kommunistischen Land seinerzeit ein äußerst bedeutender Gedankenimpuls war.

Auch heute können wir nicht genau sagen, wie lange im ökonomischen Denken die Irrtümer der ricardianisch-marxistischen Arbeitswerttheorie überdauert hätten, wenn es nicht das Buch „Zum Abschluß des Marxschen Systems" von *Böhm-Bawerk* geben würde, in dem auf eine so brillante und überzeugende Weise der Widerspruch zwischen dem 1. und dem 3. Teil des Kapitals von Marx aufgedeckt wird.

Kein Wunder, daß es gerade *Böhm-Bawerk* war, der in unseren Ländern traditionell zu den Autoren zählte, die am häufigsten verboten wurden. Dies betrifft jedoch die nachfolgende Generation der Österreichischen Schule noch mehr.

Wenn wir uns die Werke der Ökonomen der Österreichischen Schule im zwanzigsten Jahrhundert ansehen, erkennen wir sehr gut, daß gerade sie es waren, die die enorm wichtige Aufgabe auf sich genommen hatten, den Widerspruch und die Künstlichkeit der sozialistischen Doktrinen im vollen Licht aufzuzeigen. Dies zeigte sich insbesondere in den dreißiger Jahren, in dem berühmten Streit über die ökonomische Kalkulation im Sozialismus, welcher nicht nur eine wichtige Etappe in der Entwicklung des ökonomischen Denkens als solches darstellte, sondern auch ein wichtiger Impuls für die Weiterentwicklung und Eigenständigkeit der österreichischen Schule selbst war.

Es waren Ludwig von *Mises* und Friedrich August von *Hayek,* die uns zeigten, daß kein ökonomisches Zentrum über die Möglichkeit verfügt, Millionen menschlicher Entscheidungen sowie die Rolle des Unternehmers als suchendes, entdeckendes und innovatives Subjekt zu ersetzen. Es war *Mises,* der den Unternehmer nicht als mechanischen „Computer" begriff (nach der neoklassischen Vorstellung von *Robbins*), in dem alle alternativen Endziele fest vorprogrammiert sind und der ausschließlich rational kalkuliert und die disponiblen Ressourcen unter diese Ziele allokiert. Der Unternehmer stellt in Wirklichkeit eine schöpferische, aktive und aktivierende Kraft dar. Motiviert durch das Motiv des Gewinns, entdeckt er Marktlücken, die er mit seiner schöpferischen Kraft, Imagination und Innovation ausfüllt. Er paßt sich nicht irgendwelchen vorgegebenen und außen existierenden Endstadien eines „Gleichgewichts" an, sondern er selbst verändert diese durch seine eigene unternehmerische Aktivität. *Mises* hat uns überzeugend gezeigt, daß es kein „human design", sondern „human action" ist, die als schöpferische und bewegende Kraft der Gesellschaft und der Wirtschaft wirkt. Und es ist kein Zufall, daß ein weiterer Landsmann aus Mähren, Joseph Alois *Schumpeter,* gerade heute in der sich radikal transformierenden Tschechischen Republik so viele Nachfolger findet. (Ich sollte *Schumpeters* „History of Economic Analysis" (aus dem Jahre 1948) und die weitaus frühere Version (aus dem Jahre 1906) erwähnen, die für mich ein wahrer Brunnen der Weisheit waren.)

Es war *Hayek* (ausführlicher in meinen Überlegungen anläßlich seines Todes, S. 4), der es verstanden hatte, daß die für ökonomische Kalkulation und Entscheidung notwendigen Kenntnisse in keinem Fall und mittels keiner Methode zentralisiert werden können, weil sie einen dispersiven Charakter haben und haben müssen (dispersed knowledge) und daß nur der einzelne imstande sein kann, das für ihn relevante „Stück" von Kenntnissen zu verarbeiten und effektiv zu nutzen. Diese Erkenntnis der Österreichischen Schule spielte bei unserem Abschied von allen Illusionen über bessere oder schlechtere Varianten des Sozialismus die Schlüsselrolle, und besonders *Hayeks* Artikel im American Economic Review aus dem Jahre 1945 wurde in dieser Hinsicht als grundlegend betrachtet.

Die Ökonomen der Österreichischen Schule haben am besten von allen die illusionäre Täuschung begriffen, daß es möglich wäre, das allgemeine ökonomische Gleichgewicht zu modellieren und im Zentrum zu errechnen. Dank dieser Erkenntnisse haben wir in der Tschechischen Republik zu keiner Zeit mit hybriden Systemen und „dritten Wegen" verschiedenster Art kokettiert.

Ich möchte bestätigen, daß die Relevanz der Österreichischen Schule für uns nicht mit der Übernahme von Argumenten zur Ablehnung des Kommunismus und der zentralen Planwirtschaft geendet hat. Nicht weniger wichtig war sie auch für die rationale Konzeption der Transformationsstrategie und nicht zuletzt auch für unser tägliches Leben in der Posttransformationsphase, in die die Tschechische Republik bereits definitiv eingetreten ist.

Für unsere Transformation (Systemwechsel) war in den Jahren 1990 – 1993 die von *Mises* und *Hayek* begründete Unterscheidung zwischen „human design" und „human action" entscheidend. Von Anfang an war ich davon überzeugt, daß der Bedarf einer klaren Vision der Gesellschaft, in der wir leben wollen, etwas grundsätzlich anderes ist als ein detaillierter, technokratischer, konstruktivistischer, reformatorischer „Blueprint", nach dem eine aufgeklärte Person, ein erleuchteter Kopf, möglichst Schritt für Schritt, den gesamten Transformationsprozeß regeln könnte. Konstruktivismus und „Sozialengineering" sind der Stolz gewisser Intellektueller und der Ausdruck ihrer Bemühungen, menschliche Leben zu steuern. Davon haben uns andere Intellektuelle, die Österreichische Schule und insbesondere *Hayek* mehr als ausreichend geheilt. Mit eigenen Augen sehen wir, daß die Transformation einer Gesellschaft wie der Tschechischen Republik eine komplizierte Kombination der Intentionen der Regierung und der

Spontaneität der menschlichen Tätigkeit ist (wie ich versucht habe in meiner Rede, die ich vor kurzem auf der Jahressitzung der Mont-Pelerin-Gesellschaft gehalten habe, zu beschreiben, siehe dazu Hinweis 5 am Ende dieses Textes). Auch hier sind *Hayeks* Ideen über die „spontane Ordnung" absolut unersetzlich.

In Zeiten einer radikalen Systemtransformation hat das politische und ökonomische Zentrum selbstverständlich extensivere Aufgaben als in einer stabilisierten Marktwirtschaft. Hypothetisch gesehen kann sich das Zentrum dabei gänzlich passiv verhalten. Der Übergang von einem System zu einem anderen wird dabei jedoch unverhältnismäßig lange dauern und mit hohen Kosten verbunden sein, die von den Beteiligten an dieser Transformation, den gewöhnlichen Bürgern, zu bezahlen sind (leider gibt es keinen anderen, der diese Kosten für die Bürger übernehmen könnte, was viele bei uns und auch im Ausland nicht verstehen wollen). Das Zentrum kann sich aber auch aktiv und konstruktiv verhalten. Die Übergangsphase ist dann kurz, und die Kosten für den Bürger relativ niedrig.

Genau das war das Vorgehen der Tschechischen Republik. Unser Staat hatte und hat auch weiterhin „lediglich" die Ambition, den Wandel des Systems und nicht das wirtschaftliche Leben zu organisieren.

Wir sind deshalb wie folgt vorgegangen:

- fundamentale Änderung der Eigentumsverhältnisse (Privatisierung);
- Deregulierung und Liberalisierung der Märkte (insbesondere durch die Freigabe der Preise und des Außenhandels);
- Beseitigung des staatlichen Paternalismus (die radikale Abschaffung von Subventionen aller Art);
- makroökonomische Stabilisierung, gesunde öffentliche Finanzen (ausgeglichenes Staatsbudget) und eine unabhängige Zentralbank.

Wir haben es grundsätzlich abgelehnt, außer der Restrukturierung des Systems auch die Restrukturierung einzelner Firmen durch den Staat durchzuführen (oder durch sonst eine Agentur des Typs Treuhandanstalt), denn dieser kann – genau nach der Lehre der Österreichischen Schule – niemals besser als ein wirklicher Eigentümer wissen, was und wie zu restrukturieren ist. Unsere Privatisierung war deshalb eine konsequente Veränderung der Eigentumsverhältnisse und nicht der Versuch, die Modernisierung von Firmen durch den Staat anzuordnen, was uns einige andauernd zum Vorwurf machen.

Ich bin davon überzeugt, daß alles, worüber ich hier heute spreche, unsere Ansichten über die Rolle und die Stellung des Staates, auch für ein Standardsystem westeuropäischer Prägung relevant ist. Wenn wir heute –

im Rahmen des europäischen Dialogs oder, besser gesagt, im Dialog über Europa – einen Streit mit den Verfechtern der Industriepolitik, der neu konzipierten Handelspolitik oder der Umweltpolitik führen, ist es so, als ob der Streit aus den dreißiger Jahren über die ökonomische Kalkulation neu entflammen würde. Die Verfechter des mikroökonomischen Engagements des Staates, die hier eine selektive Anwendung von Zöllen oder Steuern vorschlagen, dort wieder Preissubventionen, Dotationen oder Lizenzen wollen, benutzen eine Alt-neu-Argumentation. Wenn wir sie nach der Rationalität und Effektivität einer solchen Politik fragen, so argumentieren sie grundsätzlich ähnlich wie Oskar *Lange* oder Abba *Lerner* in den dreißiger Jahren. Die beste Antwort können wir ihnen geben, wenn wir von den damaligen Ideen und Argumenten von *Mises* und *Hayek* ausgehen.

Das gleiche gilt auch für die gegenwärtigen europäischen Diskussionen um die Sozialpolitik, um den Wohlfahrtsstaat, um die persönliche Verantwortung des Individuums oder um den staatlichen Paternalismus.

Die Österreichische Schule hat nicht nur den „Streit um den Sozialismus" gewonnen, sondern, wie ich glaube, auch ihren berühmten „Methodenstreit". Deshalb darf ihre Bedeutung für die Methodologie aller Sozialwissenschaften nicht unerwähnt bleiben. Der methodologische Individualismus und Subjektivismus dieser Schule sind eine Garantie für eine feste theoretische Basis dieser Wissenschaften. Es läßt sich nachweisen, zu welchen falschen sozialkonstruktivistischen und etatistischen Visionen dessen Ablehnung oder inkonsequente Respektierung führt.

In diesem Zusammenhang wollen wir deshalb auch nicht *Hayeks* tiefe und scharfe Analyse des Wesens und der Wurzeln des Sozialismus vergessen, eine Analyse, die den Rahmen der reinen Ökonomie überschreitet und die dieses System in seiner gesamten gesellschaftlichen und historischen Komplexität betrifft. Der Weg zum Sozialismus (für *Hayek* „der Weg zur Knechtschaft") beginnt dort, wo die Rolle des Individuums und die spontane, schöpferische Kraft des Marktprozesses in Frage gestellt werden. Die Sozialisten aller Tönungen haben die gemeinsame Sehnsucht, die individuelle Freiheit zu unterdrücken und zu Lasten des Individuums die Rolle und die Macht des Staates zu erhöhen. Sie sehnen sich danach, das Verhalten und die Tätigkeit anderer zu planen und zu regulieren, und erhoffen sich selbst in diesen staatlichen Institutionen zu sehen. Die von *Hayek* vorgenommene Enthüllung dieser Tendenzen und Bestrebungen und seine Warnung vor ihnen ist nach wie vor aktuell. Gerade dieses Erbe der Österreichischen Schule haben wir sehr gut in Erinnerung, und es sollte in unserem Gedächtnis bleiben.

Literaturverweise

1 Dismantling Socialism: A Preliminary Report, Top Agency, Praha, 1992.
2 Ten Commandments of Systemic Reform, Group of Thirty, Washington DC, Occasional Papers No 43, 1993.
3 Interplay of Political and Economic Factors in the Transformation of Postcommunist Countries, The Mont-Pelerin Society Newsletter, December 1993.
4 Žijeme v *Hayekově* době (Wir leben in der Ära *Hayek*), in „Rok – málo či mnoho v dějinách země" (Ein Jahr zuwenig oder zuviel in der Geschichte des Landes), Repromedia, Praha, 1993.
5 Systemic Change: A Delicate Mixture of Intentions and Spontaneity, Rede vor der Mont-Pelerin Society Generalversammlung, Cannes, 1994.
6 Privatization Experience: The Czech Case, Rede auf der Konferenz der International Chamber of Commerce, Cancún, 1993.
7 Rebirth of a Country: Five Years After, Ringier ČR, Praha, 1994.

Anmerkung

* Dieser Text ist eine leicht überarbeitete Fassung der 12. Eugen-von-*Böhm-Bawerk*-Vorlesung, die Ministerpräsident *Klaus* im Januar 1995 auf Einladung der Sozial- und Wirtschaftswissenschaftlichen Fakultät und des SOWI-Clubs an der Universität Innsbruck gehalten hat. Ich bin Prof. Vaclav *Klaus* für die spontane Zustimmung, seine Gedanken diesem Band II der Reihe Die Österreichische Schule der Nationalökonomie voranzustellen, besonders dankbar. Aber auch Prof. *Socher* möchte ich für die freundliche Überlassung des Textes danken. (Der Herausgeber)

Paul N. Rosenstein-Rodan
1902–1985

Rosenstein-Rodan war mit von Hayek einer der ersten Teilnehmer des Mises-Seminars, die der politischen und akademischen Umstände halber Wien schon zu Beginn der dreißiger Jahre verließen. Knapp nach Abschluß seiner staatswissenschaftlichen Studien an der Universität Wien veröffentlichte er im *Handbuch der Staatswissenschaften* seinen klassischen Aufsatz „Grenznutzen" (1927), der einen Standard in der Tradition der Österreichischen Schule setzte und hier erstmals wieder abgedruckt ist. 1931 verließ er Wien und ging an das University College nach London, wo er einen weiteren wichtigen Aufsatz über „The Role of Time in Economic Theory" (1934) veröffentlichte. Von den frühen vierziger Jahren an begann sich Rosenstein-Rodan von der reinen Theorie abzuwenden und verlagerte sein Hauptinteresse auf die Probleme der Entwicklungsländer. Mit seiner Arbeit über die *Industrialisation der osteuropäischen Länder* (1943) gelang es ihm, eine neue Forschungsdisziplin zu initiieren. Bald nach Kriegsende übersiedelte Rosenstein-Rodan als Berater der World Bank nach Washington, übernahm aber 1954 eine Professur am Massachusetts Institute of Technology in Boston, wo er bis zu seiner Emeritierung 1968 lehrte. Sein etwas ruheloses Wesen führte ihn anschließend für rund vier Jahre an die University of Texas, Austin. Von dort ging es dann wieder an die Ostküste der USA zurück, wo er noch im fortgeschrittenen Alter an der Boston University das Center for Latin American Development Studies aufbaute. Dieses Forschungsinstitut leitete er bis zu seinem Tode. Rosenstein-Rodan war Berater vieler internationaler Behörden und Regierungen. Allerdings ist es auch ihm nicht gelungen, eine größere Zahl von Schülern heranzuziehen.

Grenznutzen

Der Begriff des Grenznutzens hat sich als das fruchtbarste Erklärungsinstrument der modernen ökonomischen Theorie erwiesen. Um die Funktion des Grenznutzens in der Wirtschaft zu erfassen, muß man auf Tatsachen des Bedürfnislebens und die allgemeine Wirtschaftsrechnung zurückgreifen.

Im folgenden sollen also die Gesetzmäßigkeiten entwickelt werden, nach denen die wirtschaftenden Menschen zwecks der möglichst vollständigen Befriedigung ihrer Bedürfnisse über im Knappheitsverhältnis stehende, d. h. zur vollen Zielerreichung nicht ausreichende Mittel (die wirtschaftlichen Güter) verfügen. Durch die Auswahl zweckmäßiger Dispositionen über die Güter wird die Erreichung dieses Zieles angestrebt. Der Komplex der Überlegungen, die die Zweckmäßigkeit der Verfügungen abwägen und beurteilen, wird als „Wirtschaftsrechnung" zusammengefaßt. Sie bildet die Grundlage der reinen Wirtschaftstheorie, die auf ihrem Hauptbegriff, dem (Grenz)-Nutzen, aufbauend, den Ablauf und die Formen des wirtschaftlichen Handelns zu erklären sucht.

I. Die theoretischen Grundlagen der Wirtschaftsrechnung

A. Das Bedürfnissystem (die Bedürfnisrangordnung)

Den Anstoß und die treibende Kraft des gesamten Wirtschaftshandelns der Menschen bilden ihre Bedürfnisse: „die aus dem Gefühle oder der Vorstellung einer seelischen Gleichgewichtsstörung erwachsenen auf Bewahrung oder Wiederherstellung des Gleichgewichtes zielenden Begehren" *(Tiburtius)*. Um für einen bestimmten Zeitraum (die Wirtschaftsperiode) für die Befriedigung der Bedürfnisse vorzusorgen, d. h. den Wirtschaftsplan zu entwerfen, muß das Wirtschaftssubjekt vor allem seine Bedürfnisse übersehen und veranschlagen können. Selbstverständlich bildet individuelle Erfahrung die Grundlage hierfür. In welchem Maße der Genauigkeit ihm dies gelingt, ist für die Wirtschaftstheorie insofern belanglos, als nur die vorgestellten erwarteten Bedürfnisse Motive für wirtschaftliches Handeln abgeben. Zeigt es sich später, daß die veranschlagte Bedürfnisstärke der Wirklichkeit nicht entsprach, so kann dies die bereits getroffene

Verfügung nicht mehr aufheben, sondern nur eine Bereicherung der Erfahrung bringen, auf deren Wege die betreffende Bedürfnisstärke in der Zukunft richtiger veranschlagt werden wird.

Um die Gestaltung seiner Bedürfnisse für einen bestimmten Zeitraum zu übersehen, muß das Wirtschaftssubjekt – die Erlebnisse verschiedener Zeitabschnitte synchronisierend – die einzelnen Bedürfnisse der Größe ihrer Intensität nach veranschlagen und ordnen. Der Möglichkeit einer solchen Veranschlagung der Bedürfnisse scheint zunächst ein wichtiger psychologischer Tatbestand zu widersprechen. Es steht nämlich fest, daß im psychischen Erleben in einem Zeitpunkte stets nur (ein oder mehrere) Bedürfnisse *einer* Intensität, eine Bedürfnisschichte der gleichen, oder beinahe der gleichen Dringlichkeit aktuell existent ist, minder dringende Bedürfnisse werden erst aktuell existent, wenn die dringenderen befriedigt sind. Können nun trotzdem alle Bedürfnisse, also auch solche *verschiedener* Intensitäten, in *einem* Zeitpunkte ihrer Intensität nach veranschlagt werden? Es ist leicht zu zeigen, daß eine solche Veranschlagung der Bedürfnisse durchaus möglich ist. Eine Schwierigkeit bestünde da nur, wenn es sich um aktuelle („gegenwärtige") Bedürfnisse handeln würde. Bei der Veranschlagung lassen sich jedoch die in *verschiedenen* Zeitabschnitten aktuell gewordenen und in der Erfahrung festgehaltenen Bedürfnisse durch die Annahme *synchronisieren,* daß jeweils die dringendste Bedürfnisschichte schon befriedigt ist. Es erscheint dann in der Vorstellung die nächstdringende Bedürfnisschichte usw., bis die ganze Rangordnung der Bedürfnisintensitäten gegeben ist.

Durch Überlegung und Beurteilung der Folgen der Befriedigung oder Nichtbefriedigung bestimmter Bedürfnisse verschiedener Intensitäten für den subjektiven Wohlfahrtszustand mißt das Wirtschaftssubjekt den einzelnen Bedürfnisregungen verschiedene Wichtigkeit zu und gelangt so auf Grundlage der durch psychische Bestimmungsgründe gegebenen Rangordnung der Bedürfnis*intensitäten* zu einer Rangordnung der Bedürfnis*wichtigkeiten.*

> Es ist klar, daß wirtschaftliche Erfahrung die Voraussetzung für die Möglichkeit einer derartigen Überlegung ist. Ohne Erfahrung ist wirtschaftliches Handeln überhaupt undenkbar: Jede Voraussicht, jede Veranschlagung erwarteter Bedürfnisse wäre unmöglich. In einem solchen erfahrungslosen, also vorwirtschaftlichen Stadium wären rein triebhaft auftretende Begehren existent, die zu keinem vorsorglichen Handeln, sondern nur zu einzelnen unreflektierten Handlungen „aus dem Augenblick für den Augenblick" führen. Erst die Erfahrung bringt die Fähigkeit zur Voraussicht der Bedürfnisse; ein großer Teil der triebhaften Begehren wird zu reflektierten Begehren, und diese allein bilden die Motive des wirtschaftlichen Handelns.

B. Der wirtschaftliche Nutzen

Die Veranschlagung der Bedürfnisse bildet die erste gedankliche Phase der Wirtschaftsrechnung: Es treten zunächst nur die Bedürfnisregungen auf, noch ohne Vorstellung davon, welche Güter zu deren Befriedigung geeignet wären, ohne jede Beziehung zu den Abhilfsmitteln der Außenwelt. Erst in der zweiten Phase der Wirtschaftsrechnung kommt die Vorstellung der zur Bedürfnisbefriedigung geeigneten Güter hinzu. Damit überträgt das Wirtschaftssubjekt jene Wichtigkeit, die es dem Bedürfnisse zumißt, auf das Mittel seiner Befriedigung: Der Wichtigkeitsgröße des Bedürfnisses entspricht die Nutzengröße des zu seiner Befriedigung geeigneten Gutes. Der Nutzenbegriff bezieht sich also auf den Zustand gedachter Bedürfnisbefriedigung und ist der Ausdruck der einem Gute zugeschriebenen Eigenschaft, der Leistungsfähigkeit des Gutes zur Erfüllung seines Zweckes: der Bedürfnisbefriedigung. Da nur die vorgestellten *erwarteten* Bedürfnisse Triebfedern des wirtschaftlichen Handelns bilden, so sind für die Wirtschaftstheorie nur die *erwarteten* und nicht die tatsächlich realisierten Nutzen relevant. Bei wirtschaftlicher Erfahrung werden jedoch die beiden kaum wesentlich voneinander abweichen.

Die Größe des einem Gute beigelegten Nutzens wird mit der Verwendungsweise der Güter durch die Gesamtdisposition bestimmt; die einzelnen Nutzengrößen – einmal ermittelt – sind für das Wirtschaftssubjekt Indizes, die die zweckmäßigste Verwendungsauswahl der Güter anzeigen; an diesen Indizes ist das gesamte wirtschaftliche Handeln orientiert, dessen Ziel die Erreichung des Maximums an Nutzen ist.

1. Die Nutzenveranschlagung. Um das Endziel der Wirtschaft, das Maximum an Nutzen, zu erreichen und den Grad der Zielerreichung zu kontrollieren, werden je nach dem Zweck, den man verfolgt, verschiedene Methoden der Nutzenveranschlagung vorgenommen. Den verschiedenen Veranschlagungsmethoden entsprechen die verschiedenen Nutzenbegriffe. Will man den Nutzen eines einzelnen Gutes abschätzen, so verwendet man, je nachdem die Ersetzbarkeit (Substitution) der Güter in Betracht kommt oder nicht, den unmittelbar oder mittelbar abhängigen Nutzen. Will man den Nutzen eines Vorrates von Gütern als Einheit abschätzen, so verwendet man den Begriff des Gesamtnutzens. Diese Nutzen geben die Veränderungen des gesamten subjektiven Wohlfahrtszustandes des Menschen an. Jede wirklich vorgenommene Nutzenschätzung eines Gutes oder eines Gütervorrates schließt *implicite* die Schätzung der subjektiven Wohlfahrt ein. Nur durch die Beziehung auf diese subjektive Wohlfahrt werden die verschiedenen Einzelnutzen untereinander vergleichbar. Die subjektive

Wohlfahrt, die den Einzelnutzen ihren Sinn gibt, nennen wir nach L. *Schönfeld* Gesamtwirtschaftsnutzen.

a) *Der Gesamtwirtschaftsnutzen.* Jede Einzelwirtschaft strebt den *größten Nutzen im Ganzen,* den größten Gesamtwirtschaftsnutzen, an. Von den Mathematikern wird der Gesamtwirtschaftsnutzen als Funktion aller im Besitze des Wirtschaftssubjektes stehenden Güter dargestellt (z. B. als „Gesamtnutzenfunktion" bei *Wicksell*).

Die Größe des Einzelnutzens eines Gutes kommt zunächst durch die Nutzleistung der Verwendung, welcher das Gut gewidmet ist, zum Ausdruck. Die Auswahl seiner Verwendung hängt offenbar davon ab, welche anderen Verwendungsarten durch andere Güter bereits gesichert sind. Daher ist die Größe des Einzelnutzens eines Gutes nicht nur von der Menge dieser einen Güterart, sondern auch von den Mengen aller anderen verschiedenartigen Güter, über die das Individuum verfügt, abhängig. Jedem Einzelnutzen eines Gutes entsprechen gleichzeitig bestimmte Einzelnutzen aller anderen Güter. Es müssen sich also alle Einzelnutzen gleichsam auf einen gemeinsamen Nenner bringen lassen, sie müssen sich alle auf einen übergeordneten Begriff beziehen lassen, der ihre Relation zum obersten Wirtschaftszweck ausdrückt. Der Zweck des Wirtschaftens ist die Erreichung der maximalen subjektiven Wohlfahrt, die unter den gegebenen Umständen möglich ist. Die Größe der subjektiven Wohlfahrt eines Individuums drückt der Gesamtwirtschaftsnutzen aus. Es ist jener übergeordnete Begriff, der den Zusammenhang aller Nutzen berücksichtigen läßt.

b) *Die Einzelnutzen.* α). *Der unmittelbar abhängige Nutzen* ist die konkrete Nutzleistung eines Gutes (in einer bestimmten Verwendung): Es ist der Wohlfahrtszuwachs, der sich aus einer bestimmten Gutsverwendung ergibt. Um den unmittelbar abhängigen Nutzen eines Gutes a zu veranschlagen, stellt man den Gesamtwirtschaftsnutzen aller Güter mit dem betreffenden Gute a dem Gesamtwirtschaftsnutzen derselben Güter bei gleichgebliebenen Verwendungsweisen *ohne* das Gut a gegenüber: Das Spannungsergebnis (der Differenz analog) ist der unmittelbar abhängige Nutzen von a.

Diese Gegenüberstellung zweier Gesamtwirtschaftsnutzen, deren Ergebnis die Ermittlung des unmittelbar abhängigen Nutzens ist, entspricht den modernsten Fassungen der ökonomischen Theorie, die ein „Operieren mit vollständigen Systemen" fordert. Einer in diesem Zusammenhang erhobenen Behauptung von O. *Neurath:* „Bei genauer Überlegung zeigt es sich, daß auch in den Fällen, wo der Lustzuwachs durch Hinzukommen der Stücke entsteht, eine Gesamtlust erzeugt wird, welche man mit der Gesamtlust vor dem Zuwachs vergleicht", ist jedoch entgegenzuhalten: Die praktische Erfahrung lehrt, daß gerade das Gegenteil zutrifft, das Wirtschaftssubjekt orientiert sein Handeln jeweils an den Einzelnutzen der Güter, ohne in der Wirklichkeit je in die Lage zu kommen, den Gesamtwirtschaftsnutzen veranschlagen zu müssen. Dieser ist dem Wirtschafter bei der Nutzenveranschlagung gar nicht bewußt; er wird aus der Vergangenheit als solcher übernommen, und es genügt sodann vollkommen, nur seine Veränderungen, die Einzelnutzen zu erfassen, ohne immer von neuem den Gesamtwirtschaftsnutzen bestimmen zu müssen (s. II. A.).

β) *Der „mittelbar abhängige Nutzen"* (bei *Böhm-Bawerk* als „abhängiger Nutzen" bezeichnet) ist der Wohlfahrtszuwachs, der sich aus der Änderung einer Gutsverwendung bei zweckmäßig geänderten Verwendungen der übrigen Güter ergibt. Um den mittelbar abhängigen Nutzen eines Gutes a zu veranschlagen, stellt man den Gesamtwirtschaftsnutzen aller Güter mit dem betreffenden Gute a dem Gesamtwirtschaftsnutzen aller Güter bei zweckmäßig *geänderter* Verwendungsweise *ohne* das Gut a gegenüber: Das Spannungsergebnis ist der mittelbar abhängige Nutzen von a. Beim Gesamtwirtschaftsnutzen aller Güter *ohne* a werden hier – im Gegensatz zum Vorgang beim Anschlag des unmittelbar abhängigen Nutzens – die Voraussetzungen geändert, indem eine zweckmäßige Veränderung der Gutsverwendungen angenommen wird. Nach dem gedanklich angenommenen Verlust des Gutes a trägt man der nunmehr geänderten Situation insofern Rechnung, als man einen durch den angenommenen Verlust etwa entstandenen größeren Nutzenausfall durch einen kleineren (den kleinsten möglichen) Nutzenausfall ersetzt. Es ist unschwer zu erkennen, daß der von einem Gute mittelbar abhängige Nutzen mit seinem Grenznutzen identisch ist.

Die drei Nutzenbegriffe, die unter a–b (α u. β) aufgestellt wurden, sind für die Erklärung des wirtschaftlichen Handelns ausreichend; sie allein bilden das Fundament der – in ihre jüngsten Ergebnisse verfolgten – modernen Theorie. In der Literatur sind noch anders gefaßte Nutzenbegriffe aufgestellt worden, deren wichtigste hier erwähnt werden sollen. Es sind dies:

c) *Der „gewogene Nutzen"* („ophélimité pondérée") – nach *Pareto* der durch den Preis dividierte Nutzen eines Gutes. Da der Nutzen eine Qualität (Intensität) und eine subjektive Kategorie und der Preis eine Quantität (Extensität) und eine *objektive* Kategorie ist (siehe I. B, 2.), ist eine solche Division sinnlos. Nur wenn man unter Preis nicht die Preisgut-*menge,* sondern ihren Nutzen verstünde, könnte der gewogene Nutzen einen Sinn haben, nämlich als Ergebnis des Vergleichens zweier Einzelnutzen. In diesem Sinne wäre der gewogene Nutzen mit dem

d) *„Konsumertrag",* nach *Liefmann,* identisch – als Differenz zweier Nutzen (der „Lust- und Unlustgefühle, Nutzen und Kosten") gefaßt. Es ist wichtig festzuhalten, daß ein solcher „Nutzertrag" keine originäre psychische Größe, sondern das *Ergebnis* des Vergleichens zweier Einzelnutzen (des Gutes und des Preisgutes) darstellt, aus dem man nicht die Differenz dieser Nutzen, nicht die Größe des „Nutzertrages" fassen, sondern nur die Tatsache feststellen kann, ob der eine Nutzen größer oder kleiner als der andere ist.

Will man gar den gewogenen Nutzen als das Verhältnis zweier Nutzen auf eine Nutzeinheit bezogen fassen, so gelangt man zum

e) *„Relativnutzen"*, nach *Liefmann* und *Engliš,* der auf einer ganz unempirischen und unhaltbaren Auffassung basiert, da die Nutzen Intensitäten darstellen, keine Nutzeinheiten zulassen, so daß ein Nutzen*verhältnis* noch weniger möglich ist als eine Nutzen*differenz.*
f) Negativer Nutzen (Kosten) – s. II B.
g) Sozialer Nutzen – s. II G.

2. *Die Vergleichbarkeit der Nutzen (die Nutzen„rechnung").* An den Einzelnutzen orientiert der Wirtschafter sein wirtschaftliches Handeln. Sollen diese Nutzgrößen für ihn – wie behauptet – die Indizes der zweckmäßigsten Gutsverwendungen darstellen, so müssen sie irgendwie bestimmbar und erfaßbar sein: Die Art dieser Bestimmbarkeit ist also aufzuzeigen.

Ein konkreter Nutzen für sich allein ist zunächst isoliert nicht erfaßbar; dies ist auch für die Praxis nicht erforderlich. Veranlassung zu einer Nutzenschätzung liegt nämlich nur bei der Erwägung vor, ob eine *Verfügungsänderung* zweckmäßig sei; in diesem Falle werden *zwei* Nutzen miteinander verglichen: der Nutzen bei vorgenommener Verfügungsänderung mit dem Nutzen ohne die betreffende Verfügungsänderung, wobei es lediglich festzustellen gilt, ob der eine größer, gleich groß oder kleiner als der andere ist. Dies ist für die Zwecke der Wirtschaftsrechnung vollkommen ausreichend. Eine *Messung* der Nutzen ist weder nötig noch möglich. Die Nutzen sind einer exakten quantitativen Erfassung unzugänglich; sie können nicht gemessen werden, da sie keine homogenen Größen sind und sich auf keine Einheit beziehen lassen. Sie sind Qualitäten (intensive Größen) und nicht Quantitäten (extensive Größen). Man kann ihren Größenvergleich noch etwas weiter ziehen und feststellen, daß der Unterschied zwischen zwei Nutzen größer, gleich groß oder kleiner ist als der Unterschied zwischen zwei anderen Nutzen ($N_1 - N_2 \gtreqless N_3 - N_4$), aber man kann auch da nicht feststellen, um wieviel größer oder kleiner der Nutzenunterschied ist. Man hat nur „ein Distanzgefühl für die Größe des Abstandes" (*Wieser:* Th. d. ges. W.).

In der Literatur werden über die Nutzen„rechnung" drei Meinungen vertreten. 1. Die Nutzen seien meßbar: *Gossen, Menger, Jevons, Walras, Edgeworth, Marshall,* J. B. *Clark, Launhardt, Böhm-Bawerk, Sax, Auspitz* und *Lieben, Pantaleoni, Bortkiewicz, Pareto* bis 1900, *Wicksell, Ricci, Schumpeter, Cornélissen, Tugan-Baranowski, Birck* u. a. 2. Die Nutzen seien weder meßbar noch vergleichbar: *Marx, Lexis, Hilferding,* 3. die Nutzen seien unmeßbar, aber vergleichbar: *Voigt, Komorzynski, Cassel, Pareto* ab 1900, *Čuhel, Neurath, Wieser* (z. T.), *Bilimovicz, Engländer,* Hans *Mayer, Schönfeld* u. a.; von den Nichtökonomen: *Kant* (Praktische Vernunft), J. *Bertrand,* H. *Poincaré,* P. *Painlevé,* B. *Russel,* L. *Couturat,* u. a.

Der Anschlag der Einzelnutzen wird durch die Vorstellung eines Verlustes veranschaulicht. Man nimmt den Verlust des Gutes, dessen Nutzen veranschlagt wird, an und stellt den Nutzentgang, der sich hieraus ergäbe (als Differenz zweier Gesamtwirtschaftsnutzen), fest. Diese Verlustannahme ist selbstverständlich nur eine *Hilfsvorstellung,* der kein realer Vorgang entspricht: In der Wirklichkeit wird ein Gut nur gegen Entgelt abgegeben – dem

Nutzentgang durch seinen Verlust wird der Nutzenzuwachs durch das Entgelt gegenübergestellt: Die Verlustvorstellung wird sowohl für die Schätzung des zu erwerbenden als auch des hinzugebenden Gutes, also bei *einem* („inneren" oder „effektiven") Tausch auch immer *zweimal*, angenommen (darüber vgl. II. C.).

3. Die Nutzenskalen (-kurven). Ordnet man die einzelnen Nutzen ihrer Größe nach, so ergeben sich die Nutzenskalen, von denen die drei folgenden Typen gebräuchlich sind:

a) *Nutzenskala der Teilmengen einer Güterart in einer Verwendungsart* (Bedürfnisgattung).

b) *Nutzenskala der Teilmengen einer Güterart in mehrere Verwendungsarten.* Diese Nutzenskala ist die am meisten gebräuchliche und für die Wirtschaftstheorie ausreichende.

c) *Nutzenskala der Teilmengen einer oder mehrerer Güterarten, die derselben Bedürfnisgattung gewidmet sind.* (Über den Verlauf der Nutzenskalen s. I. B, 5. und 6, b).

Die Nutzenskalen ergeben auch ein Einteilungsprinzip der Güter, nach welchem man 1. Güter, die nur zur Befriedigung von Bedürfnissen gleicher Art geeignet sind (entsprechend der Nutzenskala a), und 2. Gütergruppen, die zur Befriedigung von Bedürfnissen gleicher Art geeignet sind, aber außerdem noch andere Bedürfnisarten befriedigen können (entsprechend der Nutzenskala b), unterscheidet. Dieses psychologische Einteilungsprinzip der Güter bildet ein Korrelat zu dem technischen Einteilungsprinzip der Produktionsverwandtschaft, das man als ihre Bedürfnisverwandtschaft (Zielverwandtschaft) bezeichnen kann.

4. Die Komplementarität der Nutzen. Die Erkenntnis der Komplementarität der Nutzen ist eine der wichtigsten der modernen Theorie. Genaue Analyse des Bedürfnissystems zeigt in der Tat, daß eine weitgehende in den einzelnen Teilen verschieden enge gegenseitige Abhängigkeit der Bedürfnisse voneinander besteht, sei es, daß die Befriedigung eines Bedürfnisses Voraussetzung für das Entstehen eines anderen ist („gebundene Bedürfnisse"), sei es, daß sie die Intensität eines anderen Bedürfnisses verstärkt („komplementäre Bedürfnisse" nach *Pareto*) oder abschwächt („supplementäre Bedürfnisse" nach *Pareto*).

Der Zusammenhang und die gegenseitige Abhängigkeit der Bedürfnisse bedingen auch die Komplementarität der Güternutzen. Die *psychische Komplementarität* beruht ausschließlich auf Tatsachen des Bedürfnislebens und ist nicht mit der *technischen Komplementarität* zu verwechseln, die darin besteht, daß einzelne Güter nur in ihrem Zusammenwirken zur Befriedigung eines Bedürfnisses geeignet sind.

Infolge der psychischen Komplementarität der Güter hängt die Verwendungsbestimmung jedes einzelnen Gutes von den Verwendungen aller übrigen Güter des Wirtschaftssubjektes ab. Es muß folglich die Verwendungsbestimmung für alle Güter simultan vorgenommen werden, wenn dieser gegenseitigen Abhängigkeit der Bedürfnisse Rechnung getragen werden soll. Da die verfügbare Menge aller verschiedenartigen Güter bestimmend dafür ist, welche Verwendungsweisen der Güter gewählt, d. h. welche Bedürfnisse befriedigt oder nicht befriedigt werden, so hängt der Nutzen eines einzelnen Gutes nicht nur von der verfügbaren Menge derselben Güterart, sondern auch von den Mengen aller anderen Güterarten ab.

Infolge der Komplementarität der Nutzen vermögen die einzelnen Nutzenskalen nur dann ein zutreffendes Bild abzugeben, wenn sie alle als gleichzeitig aufgestellt gedacht werden: als simultane Teile des Bedürfnissystems. Sonst wären sie unter verschiedenen einander widersprechenden Voraussetzungen aufgestellt und hätten für die eindeutige Bestimmung des wirtschaftlichen Handelns keinen Sinn.

Der Komplementarität des Nutzens ist in der mathematischen Wirtschaftstheorie durch die Einführung der sog. *Indifferenzlinien (Edgeworth,* J. *Fisher, Pareto)* an Stelle isolierter Nutzenkurven Rechnung getragen worden (siehe auch I. B. 6). Sie bedingt die „*Interdependenz*" aller wirtschaftlichen Erscheinungen, mit deren Darlegung die moderne ökonomische Theorie zum erstenmal den organischen Zusammenhang und die Einheit der Wirtschaft nicht nur behauptet, sondern auch erklärt und bewiesen hat.

5. *Das Gossensche Gesetz.* Verwendet man den Ausdruck „Bedürfnis" im Sinne einer Bedürfnisgattung, so zeigt es sich, daß jedes so gefaßte „Bedürfnis" aus einer größeren oder geringeren Zahl von Teilbedürfnissen (Bedürfnisregungen) verschiedener Intensität zusammengesetzt ist und daher je nach der verfügbaren Menge der Befriedigungsmittel mehr oder minder vollständig befriedigt werden kann. Diese *Teilbarkeit der Bedürfnisse* (Bedürfnisgattungen) besteht erfahrungsgemäß bei den allermeisten Bedürfnisgattungen, gleichviel ob die Gütermenge in zeitlich aufeinanderfolgenden Teilen oder auf einmal in ihrer Gesamtheit der Bedürfnisbefriedigung gewidmet wird.

Geht man die verschiedenen Verwendungsmöglichkeiten in der Reihe dergestalt durch, daß man die der Befriedigung der Bedürfnisse einer Bedürfnisgattung gewidmete Gütermenge jeweils um ein Teilstück anwachsen läßt, so ergibt sich die Gesetzmäßigkeit, daß innerhalb eines Bedürfnisabschnittes jede folgende Befriedigungsphase einen geringeren Wohlfahrtszuwachs bringt – so daß jede folgende Gütereinheit einen kleineren Nutzen hat als die vorherige –, bis das Hinzutreten einer neuen Gütereinheit keinen Wohlfahrtszuwachs mehr bewirkt, d. h. bis der Sättigungspunkt erreicht ist. Die Formulierung dieser Gesetzmäßigkeit durch H.H. *Gossen* (1854) in dem als „1. Gossensches Gesetz" bekannten Satze: „Die Größe ein und desselben Genusses nimmt, wenn wir mit der Bereitung des Genusses ununterbrochen fortfahren, fortwährend ab, bis zuletzt Sättigung eintritt", verbesserte *Wieser* (1889) durch die Einschränkung ihrer Geltung auf einen Bedürfnisabschnitt und faßte sie endgültig (in d. Th. d. ges. W., 1914) in folgender Weise: „Bei jedem teilbaren Bedürfnis wird innerhalb jedes Bedürfnisabschnittes der mit der ersten Verwendungseinheit vorzunehmende Befriedigungsakt mit der höchsten Intensität begehrt, jede Verwendung weiterer Einheiten derselben Art wird mit abnehmender Intensität begehrt, bis der Sättigungspunkt erreicht ist, darüber hinaus schlägt das Begehren in Widerwillen um." In dieser Form ist es als das „*Gesetz der Bedürfnissättigung*" oder als „*Gossensches Sättigungsgesetz*" in der Literatur bekannt und stellt eine der wichtigsten und fruchtbarsten Erkenntnisse der modernen ökonomischen Theorie dar, die die Erklärung dafür gibt, daß der von einem Gute abhängige Nutzen mit der Größe des Vorrates abnimmt (das „Gesetz des abnehmenden Nutzens").

Das so gefaßte „Gossensche Gesetz" gilt nur innerhalb eines Bedürfnisabschnittes, während der Wirtschaftsplan immer für einen Zeitraum aufgestellt wird, der mehrere Bedürfnisabschnitte umfaßt. Für die Zwecke der Wirtschaftsrechnung muß also das Gossensche Gesetz in der Art ausgestaltet werden, daß es mehrere Bedürfnisabschnitte umfaßt: Seine Geltung muß auf einen längeren Zeitraum eingestellt werden. Diese Einbeziehung des Zeitmomentes hat zuerst Hans *Mayer* mit Hilfe des von ihm aufgestellten „Gesetzes der periodischen Wiederkehr der Bedürfnisse" („Untersuchung zu d. Grundgesetz d. wtl. Wertrechnung", Z. f. Volksw., II. Bd., 1922) durchgeführt. Bei der Aufstellung des Wirtschaftsplanes, d. h. bei der Auswahl der zweckmäßigsten Verfügungen, ist das Wirtschaftssubjekt in der Tat genötigt, mehrere oder viele Bedürfnisabschnitte zu überblicken und die Bedürfnisse eines ganzen Zeitraumes der Größe ihrer Wichtigkeit nach zu veranschlagen (siehe I. A.); auch die Bedürfnisse derselben Gattung werden da nicht ihrer zeitlich aufeinanderfolgenden Entstehung nach, sondern der Größe ihrer Wichtigkeit nach geordnet. Die periodisch wiederkehrenden Bedürfnisse derselben Intensität werden für alle Bedürfnisabschnitte der Wirtschaftsperiode gleich veranschlagt. Jede Wichtigkeitsgröße taucht also in einer solchen einen längeren Zeit*raum* umfassenden Nutzenskala mehrmals auf, so daß sich eine Reihe von der Wichtigkeitsgröße nach abnehmenden Bedürfnis*schichten* in der Nutzenskala ergibt.

Geht man nun innerhalb dieses den empirischen wirtschaftlichen Voraussetzungen allein entsprechenden (einen Zeit*raum* umfassenden) Sachverhaltes die verschiedenen Verwendungsmöglichkeiten der Reihe nach durch, daß man die der Befriedigung der Bedürfnisse einer Bedürfnisgattung gewidmete Gütermenge jeweils um ein Teilstück anwachsen läßt, so ergibt sich hier ebenfalls die Gesetzmäßigkeit, daß jede folgende Befriedigungsphase einen geringeren *oder gleich großen* Wohlfahrtszuwachs bringt – so daß jede folgende Gütereinheit einen kleineren oder gleich großen Nutzen aufweist als die vorherige, bis der Sättigungspunkt erreicht ist. Bei der Vermehrung eines Gütervorrates um gleiche Teilquantitäten nehmen also hier die Nutzen *schichtenweise* ab, und der Nutzen einer Teilquantität aus der letzten, kleinsten Bedürfnisschichte (also der kleinste oder einer der kleinsten) ist der Grenznutzen.

Ganz ähnlich hat L. *Schönfeld* (1924) das Gossensche Gesetz bei der Eingliederung in den Rahmen der allgemeinen Wirtschaftsrechnung zu seinem „Gesetz der Teilnutzenordnungen" erweitert.

Gegen das Gossensche Gesetz sind frühzeitig vielfach Einwendungen erhoben worden, die vor allem den Bereich seiner Geltung einschränken wollen und meistens die Tatsache übersehen, daß es nur für je *einen* Bedürfnisabschnitt Geltung hat. Die bekannteste Kritik stammt von A. *Graziadei* (1901), der den Verlauf der Nutzenkurve[1] bei fortlaufender Befriedigung der Bedürfnisse der gleichen Bedürfnisgattung, ebenso wie etwa später (1905) U. *Ricci,* genau analysiert und dabei feststellt, daß die Nutzenkurve zuerst etwas ansteigt, bis sie ein Maximum erreicht und erst von da ab abfällt. Da die Güter in knappen Mengen verfügbar sind, sei gerade der ansteigende Teil der Nutzenkurve für das wirtschaftliche Handeln maßgebend, die Nutzenskala weise also gerade in ihrem praktisch in Betracht kommenden Teile zunehmende und nicht abnehmende Nutzengrade auf. – Hierzu ist vor allem zu bemerken, daß die Möglichkeit einer anfangs ansteigenden Nutzenkurve bereits von *Pantaleoni* (1889), *Böhm-Bawerk* und später auch von Fachpsychologen (O. *Kraus, Kreibig, Čuhel* u. a.) nicht übersehen wurde, sie aber keineswegs hinderte, die Geltung des Gossenschen Gesetzes anzuerkennen. Denn meistens wird dieses Ansteigen dadurch *konstruiert,* daß man der betreffenden Bedürfnisgattung zuerst nur unendlich kleine Güterteile gewidmet denkt, welchen nur unendlich kleine Nutzenzuwächse entsprechen (beides ist unzulässig, da es in der wirtschaftlichen Wirklichkeit keine unendlich kleinen, sondern schon aus technischen und psychologischen Gründen nur endliche Nutzenzuwächse gibt); läßt man dann die Gütermenge so stark ansteigen, daß ein merklicher Nutzenzuwachs entsteht, so erhält man einen plötzliche ansteigenden Teil der Nutzenkurve. Geht man aber methodisch richtig vor, d. h. nicht von der technisch kleinsten Gütereinheit, sondern von derjenigen, die zuerst einen *merklichen* Nutzenzuwachs ergibt, und erweitert man die Analyse nicht über einen Bedürfnisabschnitt hinaus, so wird sich fast ausnahmslos (ja bei strenger Berücksichtigung der „gebundenen Bedürfnisse" immer) das Gossensche Gesetz verifizieren lassen. Selbst wenn aber in manchen Fällen die Nutzenkurve anfangs ansteigen sollte, ist im Gegensatz zu *Graziadei* zu betonen, daß dies für das empirische wirtschaftliche Handeln irrelevant ist, da es lediglich einige wenige oberste Ränge der Nutzenskala betrifft, die durch wenige Güter ohnehin gesichert sind und als Teile des „Bedürfnisstammes" in der Regel unverändert bleiben, während der Großteil der Überlegungen die unteren Ränge betrifft. Für das praktische wirtschaftliche Handeln ist also auch in diesen Fällen der abnehmende Teil der Nutzenkurve maßgebend. – In neuerer Zeit nimmt O. *Spann* diese veraltete Kritik des Gossenschen Gesetzes auf, die wegen der methodisch unzulässigen Voraussetzungsänderungen (Auftauchen *neuer* Bedürfnisse) das Gossensche Gesetz überhaupt nicht trifft.

6. *Formale und materielle Strukturgesetze des Nutzens.* Der subjektive Wohlfahrtszustand oder der Gesamtwirtschaftsnutzen, den die wirtschaftenden Menschen anstreben, ist in der modernen ökonomischen Theorie rein formal bestimmt: Er umfaßt alles Erstrebte – natürlich nur soweit für dessen Erreichung Aufwendungen wirtschaftlicher Güter erforderlich sind –, gleichviel ob es aus egoistischen oder altruistischen, ethischen oder unethischen Motiven, „wirklich bestehenden" oder nur „eingebildeten" Bedürfnissen entsteht. Der „homo oeconomicus", der nur aus „egoistischen Lustgefühlen" (wobei hier der Lustbegriff inhaltlich eingeengt gefaßt wird) handelt, ist der modernen ökonomischen Theorie nicht zugrunde gelegt, auch da nicht, wo er, wie z. B. bei den Theoretikern der Lausanner Schule, ausdrücklich als Voraussetzung genannt ist, da alle modernen Theoretiker die Diskussion des Zweckinhaltes des menschlichen Handelns ablehnen.

Durch genaue Beobachtung der Wirklichkeit kann man jedoch auch über rein formale Definitionen hinaus zu einigen *inhaltlichen* Aussagen über die Gestaltung und die Zusammenhänge der Bedürfnisse gelangen – Form und Inhalt selbstverständlich nicht als Gegensätze, sondern als Gradunterschiede der zunehmenden Konkretisierung gefaßt –, die die materiellen Strukturgesetze des Nutzens bilden. Ihre Erkenntnisse hat außerordentlich wertvolle Fortschritte der ökonomischen Theorie gebracht. Als wichtigste materielle Strukturgesetze des Nutzens seien hier angeführt:

a) *Die Teilbarkeit der Bedürfnisse* (s. I. B, 5) – die Erkenntnis, daß die Bedürfnisse teilweise Befriedigung zulassen –, die zuerst von *Gossen* (1854) und später unabhängig von ihm gleichzeitig von C. *Menger* (1871), W. St. *Jevons* (1871), L. *Walras* (1874) und anscheinend wieder selbständig von J. B. *Clark* (1881) entdeckt worden ist.

b) *Die Diskontinuität der Nutzenskalen* – die Erkenntnis, daß die Nutzenskalen nicht kontinuierlich verlaufen und nicht alle Intensitätsgrade aufweisen –, von *Böhm-Bawerk, Wieser, Sax, Pantaleoni, Hobson, Fetter, Oswalt, Rist,* Hans *Mayer, Bilimovicz,* Verrijn *Stuart, Engländer, Schönfeld* u. a. vertreten.

c) die *Komplementarität der Nutzen* (s. I. B, 4) – die Erkenntnis, daß die einzelnen Nutzengrößen voneinander gegenseitig abhängig sind –, so *Edgeworth* (1881), J. *Fisher* (1892), *Voigt* (1892), *Komorzynski* (1893), *Pareto* und die *Lausanner Schule,* ferner *Schumpeter, Bilimovicz, Wieser,* (z. T.) *Engländer,* Hans *Mayer, Schönfeld* u. a.

d) die *Unmeßbarkeit des Nutzens* (s. I. B, 2) – die Erkenntnis, daß die Nutzen unmeßbare Qualitäten (intensive Größen) sind –, von *Voigt, Komorzynski, Cassel, Wieser* (z. T.), *Pareto* ab 1900, *Čuhel,* O. *Kraus,*

Kreibig, Furlan, Fetter, Oswalt, Neurath, Bilimovicz, F. X. *Weiss, Mises, Amoroso, Engländer,* Hans *Mayer, Schönfeld* vertreten.

e) die *Vielgliedrigkeit der Bedürfnisränge* – die Erkenntnis, daß in der Bedürfnisrangordnung in der Regel mehrere gleich- oder verschiedenartige Bedürfnisse von gleicher Wichtigkeitsgröße vorkommen –, bei *Engländer,* Hand *Mayer, Schönfeld* angeführt.

f) die *Alternativität (das „Aufwiegen") der Bedürfnisse* – die Erkenntnis, daß einzelne Bedürfnisse nur alternativ mit anderen im Bedürfnissystem auftauchen, so daß bei der Befriedigung *eines* bestimmten Bedürfnisses bestimmte *andere* Bedürfnisse verschwinden. Besonders oft ist dies beim Aufwiegen der Bedürfnisse der Fall, wenn mehrere Bedürfnisse der unteren Ränge *zusammen* ein Bedürfnis höheren Ranges bilden (aufwiegen), so daß diese Bedürfnisse der unteren Ränge erst auftauchen, wenn das durch sie aufgewogene Bedürfnis höheren Ranges nicht befriedigt wurde. Das Aufwiegen der Bedürfnisse bei *Engländer* besprochen.

g) die *relative Konstanz der Bedürfnisse* – die Erkenntnis, daß der Großteil der Bedürfnisse, (ein „Bedürfnisstamm") unverändert bleibt und daß in einer bestimmten Zeitspanne sich in aller Regel nur ein relativ kleiner Teil der Bedürfnisse verändert –, von Hans *Mayer* hervorgehoben.

h) Die *Periodizität der Bedürfnisse* und *die Betonung des Zeitmomentes* – die Erkenntnis, daß der Großteil der Bedürfnisse periodisch wiederkehrt und daß zur eindeutigen Bestimmung des wirtschaftlichen Handelns das Moment der Zeit zu berücksichtigen ist –, von A. *Voigt, Komorzynski, Marshall, Wieser, Oswalt* (mit Nachdruck), *Pareto, Amoroso, Schönfeld* bemerkt, konsequent und systematisch von Hans *Mayer* (Z. f. Volksw. 1921/22) vertreten.

C. Die wirtschaftliche Gesamtdisposition

Die Aufstellung des Wirtschaftsplanes hat die Auswahl der zweckmäßigsten Verfügungen über die Güter zum Ziel. Da alle Verfügungen, die die einzelnen Güter betreffen, untereinander in einem engen Zusammenhang stehen, der durch die psychische und technische Komplementarität der Güter bedingt ist, so muß ihre Auswahl systematisch einheitlich bestimmt werden. Die Gesamtheit der Verfügungen über die Güter, die sich im Hinblick auf eine wirtschaftliche Situation als zweckmäßig erweisen, stellt „die wirtschaftliche Gesamtdisposition" dar.

In der Wirklichkeit schließt das Wirtschaftssubjekt immer an die wirtschaftlichen Überlegungen und Dispositionen der Vergangenheit an, die es der Notwendigkeit entheben, alle Gedankengänge neu durchzudenken. Ein Anschließen an die wirtschaftlichen Überlegungen der Vergangenheit setzt jedoch (logisch) die Annahme voraus, daß einmal die Gesamtdisposition zum erstenmal bestimmt worden ist, wobei alle Überlegungen ohne Anschluß an die überkommenen Verfügungen „ab ovo" durchgedacht werden mußten. Wir müssen also ein logisches Schema solcher „erstmaliger" Gesamtdisposition entwerfen, ohne etwa anzunehmen, daß sie in der Praxis insgesamt in dieser Form von einem Wirtschaftssubjekt je durchgeführt worden ist (vgl. II. A). – Dabei erweist es sich als zweckmäßig, die Verfügungen über die Konsum- und Produktivgüter gesondert zu besprechen.

1. Die Bestimmung der Gesamtkonsumkombination bezweckt die Einreihung der Güter erster Ordnung in die zweckmäßigsten Verwendungsweisen: ihre Verwendungsbestimmung. Genetisch entwickelt würde die Einreihung in der Weise vor sich gehen, daß sukzessive die Bedürfnisse höchsten Ranges (= größter Wichtigkeit) befriedigt werden, dann die des nächsthöchsten usw., bis der Vorrat erschöpft ist. Wenn zur Befriedigung eines Bedürfnisses zwei oder mehrere Güterarten in gleicher Weise geeignet sind, so werden die Befriedigungsmöglichkeiten der nächsten Ränge erwogen und dem Bedürfnis jenes Gut zugewiesen, welches in anderer Verwendung den geringsten Nutzen stiften würde, d. h. durch dessen Einreihung ein anderes Bedürfnis des relativ niedrigsten Ranges unbefriedigt gelassen wird. Das Erwägen dieser Bedürfnismöglichkeiten bedingt die Aufstellung von Kombinationen der möglichen Verwendungen, deren einfachster Typus hier angeführt sei. Angenommen ein Wirtschaftssubjekt habe drei Güter a (a_1; a_2; a_3) gleicher Art, die zwei Verwendungsweisen I und II dienen können. Es ergeben sich da 4 Kombinationen:

1. I –   II a_1 a_2 a_3
2. I a_1 II a_2 a_3
3. I a_1, a_2 II a_3
4. I a_1, a_2, a_3 II –

Die Bestimmung der Gesamtdisposition kann man theoretisch entwickeln, indem man annimmt, daß der Reihe nach in allen Kombinationen die Einzelnutzen sämtlicher Güter in sämtlichen Verwendungsarten verglichen werden, wobei jeweils der größere Nutzen, d. h. derjenige, der den größten Zuwachs des bisherigen Gesamtwirtschaftsnutzens bringt, vorgezogen wird. Auf diese Weise gelangt man zu einer Gesamtdisposition, bei der keine Verfügungsänderung den Gesamtwirtschaftsnutzen noch erhöhen könnte.

In der Wirklichkeit werden all diese Kombinationen nicht auf einmal überlegt; der Großteil von ihnen wird unverändert aus der Vergangenheit übernommen und nur ein Bruchteil neu erwogen.

2. *Die Bestimmung der Gesamtproduktionskombination* bezweckt die Einreihung der Güter höherer Ordnungen in die zweckmäßigsten Verwendungsweisen: ihre Verwendungsbestimmung. Aus dem gegebenen Vorrate der Güter höherer Ordnungen kann sich das Wirtschaftssubjekt nach Maßgabe der bekannten technischen Daten, insbesondere der Variabilität der Produktionskoeffizienten, verschiedenartige Gütermengen erster Ordnung beschaffen, wobei deren Ausmaß durch das gegebene Quantum der Güter höherer Ordnungen begrenzt ist. Das Wirtschaftssubjekt kann sich also alternativ verschiedene Konsumgüterkombinationen beschaffen, und sein Ziel ist es, diejenige zu wählen, die den höchsten Gesamtwirtschaftsnutzen ergibt. Während die Gesamtkonsumdisposition eine *direkte* Bestimmung der Einreihungen der Güter in die günstigsten Verwendungen ist, geht der Umwandlung der gegebenen Güter höherer Ordnungen in Güter erster Ordnung eine Entscheidung zwischen verschiedenen Konsumgüterkombinationen voraus, von denen diejenige gewählt wird, die auf Grundlage ihrer zweckmäßigen Verwendungsauswahl den größten Gesamtwirtschaftsnutzen ergibt. Für die Verwendungsbestimmung der Güter höherer Ordnungen ist also die Verwendungsbestimmung der Güter erster Ordnung Voraussetzung: Man stellt zuerst die Konsumgüterkombinationen auf, die sich aus den gegebenen Produktivgütern erzeugen ließen, hierauf stellt man für eine jede dieser Kombinationen die Verwendungsbestimmung fest, d. h. man bestimmt den maximalen Gesamtwirtschaftsnutzen einer jeden von ihnen, und entscheidet sich sodann für diejenige Güterkombination, die von allen den größten Gesamtwirtschaftsnutzen ergibt.

Auch bei der Bestimmung der Gesamtproduktionskombination werden nicht alle Kombinationsmöglichkeiten auf einmal durchgedacht, sondern es wird im Anschluß an die Erfahrung der Vergangenheit im abgekürzten Verfahren die zweckmäßigste zu bestimmen gesucht.

3. *Das Moment der Zeit in der Wirtschaftsrechnung (die Wirtschaftsperiode).* Die nach Art, Zahl, Wichtigkeitsgröße und Kapazität bestimmten Bedürfnisse, der gegebene Vorrat aller Güterarten sowie die aus Erfahrung bekannten technischen und psychologischen Zusammenhänge ergeben für jedes Wirtschaftssubjekt die zweckmäßigste Gesamtdisposition: Einem jeden für einen bestimmten Zeitraum gegebenen Bedürfnissystem und Gütervorrat eines Wirtschafters entspricht ein eindeutig bestimmter Gesamtablauf seines wirtschaftlichen Handelns. In einem bestimmten Zeitraum sind bestimmte Bedürfnisse gegeben und bestimmte Güter verfügbar, in einem längeren oder kürzeren Zeitraum werden mehr oder weniger Bedürfnisse und Güter gegeben sein: Jeder Veränderung des Zeitraumes, für den gewirtschaf-

tet werden soll (der Wirtschaftsperiode), entspricht eine Veränderung der jeweils zweckmäßigsten Gesamtdisposition. Auch der Zeitraum, für den gewirtschaftet, d. h. für welchen für die Befriedigung des während seines Ablaufes auftauchenden Bedürfnisse planmäßig vorgesorgt werden soll, muß also in einer eindeutig bestimmten Abgrenzung gegeben sein: Die Wirtschaftsperiode muß bestimmt werden – soll die Wirtschaftsrechnung zu einem eindeutig bestimmten Resultat führen können.

Die Bestimmungsgründe des als eine Wirtschaftsperiode abgegrenzten Zeitraumes, welcher der Wirtschaftsrechnung zugrunde liegt, sind sowohl technischer („objektiver") als auch psychologischer („subjektiver") Natur. Sie können hier nur in Umrissen angedeutet werden. – Eine gewisse Abgrenzung bedingen teilweise schon die diskontinuierlich in bestimmten naturgesetzlich determinierten Zeitabständen verfügbar werdenden Güter: Die Ernten, die den Grundstock der Nahrungsmittel ergeben, und die Rohstoffe, die zur Produktion der meisten Konsumgüterarten erforderlich sind – nur eine teilweise Abgrenzung jedoch, da solche in technisch bedingten Zeitabständen verfügbar werdenden Güter nur einen Teil aller Güterarten ausmachen und da diese Zeitabstände selbst durch die wirtschaftliche Tätigkeit in gewissen Grenzen erweitert oder eingeschränkt werden können. Dem diskontinuierlichen Verfügbarwerden der Güter entspricht in der Verkehrswirtschaft das diskontinuierliche Verfügbarwerden des Geldeinkommens, welches mit dieser naturgesetzlich bedingten Diskontinuität des Güterzuwachses wohl im Zusammenhang steht. Die technischen Gesetze der Produktion geben ferner das Minimum an Zeit an, die zur Erzeugung bestimmter Konsumgüter aus den verfügbaren Produktionsmitteln erforderlich ist, und bestimmen damit objektiv das Mindestausmaß der Wirtschaftsperiode. Die *psychologischen* Bestimmungsgründe sind in der „Blickweite, Vorstellung- und Willenskraft der Wirtschaftssubjekte" (Hans *Mayer*) gegeben. Die Erkenntnis, auf wie lange Zeit hinaus ein Wirtschafter die Bedürfnisse veranschlagt, wäre eine inhaltliche Aussage über das Bedürfnissystem, deren Ermittlung ähnlich den anderen materiellen Strukturgesetzen des Nutzens (siehe I. B. 6) von allergrößter Wichtigkeit wäre. Genaue Analyse des Bedürfnissystems zeigt, daß in der Regel Bedürfnisse größter Wichtigkeit auf die längste Zeit hinaus, die geringerer Wichtigkeit auf kürzere Zeit hinaus veranschlagt werden. Ein bestimmter Komplex von wichtigsten Bedürfnissen wird en bloc für den längsten Zeitraum (Lebensalter und darüber hinaus) veranschlagt: Es wird folglich getrachtet, von einer Wirtschaftsperiode zur anderen den Produktionsgüterstamm, aus dem die verschiedensten Güter erzeugt werden könnten, unverändert zu erhalten. Eine genaue Untersuchung der verschiedenen Haushaltungsbudgets könnte für die Erklärung des Zeitmomentes viel wertvolles Material bringen. Mit der Aufstellung der drei Typen der gleichmäßig, fortschreitend oder rückschreitend versorgten Wirtschaft ist aber noch keine *Erklärung* gegeben.

Die Rolle des Zeitmomentes bei der Frage der Schätzung „gegenwärtiger" und „zukünftiger" Güter ist nur ein Teil des wirtschaftlichen Zeitproblems, welches, wie schon *Marshall* und *Edgeworth* in anderem Zusammenhange betonten, wohl das schwierigste aller wirtschaftlichen Probleme darstellt.

II. Grenznutzen und Wirtschaftsrechnung

A. Die Funktion des Grenznutzens in der Wirtschaft

In jeder Wirtschaft ergeben sich nach Einweisung aller Güter in die nutzbringendsten Verwendungen für jede Güterart die Grenzpunkte ihrer Verwendung: die Grenznutzen; sie ergeben sich daher erst aus der auf Grund wirtschaftlicher Erfahrung nicht uno actu gebildeten, sondern historisch gewordenen Gesamtdisposition. Dann aber bilden sie für jede Wirtschaft bei Veränderung des jeweiligen Wirtschaftsstandes die unerläßlichen Ausgangspunkte für alle weiteren Dispositionen: An sie knüpft jede spätere wirtschaftliche Überlegung an. Ihre Funktion besteht also darin, daß sie durch die unmittelbare Anknüpfung an die bisherige wirtschaftliche Situation und an ihre Grenzergebnisse die ungeheure Aufgabe, bei jeder wirtschaftlich relevanten Veränderung den Aufbau der Gesamtdisposition immer von neuem in Angriff nehmen zu müssen, ersparen.

In der empirischen Wirklichkeit tritt nämlich fast nie der Fall auf, daß ein Wirtschaftssubjekt vor die Lage gestellt ist, seinen Wirtschaftsplan von Grund aus neu aufzustellen; es fängt nicht mit einem Mal nach einer vorwirtschaftlichen Periode zu wirtschaften an, sondern handelt immer mit Hilfe der wirtschaftlichen Erfahrung: Es knüpft stets an seinen bisherigen Güterbesitz und die erfahrungsgemäß als zweckmäßig erfaßten Verwendungen aller seiner Teile an. Da nun von einer Wirtschaftsperiode zur anderen ein Großteil der wirtschaftlichen Voraussetzungen, die in der Vergangenheit gegolten haben, gleich bleibt (der Großteil der Bedürfnisse und der verfügbaren Produktivkräfte) und jeweils nur ein Bruchteil der Voraussetzungen Änderungen unterliegt (allerdings jeweils ein anderer), so daß der Großteil der zweckmäßigen Verfügungen gleich bleibt und es sich nur darum handelt, den veränderten Teil der Voraussetzungen neu zu erfassen – so braucht das Wirtschaftssubjekt in der Regel nicht den Gesamtablauf seines wirtschaftlichen Handelns neu zu bestimmen, nicht die Gesamtdispositions*bildung*, sondern nur die Gesamtdispositions*veränderung* steht hier in Frage.

Es könnte den Anschein erwecken, als ob auch eine relativ kleine Änderung der wirtschaftlichen Voraussetzungen zum Aufrollen des gesamten Wirtschaftsplanes führen müßte. Denn die psychische Komplementarität bedingt ja die „Interdependenz" aller wirtschaftlichen Verfügungen in dem Sinne, daß eine Gutsverwendung von ganz bestimmten Verwendungen anderer Güter abhängt, so daß eine einzige Verwendungsänderung viele andere Verwendungsänderungen zur Folge haben kann. Theoretisch müßte in diesem Falle die wirtschaftliche Gesamtdisposition mit ihrer Unsumme von Einzelnutzenvergleichen jeweils neu bestimmt werden. Eine Reihe empirisch gegebener Umstände ermöglicht es aber, daß bei Änderung der Voraussetzungen jeder Wirtschafter mit wirtschaftlicher Erfahrung in einem *abgekürzten Verfahren* die meisten Einzelnutzenvergleiche sich ersparen und an ihrer Stelle durch nur ganz wenige bestimmte Nutzenvergleiche dasselbe Ziel, d. i. die Ermittlung der zweckmäßigsten Abänderung der bisherigen Gesamtdisposition, erreichen kann. Und zwar ist dieses abgekürzte vereinfachte Verfahren kein unvollständiges Verfahren, das nur *ungefähr* das richtige Resultat ergibt – sondern ein durchaus vollständiges Verfahren, das ein *exakt* richtiges Resultat ergibt. Abgekürzt ist es nur in dem Sinne, als es sich auf gewisse psychologische Gesetzmäßigkeiten stützt, die Prämissen für Folgerungen abgeben, durch welche einzelne bestimmte Nutzenvergleiche das Vornehmen von vielen anderen Nutzenvergleichen ersparen, da sie deren Ergebnis bereits implizite in sich schließen. In diesen Nutzenvergleichen spielt der Grenznutzen die dominierende Rolle. Bevor jedoch diese seine Funktion genauer erklärt wird, müssen jene eben erwähnten Tatbestände festgestellt werden, die eine Abkürzung des Verfahrens zulassen.

Wie alle wirtschaftlichen Bestimmungsgründe sind es Tatbestände psychologischer und technischer Natur. Genaue Beobachtung läßt uns nämlich feststellen, daß in einer Wirtschaftsperiode der Großteil der Bedürfnisse (der Grundstock der Bedürfnisse), und zwar vor allem die der höheren Ränge, also die wichtigeren Bedürfnisse, meistens unverändert bleiben, so daß die Veränderungen in der Regel nur die Bedürfnisse der unteren Zonen, die Grenzschichten betreffen. Diese relative Konstanz der Bedürfnisse erklärt sich schon aus der Tatsache, daß gewisse Bedürfnisse, insbesondere die durch die physiologische Eigenart des Organismus bestimmten, ihrer Natur nach immer annähernd gleich bleiben und immer die höchsten Ränge einnehmen. Da ferner außer den Fällen plötzlicher großer wirtschaftlicher Störungen die gegebenen Produktivkräfte gleichmäßig und kontinuierlich verfügbar werden, also von einer Wirtschaftsperiode zur anderen sich nicht stark ändern und so die Befriedigung der meisten bisherigen Bedürfnisse sichern, so erstrecken sich auch aus diesem Grunde die neu vorzunehmenden Verfügungen (die Dispositionsänderung) in aller Regel nur auf die Grenzverwendungen. Hierzu kommt noch, daß gerade in den Grenzschichten die Komplementarität der Nutzen erfahrungsgemäß sehr lose ist; außerdem wird ihre Wirkung, da die Nutzen ohnehin die niedrigsten sind, auch geringer sein und sich weniger fühlbar machen, so daß eine Änderung einer Grenzverwendung in aller Regel keine weiteren

Verwendungsänderungen nach sich zieht: In den Grenzverwendungen sind daher meistens der unmittelbar und mittelbar abhängige Nutzen gleich groß.

Da die Grenzschichten der Bedürfnisse die ausgedehntesten, d. h. die meistgliedrigen sind und folglich relativ viele Güterverwendungen absorbieren, so kann sich selbst ein relativ erheblicher Teil der Voraussetzungen ändern, ohne Verfügungen hervorzurufen, die über die Grenzschichten hinausreichen. Für dieses also recht umfangreiche Gebiet des abgekürzten Verfahrens wird – soweit die Verfügungsänderungen nicht über die Grenzverwendungsschichten hinausgreifen – die statische Methode angewendet werden;[2] in diesem Sinne umfaßt die Statik nicht nur eine streng stationäre Wirtschaft, sondern auch eine sich allmählich verändernde.

Aus all diesen Gründen genügt es unter diesen Bedingungen, die Höhe der Grenznutzen in der Erfahrung festzuhalten, um die zweckmäßige Verwendungsauswahl (die Dispositionsänderung) zu bestimmen: Die Nutzen der in Erwägung stehenden neu vorzunehmenden Verwendungen werden mit den bisherigen Grenznutzen in diesen Verwendungsarten verglichen; sind sie größer als diese Grenznutzen, so ist ihre Durchführung zweckmäßig, sind sie kleiner, so ist sie es nicht. Der Grenznutzen in den verschiedenen Bedürfnisgattungen (Verwendungsarten) erfüllt in dieser Weise die Funktion „einer vorsorglichen Kontrolle, welche die Konsumtion begleitet", und ermöglicht eine große „Vereinfachung in der Einschätzung der wirtschaftlichen Mittel, die man zur Sicherung der Bedürfniswerte verwendet. Der ganze „Übernutzen" der Bedürfniswerte, der über den Grenznutzen hinausgeht, wird vernachlässigt, man braucht nicht in jedem einzelnen Falle die so schwer faßbare Größe der Eigenwerte voll abzuwägen, man beschränkt sich auf die Festhaltung des Grenzwertes ..." (*Wieser,* Th. d. ges. W.). Die Grenznutzenschätzung ermöglicht derart unter den oben angeführten Bedingungen die vereinfachte abgekürzte Wirtschaftsrechnung, die in der Praxis tatsächlich geübt wird: Sie erfüllt im Rahmen der Wirtschaftsrechnung eine *abkürzende Funktion,*[3] jene Funktion, ohne die das praktische Wirtschaften überhaupt unmöglich wäre, da niemand die ganze Fülle der Voraussetzungen überblicken und sich vergegenwärtigen könnte.

Es erübrigt nunmehr noch psychologisch zu begründen, weshalb das Wirtschaftssubjekt gerade die *Grenz*nutzen in allen Bedürfnisarten in Erfahrung festhält und alle anderen Einzelnutzen, alle „intramarginalen Spannungen", vernachlässigt. Dies hängt mit einer bekannten Eigenart der menschlichen Natur zusammen: Erlebnisse, die hemmungslos vor sich gehen, fallen leicht in Vergessenheit; diejenigen aber, die starken Hemmungen begegnen, prägen sich tief ins Gedächtnis ein: Die Reibungen und

Widerstände bei einem bestimmten Erlebnis lassen es besonders plastisch hervortreten. Nun geht aber die Befriedigung der Bedürfnisse glatt vonstatten, so lange der Gütervorrat nicht erschöpft ist, da werden selbstverständlich zuerst die wichtigeren Bedürfnisse ohne besondere Schwierigkeiten befriedigt. Erst an der Grenze der Erschöpfung des Gütervorrates, in dem Punkte also, in dem die Grenzbedürfnisse zur Befriedigung gelangen, treten die Hemmungswiderstände hervor, so daß die Befriedigung der Grenzbedürfnisse abgebrochen, „abgerissen" werden muß. Die Grenznutzen treten folglich unter Umständen in Erscheinung, die sich besonders tief der Erfahrung einprägen.

Die praktisch geübte Wirtschaftsrechnung setzt selbstverständlich wirtschaftliche Erfahrung voraus. Die moderne ökonomische Theorie, die das empirische wirtschaftliche Leben erklärt, hat also „den Inhalt der gemeinen wirtschaftlichen Erfahrung wissenschaftlich auszuschöpfen und zu deuten" (*Wieser,* Th. d. ges. W.). Es wäre aber methodologisch unzulässig, auf die wirtschaftliche Erfahrung als auf den *letzten* Erklärungsgrund des wirtschaftlichen Handelns zu verweisen, da die Erfahrung über die Güternutzen ja selbst das Bestehen jener Gesetzmäßigkeiten des Nutzens voraussetzt, die mit ihrer Hilfe erklärt werden sollen. Die wirtschaftliche Erfahrung ist lediglich ein Instrument zur Erkenntnis der letzten Erklärungsgründe des wirtschaftlichen Handelns und nicht jener letzte Erklärungsgrund selbst. Wenn man also einen Zirkelschluß vermeiden will, so muß man zuerst den Ablauf des Handelns so darstellen, als ob der Mensch ohne Erfahrung wirtschaften würde, und damit das Zustandekommen jener wirtschaftlichen Erfahrung erklären, die in der Wirklichkeit den Menschen als eine durch die *Gewohnheit* abgestumpfte und darum unbewußte Selbstverständlichkeit all jene Zusammenhänge berücksichtigen läßt, die in der theoretisch entfalteten Deduktion als „logische Vervollständigung des vom praktischen Wirt jeweils gedachten Gedankenganges" (*Schönfeld,* S. 107) aufzufassen sind.

B. Grenznutzen und Kosten (das „Wiersche Gesetz")

Da wegen der Knappheit der Güter nicht alle Bedürfnisse befriedigt werden können und die Widmung eines Gutes für eine bestimmte Verwendungsweise dieses Gut einer anderen Verwendungsweise entzieht, so schließt der Entschluß, einen bestimmten Nutzen zu realisieren, immer den Verzicht auf die Realisierung eines anderen Nutzens ein. Man muß also jeweils genau veranschlagen, welchen Nutzen die anderen Verwendungsweisen, auf die man verzichtet, stiften, damit man sich nicht etwa auf kleinere Nutzen auf Kosten der nicht realisierten größeren sichert und damit das Wirtschaftsziel (die Erreichung des größten Gesamtwirtschaftsnutzens) verfehlt. Indem man alle Nutzen überblickt und jeweils den größeren Einzelnutzen dem kleineren vorzieht (s. I. C, 1. u. 2.), sichert man den größeren auf *Kosten* des kleineren. Die *„Kosten" sind also nichts anderes als Nutzen* in anderweitiger Verwendung, auf deren *Realisierung* *man verzichten muß: Sie sind entgangene* (also gewissermaßen „*negative*") *Nutzen*. Indem man ein Gut nach seinen Kosten schätzt, stellt man dem Nutzen der einen in Betracht gezogenen Gutsverwendung die Nutzen der anderen sonst möglichen Gutsverwendungen gegenüber und gewinnt damit die Übersicht und Kontrolle über alle Nutzenmöglichkeiten.

Soll der Nutzen für alle wirtschaftlichen Entscheidungen, also nicht nur für die Aufstellung des Haushaltsplanes, sondern auch für die Aufstellung des allgemeinen Wirtschaftsplanes, der auch den Produktionsplan umfaßt, bestimmend sein, so muß gezeigt werden, daß alle wirtschaftlichen Güter, also auch die Produktivgüter, nach ihrer Nutzenschätzung verwendet werden. Einem Gut wird Nutzen beigelegt, wenn von ihm eine bestimmte Bedürfnisbefriedigung abhängig ist. Nun werden die Bedürfnisse unmittelbar nur durch Konsumgüter befriedigt, die Produktivgüter dienen der Bedürfnisbefriedigung nur mittelbar durch ihre Produkte: die Konsumgüter. Folglich empfangen die Produktivgüter ihren Nutzen von den Konsumgütern, die sie erzeugen: Ihr Nutzen ist kein ursprünglicher, sondern ein abgeleiteter.

Da kein Produktivgut allein, sondern nur in bestimmten Zusammensetzungen mit anderen (technische Komplementarität) ein Produkt erzeugt, so empfängt zunächst die ganze Produktivmittelgruppe den Nutzen ihres Produktes. Welche Einzelnutzen auf Grundlage des Nutzens der Produktivmittelgruppe die verschiedenen die Gruppe bildenden Produktivgütereinheiten empfangen, zeigt die Zurechnungslehre, auf die hier verwiesen werden muß.

Ist das Überblicken aller Einzelnutzen schon bei den Konsumgütern unumgänglich, damit alle ihre Verwendungsmöglichkeiten berücksichtigt werden können, so ist es bei den Produktivmitteln, die ja Güter mehrfacher, häufig sogar allgemeinster Verwendbarkeit sind, ganz besonders wichtig, alle Nutzenmöglichkeiten genau abzuwägen, um den größten Gesamtwirtschaftsnutzen zu sichern. Es müssen folglich auch alle (abgeleiteten) Nutzen der Produktivgüter veranschlagt und verglichen werden. Jede Produktivgüterart bildet einen Produktionsbestandteil von vielen infolge ihrer gemeinsamen Abstammung „produktionsverwandten" Konsumgüterarten: Aus einigen wenigen (ursprünglichen) Produktivmittelarten werden im Wege zahlreicher Umwandlungsprozesse alle verschiedenartigen Konsumgüter erzeugt. Nun wäre es vollkommen unmöglich, die ganze Unmasse von Teilkombinationen, in denen die Produktivmittel verwendet werden können, auf einmal zu überblicken und zu veranschlagen. Eine eindeutige Verwendungsbestimmung der Produktivgüter wäre praktisch unmöglich, wenn nicht auch bei den Produktivgütern ein abgekürztes, an die in der Erfahrung festgehaltenen Verfügungen der

Vergangenheit anknüpfendes Verfahren Platz greifen würde – jenes abgekürzte Verfahren, welches das Wesen der Grenznutzenfunktion ausmacht. In der Tat erstreckt sich das Grenznutzenprinzip auch auf die Produktionsmittel, ja es findet gerade bei ihnen sein wichtigstes Anwendungsgebiet. Die aus der Vergangenheit übernommene Gesamtproduktionskombination setzt die Verwendungsbestimmung der Produktivgüter und damit auch für jede Produktivmittelart ihre Grenzverwendung, das ist die Erzeugung ihres geringstwichtigen Produktes: des Grenzproduktes fest. Folglich bestimmt der Nutzen dieses geringstwichtigen Konsumgutes, der *„Grenznutzen des Grenzproduktes"*, die Verwendung jeder in Betracht kommenden Teilmenge einer Produktivgüterart.

Steht nämlich der Grenznutzen einer jeden Produktivgüterart fest – so ist es infolge der relativen Konstanz der wirtschaftlichen Voraussetzungen nicht mehr nötig, bei jeder Veränderung des bisherigen Wirtschaftsstandes alle Verwendungskombinationen immer wieder von neuem durchzudenken; es genügt vollkommen den Nutzen der in Erwägung stehenden Verwendung des Produktivgutes mit dem Grenznutzen dieser Produktivgüterart zu vergleichen und je nachdem er größer oder kleiner als der Grenznutzen ist, die Verwendung vorzunehmen oder zu unterlassen: Die Grenznutzenschätzung der Produktivgüter gibt ein vollkommen ausreichendes Kontrollmittel der Produktion ab.

Da nun ein jedes von den aus einer Produktivgüterart stammenden Konsumgütern – bei der relativen Konstanz des verfügbaren Produktivgütervorrates, die für den regelmäßigen Wirtschaftsablauf charakteristisch ist – auf Kosten des Grenzproduktes dieser Produktivgüterart ersetzt werden könnte, so wird der Nutzen eines jeden Konsumgutes nach dem *Grenznutzen des Grenzproduktes* der betreffenden Produktivmittelart: nach seinen *„Produktionskosten"*, geschätzt. Das so gefaßte *Kostengesetz* ist zuerst von Fr. *Wieser* (1884) in dieser Form aufgestellt worden. Es wird nach dem Vorschlag *Pantaleonis* als *„das Wiesersche Gesetz"* bezeichnet.

Die Schätzung nach den Produktionskosten schließt die Gegenüberstellung des Nutzens der in Betracht gezogenen Verwendung eines Produktivgutes mit dem Nutzen seiner anderweitigen, sonst möglichen Verwendungen in sich, bringt damit die Übersicht und die Kontrolle über alle Möglichkeiten der Nutzenrealisierung und sichert – in einem abgekürzten vereinfachten Verfahren – die Erreichung des größten Gesamtwirtschaftsnutzens. Die Ausdehnung des Grenznutzenprinzipes auf die Produktivgüter, die Schätzung nach den Produktionskosten, bildet derart eine weitere Abkürzung und Vereinfachung der bereits durch die Grenznutzenschätzung der Konsumgüter abgekürzten Wirtschaftsrechnung.

Durch den Nachweis, daß die Kosten nichts anderes sind als anderweitige nicht realisierte Nutzen, deren Größe nach den allgemeinen Gesetzen des wirtschaftlichen Nutzens gebildet wird, ist der organische Zusammenhang aller wirtschaftlichen Handlungen einer Einzelwirtschaft erwiesen: Das Grenznutzenprinzip hat sich als ein einheitliches Erklärungsprinzip bewährt.

Die Kosten sind entweder die („entgangenen") Nutzen der nächstbesten Verwendung, auf die man zugunsten der besseren verzichtet (*„opportunity cost"* nach D. J. *Green*), oder das Arbeitsleid, das man auf sich nimmt, um eine Verwendung zu sichern (*„pain cost"* nach D. J. *Green*). Da das Arbeitsfeld auch als „Nutzen der Muße" gefaßt werden kann (s. nächsten Absatz), so sind die „pain cost" der entgangene Nutzen der Muße. Eine analoge Unterscheidung trifft neuerdings O. *Engländer* mit den Begriffen der „echten" (– unmittelbar abh. Nutzen) und „unechten" (– mittelbar abh. Nutzen) Kosten.

Eine Gruppe von Theoretikern bezeichnet nebst dem Grenznutzen auch das Grenzopfer oder das Grenzarbeitsleid (die Grenz-„disutility") als selbständigen Bestimmungsgrund der Verwendungsauswahl der Güter. Während der Nutzen ein „Lustgefühl" ist, sei die disutility ein „Unlustgefühl",[4] das neben dem Nutzen für die zweckmäßigste Gesamtdisposition ausschlaggebend sei. – Wenn es auch nicht verkannt wird, daß im originären psychischen Erleben neben dem „Lustgefühl" der Befriedigung gleichzeitig auch ein „Unlustgefühl" existent sein kann, so daß Lust- und Unlustintensitäten, die sich nicht kompensieren, in Frage kämen – so kann man dennoch – nachdem diese originären psychischen Erscheinungen reflektiert werden – die Unlustgefühle der Arbeit, das Arbeitsleid, als *Bedürfnis nach Muße* fassen und auf diesem Wege aus den *zwei* Rangordnungen der Lust- und Unlust*intensitäten, eine* zusammengefaßte Rangordnung der *Wichtigkeits*größen[5] erhalten, in der bereits beide Gefühlsarten berücksichtigt sind.

Bei dieser Interpretation bringt folglich auch die „disutility-Theorie" bereits ein einheitliches Erklärungsprinzip, da bei ihr wie bei der reinen Grenznutzentheorie psychische („subjektive") Grenzgrößen für das wirtschaftliche Handeln bestimmend sind und die alte „klassische" Vorstellung von der Bestimmung des Güterwertes durch die in ihrer Größe objektiv bestimmten Kosten fallen gelassen wurde. Da diese Auffassung von allen modernen Theoretikern ausdrücklich oder in einer mehr oder weniger verhüllten Form vertreten wird, so liegt ein Grundgedanke der Grenznutzentheorie allen modernen ökonomischen Theorien zugrunde.

C. *Der Anschlag des abhängigen Nutzens*

In der Wirtschaftsrechnung werden – wie dargelegt – immer je zwei Nutzen miteinander verglichen: Der Nutzen eines Gutes in einer Verwendung mit dem Nutzen *desselben Gutes* in einer anderen Verwendung (der

Fall des „inneren Tausches" nach *Schumpeter* und *Engländer*), oder der Nutzen eines Gutes mit dem Nutzen eines *anderen* Gutes (der Fall des „effektiven Tausches"). Beim effektiven Tausch werden die Nutzen des zu erwerbenden und des dafür hinzugebenden Gutes miteinander verglichen.

Da alle Einzelnutzen unmittelbar oder mittelbar abhängig sind, so muß es zunächst feststehen, welche Nutzen (unmittelbar oder mittelbar abhängige) der beiden Güter einander gegenübergestellt werden. Angenommen es stehe der Tausch des Gutes a gegen das Gut b in Erwägung. Es sind da vier Typen der Nutzenvergleiche theoretisch möglich: 1. unm. abh. N. von a ↔ unm. abh. N. von b; 2. mittelb. abh. N. von a ↔ mittelb. abh. N. von b; 3. unm. abh. N. von a ↔ mittelb. abh. N. von b; 4. mittelb. abh. N. von a ↔ unm. abh. N. von b – von denen nur einer der Wirtschaftsrechnung tatsächlich zugrunde gelegt ist. Eine einfache Überlegung führt zur eindeutigen Bestimmung dieses zweckmäßigen Typus der Nutzenvergleiche. Bei der Tauscherwägung ist der Erwerb des Gutes b auf Kosten des Gutes a nur dann zweckmäßig, wenn:

I. der Gesamtwirtschaftsnutzen[6] aller Güter[7] *mit a ohne b* (bei unveränderter Gesamtdisp.)[8] kleiner ist als der Gesamtwirtschaftsnutzen aller *Güter ohne a mit b* (bei veränderter Gesamtdisp.)[9].

In der Wirklichkeit werden jedoch (wie bereits gezeigt, vergl. oben II. A.) nie Gesamtwirtschaftsnutzen selbst, sondern nur ihre jeweilige Änderungen im Wege von Einzelnutzenvergleichen veranschlagt. Beim Tausche müssen also solche Einzelnutzen einander gegenübergestellt werden, die implizite die als in Betracht kommend aufgezeigte Gegenüberstellung der Gesamtwirtschaftsnutzen (I.) in sich schließen. Diese Bedingung erfüllt nur der Nutzvergleichstypus 3 (unm. abh. N. von a [II.] ↔ mittelb. abh. N. von b [III.]), der voll ausgeschrieben[10] folgende Form annimmt:

II. unm. abh. N. a = 1) GsWsN q mit a ohne b (unv.)
                    2) GsWsN q ohne a ohne b (unv.)
III. mittlb. abh. N. b = 3) GsWsN q ohne a ohne b (unv.)
                         4) GsWsN q ohne a mit b (ver.).

Bei der Gegenüberstellung von II und III zeigt sich, daß die beiden mittleren Glieder (2 und 3) identisch sind, so daß sie zur Kürzung gestrichen werden können und als Resultat die Gegenüberstellung I ergeben, welche als die bei der Tauscherwägung in Betracht kommende angeführt wurde. Daraus folgt die Regel, daß bei der Tauscherwägung *immer* der mittelbar abhängige Nutzen desjenigen Gutes, dessen Erwerb in Erwägung gezogen wird, mit dem unmittelbar abhängigen Nutzen desjenigen Gutes, dessen Hingabe in Erwägung steht, verglichen wird. Da der mittelbar abhängige Nutzen eines Gutes a mit dem Grenznutzen der Güterart a identisch ist, so zeigt es sich, daß *beim Tausch immer der Grenznutzen der zu erwerbenden Teilmenge einer Güterart mit der konkreten Nutzleistung (dem unm. abh. Nutzen) der hinzugebenden Teilmenge*[11] *einer Güterart verglichen wird.* Es werden also beim Tausch nicht zwei Grenznutzen miteinander verglichen: Die Grenznutzenschätzung wird bei einer Dispositionsänderung nur einmal vorgenommen. Bei der relativen Konstanz der Voraussetzungen ist der unmittelbar abhängige Nutzen des hinzugebenden Gutes mit dem Grenznutzen dieser Güterart oft identisch, da ja alle Veränderungen nur die Grenzverwendung betreffen und die Komplementarität dort meistens eine sehr lose ist. Der Anschlag bei Annahme der relativen Konstanz der Voraussetzungen ist nur ein (allerdings der praktisch wichtigste) Spezialfall der hier entwickelten Gesetzmäßigkeit. Diese umfaßt aber auch Fälle, in denen ein größerer Teil der Voraussetzungen geändert ist, sichert auch da die Möglichkeit einer Abkürzung der Wirtschaftsrechnung und berücksichtigt streng die Komplementarität *aller* Nutzen. (Genaueres darüber s. meinen Art. im Arch. f. S. 1927).

D. „Der Ausgleich des Grenznutzenniveaus"

Die Einreihung der Güter in die zweckmäßigsten Verwendungen wird in der Weise vorgenommen, daß bis zur Erschöpfung des Gütervorrates die Güter zur Befriedigung der jeweils wichtigsten Bedürfnisse der verschiedenen Bedürfnisgattungen verwendet werden. In jeder einzelnen Nutzenskala werden der Reihe nach hinabsteigend die höchsten Nutzengrade gesichert. Der größte Gesamtwirtschaftsnutzen wird erreicht, wenn die Bedürfnisse in der Art befriedigt werden, daß kein wichtigeres auf Kosten eines weniger wichtigen unbefriedigt bleibt. Durch die Einfachheit der den empirischen Voraussetzungen nicht entsprechenden Annahme einer vollkommenen Teilbarkeit aller Bedürfnisse und aller Güter veranlaßt, stellten einige Theoretiker ein *„Gesetz vom Ausgleiche des Grenznutzenniveaus"* auf. Dieses Gesetz ist bereits von *Gossen* („*das zweite Gossensche Gesetz*") aufgestellt worden und besagt, daß die Menschen durch die Beschränktheit der ihnen zur Verfügung stehenden (Arbeits-)Zeit gezwungen sind, „die Genüsse bloß teilweise zu bereiten, und zwar in einem solchen Verhältnisse, daß die Größe eines jeden Genusses in dem Augenblick, in welchem seine Bereitung abgebrochen wird, bei allen noch die gleiche bleibt". Dieses nachher von vielen Theoretikern – wenn auch in abweichenden Formulierungen – angenommene Gesetz besagt also, daß die zweckmäßigste Verwendungsbestimmung der Güter zu gleichen Grenznutzen der Teilmengen aller Güterarten führt und damit den „Ausgleich des Grenznutzenniveaus" zur Folge hat. Daraus wird die Folgerung gezogen, daß die Teilmengen aller Güterarten in der Weise verwertet werden sollen, daß sie in allen Verwendungsarten gleiche Grenznutzen ergeben.

Dieses Gesetz beruht auf unzulässigen Vereinfachungen der empirisch beobachteten Verhältnisse, indem es einen kontinuierlich abnehmenden Verlauf der Nutzenkurve und eine ausnahmslose vollkommene Teilbarkeit aller Güterarten voraussetzt. Die Anwendungsmöglichkeit der Infinitesimalrechnung bei kontinuierlich verlaufenden Nutzenkurven mag die Anhänger der mathematischen Schule der Nationalökonomie zu dieser unempirischen Vereinfachung geführt haben. In der empirischen Wirklichkeit verlaufen alle Nutzenkurven in der Regel diskontinuierlich – es kommen nicht alle Intensitätsgrade in allen Nutzenskalen vor, da manche Bedürfnisse nur intermittierend mit anderen auftreten, manche wieder nur einige wenige und keine weiteren oder nur in großen Abständen folgende viel niedrigere Intensitätsgrade aufweisen („abbrechende" oder „abspringende" Bedürfnisse). Die Beobachtung, daß die Menschen bei Vermehrung ihres Einkommens nicht die Befriedigung aller Bedürfnisarten gleichmäßig ausdehnen, sondern den Einkommenszuwachs nur zur Befriedigung einzelner weiterer Bedürfnisarten verwenden, bestätigt den diskontinuierlichen Verlauf der Nutzenkurven. Dazu kommt noch, daß auch die Güter nicht beliebig teilbar sind, die Qualitätsabstufungen der Güter derselben Art können die Beschränkung ihrer Teilbarkeit nur modifizieren, aber nicht ganz aufheben. Auf zwei unempirischen Voraussetzungen beruhend ist daher die Annahme des Ausgleiches des Grenznutzenniveaus eine bloße Fiktion. Das hat bereits *Wieser* (1889) mit Nachdruck betont: „Die Regel der wirtschaftlichen Verwendung von Gütern mehrfacher Nützlichkeit ist nicht, in allen Verwendungen den gleichen Grenznutzen zu gewinnen, sondern sie geht dahin, in jeder Verwendung den geringsten Grenznutzen zu gewinnen, der noch erreicht werden kann, ohne daß um dessentwillen in einer anderen Verwendung ein höherer Nutzen entbehrt werden müßte" (Nat. Wert, S. 14). Dasselbe positiv ausgedrückt ergibt die Regel, daß bei der Verwendungsbestimmung „jedes einzelne Wirtschaftsmittel zum größten Nutzzuwachs zu verwerten ist, den es in den anderweitig gesicherten Grenznutzen noch hinzubringen kann" (*Wieser,* Th. d. g. W. S. 41). Durch die Annahme einer Proportionalität zwischen Preis und Nutzen gelangte man auf Grundlage des Gesetzes vom Ausgleich des Grenznutzenniveaus zur Behauptung, daß die Tauschrelation jedes Gutes zu jedem anderen gleich sei dem reziproken Wert ihres Grenznutzenverhältnisses. Es wären demnach nicht die „einfachen" Grenznutzen, sondern nur die durch den Preis dividierten, die „gewogenen" Grenznutzen, in allen Bedürfnissen gleich – was ein *„Gesetz vom Ausgleich des gewogenen Grenznutzenniveaus"* ergibt. – Nach diesem von allen Anhängern der Lausanner Schule angenommenen Gesetze wird jede Geldeinheit in der Weise verwendet, daß sie in allen Verwendungsarten den gleichen Grenznutzen aufweist. Da – wie gezeigt (oben I. B. 1, c–e) – eine Division des Grenznutzens durch den Preis sinnlos ist, so kann dieses Gesetz nur aussagen, daß bei allen Grenznutzen sich gleiche Überschüsse über die Grenznutzen ergeben: daß an der Verwendungsgrenze die „Konsumerträge" gleich seien. In diesem Sinne ist dieses Gesetz tatsächlich mit dem von *Liefmann* später aufgestellten *„Gesetz vom Ausgleich der Grenzkonsumerträge"* identisch. Obwohl es nun logisch denkbar wäre, daß die Unterschiede zwischen zwei Nutzen (dem zuletzt realisierten und dem ersten der nicht realisierten) in den Grundverwendungen gleich seien, so ist dies dennoch in der empirischen

Wirklichkeit aus zwei Gründen nicht der Fall: 1. setzt auch dieses Gesetz in unzulässiger Vereinfachung des Tatbestandes, die Kontinuität aller Nutzenkurven (und Disutilitykurven) voraus; 2. hat der Wirtschafter keineswegs das Bestreben, gleiche Nutzen*unterschiede,* die ja keine originären psychischen Größen sind, zu sichern, sondern ist einzig und allein bestrebt, die größten Nutzen zu realisieren, gleichviel ob die Überschüsse über ihre „Kosten" (anderweitige Nutzen) groß sind oder nicht.

Es wurde vielfach versucht, das Gesetz vom Ausgleich des Grenznutzenniveaus in gemilderter Form aufrechtzuerhalten, indem man betonte, daß es lediglich eine *Tendenz* ausdrücke. Doch wäre auch dies nur eine *ungenaue* Feststellung, während die Wiesersche Formulierung „kein kleinerer Nutzen auf Kosten eines größeren" den Tatbestand *exakter und richtiger* erfaßt. Der Zustand, bei dem keine Verfügungsänderung eine Erhöhung des Gesamtwirtschaftsnutzens eines Wirtschafters noch bringen könnte, ergibt für ihn seinen Gleichgewichtszustand.

E. Die Bestimmungsgründe des Grenznutzens

sind – wie bereits gezeigt – einerseits die nach Zahl, Art, Wichtigkeitsgröße und Kapazität bestimmten Bedürfnisse, das Bedürfnissystem und seine psychischen Zusammenhänge: die psychologische „subjektive" Komponente – und andererseits die nach Art und Zahl bestimmten Güter und ihre technischen Zusammenhänge (Produktionsgesetze); die technische „objektive" Komponente. Der Grenznutzen bildet die Resultante dieser beiden Komponenten – er ist der organische synthetische Ausdruck der objektiven und subjektiven Faktoren.

F. Die Grenzproduktivität

Von der Verwendung jeder Teilmenge einer Produktivgüterart hängt die Erzeugung einer Teilmenge einer Konsumgüterart ab; die der Grenzverwendung einer Produktivmittelart ökonomisch zuzurechnende Teilmenge einer Konsumgüterart stellt ihre *psychische* (naturale), ihr *Nutzen ihre ökonomische Grenzproduktivität* dar. Die ökonomische Grenzproduktivität einer Produktivgüterart ist also mit ihrem Grenznutzen identisch.

Der einer Produktivgüterart im Ganzen (als Einheit) ökonomisch zuzurechnende Erzeugungsanteil stellt ihre (physische oder ökonomische) Gesamtproduktivität dar. Sie wird nur in Ausnahmefällen veranschlagt, da in der empirischen Wirklichkeit infolge der Teilbarkeit der Bedürfnisse und der Güter in aller Regel nur Verfügungen über einzelne Gütermengen in Erwägung stehen.

Unter dem Namen der *Grenzproduktivitätstheorie* wurde eine im Wesen mit der Grenznutzentheorie identische Lehre (in Ansätzen bereits bei J. H. *v. Thünen*) vor allem in der anglo-amerikanischen und italienischen Literatur entwickelt (J. B. *Clark, Marshall, Carver, Hobson, Seager, Seligman, Montemartini*), die besonders in der Theorie der Einkommensbildung von den meisten modernen Theoretikern übernommen worden ist. Terminologische Verschwendung (marginal productivity, marginal efficiency, specific productivity, effective productivity, specific efficiency und anderes) und das nicht genug scharfe Auseinanderhalten der Begriffe der physischen und ökonomischen Gesamt- und Grenzproduktivität (die besonders von A. *Aftalion* /1911/ klar herausgearbeitet wurden) hat die Darstellung der Grenzproduktivitätslehre unnötig erschwert und kompliziert.

G. Abgeleitete Verwendungen des Grenznutzenbegriffes

stellen die Begriffe des sozialen und des geschichteten Grenznutzens dar.

1. Der *soziale (Grenz-)Nutzen* – nicht der individuelle – ist nach der Meinung mehrerer Theoretiker, für die Wertung der Güter bestimmend (J. B. *Clark, Seligman, J. Fisher, Seager, B. M. Anderson* Jr., *Alessio* und andere). „Die Gesellschaft als Ganzes, nicht das Individuum" lege den Gütern Nutzen bei; sie bestimme die Richtung und das Maß der menschlichen Bedürfnisse. Folglich sei der soziale Grenznutzen (oder das soziale Grenzarbeitsleid) für das wirtschaftliche Handeln der Menschen ausschlaggebend. – Dieser Lehre muß entschieden widersprochen werden; sie beruht auf einer logisch unzulässigen Voraussetzung und einer sozialphilosophischen Hypostasierung. Der Begriff des Nutzens setzt nämlich immer ein die Schätzung vornehmendes Subjekt voraus, das nur ein Individuum sein kann, da die Gesellschaft als Subjekt gar nicht existiert und als solche einen Nutzen weder empfinden noch schätzen kann. Die individuellen Nutzenschätzungen *ergeben* vielmehr erst den „sozialen Nutzen"; daß dieses Soziale – einmal gebildet – auf das Individuelle ändernd und vereinheitlichend zurückwirkt, wird von niemandem verkannt. Diese Rückwirkung beeinflußt aber nur den jeweiligen *Inhalt* der Bedürfnisse, ihre materielle Gestaltung und konkrete Zusammensetzung – ändert jedoch nichts an ihren logisch-*formalen* Strukturgesetzen. Aber, wie dem auch sei: Ob das Individuum oder die Gesellschaft den Inhalt der Bedürfnisse bestimmt, die Frage nach dem Ursprung der Bedürfnisse ist für die Wirtschaftstheorie irrelevant, denn „es handelt sich *nicht* um eine" – an sich für die theoretische Nationalökonomie wertvolle – „Frage der Erkenntnis, sondern um eine Frage der „Methode" *(Schumpeter)*. Die moderne Wirtschaftstheorie setzt nicht – wie etwa die Wirtschafts- oder Kulturgeschichte – die Kenntnis des konkreten Inhaltes der Bedürfnisse voraus, sondern sucht nur ein auf die empirische Wirklichkeit praktisch anwendbares Erklärungsinstrument zu schaffen. In der Wirklichkeit können nun die Bedürfnisse nur bei den Individuen und nicht bei der Gesellschaft, die ein Abstraktum ist, festgestellt und erfaßt werden: An sie muß jede Erklärung anknüpfen.

In der englisch-amerikanischen Literatur wird auch vielfach der Begriff der *Wohlfahrt (welfare)* im Sinne eines sozialen Gesamtwirtschaftsnutzens verwendet (*Edgeworth, Marshall, Pigou, Patten, Fetter* und andere). Der Begriff setzt die Lösung eines sozialphilosophischen Problems voraus, welches eine inhaltliche Bestimmung der Wohlfahrt bedingt. Diese sozialphilosophische Frage wird je nach der Weltanschauung verschieden beantwortet (z. B. von der Cambridger Schule im Sinne des Utilitarismus: „das größte Glück der größten Zahl"), ist jedoch wissenschaftlich nicht gelöst – und kann in der Wirtschafts*politik,* nie aber in der Wirtschafts*theorie* eine Rolle spielen.

2. *Der geschichtete Grenznutzen* – ist nach *Wieser* der Grenznutzen jener Klassen (Schichten), deren Preiswilligkeit für die Preisbestimmung einer Güterart bestimmend ist.

H. Die Quantifizierung des Nutzens

In welcher Weise die Einzelnutzen der Güter, also *intensive*, ziffernmäßig nicht ausdrückbare Größen – ihre Preise, also *extensive*, ziffernmäßig ausdrückbare Größen bestimmen, hat die Wert- und Preistheorie aufzuzeigen: Die Umsetzung der Qualitäten in Quantitäten, die *Quantifizierung* des Nutzens ist ihr Hauptproblem; es kann hier nur mit einigen Worten angedeutet werden.

Der Wirtschafter ist bereit, für ein Gut von bestimmtem Nutzen bestimmte andere Güter im Wege des Tausches hinzugeben. Die Höchstgrenze, bis zu der zu gehen er entschlossen ist, d. h. die Gütermenge, auf die er äußerstenfalls verzichten würde, um ein anderes Gut zu erwerben, bildet sein Höchstgebot, seine Preiswilligkeit („subjektive Wertschätzung"): Es ist der quantifizierte Nutzen dieses Gutes. Stehen die Höchstgebote bei allen Wirtschaftern einmal fest, so kann der Preis durch das Gesetz der Grenzpaare ohne Schwierigkeiten bestimmt werden.

Bei rein triebhaften, also unreflektierten Begehren sind bei einem Individuum in einem Zeitpunkte nur Bedürfnisse der gleichen (jeweils größten) Intensität existent (vgl. I. A.); das Individuum wäre da folglich bereit, für den Erwerb eines für die Befriedigung dieser Bedürfnisse geeigneten Gutes, *alle anderen ihm verfügbaren Güter* zu bieten. Da der verfügbare Gütervorrat und das Bedürfnissystem gegeben sind, so sind auch die Güter, die der Wirtschafter für den Erwerb eines anderen Gutes zu bieten bereit ist, determiniert und *stellen das Höchstgebot, den quantifizierten Nutzen dieses Gutes dar*. In einem Zeitpunkte kann ein Individuum nur ein Höchstgebot (oder alternativ für mehrere Güter mehrere gleich große Höchstgebote) aufstellen; die ärmste (Grenz-)Schicht bestimmt jeweils den Preis einer Güterart und scheidet von der Nachfrage nach anderen Gütern aus. *Die Preise verschiedener Güterarten werden also von verschiedenen Kaufkraftschichten in verschiedenen Zeitpunkten bestimmt.* – Bei reflektierten Begehren werden zwar Bedürfnisse verschiedener Intensitäten gleichzeitig veranschlagt, das Wirtschaftssubjekt knüpft jedoch an die Erfahrung über die unreflektierten Begehren an: Die Quantifizierung des Nutzens ist zwar wegen der alternativ auftretenden Bedürfnisse und wegen des Aufwiegens der Bedürfnisse komplizierter – im Wesen wird sie jedoch in gleicher Weise bestimmt, wie bei den unreflektierten Begehren.

Die Preise der verschiedenen Güter sind also nicht dem reziproken Wert ihres Grenznutzenverhältnisses gleich – dies ist unmöglich, da es ja kein *Nutzenverhältnis* gibt –, es besteht „keine Gleichförmigkeit von Preis und Nutzen"; aber die Grenznutzen der Güter bestimmen dennoch ihre Preise in einer eindeutig feststellbaren Art.

J. Das Prinzip der Grenzanalyse

Das Wesen der Funktion des Grenznutzens beruht in der Abkürzung der Wirtschaftsrechnung, die es bei relativer Konstanz der Voraussetzungen gestattet, durch Anknüpfung an die Grenzergebnisse der Vergangenheit Verfügungen zu treffen, ohne alle Überlegungen immer von neuem durchdenken zu müssen. Es genügt, die Teilveränderungen festzustellen, um den Gesamtablauf des wirtschaftlichen Handelns zu bestimmen.

Diese abkürzende Funktion des Grenznutzens beruht auf einer psychologischen Gesetzmäßigkeit, die einem Grundgedanken der höheren Mathematik, dem *Prinzip der Grenzanalyse,* ganz analog ist. Bei veränderlichen Größen wird da das Maß dieser Veränderung selbst als eine neue Größe fixiert; es ermöglicht die Vergleichung der verschiedenen Veränderungsstadien der gegebenen Größen. Der Grenznutzen bildet in der Wirtschaftsrechnung eine in ähnlicher Weise fixierte Größe, die die Vergleichung der Voraussetzungsänderungen mehrerer Wirtschaftsperioden ermöglicht.

Die Einzelwirtschaften, die in ihrem gegenseitigen Zusammenhang die Volkswirtschaft bilden, knüpfen immer an ihre Grenznutzen an: Der gesamte volkswirtschaftliche Prozeß wird durch den Anschlag der Grenznutzen der Wirtschafter bestimmt. Da die Preise nur von einem Bruchteil aller Einzelwirtschaften, den Grenzschichten, bestimmt werden und diese bei relativer Konstanz der Voraussetzungen sich nicht für alle Güter ändern, so genügt es, nur an die Schätzung der Grenzschichten anzuknüpfen, um die Preisveränderungen und im Anschluß an die vergangene Wirtschaftsperiode den Gesamtablauf des volkswirtschaftlichen Prozesses zu erklären. Das Prinzip der Grenzanalyse ergibt also auch für die Verkehrswirtschaft eine Abkürzung und Vereinfachung der notwendigen Überlegungen; bei relativer Konstanz der Voraussetzungen kann es auf alle wirtschaftlichen Erscheinungen angewendet werden.

<small>Das Prinzip der Grenzanalyse ist mit dem „Marginalismus" im Sinne von *Hobson,* dessen Wesen darin bestünde, nur die *Grenzen,* innerhalb welcher sich die Preise festsetzen können, anzugeben, nicht identisch. Es stellt ein abgekürztes Verfahren dar, das ein *eindeutig* und *nicht nur annäherungsweise* bestimmtes Resultat ergibt.</small>

III. Die Literatur und Kritik der Grenznutzentheorie

A. Die Literatur der Grenznutzentheorie

Gossens Werk (1854), in dem zum erstenmal die Gesetze der Nutzenschätzung auf die Erklärung des gesamten wirtschaftlichen Handelns angewendet worden sind, blieb lange Zeit unbekannt und konnte zunächst keinen Einfluß ausüben. Erst mit den unabhängig von ihm aufgestellten Lehren von Carl *Menger* (1871), William Stanley *Jevons* (1871)[12] und Léon *Walras* (1874), die alle selbständig den Grenznutzenbegriff als Erklärungsprinzip für die wirtschaftlichen Erscheinungen anwenden, ist die *moderne ökonomische Theorie* begründet worden, die in weniger als zwanzig Jahren in der ganzen Welt durchgedrungen ist und heute nicht nur die *herrschende,* sondern auch – wenn man von Unterschieden im Detail absieht – die *einzig bestehende,* alle wirtschaftlichen Erscheinungen systematisch und einheitlich umfassende *Theorie* darstellt.

In der Folgezeit kann man vor allem zwei Richtungen unterscheiden, die beide zwar an dem grundlegenden Grenznutzenprinzip festhalten, aber in der Art seiner Durchführung voneinander zum Teil abweichen. Die eine Richtung sucht in möglichst enger Anlehnung an die Empirie aus den gegebenen Voraussetzungen den ganzen *Ablauf* des Wirtschaftsprozesses und dessen Endergebnis: das wirtschaftliche Gleichgewicht, zu erklären und zu beschreiben (die „österreichische" oder „psychologische" Schule, die Grenznutzentheorie im engeren Sinne). Die zweite Richtung sucht aus den gegebenen Voraussetzungen unmittelbar das Endergebnis: das wirtschaftliche Gleichgewicht zu bestimmen und zu erklären, ohne den Ablauf des Wirtschaftsprozesses in all seinen Stadien genauer zu verfolgen (die „mathematische")[13] Theorie, die „Schule von Lausanne"). . . .

Anmerkungen

1 Seine hierbei psychologisch und nicht ökonomisch eingestellte Probleminstruierung hat *Graziani* (Istituzioni, 4. Aufl. S. 69–72) schlagend kritisiert.

2 Eine Definition der Statik ist mit diesem Hinweis natürlich nicht beabsichtigt.

3 Diese überaus wichtige Erkenntnis im Zusammenhang mit der, daß der Grenznutzen sich erst am Ende der Gesamtdisposition ergibt, wurde ausdrücklich zuerst von Hans *Mayer* betont (Z. f. Volksw. 1922 N. F. II. Bd. S. 13) und nachher von L. *Schönfeld* („Grenznutzen und Wirtschaftsrechnung" Wien 1924) ausführlich behandelt.

4 „Lust- und Unlustgefühle" sind hierbei nicht inhaltlich bestimmt, sondern bedeuten alles, dessen Erreichung (bzw. Vermeidung) begehrt wird.

5 Da jedes Bedürfnis sich auf die Erlangung eines „Lustgefühls" oder auf die Vermeidung eines „Unlustgefühls" bezieht, so kann man bei *reflektierten Begehren* das „Lustgefühl" als ein negatives „Unlustgefühl" oder dieses als ein negatives „Lustgefühl" darstellen. Im ersten Fall ist ein *Minimum* an „Unlust", im zweiten ein *Maximum* an „Lust" das Ziel des wirtschaftlichen Handelns. Beide Auffassungen sind zulässig. Da bei dem Minimum an „Unlust" die Größe 0 – beim Maximum an „Lust" jedoch die Größe ∞ als Ziel angestrebt wird, dürfte es sogar zweckmäßger sein, den ersten Fall zu wählen.

6 Gesamtwirtschaftsnutzen hier angeführt als GsWsN.

7 „alle Güter" hier angeführt als q.

8 „bei unveränderter Gesamtdisposition" hier angeführt als (unv.).

9 „bei veränderter Gesamtdisposition" hier angeführt als (ver.).

10 „Voll ausgeschrieben" heißt als Differenz zweier Gesamtwirtschaftsnutzen ausgedrückt.

11 Die hinzugebende Teilmenge wird natürlich stets die der Grenzverwendung sein; es kommt aber der Grenzverwendung einer Güterart nicht immer der Grenznutzen dieser Güterart zu; wenn die Güterart ersetzlich ist und die Ersetzung im Falle des Verlustes zweckmäßig wäre, kommt ihr nur der „Pseudogrenznutzen" *(Böhm-Bawerk)* dieser Güterart zu.

12 Z. T. bereits 1862.

13 Nicht im Gebrauch der mathematischen Symbole liegt ihre Besonderheit, denn dies ist nur eine besondere Ausdrucksweise, in der alle Theorien dargestellt werden können – (auch die klassische Theorie ist z. B. von *Whewell* mathematisch dargestellt worden) –, sondern in dem Bestreben, das wirtschaftliche Gleichgewichtssystem aus simultanen Voraussetzungen unmittelbar zu bestimmen. In diesem Sinne gibt es auch Anhänger der mathematischen Schule, die keine mathematischen Symbole verwenden (z. B. *Montemartini*).

GOTTFRIED VON HABERLER
1900–1995

Gottfried von Haberler wurde in Purkersdorf bei Wien geboren und studierte zunächst Jus und anschließend Staatswissenschaften an der Wiener Universität. Mit von Hayek, Machlup, Morgenstern, Rosenstein-Rodan und noch rund 20 anderen jungen Sozialwissenschaftern gehörte er zu jener berühmten vierten Generation, die aus Mises Privatseminar in Wien hervorging. Brachte ihm sein erstes Buch, *Der Sinn der Indexzahlen* (1925), bereits ein Rockefeller-Stipendium für die USA und England ein, so gelang ihm mit seinem zweiten, *Der internationale Handel. Theorie der weltwirtschaftlichen Zusammenhänge sowie Darstellung und Analyse über Außenhandelspolitik* (1933), ein Klassiker der Freihandelstheorie. Von Haberler war mit Hayek und Rosenstein-Rodan unter den ersten, die in den frühen dreißiger Jahren Österreich verließen. Von 1932 bis 1971, mit einer nur zweijährigen Unterbrechung beim Völkerbund in Genf, lehrte er an der Harvard University in Boston. Sein Buch *Prosperity and Depression* (1937), seither in die meisten Weltsprachen übersetzt, wurde zum Standardwerk der modernen Konjunkturtheorie. 1974 erschien *Economic Growth and Stability*. Von Haberlers umfangreiches Gesamtwerk umfaßt über zwanzig Bücher und an die 150 Essays und behandelt im wesentlichen die Handels-, Geld- und Konjunkturtheorie. Der folgende Beitrag ist eine seiner späteren Arbeiten.

The Evolution of Keynesian Economics

I offer a brief description of the evolution of Keynesian economics, keeping in mind that it must be distinguished from the economics of *Keynes* himself. Keynesian economics has not stood still. I suggest that roughly three stages can be distinguished. The *first* stage accepts the picture of the economy that underlies Keynes's *General Theory*. It is depression economics in the strict sense. The *second* stage centers on the Phillips curve. It is still depression economics. It assumes constant or exogenously changing wages and prices, is unconcerned about inflation, and ignores inflationary expectations. The *third* stage can be described as Keynesian economics tinged with rational expectations ideas, coming to grips with inflationary expectations.

The First Stage. The *General Theory* was written during the Great Depression. It was depression economics. The picture underlying the *General Theory* is that of a mature capitalistic economy suffering from chronic oversaving and insufficient investment opportunities due to a secular slowdown of technological progress – an economy in constant need of resuscitation through government deficit spending.[1]

The theory of secular stagnation is a gross misinterpretation of the nature of the Great Depression of the 1930s. We know now that the depression would never have been so severe or lasted so long if the Federal Reserve had not by tragic policy mistakes of omission and commission caused or permitted the basic money supply to contract by about 30 percent.[2] One need not be an extreme monetarist to recognize that such a contraction of the money supply must have catastrophic consequences. Joseph A. *Schumpeter,* who certainly was not a monetarist but recognized monetary forces when he saw them, put it this way: The collapse of the U. S. banking system in the early 1930s and the implied contraction of money supply "turned retreat into rout"; what would have been a recession, perhaps a relatively severe one, became a catastrophic depression.[3]

Before going into further details about the evolution of Keynesian economics, I would like to point out that the misinterpretation of the Great Depression had, most unfortunately, a strong effect on the emerging development economics. The misinterpretation was eagerly embraced by many development economists, along with the *dirigiste* and protectionist wave in economic thinking, as exemplified by *Keynes's* temporary conversion from economic liberalism and free trade to planning and protection.

Development economics thus acquired a *dirigiste,* protectionist slant from the beginning.

The prime example is the career of Raúl *Prebisch,* one of the most influential practitioners of development economics through his work in the United Nations, in the United Nations Conference on Trade and Development (UNCTAD) and the Economic Commission on Latin America (ECLA). In his brilliant contribution, "Five Stages in My Thinking on Development," to the World Bank's *Pioneers in Development* series, he relates that in the 1920s he "was a firm believer in neoclassical theories." But "the first great crisis of capitalism," the world depression of the 1930s, changed all that. The "second great crisis of capitalism, which we are suffering now, has strengthened my attitude."[4] What he referred to is the world recession that came to an end soon after the U. S. economy took off on an unexpectedly vigorous expansion, which is still in progress.

To call this a "second great crisis of capitalism" is a grotesque misinterpretation. For there was no depression, nothing remotely resembling the Great Depression or earlier ones. What happened was a comparatively mild recession, which came about when the United States and other industrial countries were forced to put on the monetary brakes to bring inflation under control.[5]

Some Keynesians, especially Lord *Kaldor,* have argued that if the Federal Reserve had prevented the contraction of the money supply by open-market operations, it would have made no difference, because the velocity of circulation of money would have declined.[6] To appraise the merits of this view, it is essential to distinguish sharply two problems. By failing to make this distinction, *Kaldor* vitiates his argument. The *first* problem is what would have happened if the Federal Reserve had prevented the contraction of the money supply by stopping the run on the banks and forestalling the collapse of the banking system.

The *second* problem is this: Suppose a recession has been allowed to degenerate into a deep depression characterized by declining prices, mass unemployment, and deflationary expectations, as happened in the early 1930s. Most economists, including many monetarists, agree that in such a situation it is better to inject money directly into the income stream by government deficit spending than to rely entirely on monetary policy (open-market operations). In the short run monetary policy would indeed be ineffective; if people expect prices to fall, even a zero nominal interest would not stimulate investment. True, after a long delay monetary policy would turn the economy around through the Pigou effect, but a large pool of liquidity would be created, which at a later stage would cause inflation.

From this it does not follow, however, that monetary policy would have been equally ineffective if it had prevented the collapse of the banking system and the contraction in the money supply. On the contrary, it would have forestalled the transformation of a recession into a deep depression. It was the preventable collapse of the banking system and the implied contraction in the money supply the "turned retreat into rout," to repeat *Schumpeter's* colorful phrase.

That the monetary factor, deflation, was the dominant cause of the depression is confirmed by the fact that in one country after another the depression was lifted as soon as deflation was stopped by orthodox or unorthodox measures – in the Scandinavian countries, Australia, and Nazi Germany – and that in the post-World War II period there were no major depressions, only comparatively mild recessions, despite much greater destruction than in World War I.

To support his theory of the ineffectiveness of monetary policy, *Kaldor* quotes what Milton *Friedman* had to say about Canada in his *Monetary History of the United States:* That "Canada had no bank failures because it had an efficient branch banking system (rather than the archaic U. S. unit banking system). Therefore, during the depression (1929–1933) in Canada the quantity of money declined by only 13 percent compared with 33 percent in the United States. On the other hand, velocity declined by 41 percent compared with 29 percent in the United States." This proves, according to *Kaldor,*[8] that velocity adjusts automatically to changes in the quantity of money.

Actually, this does not prove *Kaldor's* point, for a reason that *Kaldor* overlooked – that the Canadian economy was rigidly linked to the U. S. economy by a fixed exchange rate and was therefore forced to share fully the depression in the United States. Net national product in Canada fell by 49 percent, compared with 53 percent in the United States. No wonder that pessimism (deflationary expectations) became entrenched as in the United States and velocity declined sharply. As *Friedman* points out, because there were no bank failures in Canada, the public's confidence in the banks was not shaken, and the demand for the bank-deposit portion of the money stock declined not nearly as much as in the United States; hence, velocity declined more sharply.[9]

Before discussing the second stage of Keynesian economics, I should point out that *Keynes* was not the first or the only economist to realize that in a deep depression government deficit spending is in order. That was the general view in Chicago, expressed by Frank H. *Knight,* Henry *Simons,* Jacob *Viner,* and others, which is the reason why *Keynes* did not make such an impression in Chicago as in other centers of learning.[10] Arthur *Burns* says in a recent paper, "I found myself recommending Keynesian policies in 1930 and 1931, well before *The General Theory* was published."[11]

In England A. C. *Pigou,* Dennis H. *Robertson,* and others reached the same conclusion. It did not require a "new economics" to understand that. But there can be no doubt that it was *Keynes* who made the idea popular in the professional literature as well as in the policies of most countries.[12]

The Second Stage. The Keynesian unconcern about inflation and neglect of inflationary expectations are highlighted by the theory of the Phillips curve, which postulates a more or less permanent trade-off between unemployment and inflation; lower unemployment can be obtained by accepting higher inflation. This theory for years dominated the Keynesian discussions of inflation. I cite two examples of prominent Keynesians. In 1960 Paul *Samuelson* and Robert *Solow* in a widely acclaimed article, "Analytical Aspects of Anti-Inflation Policy,"[13] presented a "modified Phillips curve for the United States," which they described as "the menu of choice(s) between different degrees of unemployment and price stability" (see figure 1). The authors mentioned specifically two "obtainable" choices: *A,* price stability with 5 1/2 percent unemployment; and *B,* 3 percent unemployment with 4 1/2 percent inflation per annum. They did not say whether they regard other points on their curve – for example, *C,* 1 1/2 percent unemployment with 10 percent inflation – as "obtainable" choices.

As we see it now, point C would not be "obtainable." With 10 percent inflation, the short-run Phillips curve would not stay put. Inflationary expectations leading to anticipatory action by market participants would shift the curve up. But the authors, although they envisage shifts of the curve due to structural changes in the economy, do not point out that inflationary expectations would shift the curve.[14] It is true that there is a brief reference to inflationary expectations, but it comes earlier in the paper and is not related to the Phillips curve. The authors say that inflationary expectations would be caused by "a period of high demand and rising prices." Inflationary expectations would "bias the future in favor of further inflation." But they immediately play down the importance of the matter by saying, "Unlike some other economists, we do not draw the firm conclusion that unless a firm stop is put, the rate of price increase must accelerate. We leave it as an open question: It may be that creeping inflation leads only to creeping inflation."[15] This statement leaves out a crucial point. It has not been claimed that every creeping inflation inexorably becomes a trotting one; what is claimed is that inflation loses its stimulating power when it is stopped. In other words, the short-run Phillips curve does not stay put but shifts up.

Figure 1: Modified Phillips Curve for the United States

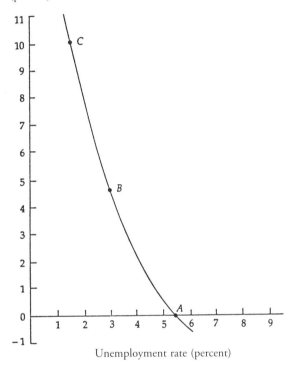

Note: This shows the menu of choices between different degrees of unemployment and price stability, as roughly estimated from the last twenty-five years of U. S. data.
Source: *Samuelson* and *Solow,* "Aspects of Anti-Inflation Policy," p. 192.

It can be argued that this may not be true of very low inflation rates, say, not more than 2 or 3 percent, or even a little higher if they do not last too long. Maybe that is what the authors mean by "creeping." I think enough has been said to justify the conclusion that the paper by *Samuelson* and *Solow* illustrates my point that Keynesian economics is characterized by unconcern about the dangers of inflation and neglect of inflationary expectations.

Here is my second example. As late as 1972, shortly before inflation in the United States and other industrial countries soared into the two-digit range, James *Tobin* extolled the virtues of inflation in adjusting "blindly, impartially and non-politically the inconsistent claims of different pressure groups on the national product."[16] *Tobin* later gracefully admitted that he had "been overoptimistic about the trade-off [between unemployment and inflation] and too skeptical of accelerationist warnings."[17]

Samuelson and *Solow* wrote in 1960 when inflation was low. The surge of world and U. S. inflation that started in the late 1960s has changed the picture. Inflationary expectations of market participants have become sensitized, and economists have been alerted to the danger of inflation. The change in outlook reached its climax in the theory of rational expectations. But we have seen that *Keynes* himself already recognized a change in climate in 1937 and urged a shift in policy to curb inflation without, of course, giving up the goal of full employment. Keynesian economists, on the other hand, have been slow to recognize the change and have been recommending expansionary policies in and out of season.

A dramatic example is provided by the Keynesians' complete misjudgment of the prospects of the British economy when the Thatcher government shifted the stance of policy. This was pointed out by *The Economist,* a bastion of Keynesianism, in an article entitled "UnKeynesian Britain." "When the [Thatcher] government raised taxes and cut public borrowing in the 1981 budget, 364 academic economists," mostly Keynesians, issued a manifesto predicting dire consequences. "Shortly thereafter recovery began," and the economy is still growing at a healthy pace despite the fact that the government has continued to shrink public sector borrowing.[18]

One of the 364 was Lord *Kaldor.* Two years later he still did not face the facts. In the introduction to his pamphlet *The Economic Consequences of Mrs. Thatcher*[19] he quotes the following passage from a famous speech by *Keynes* in the House of Lords on May 25, 1944, in which he defended the Bretton Woods agreement on the International Monetary Fund against its critics.

> The experience of the years before the war has led most of us, though some of us late in the day, to certain firm conclusions. Three, in particular, are highly relevant to this discussion. We are determined that, in future, the external value of sterling shall conform to its internal value, as set by our own domestic policies, and not the other way round. Secondly, we intend to retain control of our domestic rate of interest, so that we can keep it as low as suits our own purposes, without interference from the ebb and flow of

international capital movements, or flights of hot money. Thirdly, whilst we intend to prevent inflation at home, we will not accept deflation at the dictate of influences from outside. In other words, we abjure the instruments of the Bank rate and credit contraction operating through the increase in unemployment as means of forcing our domestic economy into line with external factors.[20]

Kaldor claims that this passage presents "the best account of the essential features underlying the consensus" that guided British economic policies of both labor and conservative governments in the postwar period. These essentially Keynesian policies, which have served the country so well, have been "completely repudiated" by the *Thatcher* government right from the beginning with disastrous consequences. *Kaldor's* theory calls for some critical comment.

To begin with, it is true that Britain and all other industrial countries, as well as most less-developed countries, experienced for about twenty years an almost unprecedented prosperity. Whether this war due to "enlightened Keynesian policies" is questionable; more on that below. But the "enlightened Keynesian policies" led to high, unsustainable inflation before Mrs. *Thatcher* came to power.

Mrs. *Thatcher's* policy certainly was not flawless. For example, it was a great mistake that early in the game she granted an excessive wage increase of over 20 percent to public sector workers. But the overall performance of the economy is by no means bad. Inflation has come down from 20 percent in mid-1979 to 5 percent in the past two years. The economy has been expanding since the middle of 1981 and continued to grow, albeit slowly, even during the 1982 recession in the United States, Japan, and Europe. Its growth rate was the highest among the countries in the European Community in 1983 and, according to the Organization for Economic Cooperation and Development, was likely to be one of the highest in 1984. Productivity in manufacturing increased at an annual rate of 6 percent in 1982 and 1983, and the prospects were good for 1984. Unemployment has remained high (about 12 percent), but employment has been increasing for about two years.

I now come to *Keynes's* statement. What he recommends is that Britain, while "preventing inflation at home," should under no circumstances allow deflation to be imported from abroad. The clear implication is that, if necessary, the exchange rate should be changed; in his words, "the external value of sterling should conform to the internal value."

Keynes's recommendation is the same that Thomas *Willet* and I made to the U. S. government when the dollar was weak in the 1970s: a policy of "benign neglect" of the balance of payments.[21]

Contrary to what *Kaldor* said, there is no conflict between that recommendation and the policy of the Thatcher government. This is precisely what the Thatcher government has done; it has abolished exchange control and allowed sterling to float in the foreign exchange market with a minimum of official interventions. Thus *Kaldor's* criticsm completely falls to the ground.

It is interesting to recall that thirty-six years ago many Keynesians similarly misjudged the German economic "miracle," which started with the currency reform of 1948 and the simultaneous abolition of all controls by Ludwig *Erhard* after its early success had become apparent.[22] I cite one example: Thomas (Lord) *Balogh* predicted that the policies of *Erhard* "could not be sustained. The currency was reformed according to a wicked formula." It "helped to weaken the Trade Unions ... Their weakness may even inhibit increases in productivity, since large scale investment at high interest does not pay at the present low relative level of wages. In the long run the income pattern will become intolerable and the productive pattern unsafe." *Balogh* said that Dr. *Erhard* and his "satellite economists" were trying to discredit "enlightened Keynesian economic policies" and "to apply to real life an abstract obsolescent and internally inconsistent economic theory and certainly did not succeed." *Balogh* predicted alarming political consequences and pointed in "a final warning to the gains which the Soviet Zone of Germany has been able to record." *Balogh* was right in pointing out the extreme contrast between the economic ideas and policies prevailing in the Federal Republic of Germany and those in Britain under the labor government. The results, however, were the opposite of what *Balogh* and the other critics had predicted: German real GNP per capita has grown to almost twice that of Britain.[23] *Hutchison* also shows that German economic policies were similarly misjudged by American representatives of the "new economics," Walter *Heller* among them.

I offer a supplement to *Hutchison's* list of misjudgments of the German revival of laissez-faire liberalism by advocates of central planning and comprehensive controls: in 1948, criticizing the view "that if, somehow, the German economy could be freed from material and manpower regulations, price controls and other bureaucratic paraphernalia, then recovery could be expedited," John K. *Galbraith* concluded, "there never has been the slightest possibility of getting German recovery by this wholesale repeal [of controls and regulations]."[24] *Galbraith's* paper abounds with predictions of the dire political and economic consequences of *Erhard's* dash for economic freedom. To quote *Keynes:* rarely has "modernist stuff gone wrong and turned sour and silly" so fast.

It should be recalled that in 1944, when he made the speech in the House of Lords, *Keynes* had completed a process of reconversion from protectionism, interventionism, and planning to economic liberalism. This seems to have been due largely to listening to Lionel *Robbins,* James *Meade,* Marcus *Fleming,* D. H. *Robertson,* and Redvers *Opie.*[25]

Actually, *Keynes* often changed his mind so fast that many of his followers could not keep pace. Thus *Keynes* had to defend the liberal Bretton *Woods* agreement against his followers who had become proponents of controls and central planning and were great admirers of the Nazi economic policy of Hjalmer *Schacht.* For example, a couple of months before his speech in the House of Lords, in a letter to the *Times, Keynes* replied to criticsm by Thomas *Balogh,* who had urged controls: "Since we are not (so far as I am aware), except perhaps Dr. *Balogh,* disciples of Dr. *Schacht,* it is greatly to our interest that others should agree to refrain from such disastrous [Schachtian] practices."[26]

Kaldor also misinterprets Austrian developments. He writes: "Austria ... adopted thoroughly Keynesian demand-management policies and enjoyed an uninterrupted prosperity with full employment ever since the early 1950s – with one of the highest growth rates in the world."[27]

To attribute the undoubted success of Austria's economic performance in the postwar period to the adoption of Keynesian policies is a widespread misconception, which is also shared by some Austrian economists. I have shown elsewhere that the Austrian policy is more appropriately described as Austro-monetarism than as Austro-Keynesianism.[28]

True, unlike the Swiss National Bank and the German Bundesbank, the Austrian National Bank does not pursue a strictly monetarist policy of setting monetary growth targets. But since Austria, very sensibly, pegs the Austrian Schilling to the German Mark, the German Bundesbank in effect provides the monetarist basis for Austrian policy.

The basic *economic* reason why the performance of the Austrian economy was so much better after World War II than in the interwar period is that there was no deflation.[29] That is also true of the United States and all other industrial countries. We have seen that *Kaldor* completely misinterpreted the nature of the Great Depression; this explains why he missed the main reason of the "Austrian miracle," namely, that the deflationary mistakes of the 1930s were avoided.

To avoid misunderstanding, I repeat what I have said elsewhere: That the criticsm of latter-day Keynesians does not mean that *Keynes's* recommendation of deficit spending in a deep depression when prices are falling and deflationary expectations prevail was wrong. On the contrary, it was quite right. This should also be acceptable to monetarists.[30]

The trouble is that many Keynesians, including *Kaldor,* do not understand that we do not live in a Keynesian world anymore. They do not realize the difference between a real deflation and depression and the transitional pains of disinflation. They speak of "the *Volcker* and *Thatcher* depression" and when sensitive commodity prices decline, they accuse the Federal Reserve of "deflationary" policies – joined by extreme supply-siders. Strange bedfellows!

Let me repeat: *Keynes* himself realized the change in climate in 1937; one year after the appearance of the *General Theory* he urged a shift in policy to fight inflation. We have to distinguish between Keynesian economics and the economics of *Keynes.*

The Third Stage. After criticizing Keynesians for past sins and misconceptions, I come to the *third* stage. Keynesians at long last have become aware that the economic climate has changed. As I have mentioned, James *Tobin* gracefully acknowledged that in earlier statements he had not given sufficient attention to the warnings of "accelerationists" such as William *Fellner* that inflation would accelerate because there is no permanent trade-off between unemployment and inflation.

My prime example, however, is the arch Keynesian Paul *Samuelson.* In his sparkling contribution to the *Keynes* Centenary Conference in Cambridge in 1983, he found that in the present world neither the "depression Keynesian model" of the *General Theory* nor "the market clearing new classical theory model" works well. He concludes: "If I had to choose between these two extreme archetypes, a ridiculous *Hobson's* choice, I fear that the one to jettison would have to be the Ur-Keynesian model"; and "people learn faster these days and the easy Keynesian victories are long behind us."[31]

I myself have expressed the same idea by saying that today the world is closer to the classical position than to the Keynesian one. As mentioned, *Keynes* himself had already recognized in 1937 that the economic climate had changed when he argued that it was time to switch policy from fighting unemployment to curbing inflation.

Thus the third stage of Keynesian economics, exemplified by *Samuelson,* means that the Keynesians are at long last catching up with the view of the master. There are many examples of *Keynes's* quick turns that made it hard for many of his followers to keep pace. I cite one important example.

In a famous paper, "National Self-Sufficiency," *Keynes* wrote: "I was brought up to respect free trade as an economic doctrine which a rational and instructed person could not doubt. . . . As lately as 1923 I was writing that free trade was based on fundamental truths 'which, stated with their due qualifications, no one can dispute who is capable of understanding the meaning of the words.'"[32]

His views ten years later he summed up as follows: "I sympathize with those who would minimize rather than with those who would maximize, economic entanglement among nations. Ideas, knowledge, science, hospitality, travel – these are the things which should of their nature be international. But let goods be homespun whenever it is reasonably and conveniently possible."[33]

When *Keynes* became involved during the war in planning for postwar economic reconstruction, Bretton Woods, and trade policy, he at first strongly opposed the liberal trade policy proposed by the U. S. State Department. In a memo of October 1943 he wrote: "I am a hopeless skeptic about a return to 19th century laissez faire for which the State Department seems to have such a nostalgia. I believe the future lies with (I) state trading for commodities, (II) international cartels for necessary manufactures, and (III) quantitative import restrictions for non-essential manufactures."[34] *Harrod* writes: "In the preceding ten years he *[Keynes]* had gone far in reconciling himself to a policy of planned trade: These ideas had sunk deeply in. Even for him with . . . his power of quick adaptation, it was difficult to unlearn so much."[35] Another great admirer of *Keynes,* Lionel *Robbins,* wrote: "Even *Keynes* succumbed to the [then] current insanity . . . A sad aberration of a noble mind."[36]

Keynes later changed his mind, but many of his followers, notably Nicholas (Lord) *Kaldor* and the new Cambridge school, have consistently followed the protectionist line.[37]

In his last years *Keynes* turned sharply against the protectionist-nationalist policies proposed by his erstwhile followers, who in the meantime had become his critics. It was these policies that he had in mind when he wrote in a famous posthumously published paper: "How much modernist stuff, gone wrong and turned sour and silly, is circulating in our system, also incongruously mixed, it seems, with age-old poison." He pleaded that the "classical medicine" should be allowed to work, that is to say, liberal trade policy, convertible currencies, and sound monetary and fiscal policies. "If we reject the medicine from our systems altogether, we may just drift on from expedient to expedient and never get really fit again."[38]

One final observation. It is misleading to contrast *Keynes's* macroeconomics with Marshallian, Walrasian, and other neoclassical microeconomics as *Samuelson* and other Keynesians do. This ignores the fact that *Marshall* and *Walras* have written extensively on money, banking, credit, and economic fluctuations. In other words, there exists a Marshallian and Walrasian macroeconomics.[39]

Of course they did not put their macroeconomics in the form of something like the "three-equation macro system of the *General Theory* type" that *Samuelson* finds so illuminating.[40] But that would not be hard to do. In fact, it has been done admirably by A.C. *Pigou* in his great book *Equilibrium and Employment. Pigou* presents a truly *general* theory that comprises *Keynes's General Theory* as a very special case. The superiority of *Pigou's* work has been acknowledged by no less than the arch Keynesian Nicholas *Kaldor*.[42]

It is true that *Equilibrium and Employment* is of post-Keynesian vintage. Yet let me repeat what I wrote many years ago:[43] In 1950 *Pigou* published the text of two lectures, *Keynes' "General Theory": A Retrospective View*,[44] an eminently fair and generous reappraisal of the *General Theory*, which he had criticized rather bitterly soon after its appearance.[45] In his reappraisal *Pigou* writes: "When I wrote my *Employment and Equilibrium* in 1942, and again when I revised it recently, I had not read the *General Theory* for some time and did not realize how closely my systems of equations conform with the scheme of his analysis."[46]

On *Pigou's* statement, I commented in my 1962 paper: "It is, however, quite safe to say, it seems to me, that *Pigou* would not have written his *Employment and Equilibrium* without the Keynesian challenge. But it is equally clear that the new book, far from contradicting classical theory, constitutes a clarification and elaboration of *Pigou's* own pre-Keynesian 'classical' position."[47]

Notes

1 I repeat that *Keynes* himself soon changed his mind. Moreover, passages can be found in the *General Theory* that point in a different direction.

2 For a discussion of various possible causes of the Great Depression, see my paper *The World Economy, Money, and the Great Depression, 1919–1939* (Washington, D.C.: American Enterprise Institute, 1976).

3 *Schumpeter's* views are discussed in my paper *Schumpeter's Capitalism, Socialism, and Democracy after Forty Years,* American Enterprise Institute Reprint, no. 126 (Washington, D.C., October 1981). The paper appeared originally in Arnold *Heertje,* ed., *Schumpeter's Vision: Capitalism, Socialism, and Democracy after 40 Years* (New York: Praeger Publishers, 1981).

4 Raúl *Prebisch,* "Five Stages in My Thinking on Development," in World Bank, *Pioneers of Development* (Oxford: Oxford University Press, 1984), p. 175.

5 On the genesis of development economics, see the masterly introduction to the World Bank's *Pioneers in Development,* "The Formative Period," by Gerald M. *Meier.* Deepak *Lal* has subjected the theory to a scathing criticism in his hard-hitting classic *The Proverty of "Development Economics,"* Hobart Paperback 16 (London: Institute of Economic Affairs, 1983). I myself have tried a critical appraisal of development economics after putting it in historical perspective in "Liberal and Illiberal Development Policy: Free Trade Like Honesty Is Still the Best Policy," which will be published by the World Bank in the second series of *Pioneers in Development.*

6 The great Keynesian and biographer of *Keynes* Roy G. *Harrod* took a different view. In his review of Milton *Friedman* and Anna J. *Schwartz, A Monetary History of the United States, 1867–1960* (Princeton, N.J.: Princeton University Press for National Bureau of Economic Research, 1963) in the *University of Chicago Law Review,* vol. 32, no. 1 (Autumn 1964), pp. 188–96, *Harrod* emphatically rejects the view held by many Keynesians "that the events of 1929–1933 proved the impotence of monetary policy" and asserts categorically that "monetary policy was not attempted in the United States in 1929–1933" (p. 196).

7 *Friedman* and *Schwartz, Monetary History,* p. 352.

8 Nicholas *Kaldor,* "The New Monetarism" (1970), reprinted in *Kaldor, Further Essays on Applied Economics* (New York: Holmes & Meier, 1978), pp. 18–19. *Kaldor* restated his theory in 1983 in "Keynesian Economics after Fifty Years," in David *Worswick* and James *Trevithick,* eds., *Keynes and the Modern World* (Cambridge: Cambridge University Press, 1983), esp. pp. 15–23.

9 *Friedman* and *Schwartz, Monetary History.*

10 Milton *Friedman,* in his paper "The Monetary Theory and Policy of Henry *Simons,*" *Journal of Law and Economics,* vol. 10 (October 1967) p. 7, writes:
There is clearly great similarity between the views expressed by *Simons* and by *Keynes* – as to the causes of the Great Depression, the impotence of monetary policy, and the need to rely extensively on fiscal policy. Both men placed great emphasis on the state of business expectations and assigned a critical role to the desire for liquidity, [indeed] "absolute" liquidity preference under conditions of deep depression ... It was this that meant that changes in the quantity of money produced by the monetary authorities would simply be reflected in opposite movements in velocity and have no effect on income or employment.
See also Herbert *Stein, The Fiscal Revolution in the United States* (Chicago: University of Chicago Press, 1969); idem, "Early Memories of a *Keynes* I Never Met," *AEI Economist* (June 1983); and J. Ronnie *Davis, The New Economics and the Old Economists* (Ames: Iowa State University Press, 1971).

11 Arthur F. *Burns,* "An Economist's Perspective over 60 Years," *Challenge* (January–February 1985), p. 17.

12 On all that, see the three chapters on the Keynesian revolution in T.W. *Hutchison's* encyclopedic monograph *On Revolutions and Progress in Economic Knowledge* (Cam-

bridge: Cambridge University Press, 1978), esp. chap. 6, "Demythologizing the Keynesian Revolution: *Pigou,* Wage Cuts, and *The General Theory,*" pp. 175–200.

13 Paul *Samuelson* and Robert *Solow,* "Analytical Aspects of Anti-Inflation Policy," *American Economic Review,* vol. 50, no. 2 (May 1960), fig. 1, p. 192.

14 They refer to expectations in connection with the Phillips curve: "It might be that the low-pressure demand would so act upon wage and other expectations as to shift the curve downward in the longer run – so that over a decade, the economy might enjoy higher employment with price stability than our present-day estimate would indicate" (ibid., p. 193). But it is *deflationary* expectations, and it is described as a long-run phenomenon. Inflationary expectations surely are not a long-run phenomenon. This makes the absence of any reference to inflationary expectations all the more conspicuous.

15 Ibid., p. 185.

16 See his brilliant presidential address, James *Tobin,* "Inflation and Unemployment," *American Economic Review,* vol. 62 (March 1972), p. 13.

17 See James *Tobin,* "Comment of an Academic Scribbler," *Journal of Monetary Economics,* vol. 4 (1978), p. 622.

18 "UnKeynesian Britain," *The Economist* (London), February 2, 1984.

19 Nicholas *Kaldor, The Economic Consequences of Mrs. Thatcher* (London: Buckworth, 1983). *Speeches in the House of Lords, 1979–1982,* ed. Nick *Butler,* pp. 1–2.

20 *Keynes's* speech is reprinted in *Collected Writings of John M. Keynes,* vol. 26 (Cambridge: Cambridge University Press, 1980), p. 16.

21 See Gottfried *Haberler* and Thomas *Willett, A Strategy for U. S. Balance of Payments Policy* (Washington, D. C.: American Enterprise Institute, 1971). See also Gottfried *Haberler, U. S. Balance of Payments Policy and the International Monetary System,* American Enterprise Institute Reprint, no. 9 (Washington, D. C., January 1973).

22 On this see T. W. *Hutchison,* "Notes on the Effects of Economic Ideas on Policy: The Example of the German Social Market Economy," in *Zeitschrift für die Gesamte Staatswissenschaft: Currency and Economic Reform, West Germany after World War II, A Symposium,* vol. 135 (September 1979) Tübingen, pp. 436–41.

23 Ibid., pp. 435–39; and Thomas *Balogh,* "Germany: An Experiment in 'Planning' by the 'Free' Price Mechanism," *Banca Nazionale Del Lavoro Quarterly Review* (Rome), vol. 3 (1950), pp. 71–102.

24 John K. *Galbraith,* "The Germany Economy," in Seymour E. *Harris,* ed., *Foreign Economic Policy for the United States* (Cambridge, Mass.: Harvard University Press, 1948), p. 95.

25 *Keynes's* exchange of letters and memoranda with the economists mentioned can be found in *The Collected Writings of John M. Keynes,* vol. 26.

26 Ibid., p. 9.

27 *Kaldor, Economic Consequences,* p. 5.

28 See my paper "Austria's Economic Development after the Two World Wars: A Mirror Picture of the World Economy," in Sven W. *Arndt,* ed., *The Political Economy of Austria,* a conference sponsored jointly by the American Enterprise Institute for Public

Policy Research and the Austrian Institute (New York) (Washington, D.C.: American Enterprise Institute, 1982), pp. 64–76.

29 I underline "economic" to indicate that there were, of course, political reasons. They are discussed in my earlier paper but need not be discussed here.

30 On all this see my *World Economy, Money, and the Great Depression,* and *The State of the World Economy and the International Monetary System,* American Enterprise Institute Reprint, no. 92 (Washington, D.C., 1979).

31 See Paul *Samuelson,* "Comment," in Worswick and Trevithick, *Keynes and the Modern World,* p. 212.

32 John Maynard *Keynes,* "National Self-Sufficiency," *Yale Review* (Summer 1933), p. 755.

33 Ibid., p. 758.

34 Quoted in Roy F. *Harrod, The Life of John Maynard Keynes* (New York: Harcourt, Brace, 1951), pp. 567–68.

35 Ibid., p. 568.

36 Lionel *Robbins, Autobiography of an Economist* (New York: Macmillan, 1971), p. 156.

37 See Nicholas *Kaldor,* "The Nemesis of Free Trade" (1977), in *Kaldor, Further Essays in Applied Economics;* and idem, *Economic Consequences.*

38 See John Maynard *Keynes,* "The Balance of Payments of the United States," *Economic Journal,* vol. 61, no. 222 (1946), p. 186.

39 See Alfred *Marshall, Principles of Economics* on the one hand, and *Money, Credit and Commerce* and *Marshall's Official Papers* on the other. See also Leon *Walras, Elements d'Economie Politiques Pure,* definitive ed. (Paris, 1926), on the one hand, and his *Etudes d'Economie Politique Appliqués* (Paris, 1898), on the other. It is worth nothing that *Marshall* and *Walras,* along with acknowledged scholars like F.Y. *Edgeworth,* H.G. *Pierson,* and Irving *Fisher,* supported bimetallism (or symmetallism) in somewhat heretical opposition to the orthodoxy of the gold standard. This should help to dispel the myth propagated by the Keynesians, with their limited historical horizon, that *Keynes* was the only reputable economist (apart from Silvio *Gesell,* Major *Douglas,* and scores of others whose views could be dismissed as those of monetary cranks) who offered a responsible opposition to the prevailing orthodoxy.

40 *Samuelson,* "Comment," p. 213.

41 A.C. *Pigou, Equilibrium and Employment,* 2d ed. (London: Macmillan, 1949, first published 1943).

42 See his review in the *Economic Journal* (December 1941).

43 See Gottfried *Haberler,* "The General Theory after Ten Years" (1946), and "Sixteen Years Later" (1962), both reprinted in Robert *Lekachman,* ed., *Keynes' General Theory: Reports of Three Decades* (London: St Martin's Press/Macmillan, 1964), p. 294.

44 A.C. *Pigou, Keynes' "General Theory": A Retrospective View* (London: Macmillan, 1950).

45 See A.C. *Pigou,* book review, *Economica,* no. 1 (1937).

46 *Pigou, Keynes' "General Theory,"* p. 65.

47 *Haberler,* "Sixteen Years Later."

LIONELL ROBBINS
1898–1984

Lionel C. Robbins, in bescheidenen Verhältnissen in Harmondsworth, Middlesex, England aufgewachsen, wurde 1961 seiner Verdienste um die Wissenschaft wegen von Elisabeth II. geadelt. Nachdem er als Invalide aus dem Ersten Weltkrieg zurückgekehrt war, studierte Robbins an der London School of Economics und wurde schon 1929 dort zum Professor of Economics berufen. 1931 holte er sich F. A. von Hayek an die London School of Economics, dessen Department of Economics er bis 1961 vorstand. Sein großes methodologisches Werk, *An Essay on Nature and Significance of Economic Science* (1924), zählt zu den wichtigsten Veröffentlichungen in der Tradition der Österreichischen Schule, die außerhalb des deutschsprachigen Raumes erschienen sind. Im selben Jahr kam auch sein Buch *The Great Depression* heraus, mit dem er aus „österreichischer" Sicht in die scharfe Debatte zwischen J. M. Keynes und F. A. von Hayek eingriff. Während des zweiten Weltkrieges war Robbins Direktor des wirtschaftspolitischen Ressorts unter Churchill und nahm auch an den Bretton-Woods-Verhandlungen teil. Als einer der einflußreichsten Ökonomen im England der Vor- und Nachkriegszeit übernahm Robbins 1961 die Leitung der „Financial Times" und war dann, ab 1971 bis zu seinem Tode, Direktor der „Economic Intelligence Unit" in London. Von seinen späteren Werken müssen noch besonders *The Theory of Economic Policy in English Classical Economics* (1952) und *Autobiography of an Economist* (1971) hervorgehoben werden. Die nachfolgende Arbeit ist seinem ersten Werk entnommen.

The Significance of Economic Science

1. We now approach the last stage of our investigations. We have surveyed the subject-matter of Economics. We have examined the nature of its generalisations and their bearing on the interpretation of reality. We have finally to ask: What is the significance of it all for social life and conduct? What is the bearing of Economic Science on practice?

2. It is sometimes thought that certain developments in modern Economic Theory furnish *by themselves* a set of norms capable of providing a basis for political practice. The Law of Diminishing Marginal Utility is held to provide a criterion of all forms of political and social activity affecting distribution. Anything conducive to greater equality, which does not adversely affect production, is said to be justified by this law; anything conducive to inequality, condemned. These propositions have received the support of very high authority. They are the basis of much that is written on the theory of public finance.[1] No less an authority than Professor *Cannan* has invoked them, to justify the ways of economists to Fabian Socialists.[2] They have received the widest countenance in numberless works on applied Economics. It is safe to say that the great majority of English economists accept them as axiomatic. Yet with great diffidence I venture to suggest that they are in fact entirely unwarranted by any doctrine of scientific economics, and that outside this country they have very largely ceased to hold sway.

The argument by which these propositions are supported is familiar: but it is worth while repeating it explicitly in order to show the exact points at which it is defective. The Law of Diminishing Marginal Utility implies that the more one has of anything the less one values additional units thereof. Therefore, it is said, the more real income one has, the less one values additional units of income. Therefore the marginal utility of a rich man's income is less than the marginal utility of a poor man's income. Therefore, if transfers are made, and these transfers do not appreciably affect production, total utility will be increased. Therefore, such transfers are "economically justified". *Quod erat demonstrandum.*

At first sight the plausibility of the argument is overwhelming. But on closer inspection it is seen to be merely specious. It rests upon an extension of the conception of diminishing marginal utility into a field in which it is entirely illegitimate. The "Law of Diminishing Marginal Utility" here invoked does not follow in the least from the fundamental conception of economic goods; and it makes assumptions which, whether they are true or false, can never be verified by observation or introspection. The proposition we are examining begs the great metaphysical question of the scientific comparability of different individual experiences. This deserves further examination.

The Law of Diminishing Marginal Utility, as we have seen, is derived from the conception of a scarcity of means in relation to the ends which they serve. It assumes that, for each individual, goods can be ranged in order of their significance for conduct; and that, in the sense that it will be preferred, we can say that one use of a good is more important than another. Proceeding on this basis, we can compare the order in which one individual may be supposed to prefer certain alternatives with the order in which they are preferred by another individual. In this way it is possible to build up a complete theory of exchange.[3]

But it is one thing to assume that scales can be drawn up showing the *order* in which an individual will prefer a series of alternatives, and to compare the arrangement of one such individual scale with another. It is quite a different thing to assume that behind such arrangements lie magnitudes which themselves can be compared. This is not an assumption which need anywhere be made in modern economic analysis, and it is an assumption which is of an entirely different kind from the assumption of individual scales of relative valuation. The theory of exchange assumes that *I* can compare the importance *to me* of bread at 6 d. per loaf and 6 d. spent on other alternatives presented by the opportunities of the market. And it assumes that the order of my preferences thus exhibited can be compared with the order of preferences of the baker. But it does *not* assume that, at any point, it is necessary to compare the satisfaction which *I* get from the spending of 6 d. on bread with the satisfaction which *the baker* gets by receiving it. That comparison is a comparison of an entirely different nature. It is a comparison which is never needed in the theory of equilibrium and which is never implied by the assumptions of that theory. It is a comparison which necessarily falls outside the scope of any positive science. To state that A's preference stands above B's in order of importance is entirely different from stating that A prefers *n* to *m* and B prefers *n* and *m* in a different order. It involves an element of conventional valuation. Hence it is essentially normative. It has no place in pure science.

If this is still obscure, the following considerations should be decisive. Suppose that a difference of opinion were to arise about A's preferences. Suppose that I thought that, at certain prices, he preferred *n* to *m,* and you thought that, at the same prices, he preferred m to n. It would be easy to settle our differences in a purely scientific manner. Either we could ask A to tell us. Or, if we refused to believe that introspection on A's part was possible, we could expose him to the stimuli in question and observe his behaviour. Either test would be such as to provide the basis for a settlement of the difference of opinion.

But suppose that we differed about the satisfaction derived by A from an income of £ 1,000, and the satisfaction derived by B from an income of twice that magnitude. Asking them would provide no solution. Supposing they differed. A might urge that he had more satisfaction than B at the margin. While B might urge that, on the contrary, he had more satisfaction than A. We do not need to be slavish behaviourists to realise that here is no scientific evidence. *There is no means of testing the magnitude of A's satisfaction as compared with B's.* If we tested the state of their blood-streams, that would be a test of blood, not satisfaction. Introspection does not enable A to measure what is going on in B's mind, nor B to measure what is going on in A's. There is no way of comparing the satisfactions of different people.

Now, of course, in daily life we do continually assume that the comparison can be made. But the very diversity of the assumptions actually made at different times and in different places is evidence of their conventional nature. In Western democracies we assume for certain purposes that men in similar circumstances are capable of equal satisfactions. Just as for purposes of justice we assume equality of responsibility in similar situations as between legal subjects, so for purposes of public finance we agree to assume equality of capacity for experiencing satisfaction from equal incomes in similar circumstances as between economic subjects. But, although it may be convenient to assume this, there is no way of proving that the assumption rests on ascertainable fact. And, indeed, if the representative of some other civilisation were to assure us that we were wrong, that members of his caste (or his race) were capable of experiencing ten times as much satisfaction from given incomes as members of an inferior caste (or an "inferior" race), we could not refute him. We might poke fun at him. We might flare up with indignation, and say that his valuation was hateful, that it led to civil strife, unhappiness, unjust privilege, and so on and so forth. But we could not show that he was wrong in any objective sense, any more than we could show that we were right. And since in our hearts we do not regard different men's satisfactions from similar means as equally valuable, it would really be rather silly if we continued to pretend that the justification for our scheme of things was in any way *scientific*. It can be justified on grounds of general convenience. Or it can be justified by appeal to ultimate standards of obligation. But it cannot be justified by appeal to any kind of positive science.

Hence the extension of the Law of Diminishing Marginal Utility, postulated in the propositions we are examining, is illegitimate. And the arguments based upon it therefore are lacking in scientific foundation. Recognition of this no doubt involves a substantial curtailment of the claims of much of what now assumes the status of scientific generalisation in current discussions of applied Economics. The conception of diminishing relative utility (the convexity downwards of the indifference curve) does not justify the inference that transferences from the rich to the poor will increase total satisfaction. It does not tell us that a graduated income tax is less injurious to the social dividend than a non-graduated poll tax. Indeed, all that part of the theory of public finance which deals with "Social Utility" must assume a different significance. Interesting as a development of an ethical postulate, it does not at all follow from the positive assumptions of pure theory. It is simply the accidental deposit of the historical association of English Economics with Utilitarianism: And both the utilitarian postulates from which it derives and the analytical Economics with which it has been associated will be the better and the more convincing if this is clearly recognised.[4]

But supposing this were not so. Suppose that we could bring ourselves to believe in the positive status of these conventional assumptions, the commensurability of different experiences, the equality of capacity for satisfaction, etc. And suppose that, proceeding on this basis, we had succeeded in showing that certain policies *had the effect* of increasing "social utility", even so it would be totally illegitimate to argue that such a conclusion by itself warranted the inference that these policies *ought* to be carried out. For such an inference would beg the whole question whether the increase of satisfaction in this sense was socially obligatory.[5] And there is nothing within the body of economic generalisations, even thus enlarged by the inclusion of elements of conventional valuation, which affords any means of deciding this question. Propositions involving "ought" are on an entirely different plane from propositions involving "is". But more of this later.[6]

3. Exactly the same type of stricture may be applied to any attempt to make the criteria of free equilibrium in the price system at the same time the criteria of "economic justification". The pure theory of equilibrium enables us to understand how, given the valuations of the various economic subjects and the facts of the legal and technical environment, a system of relationships can be conceived from which there would be no tendency to variation. It enables us to describe that distribution of

resources which, given the valuations of the individual concerned, satisfies demand most fully. But it does not by itself provide any ethical sanctions. To show that, under certain conditions, demand is satisfied more adequately than under any alternative set of conditions, does not prove that that set of conditions is desirable. There is no penumbra of approbation round the theory of equilibrium. Equilibrium is just equilibrium.

Now, of course, it is of the essence of the conception of equilibrium that, given his initial resources, each individual secures a range of free choice, bounded only by the limitations of the material environment and the exercise of a similar freedom on the part of the other economic subjects. In equilibrium each individual is free to move to a different point on his lines of preference, but he does not move, for, in the circumstances postulated, any other point would be less preferred. Given certain norms of political philosophy, this conception may throw an important light upon the types of social institutions necessary to achieve them.[7] But freedom to choose may not be regarded as an ultimate good. The creation of a state of affairs offering the maximum freedom of choice may not be thought desirable, having regard to other social ends. To show that, in certain conditions, the maximum of freedom of this sort is achieved is not to show that those conditions should be sought after.

Moreover, there are certain obvious limitations on the possibility of formulating ends in price offers. To secure the conditions within which the equilibrating tendencies may emerge there must exist a certain legal apparatus, not capable of being elicited by price bids, yet essential for their orderly execution.[8] The negative condition of health, immunity from infectious disease, is not an end which can be wholly achieved by individual action. In urban conditions the failure of one individual to conform to certain sanitary requirements may involve all the others in an epidemic. The securing of ends of this sort must necessarily involve the using of factors of production in a way not fully compatible with complete freedom in the expenditure of given individual resources. And it is clear that society, acting as a body of political citizens, may formulate ends which interfere much more drastically than this with the free choices of the individuals composing it. There is nothing in the corpus of economic analysis which in itself affords any justification for regarding these ends as good or bad. Economic analysis can simply point out the implications as regards the disposal of means of production of the various patterns of ends which may be chosen.

For this reason, the use of the adjectives "economical" and "uneconomical" to describe certain policies is apt to be very misleading. The criterion of economy which follows from our original definitions is the securing of given ends with least means. It is, therefore, perfectly intelligible to say of a certain policy that it is uneconomical, if, in order to achieve certain ends, it uses more scarce means than are necessary. Once the ends by which they are valued are given as regards the disposition of means, the terms "economical" and "uneconomical" can be used with complete intelligibility.

But it is not intelligible to use them as regards ends themselves. As we have seen already, there are no economic ends. There are only economical and uneconomical ways of achieving given ends. We cannot say that the pursuit of given ends is uneconomical because the ends are uneconomical; we can only say it is uneconomical if the ends are pursued with an unnecessary expenditure of means.

Thus it is not legitimate to say that going to war is uneconomical, if, having regard to all the issues and all the sacrifices necessarily involved, it is decided that the anticipated result is worth the sacrifice. It is only legitimate so to describe it if it is attempted to secure this end with an unnecessary degree of sacrifice.

It is the same with measures more specifically "economic" – to use the term in its confused popular sense. If we assume that the ends of public policy are the safeguarding of conditions under which individual demands, as reflected in the price system, are satisfied as amply as possible under given conditions, then, save in very special circumstances which are certainly not generally known to those who impose such measures, it is legitimate to say that a protective tariff on wheat is uneconomical in that it imposes obstacles to the achievement of this end. This follows clearly from purely neutral analysis. But if the object in view transcends these ends – if the tariff is designed to bring about an end not formulated in consumers' price offers – the safeguarding of food supply against the danger of war, for instance – it is not legitimate to say that it is uneconomical just because it results in the impoverishment of consumers. In such circumstances the only justification for describing it as uneconomical would be a demonstration that it achieved this end also with an unnecessary sacrifice of means.[9]

Again, we may examine the case of minimum wage regulation. It is a well-known generalisation of theoretical Economics that a wage which is held above the equilibrium level necessarily involves unemployment and a diminution of the value of capital. This is one of the most elementary deductions from the theory of economic equilibrium. The history of this country since the War is one long vindication of its accuracy.[10] The popular view that the validity of these "static" deductions is vitiated by the probability of "dynamic improvements" induced by wage pressure, depends upon an oversight of the fact that these "improvements" are themselves one of the manifestations of capital wastage.[11] But such a policy is not *necessarily* to be described as uneconomical. If, in the society imposing such a policy, it is generally thought that the gain of the absence of wage payments below a certain rate more than compensates for the unemployment and losses it involves, the policy cannot be described as uneconomical. As private individuals we may think that such a system of preferences sacrifices tangible increments of the ingredients of real happiness for the false end of a mere diminution of inequality. We may suspect that those who cherish such preferences are deficient in imagination. But there is nothing in scientific Economics which warrants us in passing these judgments. Economics is neutral as between ends. Economics cannot pronounce on the validity of ultimate judgments of value.

4. In recent years, certain economists, realising this inability of Economics, thus conceived, to provide within itself a series of principles binding upon practice, have urged that the boundaries of the subject should be extended to include normative studies. Mr. *Hawtrey* and Mr. J. A. *Hobson*, for instance, have argued that Economics should not only take account of valuations and ethical standards as given data in the manner explained above, but that also it should pronounce upon the ultimate validity of these valuations and standards. "Economics", says Mr. *Hawtrey*, "cannot be dissociated from Ethics".[12]

Unfortunately it does not seem logically possible to associate the two studies in any form but mere juxtaposition. Economics deals with ascertainable facts; ethics with valuations and obligations. The two fields of enquiry are not on the same plane of discourse. Between the generalisations of positive and normative studies there is a logical gulf fixed which no ingenuity can disguise and no juxtaposition in space or time bridge over. The proposition that the price of pork fluctuates with variations in supply and demand follows from a conception of the relation of pork to human impulses which, in the last resort, is verifiable by introspection and observation. We can ask people whether they are prepared to buy pork and how much they are prepared to buy at different prices. Or we can watch how they behave when equipped with currency and exposed to the stimuli of the pig-meat markets.[13] But the proposition that it is *wrong* that pork should be valued, although it is a proposition which has greatly influenced the conduct of different races, is a proposition which we cannot conceive being verified at all in this manner. Propositions involving the verb "ought" are different in kind from propositions involving the verb "is". And it is difficult to see what possible good can be served by not keeping them separate, or failing to recognise their essential difference.[14]

All this is not to say that economists may not assume as postulates different judgments of value, and then on the assumption that these are valid enquire what judgment is to be passed upon particular proposals for action. On the contrary, as we shall see, it is just in the light that it casts upon the significance and consistency of different ulitmate valuations that the utility of Economics consists. Applied Economics consists of propositions of the form, "If you want to do this, then you must do that." "If such and such is to be regarded as the ultimate good, then this is clearly incompatible with it." All that is implied in the distinction here emphasised is that the validity of assumptions relating to the value of what exists or what may exist is not a matter of scientific verification, as is the validity of assumptions relating to mere existence.

Nor is it in the least implied that economists should not deliver themselves on ethical questions, any more than an argument that botany is not aesthetics is to say that botanists should not have views of their own on the lay-out of gardens. On the contrary, it is greatly to be desired that economists should have speculated long and widely on these matters, since only in this way will they be in a position to appreciate the implications as regards *given* ends of problems which are put to them for solution. We may not agree with J. S. *Mill* that "a man is not likely to be a good economist if he is nothing else". But we may at least agree that he may not be as useful as he otherwise might be. Our methodological axioms involve no prohibition of outside interests! All that is contended is that there is no logical connection between the two types of generalisation, and that there is nothing to be gained by invoking the sanctions of one to reinforce the conclusions of the other.

And, quite apart from all questions of methodology, there is a very practical justification for such a procedure. In the rough-and-tumble of political struggle, differences of opinion may arise either as a result of differences about ends or as a result of differences about the means of attaining ends. Now, as regards the first type of difference, neither Economics nor any other science can provide any solvent. If we desagree about ends it is a case of thy blood or mine – or live and let live, according to the importance of the difference, or the relative strength of our opponents. But, if we disagree about means, then scientific analysis can often help us to resolve our differences. If we disagree about the morality of the taking of interest (and we understand what we are taking about),[15] then there is no room for argument. But if we disagree about the objective implications of fluctuations in the rate of interest, then economic analysis should enable us to settle our dispute. Shut Mr. *Hawtrey* in a room as Secretary of a Committee composed of *Bentham, Buddha, Lenin* and the Head of the United States Steel Corporation, set up to decide upon the ethics of usury, and it is improbable that he could produce an "agreed document". Set the same committee to determine the objective results of state regulation of the rate of discount, and it ought not to be beyond human ingenuity to produce unanimity – or at any rate a majority report, with *Lenin* perhaps dissenting. Surely, for the sake of securing what agreement we can in a world in which avoidable differences of opinion are all too common, it is worth while carefully delimiting those fields of enquiry where this kind of settlement is possible from those where it is not to be hoped for[16] – it is worth while delimiting the neutral area of science from the more disputable area of moral and political philosophy.

5. But what, then, is the significance of Economic Science? We have seen that it provides, within its own structure of generalisations, no norms which are binding in practice. It is incapable of deciding as between the desirability of different ends. It is fundamentally distinct from Ethics. Wherein, then, does its unquestionable significance consist?

Surely it consists in just this, that, when we are faced with a choice between ultimates, it enables us to choose with full awareness of the implications of what we are choosing. Faced with the problem of deciding between this and that, we are not entitled to look to Economics for the ulitmate decision. There is nothing in Economics which relieves *us* of the obligation to choose. There is nothing in any kind of science which can decide the ultimate problem of preference. But, to be completely rational, we must know what it is we prefer. We must be aware of the implications of the alternatives. For rationality in choice is nothing more and nothing less than choice with complete awareness of the alternatives rejected. And it is just here that Economics acquires its practical significance. It can make clear to us the implications of the different ends we may choose. It makes it possible for us to will with knowledge of what it is we are willing. It makes it possible for us to select a system of ends which are mutually consistent with each other.[17]

An example or two should make this quite clear. Let us start with a case in which the implications of one act of choice are elucidated. We may revert once more to an example we have already considered – the imposition of a protective tariff. We have seen already that there is nothing in scientific Economics which warrants our describing such a policy as good or bad. We have decided that, if such a policy is decided upon with full consciousness of the sacrifices involved, there is no justification for describing it as uneconomical. The deliberate choice by a body of citizens acting collectively to frustrate, in the interests of ends such as defence, the preservation of the countryside, and so on, their several choices as consumers, cannot be described as uneconomical or irrational, if it is done with full awareness of what is being done. But this will not be the case unless the citizens in question are fully conscious of the objective implications of the step they are taking. And in an extensive modern society it is only as a result of intricate economic analysis that they may be placed in possession of this knowledge. The great majority, even of educated people, called upon to decide upon the desirability of, let us say, protection for agriculture, think only of the effects of such measures on the protected industry. They see that such measures are likely to benefit the industry, and hence they argue that the measures are good. But, of course, as every first year student knows, it is only here that the problem begins. To judge the further repercussions of the tariff an analytical technique is necessary. This is why in countries where the level of education in Economics is not high, there is a constant tendency to the approval of more and more protective tariffs.

Nor is the utility of such analysis to be regarded as confined to decisions on isolated measures such as the imposition of a single tariff. It enables us to judge more complicated systems of policy. It enables us to see what *sets* of ends are compatible with each other and what are not, and upon what conditions such compatibility is dependent. And, indeed, it is just here that the possession of some such technique becomes quite indispensable if policy is to be rational. It may be just possible to will rationally the achievement of particular social ends overriding individual valuations without much assistance from analysis. The case of a subsidy to protect essential food suplies is a case in point. It is almost impossible to conceive the carrying through of more elaborate policies without the aid of such an instrument.[18]

We may take an example from the sphere of monetary policy. It is an unescapable deduction from the first principles of monetary theory that, in a world in which conditions are changing at different rates in different monetary areas, it is impossible to achieve at once stable prices and stable exchanges.[19] The two ends – in this case the "ends" are quite obviously subordinate to other major norms of policy – are logically incompatible. You may try for one or you may try for the other – it is not certain that price stability is either permanently attainable or conducive to equilibrium generally – but you cannot rationally try for both. If you do, there must be a breakdown. These conclusions are well known to all economists. Yet without some analytical apparatus how few of us would perceive the incompatibility of the ends in question!

And even this is a narrow example. Without economic analysis it is not possible rationally to choose between alternative *systems* of society. We have seen already that if we regard a society which permits inequality of incomes as an evil in itself, and an equalitarian society as presenting an end to be pursued above all other things, then it is illegitimate to regard such a preference as uneconomic. But it is not possible to regard it as rational unless it is formulated with a full consciousness of the nature of the sacrifice which is thereby involved. And we cannot do this unless we understand, not only the essential nature of the capitalistic mechanism, but also the necessary conditions and limitations to which the type of society proposed as a substitute would be subject. It is not rational to will a certain end if one is not conscious of what sacrifice the achievement of that end involves. And, in this supreme weighing of alternatives, only a complete awareness of the implications of modern economic analysis can confer the capacity to judge rationally.

But, if this is so, what need is there to claim any larger status for Economic Science? Is it not the burden of our time that we do not realise what we are doing? Are not most of our difficulties due to just this fact, that we will ends which are incompatible, not because we wish for deadlock, but because we do not realise their incompatibility. It may well be that there may exist differences as regards ultimate ends in modern society which render some conflict inevitable. But it is clear that many of our most pressing difficulties arise, not for this reason, but because our aims are not co-ordinated. As consumers we will cheapness, as producers we choose security. We value one distribution of factors of production as private spenders and savers. As public citizens we sanction arrangements which frustrate the achievement of this distribution. We call for cheap money and lower prices, fewer imports and a larger volume of trade.[20] The different "will-organisations" in society, although composed of the same individuals, formulate different preferences. Everywhere our difficulties seem to arise, not so much from divisions between the different members of the body politic, as from, as it were, split personalities on the part of each one of them.[21]

To such a situation, Economics brings the solvent of knowledge. It enables us to conceive the far-reaching implications of alternative possibilities of policy. It does not, and it cannot, enable us to evade the necessity of choosing between alternatives. But it does make it possible for us to bring our different choices into harmony. It cannot remove the ultimate limitations on human action. But it does make it possible within these limitations to act consistently. It serves for the inhabitant of the modern world with its endless interconnections and relationships as an extension of his perceptive apparatus. It provides a technique of rational action.

This, then, is a further sense in which Economics can be truly said to assume rationality in human society. It makes no pretence, as has been alleged so often, that action is necessarily rational in the sense that the ends pursued are not mutually inconsistent. There is nothing in its generalisations which necessarily implies reflective deliberation in ultimate valuation. It relies upon no assumption that individuals will always act rationally. But it does depend for its practical *raison d'être* upon the assumption that it is desirable that they should do so. It does assume that, within the bounds of necessity, it is desirable to choose ends which can be achieved harmoniously.

And thus in the last analysis Economics does depend, if not for its existence, at least for its significance, on an ulitmate valuation – the affirmation that rationality and ability to choose with knowledge is desirable. If irrationality, if the surrender to the blind force of external stimuli and unco-ordinated impulse at every moment is a good to be preferred above all others, then it is true the *raison d'être* of Economics disappears. And it is the tragedy of our generation, red with fraticidal strife and betrayed almost beyond belief by those who should have been its intellectual leaders, that there have arisen those who would uphold this ultimate negation, this escape from the tragic necessities of choice which has become conscious. With all such there can be not argument. The revolt against reason is essentially a revolt against life itself. But for all those who still affirm more positive values, that branch of knowledge which, above all others, is the symbol and safeguard of rationality in social arrangements, must, in the anxious days which are to come, by very reason of this menace to that for which it stands, possess a peculiar and a heightened significance.

Notes

1 See, e. g., Edgeworth, The Pure Theory of Taxation (Papers Relating to Political Economy, vol. ii., p. 63 seq.).

2 See Economics and Socialism (The Economic Outlook, pp. 59–62).

3 So many have been the misconceptions based upon an imperfect understanding of this generalisation that Dr. *Hicks* has suggested that its present name be discarded altogether

and the title Law of Increasing Rate of Substitution be adopted in its place. Personally, I prefer the established terminology, but it is clear that there is much to be said for the suggestion.

4 Cp. *Davenport, Value and Distribution,* pp. 301 and 571; *Benham,* Economic Welfare (*Economica,* June, 1930, pp. 173–187); M. S. Braun, Theorie der staatlichen Wirtschaftspolitik, pp. 41–44. Even Professor Irving *Fisher,* anxious to provide a justification for his statistical method for measuring "marginal utility", can find no better apology for his procedure than that "Philosophic doubt is right and proper, but the problems of life cannot and do not wait" (*Economic Essays in Honour of John Bates Clark,* p. 180). It does not seem to me that the problem of measuring marginal utility as between individuals is a particularly pressing problem. But whether this is so or not, the fact remains that Professor *Fisher* solves his problem only by making a conventional assumption. And it does not seem that it anywhere aids the solution of practical problems to pretend that conventional assumptions have scientific justification. It does not make me a more docile democrat to be told that *I* am equally capable of experiencing satisfaction as my neighbour; it fills me with indignation. But I am perfectly willing to accept the statement that it is *convenient* to assume that this is the case. I am quite willing to accept the argument – indeed, as distinct from believers in the racial or proletarian myths, I very firmly believe – that, in modern conditions, societies which proceed on any other assumption have an inherent instability. But we are past the days when democracy could be made acceptable by the pretence that judgments of value are judgments of scientific fact. I am afraid that the same strictures apply to the highly ingenious *Methods for Measuring Marginal Utility* of Professor Ragnar *Frisch.*

5 Psychological hedonism in so far as it went beyond the individual may have involved a non-scientific assumption, but it was not by itself a necessary justification for ethical hedonism.

6 See below, Section 4.

7 See two very important papers by Professor *Plant,* Co-ordination and Competition in Transport (*Journal of the Institute of Transport,* vol. xiii., pp. 127–136); Trends in Business Administration (*Economica,* No. 35, pp. 45–62).

8 On the place of the legal framework of Economic Activity, the "organisation" of the Economy as he calls it, Dr. *Strigl's* work cited above is very illuminating. See *Strigl, op. cit.,* pp. 85–121.

9 See a paper by the present author on: The Case of Agriculture in Tariffs: The Case Examined (edited by Sir William *Beveridge*).

10 *Hicks, The Theory of Wages,* chs. ix and x. On the evidence of post-War history, Dr. *Benham's* Wages, Prices and Unemployment (*Economist* June 20, 1931) should be consulted.

11 It is curious that this should not have been more generally realised, for it is usually the most enthusiastic exponents of this view who also denounce most vigorously the unemployment "caused" by rationalisation. It is, of course, the necessity of the conversion of capital into forms which are profitable at the higher wage level which is responsible both for a shrinkage in social capital and the creation of an industrial

structure incapable of affording full employment to the whole working population. There is no reason to expect permanent unemployment as a result of rationalisation *not* induced by wages above the equilibrium level.

12 See *Hawtrey, The Economic Problem,* especially pp. 184 and 203–215, and *Hobson, Wealth and Life,* pp. 112–140. I have examined Mr. *Hawtrey's* contentions in some detail in an article entitled, Mr. *Hawtrey* on the Scope of Economics (*Economica,* No. 20, pp. 172–178). But in that article I made certain statements with regard to the claims of "welfare Economics" which I should now wish to formulate rather differently. Moreover, at that time I did not understand the nature of the idea of *precision* in economic generalisations, and my argument contains one entirely unnecessary concession to the critics of Economics. On the main point under discussion, however, I have nothing to retract, and in what follows I have borrowed one or two sentences from the last few paragraphs of the article.

13 On all this it seem to me that the elucidations of Max *Weber* are quite definitive. Indeed, I confess that I am quite unable to understand how it can be conceived to be possible to call this part of Max *Weber's* methodology in question. (See: Der Sinn der "Wertfreiheit" der Soziologischen und Ökonomischen Wissenschaften, Gesammelte Aufsätze zur Wissenschaftslehre, pp. 451–502).

14 Mr. J. A. *Hobson,* commenting on a passage in my criticism of Mr. *Hawtrey* which was couched in somewhat similar terms, protests that "this is a refusal to recognise any empirical *modus vivendi* or contact between economic values and human values" (*Hobson,* op. cit., p. 129). Precisely. But why should Mr. *Hobson,* of all men, complain? My procedure simply empties out of Economics – what Mr. *Hobson* himself has never ceased to proclaim to be an illegitimate intrusion – any "economic" presumption that the valuations of the market-place are ethically respectable. I cannot help feeling that a great many of Mr. *Hobsons's* strictures on the procedure of Economic Science fall to the ground if the view of the scope of its subjectmatter suggested above be explicitly adopted.

15 See below, Section 5.

16 In fact, of course, such has been the practice of economists of the "orthodox" tradition ever since the emergence of scientific Economics. See, e. g., *Cantillon, Essai sur la Nature du Commerce* (*Higgs'* ed., p. 85): "It is also a question outside of my subject whether it is better to have a great multitude of inhabitants poor and badly provided, than a smaller number much more at their ease". See also *Ricardo, Notes on Malthus,* p. 188: "It has been well said by M. *Say* that it is not the province of the Political Economist to advise – he is to tell you how you may become rich, but he is not to advise you to prefer riches to indolence or indolence to riches". Of course, occasionally among those economists who have worked with a hedonistic bias, there has been confusion of the two kinds of proposition. But this has not happened to anything like the extent commonly suggested. Most of the allegations of bias spring from unwillingness to believe the facts that economic analysis brings to light. The proposition that real wages above the equilibrium point involve unemployment is a perfectly neutral inference from one of the most elementary propositions in theoretical economics. But it is difficult to mention it in some circles without being accused, if not of sinister interest, at least of a hopeless bias against the poor and the unfortunate. Similarly at

the present day it is difficult to enunciate the platitude that a general tariff on imports will affect foreign demand for our exports without being thought a traitor to one's country.

17 It is perhaps desirable to emphasise that the consistency which is made possible is a consistency of achievement, not a consistency of ends. The achievement of one end may be held to be inconsistent with the achievement of another, either on the plane of valuation, or on the plane of objective possibility. Thus it may be held to be ethically inconsistent to serve two masters at once. It is objectively inconsistent to arrange to be with each of them at the same time, at different places. It is the latter kind of inconsistency in the sphere of social policy which scientific Economics should make it possible to eliminate.

18 All this should be a sufficient answer to those who continually lay it down that "social life is too complex a matter to be judged by economic analysis". It is because social life is so complicated that economic analysis is necessary if we are to understand even a part of it. It is usually those who talk most about the complexity of life and the insusceptibility of human behaviour to any kind of logical analysis who prove to have the most *simpliste* intellectual and emotional make-up. He who has really glimpsed the irrational in the springs of human action will have not "fear" that it can ever be killed by logic.

19 See *Keynes, A Track on Monetary Reform*, pp. 154–155; also an interesting paper by Mr. D. H. *Robertson, How do We Want Gold to Behave?*, reprinted in the *International Gold Problem*, pp. 18–46.

20 Cf. M. S. *Braun, Theorie der Staatlichen Wirtschaftspolitik*, p. 5.

21 In this way economic analysis reveals still further examples of a phenomenon to which attention has often been drawn in recent discussion of the theory of Sovereignty in Public Law. See *Figgis, Churches in the Modern State; Maitland, Introduction to Gierke's Political Theories of the Middle Ages; Laski, The Problem of Sovereignty. Authority in the Modern State.*

OSKAR MORGENSTERN
1902–1977

Wie Machlup und Rosenstein-Rodan ging auch Oskar Morgenstern aus dem berühmten Wiener Mises-Seminar hervor und publizierte nach Abschluß seiner Rechtsstudien an der Wiener Universität knapp 26jährig bereits sein erstes Buch, *Wirtschaftsprognose* (1928). Mit dieser Arbeit gab er im wesentlichen die Themenstellung seines gesamten Werkes vor. Nach Hayeks Übersiedlung an die London School of Economics übernahm Morgenstern ab 1931 neben seiner Lehrtätigkeit an der Universität Wien die Leitung des „Österreichischen Instituts für Konjunkturforschung". Dieses Institut war von Mises und Hayek 1927 gegründet worden. Gleichzeitig fungierte er auch als einer der Herausgeber der „Zeitschrift für Nationalökonomie". Im Zuge des Anschlusses 1938 wurde Morgenstern, der sich zu dem Zeitpunkt auf einer Amerikareise befand, durch die Nationalsozialisten seiner sämtlichen Positionen enthoben und nahm noch während dieser Reise den Ruf an die Princeton University an, wo er bis zu seiner Emeritierung 1970 lehrte. Ein Zufall führte Morgenstern und den großen ungarischen Mathematiker John von Neumann 1939 in Princeton zusammen. 1944 erschien dann das berühmte, aber nicht unumstrittene Buch *The Theory of Games und Economic Behaviour*, in dem zum ersten Mal die Spieltheorie auf die Sozialwissenschaften angewendet wird. Dieses Werk löste besonders in den fünfziger und frühen sechziger Jahren eine wahre Flut spieltheoretischer Literatur aus. Morgenstern kam auch in seinen späteren Arbeiten, die sich vermehrt den ökonomischen Problemen der Verteidigungspolitik widmeten (z.B. *The Question of National Defense*, 1959), immer wieder auf sein ursprüngliches Thema, die Wirtschaftsprognose, zurück. Der folgende Beitrag stammt aus dem Jahre 1935.

Vollkommene Voraussicht und wirtschaftliches Gleichgewicht

I.

Den Stolz der theoretischen Ökonomie bildet die Theorie des allgemeinen wirtschaftlichen Gleichgewichtes, die in verschiedenen Formen entwickelt worden ist. Die Abweichungen betreffen aber geringfügige Angelegenheiten, so daß im großen und ganzen von einer einheitlichen Theorie gesprochen werden kann, ob diese nun mathematisch gefaßt oder sinngemäß in Worten vorgetragen sei. Um so merkwürdiger ist es, daß sich in der gesamten Literatur weder genaue noch vollständige Angaben über die der Theorie vom allgemeinen Gleichgewicht zugrunde liegenden Annahmen in ordentlicher Weise zusammengestellt finden. Selbst bei *Walras* und *Pareto* sucht man vergebens danach, obwohl man meinen müßte, daß gerade von ihnen und ihren Nachfolgern der Herleitung der Lehrsätze aus den Prämissen besondere Beachtung hätte geschenkt werden müssen. In dem festzustellenden Mangel kommt deutlich die allgemeine logische Nachlässigkeit zum Ausdruck, die die theoretische Ökonomie zu einem viel höheren Grade kennzeichnet, als bisher klargemacht worden ist. Man pflegt sich in der Ökonomie angesichts einer Reihe von Fragen, die heute noch völlig ungelöst sind, allzu rasch zu beruhigen und geht auf Spezialfragen über, zu denen sich umso weniger aussagen läßt, je länger der andere Zustand andauert. Ein besonders beachtliches Beispiel bietet die Tatsache, daß die mathematischen Ökonomen – gleichgültig, ob es sich um das allgemeine oder um irgendein spezielles Gleichgewicht handelt – sich damit begnügt haben, festzustellen, daß ebensoviel Gleichungen wie Unbekannte vorhanden sind, anstatt nun erst mathematisch genau zu beweisen, daß es für diese Gleichungen überhaupt eine, und zwar genau eine Lösung gibt.[1]

Die nachfolgenden, sehr kurz gehaltenen und daher oft vielleicht nur andeutungsweisen Ausführungen bezwecken, auf ein Problem der Gleichgewichtstheorie – und damit jeder Abart von theoretischer Ökonomie – hinzuweisen, das sich sofort erhebt, wenn einmal die gewiß völlig berechtigte *Prüfung* einer manchmal ausgesprochenen, manchmal verschwiegenen Prämisse jeglicher Theorie unternommen wird. Es handelt sich um die

Annahme der (hier synonym gebrauchten) *"vollen Voraussicht"* oder *"vollkommenen Voraussicht"*, die angeblich eine der Vorbedingungen des Gleichgewichtes ist. Wie immer auch die genaue Fassung oder Formulierung der Voraussetzung bei den einzelnen, sofort anzuführenden Autoren lauten möge, werde ich im folgenden zeigen, daß von diesen dogmenhistorisch vielleicht interessanten, aber an sich wegen ihrer Unvollständigkeit unwesentlichen Bemerkungen, ein echtes Problem jeglicher Theorie aufgezeigt werden kann, dessen Lösung unbedingt anzustreben ist.

Nehmen wir aus den Schriften diverser Theoretiker einzelne Arbeiten heraus, so erhalten wir folgendes typische Bild: J. R. *Hicks,* dem es sogar explicite darauf ankommt, die Rolle der Voraussicht zu bestimmen, gelangt nach einer Verallgemeinerung des Gleichgewichtsbegriffes bei *Walras* und *Pareto* zu der Feststellung: *"Die Vorbedingung für Gleichgewicht ist vollständige Voraussicht",*[2] woraus er dann die immerhin wichtige Folgerung zieht, daß die Geldtheorie außerhalb der Gleichgewichtstheorie falle, da der Geldgebrauch mit unvollständiger Voraussicht in engem Zusammenhange stehe (S. 448). *"Die stillschweigende Annahme* vollkommener Voraussicht nimmt dem ‚numéraire' tatsächlich jeden monetären Zweck" (S. 446). Stillschweigend ist die erwähnte Annahme bei *Walras* und *Pareto* gemacht, da sich in ihren Schriften hierüber keine präzise Äußerung findet. *Hicks* hält weiter allerdings freie Konkurrenz mit unvollkommener Voraussicht für vereinbar. Dem steht strikte die Auffassung F. H. *Knights* gegenüber, der sich in seinem bekannten Werke über „Risk, Uncertainty and Profit" (Boston 1921) wie folgt äußert: „Chief among the simplifications of reality prerequisite to the achievement of perfect competition is, as has been emphasized all along, *the assumption of practical omniscience on the part of every member of the competitive system*" (S. 197). H. L. *Moore,* der sich ebenso wie *Hicks* darüber beklagt, daß es keine genaue und vollständige Darlegung der Prämissen des Gleichgewichtes gibt, stellt diese nach bestem Vermögen zusammen, wobei er die Frage der Voraussicht der Wirtschaftssubjekte bezeichnenderweise überhaupt nicht erwähnt.[3] Interessant ist aber ein in dieser Zusammenstellung enthaltenes Zitat aus dem „Cours" von *Pareto*: „L'échangeur subit les prix du marché sans essayer de les modifier de propos délibéré. Ces prix sont modifiés effectivement par son offre et sa demande, mais *c'est à son insu*" (S. 15), was wieder nicht auf vollkommene Voraussicht hindeutet, die das Individuum zu anderem Verhalten veranlassen könnte. H. v. *Stackelberg* bringt in seiner Schrift „Marktform und Gleichgewicht" (Wien 1934) ebenfalls eine Zusammenfassung aller Gleichgewichtsbedingungen; auch in dieser ist kein Wort über die Voraussicht enthalten, was umso merkwürdiger anmutet, als gerade die von *Stackelberg* in diesem Buche dargelegte und entwickelte Duopoltheorie ausdrücklich davon handelt, welche Annahmen die einzelnen Duopolisten über das Verhalten der jeweiligen Partner machen, bzw. was sie über deren Ansichten über den Markt wissen.

Als bekannt darf vorausgesetzt werden, daß die gesamte *Risikotheorie,* so groß auch hier die Differenzen sind, wohl einheitlich der Auffassung ist, daß volle Voraussicht jedes Risiko beseitige, dieses eben ein Produkt der Unvollkommenheit der Voraussicht sei. Dasselbe gilt für die Theorie des Unternehmergewinnes, die als eine Frucht der Risikountersuchungen anzusehen ist; sie lehrt, daß zwischen der Größe des Risikos der Unternehmertätigkeit und dem Unternehmergewinn eine Beziehung besteht. Irving *Fisher* nimmt in seiner „Theory of Interest" (New York 1930) ausdrücklich in einzelnen Kapiteln als wesentlichen Bestandteil seiner Theorie vollkommene Voraussicht an. Ebenso spricht J. M. *Keynes* in seinem „Treatise on Money" öfter von „correct forecasting" oder „accurate forecasting", was allerdings nicht unbedingt mit „vollständiger Voraussicht" zusammenfallen muß, obwohl der Begleittext diese Interpretation nahelegt: Das von dieser Qualifizierung der Voraussicht abhängige geldtheoretische Gleichgewicht wird offenbar bei *Keynes* in das allgemeine wirtschaftliche Gleichgewicht einbezogen; gegenwärtig hat sich *Keynes* jedoch *Hicks'* Meinung angeschlossen.

Anderseits ist wieder F. A. *Hayek* der Ansicht, daß die bisherige Gleichgewichtstheorie zeitlos und ohne Einbeziehung eines Voraussichtselementes aufgestellt worden sei: „Die hauptsächliche Schwierigkeit der traditionellen Analyse bestand natürlich in ihrer völligen Abstraktion vom Zeitelement. Ein Gleichgewichtsbegriff, der im wesentlichen nur auf eine zeitlos gedachte Wirtschaft Anwendung hatte, konnte nicht von großem Wert sein. Glücklicherweise hat sich aber gerade in dieser Hinsicht in letzter Zeit viel geändert. Es ist klar geworden, daß an Stelle einer einfachen Vernachlässigung des Zeitmomentes ganz bestimmte Annahmen über die Einstellung der handelnden Personen gegenüber der Zukunft treten müssen. Die *Voraussetzungen* dieser Art, die die Gleichgewichtsanalyse machen muß, *sind im wesentlichen, daß alle beteiligten Personen* die relevanten Vorgänge in der Zukunft *richtig voraussehen* und daß diese Voraussicht nicht nur die Veränderung in den objektiven Daten, sondern *auch das Verhalten aller anderen Personen* einschließen muß. Es ist nicht meine Absicht, mich hier eingehender mit dieser neueren Entwicklung der Gleichgewichtsanalyse als solcher zu befassen. Ich hoffe aber, daß diese knappen Andeutungen genügen werden, gewisse Schlußfolgerungen, die sich daraus für die Analyse dynamischer Vorgänge ziehen lassen, verständlicher zu machen. Es scheint mir nämlich, *als ob sich unter diesen Gesichtspunkten* endlich gewissen *Begriffen,* die die meisten von uns in etwas leichtfertiger Weise zu gebrauchen gewohnt sind, *ein bestimmter Sinn geben ließe.* Ich denke hier an die gerade in der Konjunkturtheorie so häufig gebrauchten Aussagen, daß sich entweder ein *ganzes Wirtschaftssystem oder ein bestimmter Preis wie etwa der Zins im Gleichgewicht oder nicht im Gleichgewicht befänden.*" [4]

Wie sich zeigt, sind diese repräsentativen Ansichten keineswegs einheitlich; es überwiegt jedoch der Gedanke, daß die theoretische Vollkommenheit des Gleichgewichtes nicht ohne die Annahme vollständiger Voraussicht bei den Wirtschaftern und Unternehmern zu erreichen sei. Diese Idee steckt, zumindest wie in den eben angeführten Spezialtheorien, auch in den Arbeiten jener Autoren, die keine Aussagen über das hier aufgeworfene Problem machen. Wer dies überhaupt vermeidet, kann natürlich später jeder beliebigen Ansicht sein oder gewesen sein, was aber nichts mit wissenschaftlicher Erkenntnis zu tun hätte.

Schließlich sei noch mit nur einem Worte darauf hingewiesen, daß in der Konjunkturtheorie den „Irrtümern in der Zeit" (M. *Fanno*) oder den „Expectations of businessmen" (A. C. *Pigou*) und ihren Schwankungen wegen der dann waltenden unvollkommenen Voraussicht eine erhebliche, bis jetzt jedoch noch keineswegs geklärte Rolle zugewiesen wird. Wenn ihnen eine wichtige Stellung zukommt, so haben rein theoretische Untersuchungen wie diese hier auch ein weiteres Interesse, falls sie ein solches zu beanspruchen benötigen, handelt es sich doch bei dem aufzurollenden Problem um eine der Grundlagenfragen der theoretischen Ökonomie und Soziologie. Die Bezugnahme der Darstellung auf die Theorie des Gleichgewichtes gilt daher nicht in dem Sinne, als ob es sich um eine spezielle, unterschiedliche Variante der Theorie überhaupt handelte, sondern das Gleichgewichtstheorem vertritt bei diesen Überlegungen der Einfachheit halber jede Art von ökonomischer Theorie schlechthin.

II.

Bei den eben angeführten und – soweit ersichtlich – auch bei den übrigen Autoren wird einfach von „voller" oder „vollkommener" Voraussicht gesprochen, ohne daß nähere Erörterungen, was darunter zu verstehen sei, folgen, offenbar aus dem Glauben heraus, daß es sich um eine völlig durchsichtige Sache handle. Ohne Rücksicht auf literarische Beziehungen sei diese Frage daher kurz systematisch beantwortet. Zunächst ist die Fragestellung als unvollständig zu bezeichnen, denn es ist zu fragen: Voraussicht wessen?, welcherart Dinge oder Ereignisse?, für welche örtliche Verhältnisse?, für welche Zeitdauer?. Diese Unterfagen, aus deren Beantwortung erst ein Sinn für „vollkommene Voraussicht" gewonnen werden kann, führen in eine ganze Vielfalt von Problemen.

Als erste Antwort ist festzuhalten, daß schlechthin volle Voraussicht, in bezug auf die *Zeitdauer* als *unbeschränkt* genommen, eine Voraussicht bis zum Weltuntergang oder zumindest über den letzten Zeitpunkt hinaus, für den noch von irgendwem in der Gesellschaft (also auch vom *Staat* selbst) disponiert werden soll, bedeuten müßte. Dies ist allerhand und zeigt sofort den übertriebenen Gebrauch gewisser undefinierter Prämissen der theoretischen Ökonomie. Anderseits muß als wesentlich angenommen werden, daß eben bei *voller* Voraussicht *keinerlei* Beschränkung auferlegt ist. Bezeichnet man jedoch bereits die Voraussicht bis zu einem gewissen, genau angebbaren Zeitpunkt – gleichgültig, ob dieser nun mit der nächsten Sekunde oder in fernerer Zukunft gegeben ist – als diejenige, die „vollkommen" genannt wird, so ist dies ausdrücklich hinzuzufügen, da sonst einer dieses Wort enthaltenden Aussage kein Sinn abgewonnen werden kann. Die Implikation der Zeit gilt für *jede* Art von Voraussicht, also auch für *unvollkommene*. Sie ist bei der Ökonomie deswegen von überragender Bedeutung, weil daraus hervorgeht, daß auch bei den elementarsten Sätzen der Gleichgewichtstheorie bereits mitangegeben sein muß, für welchen Zeitraum der Ablauf als erstreckt gedacht wird, welche Produktionsabläufe gegeben sind und über welche Zeiträume die Individuen für sich und ihre Nachkommen disponieren. Hieraus ergibt sich, daß in der Gleichgewichtstheorie die Rolle des Zeitfaktors geklärt und das Zeitmoment überhaupt in einwandfrei angebbarer Weise in ihm *enthalten* sein muß. Wie bekannt, ist dies weder bei *Walras* noch bei *Pareto* oder irgendeinem der anderen Autoren der Fall. Man stößt also bereits hier auf eine Unklarheit dieser Theorie, die, wie später zu erhellen sein wird, noch zu einem argen Dilemma führt.

Die nötige Präzisierung der *örtlichen* Bedingungen kann in diesem Rahmen wohl unterbleiben, da die hier aufzuzeigenden Schwierigkeiten hinter denen, die durch das Zeitmoment geschaffen werden, zurücktreten. Dagegen ist die Frage, *was* denn eigentlich vorausgesehen werden soll, schon beachtlicher, insofern als die Verwicklungen durch die Tatsache des Gesamtzusammenhanges aller wirtschaftlichen Geschehnisse entstehen. Die Gleichgewichtstheorie muß auch hier voraussetzen, daß alles wirtschaftliche Geschehen vorausgesehen werden muß, da eben, wie sie selbst lehrt, volle Interdependenz besteht. Eine Auflösung des Falles in Teilgewichte widerspräche der Ausgangsposition eines *allgemeinen* Gleichgewichtes, abgesehen davon, daß ein Teilgewicht weitere wirtschaftliche Vorgänge, in die es eingebettet ist, voraussetzt.

Wird also gefragt, *was* denn eigentlich vorausgesehen werden soll, so handelt es sich hier um keine triviale Sache, obwohl die Antwort verhältnismäßig einfach zu geben ist: Vorausgesehen werden sollen „wirtschaftliche" Dinge und Ereignisse. Unter der zulässigen Annahme, es sei genau bekannt, was darunter zu verstehen ist (z. B. Preise, Produktionserträge usw.), findet man, daß infolge der Interdependenz aller wirtschaftlichen Prozesse und Gegebenheiten untereinander und dieser mit allen anderen Tatsachen kein noch so kleiner Ausschnitt aus dem Geschehen angegeben werden könnte, dessen Voraussicht nicht zugleich die Voraussicht des gesamten Restes bedeutete. Sollte irgendein Rest vernachlässigt werden – etwa weil für das praktische *Verhalten* zu „unwichtig", so müßte man ihn dennoch genau voraussehen, um ihn eben gerade als *„unwichtig"* vernachlässigen zu können. So ändert sich also nichts an der impliziten Mitbestimmung im Falle einer „vollen" Voraussicht. Wie weit man diese Mitsetzung gelten lassen will, ist eine praktische Angelegenheit, die nichts mit dem theoretischen Problem zu tun hat. Es ist wesentlich, hier bereits darauf hinzuweisen, daß die Voraussicht komplexer wirtschaftlicher Größen, wie z. B. Preise, Geldströme, Kosten, Gewinne usw., eben wegen der Vollkommenheit dieser Voraussicht bedingt, daß auch die Konstituenten dieser komplexen Größen mit vorausgesehen werden. Die wichtigsten und letztlich entscheidenden Elemente dieser Art sind die *individuellen Verhaltensakte,* aus denen die komplexen Größen hervorgehen. Das vorausschauende Individuum muß also nicht nur genau den Einfluß seines eigenen Handelns auf die Preise kennen, sondern auch den aller anderen Individuen und den seines eigenen zukünftigen Verhaltens auf das der anderen, namentlich der für ihn persönlich relevanten. Der Kreis dieser relevanten Individuen ist außerordentlich groß, da doch auch alle indirekten Wirkungen genau mitvorausgesehen werden müssen. Wie man sieht, wird man bei vernünftiger Abgrenzung der Voraussicht, wie bei der zeitlichen Erstreckung, auch hier bei der sachlichen Breite und Tiefe sehr enge Schranken aufrichten müssen. Dann ist es aber wieder keine „vollkommene Voraussicht". Diese, wenn sie nicht begrenzt wird, führt übrigens dazu, daß die Individuen auch eine vollständige Einsicht in die – erst durch die Gleichgewichtstheorie zu liefernde – theoretische Ökonomie haben müssen, denn wie anders sollten sie sonst die Fernwirkungen voraussehen können? Die wissenschaftstheoretisch und logisch interessanten Folgerungen, die sich hieraus ergeben, müssen etwas näher besprochen werden, zumal sie über das vorliegende Problem hinausweisen.

Die unwahrscheinlich hohen Ansprüche, die an die intellektuelle Leistungsfähigkeit der Wirtschaftssubjekte gestellt werden, beweisen zugleich, daß in den Gleichgewichtssystemen keine gewöhnlichen Menschen erfaßt werden, sondern mindestens untereinander genau gleiche Halbgötter, falls eben die Forderung voller Voraussicht erfüllt sein soll. Damit ist also nichts anzufangen. Wenn „volle" oder „vollkommene" Voraussicht im streng angebbaren und von den ökonomischen Autoren offenbar gemeinten Sinne einer *unbeschränkten Voraussicht* den Gleichgewichtstheorien zugrunde gelegt werden soll, so handelt es sich um eine völlig sinnlose Annahme; werden Beschränkungen derart eingeführt, daß die eben angedeutete „Vollkommenheit" der Voraussicht nicht erreicht wird, *so sind diese Beschränkungen ganz genau zu spezifizieren;* sie würden so eng gezogen werden müssen, daß die eigentliche Absicht, durch die hohe, *de facto* unbegrenzte, Voraussicht angeblich völlige Rationalität des Systems zu erzielen, verlorengeht. Aus diesem Dilemma gibt es für die theoretische Ökonomie keinen Ausweg. In dieser Abhandlung wird also nicht nur „volle" und „vollkommene" Voraussicht als gleichbedeutend gebraucht, sondern beide werden außerdem in dem wesentlich genaueren Sinne der *Unbeschränktheit* verwendet. Dieser Ausdruck wäre auch deswegen vorzuziehen, weil sich bei den Wörtern „vollkommen" oder „unvollkommen" leicht Wertungen einstellen, die hier nirgends eine Rolle spielen.

Ich gehe nunmehr dazu über, etwas näher zu prüfen, welche Bedingungen sich ergeben, wenn volle Voraussicht angenommen wird und namentlich die *wechselseitige Einbeziehung der Voraussicht vermutlich fremden Verhaltens* im Sinne der Auflösung der komplexen Größen wie Preise usw. erfolgt. Tatsache ist, daß eine Kalkulation der Wirkungen des künftigen eigenen Verhaltens auf künftiges fremdes Verhalten und *vice versa* immer erfolgt, also *jederzeit empirisch beobachtbar* ist. Jedoch bricht die Kette der gemutmaßten ineinandergreifenden „Reaktionen" verhältnismäßig bald ab; oft spielen sie auch wegen der Mächtigkeit der äußeren Daten der physikalischen Natur keine übermäßige Rolle, es sei denn auf gewissen Märkten (z. B. Börse). Etwas anderes ist es bei unbeschränkter Voraussicht. Ein Beispiel für das sich dann ergebende *Paradoxon* bei nur zwei Partnern gab ich bei anderer Gelegenheit und darf es hier einfach reproduzieren: „Als Sherlock *Holmes* von seinem Gegner *Moriarty* verfolgt, von London nach Dover abfährt, und zwar mit einem Zuge, der auf einer Zwischenstation hält, steigt er dort aus, anstatt nach Dover weiterzufahren. Er hat nämlich *Moriarty* auf dem Bahnhof gesehen, schätzt ihn für sehr klug und erwartet, daß *Moriarty* einen schnelleren Extrazug nehmen werde, um ihn in Dover zu erwarten. Diese Antizipation *Holmes'* stellt sich als richtig heraus. Was aber, wenn *Moriarty* noch klüger gewesen wäre, *Holmes'* geistige Fähigkeiten höher eingeschätzt und demnach *Holmes'* Aktion vorausgesehen hätte? Dann wäre er offenbar nach der Zwischenstation gefahren. Das hätte *Holmes* wieder kalkulieren und daher sich für Dover entscheiden müssen. Worauf *Moriarty* wieder anders ‚reagiert' hätte. Vor lauter Nachdenken wären sie gar nicht zum Handeln gekommen, oder der geistig Unterlegene hätte sich schon am Viktoria-Bahnhof dem anderen übergeben müssen, weil die ganze Flucht unnötig geworden wäre. Beispiele solcher Art lassen sich von überall herholen. Schach, Strategie usw., doch sind dazu Fachkenntnisse Voraussetzung, die das Beispiel lediglich beschweren."[5]

Man überzeugt sich unschwer, daß hier *ein unauflösbares Paradoxon* vorliegt. Die Situation wird nicht verbessert, sondern noch wesentlich verschlimmert, wenn wir statt zwei Individuen mehrere annehmen, sofern wir sie – wie z. B. beim Tausche der Fall ist – in eine Stellung zueinander bringen, die der hier vorgeführten entspricht. *Immer liegt eine unendliche Kette von wechselseitig vermuteten Reaktionen und Gegenreaktionen vor. Diese Kette kann niemals durch einen Akt der Erkenntnis, sondern immer nur durch einen Willkürakt, durch einen Entschluß abgebrochen werden.* Dieser Entschluß müßte aber von den betrachteten zwei oder mehr Individuen auch wieder vorausgesehen werden, wodurch bewiesen ist, daß das Paradox bestehen bleibt, wie immer man die Sache auch wenden und drehen mag. *Unbeschränkte Voraussicht und wirtschaftliches Gleichgewicht sind also miteinander unverträglich.* Kann aber das Gleichgewicht bei mangelhafter, ungleichartiger, beliebig verteilter Voraussicht überhaupt zustande kommen? Dies ist die Frage, die sich sofort erhebt, die Beantwortung erheischt. Man kann auch so fragen: Ist Voraussicht in die Bedingungen des Gleichgewichtes überhaupt echt eingeführt worden oder stehen nicht vielmehr die Theoreme des Gleichgewichtes in überhaupt keinem erwiesenen Zusammenhang mit der Annahme über die Voraussicht, so daß es sich um eine Scheinannahme handelt?

Das Beispiel, das hier für die Abschätzung des vermutlichen Einflusses zukünftigen eigenen Verhaltens auf zukünftiges fremdes Verhalten und dessen Rückwirkungen auf das eigene angeführt wurde, mag trivial erscheinen. Es ist daher geboten, darauf hinzuweisen, daß es in der gesamten Literatur nirgends eine Untersuchung dieser Zusammenhänge gibt, und zwar weder auf zwei Personen beschränkt, noch auf eine Vielheit ausgedehnt. Die entstehenden Fälle sind so überaus kompliziert, daß nur weitgehende Anwendung der Mathematik helfen könnte, die wechselseitigen Abhängigkeiten anzugeben. Die Beziehungen zwischen voneinander abhängigen menschlichen Verhalten sind auch ohne die Annahme von Voraussicht von fast unvorstellbarer Kompliziertheit und bedürfen dringend der Untersuchung. Diese würde ein rein formales Gerippe liefern, in das erst die speziellen Abhängigkeiten zwischen Mengen und Preisen, wie wir sie in der Ökonomie zu ermitteln trachten, eingepaßt werden könnten, wodurch die theoretische Ökonomie überhaupt erst an sicherem Grund gewönne. Als bisher einzige Untersuchung *streng* formaler Natur über menschliche Gruppenbildung, wenn auch auf anderem Gebiete und eingeschränkt auf nebeneinander bestehende, voneinander unabhängige Individuen, sei auf ein Werk von K. *Menger* verwiesen,[6] das hoffentlich von Ökonomen und Soziologen in seiner grundlegenden Bedeutung mit der Zeit erkannt werden wird.

Neben der Annahme der völligen, unbeschränkten Voraussicht scheidet aber auch – wie ebenfalls schon in „Wirtschaftsprognose" (Wien 1928) ausgeführt – die Annahme aus, es bestünde *überhaupt keine Voraussicht*, denn das würde gänzliche Anarchie des Verhaltens der Menschen bedeuten, mit der Erfahrung in glattem Widerspruch stehen und die Existenz der Wirtschaft ebenso unmöglich machen, wie die der Wirtschaftstheorie, die, wie alle Wissenschaft, ein Minimum von Beharrung in der Welt voraussetzen muß. Daß es keinerlei Voraussicht gäbe, würde der Aussage gleichkommen, *daß die Wahlakte der Wirtschaftssubjekte überhaupt nicht geordnet werden könnten,* was offenbar zu einer anderen, und zwar wirklich unentbehrlichen Bedingung des Gleichgewichtes einen Widerspruch bedeutet. Es kann also festgehalten werden, daß irgendein positiver Grad von „Wissen" um zukünftiges Verhalten, d. h. eine mit mehr oder minder Wahrscheinlichkeit ausgestattete Annahme über die Zukunft, für das Wirtschaften unentbehrlich ist. Dies drückt sich z. B. auch darin aus, daß die Individuen heute durchführbare Käufe unterlassen, weil ihnen die Erfahrung gezeigt hat, daß sich die Preise bis morgen oder übermorgen usw. nicht verändern. Würden sie derartige Annahmen nicht machen können, sondern überhaupt keine haben, so wäre *jede* Vermutung über die morgigen Preise gleich wahrscheinlich. Man ersieht hieraus auch zugleich die große Rolle der *Vergangenheit* für das wirtschaftliche Verhalten, die von L. *Robbins* in voller Übereinstimmung mit G. *Cassel* ganz verkannt wird, wenn er ausdrücklich feststellt: „The past is irrelevant."[7] Es ist vollkommen unmöglich, aus dem gegenwärtigen Verhalten der Wirtschafter und Unternehmer sich die Vergangenheit wegzudenken, zu der auch die eben abgelaufene Minute gehört!

Obwohl sich zeigen läßt, daß völlige Voraussicht zu Widersprüchen führt, ist es nötig, bei dieser Idee noch etwas zu verweilen, da sich eine ganze Anzahl von Nebenergebnissen gewinnen lassen, die für die theoretische Ökonomie von Bedeutung sind oder werden können. Die Notwendigkeit, daß jedes Individuum bei völliger Voraussicht alle wirtschaftlichen Zusammenhänge überschauen, also die theoretische Ökonomie beherrschen muß, führt zu einer wissenschaftslogisch merkwürdigen Tatsache. Wäre völlige Voraussicht eine unerläßliche Bedingung für die Aufstellung der Gleichgewichtstheorie, so ergäbe sich das weitere Paradox, daß die Wissenschaft bei dem *Objekt,* das sie erst erforschen soll, schon voraussetzt, daß ohne diese Annahme das Objekt in dem spezifischen betrachteten Sinne überhaupt nicht existieren könnte.

Die wissenschaftslogische Situation ist am klarsten gegenüber den Naturwissenschaften darzutun. Bei der Physik oder Chemie wird in gar keiner Weise die Präexistenz physikalischer oder chemischer Lehrsätze bei den von diesen Wissenschaften zu erklärenden Objekten – z. B. den Atomen und Elementen – vorausgesetzt, derart, daß die Atome Annahmen über das Verhalten und die Zustände der anderen Atome machen müßten. Es besteht begreiflicherweise eine restlose, völlige Trennung. Bei der theoretischen Ökonomie als bei dem entwickeltsten Repräsentanten der Sozialwissenschaften ist dies ganz anders, denn das Phänomen der Wirtschaft kann überhaupt nicht existieren – und zwar in gar keiner seiner Abwandlungen, wie immer die Verknüpfung von mehreren Einzelwirtschaften gewählt werden mag, ob Naturaltausch oder entwickelter Geldverkehr, ob mit oder ohne staatliche Wirtschaftspolitik und Steuern –, wenn nicht wenigstens gewisse einfachste Elemente dieser Wissenschaft selbst, in der Form der Einsicht in Zusammenhänge, beim Objekt (bei den Individuen) vorausgesetzt werden. Hierin liegt eine Art Widerspruch, der jedoch meines Erachtens vermieden werden kann, allerdings nicht für den vorhin besprochenen Fall, wo *volle* Kenntnis der noch nicht existierenden Wissenschaft den Individuen wegen völliger Voraussicht zugeschrieben werden mußte. Der Ausweg dürfte in *analoger* Anwendung der sogenannten *Russelschen Typentheorie*[8] in der Logistik liegen. Dies würde bedeuten, daß man auf Grund von *vorausgesetzter* Kenntnis theoretischer Sätze vom Typus I bei den Wirtschaftssubjekten in der Theorie Lehrsätze höheren, also mindestens vom zweiten Typus, formulieren kann; auf Grund der Kenntnis der Sätze des Typus II mindestens Lehrsätze vom Typus III aufzustellen vermag usw. Aber, wie man sieht, muß man von *unten* her, von dem einfachsten Typus aus aufbauen und kann nicht sofort mit den obersten Typen beginnen. Dies spräche gegen jenen von vornherein verallgemeinernd beginnenden Typus von Gleichgewichtstheorie, wie er von *Walras* geschaffen wurde; allerdings nicht in dem Sinne, daß dieser

Typus von Theorie überhaupt nicht zu errreichen sei, sondern nur insofern, daß am Anfang zu viel vorausgesetzt sein mag, was selbst noch der Analyse zugänglich und bedürftig ist. Es ist also denkbar, daß für den dritten Typus (des *Grades* der Entwicklung) der theoretischen Ökonomie die Wirtschaftssubjekte tatsächlich die Kenntnisse vom zweiten Typus haben. Dann muß sich insgesamt etwas anderes ergeben, als wenn sie sich – was genauso gut möglich wäre – jedoch nur nach dem ersten, als dem niedrigsten Typus, verhalten. Darauf soll aber hier nicht weiter eingegangen werden.

Es ist natürlich nötig, den ersten Typus als den untersten näher zu bestimmen. Er muß zweifellos die geringstmögliche Anzahl von Elementen enthalten. Begreiflicherweise handelt es sich bei diesen Erwägungen um die rein logischen Beziehungen, weswegen diese Ausführungen auch ganz abstrakt verfahren dürfen. Der unterste Typus kann theoretisch auf folgende Weise ermittelt werden: Die Individuen könne zunächst ganz beliebige Ansichten und Meinungen über die für ihr Verhalten im engsten Bereiche relevanten Zusammenhänge haben. Sind diese Ansichten alle falsch, so wird – *ceteris paribus* – der Ausgangszustand keine Beharrung aufweisen und die Beibehaltung des Befriedigungsplanes wird nicht gelingen. Also gehen sie durch Anpassung – wie beim Tausche – zu Korrekturen über; dies geschieht so lange, als bis *bloß* durch Veränderung ihrer Meinungen (von allem anderen strikte abgesehen) keine Verbesserung im Sinne einer Wohlfahrtskonstanz mehr eintritt. Damit wird *mindestens die Fortdauer* des Zustandes erreicht, jedoch nicht ausgeschlossen, daß infolge vertiefter Einsicht ein ebenfalls beständiger Zustand auf mehr oder minderem höheren Niveau bei gleichen Gütervorräten möglich wäre. Die mit diesem einfachsten Zustand notwendig verbundenen Ansichten über die ökonomischen Zusammenhänge bezeichnen wir (für die betrachtete Wirtschaftsorganisation) als die „Kenntnisse vom Typus I", der als der unterste Typus charakterisiert wird. Hier ist der Ort, um auf folgendes hinzuweisen: Da weder bei *Walras* noch bei *Pareto* eindeutig gesagt ist, daß volle Voraussicht eine ihrer Annahmen ist, dies aber von ihren neuzeitlichen Interpreten – wie wir gesehen haben – behauptet wird, kann auch angenommen werden, daß sie sich den Vorgang der *Bildung* des Gleichgewichtes *ohne* vollkommene Voraussicht vorstellten. Der oben beschriebene Anpassungsvorgang ist nämlich völlig analog dem der Preisermittlung bei *Walras* durch den „*prix crié*" und seine sukzessiven Korrekturen durch die verschiedenen Gebote der Käufer; gleiches gilt für *Edgeworth's* Idee des „*recontracting*". Hätten die Käufer alle vollkommene Voraussicht, so müßte der „prix crié" sogleich der endgültige Preis sein. Man wird sich hier ferner der bekannten *Walras*schen Formulierung erinnern, daß das Gleichgewicht *„par tâtonnement"* zustande kommt, eine Ansicht, der auch *Schumpeter* zu huldigen scheint. *Sukzessive Anpassungen sind jedenfalls unverträglich mit vollkommener Voraussicht.* Es ist aber überaus bezeichnend, daß man stets versucht, mittels der theoretischen Ökonomie Endzustände nach Störungen immer durch graduelle Anpassungsvorgänge zu erreichen. Die technischen Schwierigkeiten sofortiger Anpassung gegeben, verschwinden sie doch in dem Augenblick, als die Zeitpunkte, wann sie vollendet sein werden, bekannt sind und daher die Anpassung der Preise im Sinne der Erreichung eines Gleichgewichtes *sofort* gegeben sein muß. Entweder wird also die Theorie widerspruchsvoll verwendet, oder sie enthält, nach den Annahmen der Autoren, wie *Walras* und *Pareto,* keineswegs die Aussagen über vollkommene Voraussicht.

Wie man sich unschwer überzeugt, entspricht es auch der Wirklichkeit, ist es empirisch beobachtbar, daß es in vielen Ländern sehr verschiedenartige Zustände der wirtschaftlichen Wohlfahrt geben könnte, wenn wir an allen Daten lediglich dasjenige der Einsicht in die ökonomischen Zusammenhänge variieren lassen. „Rückständige" Länder müssen nicht immer nur solche sein, in denen veraltete Produktionsmethoden angewendet werden und „Kapitalmangel" herrscht, sondern namentlich auch solche, in denen die ökonomische Bildung sehr gering ist. Daher eröffnen sich Anwendungsmöglichkeiten von Untersuchungen dieser Art von Kenntnisfragen auch für den großen Bereich der Wirtschaftspolitik sowie im weiteren Sinne auch für den ganzen Fragenkomplex des „rationalen Handelns", der ja offenbar auch mit der hier diskutierten Problemgruppe eng zusammenhängt und dessen Implikationen noch keineswegs gänzlich aufgedeckt sind.

Dem Anschein nach ist folgende, diese Schwierigkeiten vermeidende Überlegung möglich: Es genügt doch offenbar, wenn jedes der betreffenden Wirtschaft angehörende Individuum einfach weiß, wie die konkrete Situation auf einem bestimmten zukünftigen Markte sein wird, *ohne* daß es auch nur eine Ahnung haben muß, wie die dort zu erwartenden Preise und Tauschakte auf seine eigenen Tausche, seinen Güterbesitz, seine Absichten und die aller anderen zurückzuführen sind. Diese Meinung ist aber unzutreffend, denn es wird ja von der Theorie gleichfalls angenommen, daß sich die Individuen *rational* verhalten. Die „Rationalität" setzt aber ihrerseits wieder voraus, daß sich die Wirtschaftssubjekte über Beziehungen und Abhängigkeiten im klaren sind, daß sie daher Zusammenhänge bis zu einem gewissem Grade auch wirklich durchschauen.

Es ist nunmehr weiterhin nötig, mit aller Schärfe auf folgendes hinzuweisen: Wenn vollkommene Voraussicht seitens eines *außenstehenden Be-*

obachters angenommen wird, dann handelt es sich um *andere* als die bisher besprochenen Fragen. Was über einen solchen Beobachter – in diesem Falle also z. B. den theoretischen Ökonomen – zu sagen ist, ergibt durchaus parallele Aussagen zu den aus Theologie und Logik bekannten Überlegungen über die Allwissenheit Gottes von der Zukunft und über die damit zusammenhängenden Schwierigkeiten der Willensfreiheit. Es ist wohl klar, daß zwischen a) der bloß *theoretischen* Erkenntnis von Zusammenhängen und b) der vollkommenen Voraussicht zu unterscheiden ist, denn die letztere ist dadurch gekennzeichnet, daß ein konkretes (meist wohl als *historisch* zu bezeichnendes) Objekt in Hinblick auf die Einzelabläufe in allen Details überblickt werden soll. Dies ist mehr, als ein Theoretiker jemals mit seiner Theorie wird leisten können. Es mag der Hinweis auf diese Dinge genügen, um den Unterschied zu markieren. Da wir mit der Stellung eines solcherart ausgestatteten Beobachters nicht befaßt sind – weil er für die Gleichgewichtstheorie keine notwendige Annahme darstellt –, so braucht das Problem nicht diskutiert zu werden. So verwickelt es auch sein mag, so schwierige Fragen der Logik bei seiner exakten Behandlung auch aufgeworfen werden mögen, es steht an Kompliziertheit doch gegenüber der Idee der *individuellen* vollkommenen Voraussicht weit zurück, weil bei dieser eben die zusätzliche Annahme gemacht wird, daß auch *alle betrachteten* Individuen dieses vollkommene Wissen, und zwar daher untereinander das *gleiche* vollkommene Wissen, haben. Das führt zu völlig unauflösbaren Paradoxen, wie bereits weiter oben dargelegt wurde. Wenn aber schon einmal aus einem *einfachen* Gesichtspunkte heraus die Unvermeidbarkeit eines Paradoxons gezeigt werden mußte (wegen der Reflexe des eigenen Verhaltens in dem der anderen und *vice versa*), so ist es offenbar überflüssig, alle oder überhaupt nur weitere Aspekte dieses Paradoxons anzuführen, denn mit seinem Nachweis scheidet die Idee, es könne „vollkommene Voraussicht" eine notwendige, ja überhaupt eine sinnvolle Annahme für die Gleichgewichtstheorie bilden, von vornherein aus der Erörterung aus. Ebensowenig kann sie für irgendwelche Spezialtheorien verwendet werden.

Um aber Mißverständnissen vorzubeugen, muß jedoch gezeigt werden, daß folgende Annahme zu *keinem* Widerspruche führt: Angenommen, die Gleichgewichtstheorie *existiere* bereits in abschließend vollendeter Form (d. h. derart, daß es keine von ihr noch zu lösende Aufgabe mehr gibt), so können wir einen Fall konstruieren, derart, daß diese vollendete Wissenschaft allen Wirtschaftssubjekten gleichmäßig bekannt sei und von allen gleich gut verstanden würde. Wenn wir nicht die *zusätzliche* Annahme machen, daß sie *außerdem* vollkommene Voraussicht besitzen, so haben wir es lediglich mit einer ganz außergewöhnlich hochgebildeten Schicht von Wirtschaftssubjekten zu tun, ohne daß damit irgendeine Behauptung ausgesprochen wäre, die ein neues oder neuartiges Problem entstehen ließe. Auf keinen Fall hat sich eine für die Theorie entscheidende Änderung des Objektes ergeben.

Diese Annahme der vollkommenen *Kenntnis* einer vollendeten Gleichgewichtstheorie ist aber keineswegs mit der *Walras*chen Idee voller Voraussicht identisch. Gezeigt wurde, daß letztere wohl die erstere voraussetze, aber, wie man bald sieht, die Umkehrung ist nicht zulässig. Es kann also eine Gruppe von Wirtschaftssubjekten eine vollkommene Kenntnis der Wissenschaft haben, aber diese müssen dabei nicht wesentlich anders in die Zukunft schauen, als es die Menschen heute tun. Diese Individuen zeichnen sich nur durch tieferen Einblick in die Zusammenhänge aus, die sich aus dem Ansatz der Daten ergeben. Aber in diesen Ansätzen können sie sich irren, kann sich Optimismus und Pessimismus äußern usw. In dieser Gleichgewichtswirtschaft können daher Irrtümer vorfallen, geheime Informationen existieren, temporäre Monopole der Kenntnis von Datenänderungen[9] bestehen, daher auch Risken, Unternehmergewinne usw. Wenn daher in der heutigen Gleichgewichtstheorie behauptet wird, daß Risken und Gewinne im Gleichgewicht ausgeschaltet seien, so müßte dies offenbar auf andere Weise begründet werden als mit dem Hinweis auf vollkommene Voraussicht. Zu diesem Zwecke wird es nötig sein, noch weitere Beziehungen zwischen dem Grade der Voraussicht und dem Gleichgewicht aufzuspüren.

Diese Feststellungen können durch die Einführung der Unterscheidung von *technischer Voraussehbarkeit* und *effektiver Voraussicht* präzisiert werden. Damit wird auf einige Elemente der Kenntnisfragen hingewiesen, die wegen ihrer Vernachlässigung, z. B. in der Risikotheorie, angedeutet werden sollen. Die effektive Voraussicht kann *geringer* (und nur durch Zufall größer) sein als die technische Voraussehbarkeit, dies ist z. B. der Fall, wenn eine Regierung Inflation treibt und gleichzeitig glaubt, das Geldgleichgewicht nicht zu stören. Nach den jeweils *technisch* erhältlichen Daten besteht je nach dem Grade der tatsächlichen Anwendung der ökonomischen Wissenschaft ein verschiedenes Ausmaß von effektiver Voraussicht; dies bedeutet, daß trotzdem infolge anderer Störungen – z. B. weil die Leute wider Erwarten das zusätzliche Geld horten oder dergleichen – nicht die Folgen eintreten müssen, die nach dem angenommenen erfahrungsgemäßen Zusammenhang der Dinge erwartet werden durften. Es liegt eben eine Trennung zwischen der Herstellung einer Schlußkette und den auch anderweitig abhängigen historischen Ereignissen vor.

Um den Unterschied zwischen technischer Voraussehbarkeit und effektiver Voraussicht klarzumachen und zugleich um zu zeigen, daß er im ganzen Bereiche des menschlichen Verhaltens (damit also für die gesamte theoretische Soziologie) gegeben ist, sei ein einfaches Beispiel angeführt: Wenn ein mit dem städtischen Verkehr vertrauter Passant eine belebte Straße überquert, so wird er den vorüberfahrenden Autos in einer solchen Weise ausweichen, daß er unversehrt bleibt. Er kann dies tun, weil ihm z. B. die Fahrordnung und die Fahrgewohnheiten bekannt sind, er die Geschwindigkeiten der Automobile abzuschätzen gelernt hat usw. Er weiß also, was die Autos tun sollen, und was sie tatsächlich erfahrungsgemäß für sonstige Eigenschaften haben. Er verfügt daher über ein gewisses Maß von technischer Voraussehbarkeit, die er auf die konkrete Situation anwendet, wodurch er zu einer bestimmten effektiven Voraussicht gelangt. Ist unser Passant aber ein plötzlich in die Stadt versetzter Wilder, so wird er sich nicht zu verhalten wissen, obwohl ihm nach einiger Zeit die gleichen Angaben *technisch* ebenfalls zur Verfügung stünden. Er wird nicht wissen, in welcher Strecke die Autos bremsen können, daß sie überholen dürfen, was das Aufflammen des roten und des grünen Lichtes bedeutet usw. Aber es kann dennoch geschehen, daß der Wilde heil bleibt und der geübte Städter überfahren wird, weil gerade bei diesem z. B. die Bremse eines begegnenden Autos versagt, was er technisch *nicht* voraussehen konnte. Nur „vollkommene Voraussicht" oder zumindest eine solche Voraussicht, die das kritische Element in sich schlösse, die also die Kenntnis von *einzelnen historischen* Fällen und Geschehnissen gäbe, hätte auch die Kenntnis dieses Einzelfalles vermittelt, oder ein Zufall hätte den Passanten dieser Gefahr entrinnen lassen.

Es gibt also im sozialen Leben eine weitergehende Voraussehbarkeit – diese ist vor allem das Werk der Wissenschaft –, als sie praktisch angewendet wird und angewendet werden muß. Vor allen Dingen ist das Ausmaß der Voraussicht sehr ungleich und bei verschiedenen Bevölkerungsteilen ganz verschieden verteilt, ein Umstand, dem später noch gebührend Rechenschaft zu tragen sein wird.

Kehren wir nochmals zu der Idee der vollkommenen Voraussicht zurück, um ein weiteres Verhältnis klarzustellen, das in der Theorie bisher ebenfalls im Dunkel gelassen worden ist. Bei vollkommener Voraussicht (wir nehmen an, daß man sich darunter etwas ganz Genaues denken könne) fällt offenbar die *Voraussicht* mit der *Erwartung*[10] der Zukunft zusammen. Wenn ich ganz genau weiß, daß in drei Tagen ein ganz bestimmter Preis eine ganz bestimmte Höhe haben wird, dann ist es dasselbe, wenn ich den Eintritt dieses Ereignisses auch wirklich erwarte.

Würde ich einen anderen Preis erwarten, so hätte ich keine sichere, vollkommene Voraussicht. In einer solchen Wirtschaft wären also alle Stimmungsfaktoren ausgeschaltet. Bei nicht vollkommener Voraussicht, bei Möglichkeit eines anderen Preises – weil ich z. B. Störungsmomente in der Erwartung nicht ausschalten kann – ist es dagegen immer denkbar, daß ich aus Gründen des Temperaments, der Laune, des Wagemutes usw. meine Erwartung anders gestalte, als mir die technische Voraussehbarkeit etwa gebieten würde. Ich bin z. B. einmal geneigt und ein anderes Mal nicht geneigt, ein *Risiko* einzugehen. Mit anderen Worten: Wo es an der wirklichen, endgültigen effektiven Voraussicht gebricht, treten Erwartungsmomente auf, falls das wirtschaftende Individuum genötigt ist, in Hinblick auf die Zukunft bereits jetzt Handlungen zu setzen oder solche zu unterlassen. *Die Erwartung hängt also immer nur zum Teil von der Voraussicht ab,* sie kann sogar völlig in der Luft hängen, was dann allerdings für das Individuum mit einer Enttäuschung, Einbuße an Kapital oder mit einem Gewinn enden wird. Wie man sofort sieht, muß die Risikotheorie von dieser Seite aus angepackt werden. Es liegt hier ein analoges Verhalten vor, wie das von K. *Menger*[11] beschriebene, wonach die Individuen unter näher angebbaren Umständen Unsicherheitsmomente anders *bewerten,* als sich nach der Wahrscheinlichkeitsrechnung ermitteln läßt. Da aber zum Aufbau einer ordentlichen Risikotheorie wesentlich weiter ausgeholt werden müßte und namentlich dem Aufbau der Wahrscheinlichkeitstheorie genau Rechnung zu tragen wäre, mag es mit diesen Bemerkungen vorläufig sein Bewenden haben.[12]

Es ist vielleicht nicht uninteressant, auf einige Implikationen ökonomischer Art hinzuweisen, die die „vollkommene Voraussicht" in sich schließt. Man wird aus ihnen sogleich erkennen, daß diese Annahme der Gleichgewichtstheorie niemals zugrunde liegen könnte und diejenigen irren, die sie Autoren wie *Walras* und *Pareto* zuschreiben, die als Repräsentanten der Gleichgewichtstheorie aufgefaßt werden. Zunächst ergibt sich merkwürdigerweise, daß man auf Grund der Annahme vollkommener Voraussicht sogar *materielle* Aussagen über eine solche Wirtschaft machen kann. Sie sind im wesentlichen negativer Art. So wird es z. B. keine Lotterien und Spielsäle geben, denn wer würde spielen, wenn feststünde, wohin der Gewinn ginge? Telephon, Telegraph, Zeitungen, Annoncen, Plakate, Reklame usw. wären ebenfalls überflüssig, wie auf der Hand liegt. Aber auch die dazugehörigen, heute oft sehr erheblichen Industrien mit allen ihren vielen Nebenindustrien würden fehlen. Die Post hätte nur Pakete zu bestellen und jene Briefe, die dokumentarische Unterlagen bedeuten, denn wozu sonst Briefe schreiben? Es erübrigt sich wohl, den Fall weiterzuspinnen, aber man sieht, wie unüberlegt in der theoretischen Ökonomie oft von „grundlegenden Annahmen" dort gesprochen wird, wo es sich lediglich um Unsinn handelt.

Wenn man vom Gleichgewicht spricht, muß natürlich genau angegeben sein, was darunter zu verstehen ist. Die hier gemachten Aussagen beziehen sich auf die üblichen Vorstellungen, bei denen es sich darum handelt, einen (synchronisierten) Kreislaufprozeß zu beschreiben. Es wird zugelassen, daß die Wirtschaft streng periodische Schwankungen mitmacht, daß Leute sterben, geboren werden, unter Umständen sich die Wirtschaft überhaupt ausdehnt usw. Es ist klar, daß für einen dieser Art gefaßten Gleichgewichtsbegriff die vollkommene Voraussicht zu den erwähnten Paradoxen führt. Diese würden sich darin äußern, daß von einer gleichförmigen Fortführung der Wirtschaft keine Rede sein könnte. Wenn jedoch gemeint ist, daß die Gleichgewichtstheorie nur einen absolut starren Zustand beschreibt, dann kann man natürlich die vollkommene Voraussicht einführen, denn es kann sich *ex definitione* nichts ändern, weil eben *alles* starr und unveränderlich gegeben ist. Würde auch nur eine einzige Variation eintreten, so wäre von einem Gleichgewicht, oder auch nur von einer *Tendenz* zum Gleichgewicht, keine Rede mehr, sondern man hätte das beschriebene Paradox als Ergebnis vor sich. Es ist klar, daß eine Gleichgewichtstheorie, die nur einen *starren Zustand, der unabänderlich gegeben* ist, „erklärt" und die wegen dieser einen Grundannahme außerstande ist, irgend etwas über die *Wirtschaft* zu sagen, wenn eine Variation eintritt, für die Erkenntnis völlig belanglos ist und daher auch gar nicht den Namen einer Theorie und Wissenschaft verdienen würde.

Es wäre auch nicht richtig zu sagen, daß Konstanz der Daten die vollkommene Voraussicht impliziere. Denn es liegt auf der Hand, daß irgendwelche Daten sehr wohl völlig fest gegeben sein können, *ohne* daß dieser Umstand den Individuen bekannt zu sein braucht. Dagegen gilt die umgekehrte Beziehung, da die vorausgesehenen Ereignisse als „gegeben" eingesetzt werden können. Nur ist es unsinnig anzunehmen, daß alle zukünftigen Ereignisse gegeben sein könnten, wozu außerdem die gegenseitige Abschätzung des individuellen Verhaltens kommt.

Bedeutsamer ist nun der folgende Fall, der sich auf eine konkrete ökonomische Theorie bezieht. Wir betrachten die Konkurrenz- und Monopoltheorie. Bei Konkurrenz (bestimmt nach *Pareto*) ist jeglicher Gewinn abwesend, beim Monopol ist er determiniert als das Maximum einer gewissen Funktion mit Nebenbedingungen. Die Duopoltheorie, die in den letzten Jahren eingehendes Studium fand, zeigt deutlich, daß gewisse Annahmen darüber gemacht werden müssen, ob der eine Duopolist mit sogenannter „Mengen"- oder „Preisabhängigkeit" des anderen rechnet und *vice versa*. Die Theorie muß hier als bekannt vorausgesetzt werden. Nun hat *Chamberlin*[13] einleuchtend gezeigt, daß die Duopolisten ein Gewinnmaximum dann erreichen, wenn sie beide zum Monopolpreis verkaufen, was einer *stillschweigenden Verabredung* entspricht. Dagegen wird sich, gleichgültig wie groß die Zahl der Anbieter ist, also auch schon bei Duopol, der Konkurrenzpreis ergeben, wenn jeder das Verhalten des anderen vernachlässigt. Wenn also die beiden Duopolisten genügende Voraussicht haben, so werden sie sofort zum Monopolpreis übergehen, und an dem dann erreichten Gleichgewicht wird sich nichts mehr ändern. Nehmen wir nun an, daß wir es nicht mit zwei, sondern der Reihe nach mit 3, 4, 5 ... n Anbietenden zu tun haben, wobei eine beliebig große Zahl dieser Folge schon den Bedingungen der freien Konkurrenz vom Typus *Paretos* genüge, so ist nicht einzusehen, warum der meistens behauptete Prozeß einer mehr oder minder schnellen Annäherung des Monopolpreises über verschiedene Zwischenstufen an den Konkurrenzpreis lediglich wegen der Vermehrung der Anbietenden überhaupt eintreten sollte. Haben die Individuen vollkommene Voraussicht – wie doch angeblich für die *ganze* Theorie die grundlegende Annahme lauten soll –, so bleiben sie beim Monopolpreis, denn der Monopolgewinn, dividiert durch die Zahl der Anbieter, muß jedem einzelnen immer noch einen größeren Gewinn sichern als bei freier Konkurrenz; das heißt, der Gewinn der einzelnen muß größer sein als null. Da die Wirtschafter einen noch so kleinen Gewinn gar keinem Gewinn vorziehen, ist die Situation in diesem Punkte eindeutig. Werden daher in einer Konkurrenzwirtschaft die nicht vollkommen vorausschauenden Individuen durch solche ersetzt, die volle Voraussicht haben, so müßten sich die Preise offenbar erhöhen, und die Grundvoraussetzung der Gleichgewichtstheorie, daß bei freier Konkurrenz der Kostenpreis gezahlt würde, ist automatisch beseitigt. Zweifellos ein paradoxes Ergebnis.

Nicht genug damit: Es besteht keine Möglichkeit, diesen Prozeß der *Chamberlin*schen Monopolisierung gerade auf einen einzigen Markt, z. B. der Konsumgüter, zu beschränken. Es werden also auch die Produktionsfaktoren nur noch zu Monopolpreisen abgegeben werden, wodurch möglicherweise die Monopolgewinne der letzten Stufen ganz verschwinden müssen. Wenn aber universelles Monopol entsteht, ist zu fragen, ob dadurch nicht ein indeterminiertes Preissystem entsteht. Dies müßten die Wirtschafter auch wieder voraussehen usw. Es kann natürlich sein, daß einzelne Produktionsmittel „privat" sind (in der Terminologie von *Hicks*[14]), dann braucht dieser Prozeß nicht zur Unbestimmtheit zu führen.

Jedenfalls ist es nötig, darüber ins klare zu kommen, welche Voraussicht bei den einzelnen anzunehmen ist, damit eine geschlossene Theorie überhaupt aufgestellt werden kann. Denn daß irgendein *positives* Maß von Voraussicht unterlegt werden muß, wurde bereits gezeigt. Ferner muß man streng im Rahmen der Annahmen bleiben, denn es ist nicht einzusehen, ob das Abgehen vom *Chamberlin*schen Monopol schon bei 3 oder erst bei 10 oder bei 1000 Anbietenden geschieht, ob das unter allen Umständen gleichmäßig geschieht und ob es immer gleich wahrscheinlich ist. Es könnte schließlich noch scheinen, als ob die bloße *Kenntnis* der Duopoltheorie schon genügen würde, um den eben gekennzeichneten Monopolisierungsprozeß auszulösen, was mit dem früheren Beweise eines Unterschiedes zwischen vollkommener Voraussicht und voller Kenntnis der theoretischen Ökonomie seitens der Wirtschaftssubjekte in Widerspruch stünde. Es liegt aber kein Widerspruch vor: Vollkommene Voraussicht (bei Kenntnis der Duopol- und Oligopoltheorie) schließt in sich, daß jeder einzelne auch vom anderen weiß, daß er die Duopoltheorie beherrscht und effektiv anzuwenden entschlossen ist. Insofern geht sie schon über die Theorie hinaus, denn dieses *Wissen* ist keiner ihrer Bestandteile, ebensowenig wie das Wissen davon, genau welche Orientierung der jeweilige Monopolpartner tatsächlich vornehmen wird und wie er die eigene Reaktion darauf einschätzt. Also ist von einem Widerspruch keine Rede. Die Gründe anzuführen, warum *praktisch* der geschilderte Monopolisierungsprozeß nicht eintreten wird, erübrigt sich.

III.

Aus den gesamten Darlegungen ergibt sich, daß die Annahme vollkommener Voraussicht aus der Theorie ausscheidet. Es scheint, als ob dies eine völlig negative Feststellung wäre, doch wäre dies insofern unberechtigt, als sich gleichzeitig Wege zeigen lassen, auf denen die Forschung weiterzuschreiten hat, obwohl diese Wege sehr mühsam sind. Zunächst ergibt sich, daß alle an „vollkommene Voraussicht" geknüpften *Folgerungen* falsch sind bzw., soweit es sich um *empirische Beobachtungen* handelt, diese in der Luft hängen und daher in andere Zusammenhänge eingeordnet werden müssen. Namentlich ist dabei an den Unternehmergewinn zu denken sowie an die angebliche – von J. R. *Hicks* mehrfach betonte und von vielen übernommene – Spaltung der Theorie in eine *allgemeine* Gleichgewichtstheorie und in eine *spezielle* Theorie vom Geldgleichgewicht, die von der ersteren getrennt sei, wie eingangs dieser Abhandlung erwähnt wurde. Diese

Trennung ist also, wenn sie nur aus diesem Grunde bestehen soll, zweifellos unzulässig, von einem anderen Gesichtspunkt aus mag sie Sinn haben. Die Risikotheorie bedarf allenfalls eines völligen Neuaufbaues; dies erhellt schon daraus, daß eine der interessantesten und einflußreichsten Formen der Risikotheorie, nämlich diejenige F. H. *Knights,* wie aus dem Zitat auf S. 338 hervorgeht, auf schwankendem Boden steht. Bei anderen Theorien dieses Gebietes trifft das in noch stärkerem Maße zu. Dabei darf man sich gerade von der Ausbildung der Risikotheorie, in der alle Überlegungen von der Art, wie sie z. B. in der vorliegenden Abhandlung angestellt wurden, kulminieren, nicht nur interessante, sondern auch wirklich weittragende Entwicklungen versprechen. Dies gilt ganz besonders aus dem Grunde, daß gerade in der allerjüngsten Zeit entscheidende neue Erkenntnisse der Wahrscheinlichkeitstheorie erzielt worden sind.

Es kann nun gezeigt werden, in welcher Richtung die weitere Forschung fortzusetzen ist. Dadurch, daß als bewiesen anzusehen ist, daß es immer positive Erwartungen über Zukünftiges gibt und daß diese Erwartungen mit einem gewissen Grade von Voraussicht verknüpft sind, diese wiederum ein gewisses Mindestmaß von Einsicht in die ökonomischen Zusammenhänge voraussetzen, so ist klar, daß sich *Variationen* der Erwartungen – wegen Variation einer oder mehrerer dieser Komponenten – im Preisgefüge und daher im Produktionsaufbau auswirken müssen. Wir brauchen ja nur einen Augenblick anzunehmen, daß in einer Wirtschaft alle Unternehmer eine wesentlich weiterreichende „Voraussicht" haben als alle Konsumenten (wenn die Trennung unterstellt wird); auf Grund dieser Daten wird sich ein Preissystem ergeben. Variieren wir nun diese Daten, ebenso wie wir dies z. B. bei den Produktionsdaten zu tun gewohnt sind, z. B. derart, daß wir die Verteilung der zwei Klassen von „Voraussicht" gerade umkehren, so muß offenbar ein anderes Preissystem resultieren. Es ist von vornherein keineswegs zu überblicken, welches die *Stabilitätsbedingungen* sind, die offenbar aufgestellt werden müssen. Denn wenn man bei dem Gleichgewichtsschema bleiben will, dann wird es nicht vielerlei, sondern wahrscheinlich nur sehr wenige Arten der Verteilung ungleicher Grade von „Voraussicht" und Erwartungen seitens der Wirtschaftssubjekte geben, die mit stabilem Gleichgewicht verträglich sind. Das Problem könnte also folgendermaßen gestellt werden: Genau welche Verteilung welcher Maße an Erwartungen und Voraussicht entsprechen den Bedingungen des durch die *Walras*schen Gleichungen beschriebenen Gleichgewichtes? Es ist ein weiter Weg, bis diese Frage einmal zufriedenstellend beantwortet sein wird, und wer weiß, ob es bei der Idee des Gleichgewichtes überhaupt bleiben kann? Die Variationen der Erwartungen, die man ganz unzweideutig vornehmen kann, zeigen auch, daß dieser Faktor durch die Methode seiner Behandlung den anderen Faktoren – z. B. den Mengenänderungen der Produktionsmittel –, die das Gesamtergebnis beeinflussen, gleichgeordnet ist.

Zum Schluß sei noch darauf hingewiesen, daß im Bereiche dieses Problems vielleicht zunächst eine große Anzahl empirischer Einzelstudien angestellt werden muß, um über die Tragweite des Erwartungsmomentes – dessen Bedeutung kaum auf allen Märkten die gleiche sein kann – einigermaßen ein Bild zu gewinnen. Es wäre z. B. durchaus denkbar, konkrete Transaktionen, für die hinreichende Daten vorliegen, dahingehend zu prüfen, was ihr Ergebnis, verglichen mit dem tatsächlichen, gewesen wäre, hätte man diverse Erwartungskoeffizienten eingesetzt. Empirische Studien dieser Art sind gewiß möglich, nur werden sie eine neue Technik erfordern, da die gewöhnlichen Methoden der Statistik hier versagen müssen, weil man es zunächst allzusehr mit Einzelfällen zu tun hat. Auf Grund dieser empirischen Studien und vermittels des schon vorhandenen Erfahrungsmaterials, wie es z. B. in der Wertlehre zum Ausdruck kommt, wird natürlich auch derart zu verfahren sein, daß in konkreten Theoremen der enthaltene, aber meist unausgesprochene Erwartungs- und Voraussichtsfaktor aufgespürt wird. Zum Teil fallen diese Nachprüfungen mit den Entwicklungen zusammen, die die Theorie durch die Einführung des Zeitfaktors nimmt. Zeit und Erwartung sind ja untereinander, wie sich ergeben hat, in inniger Weise verknüpft. Bei diesen Untersuchungen wird man vor allem denjenigen Fragen Aufmerksamkeit zu schenken haben, wo es sich um Variationen handelt, damit der bisher nicht behandelte Faktor der mit jeder Variation verbundenen Voraussicht nicht Schwankungen mitmacht, die anderen Elementen zugeschrieben werden. Fruchtbare Beispiele der Einführung des Erwartungsmomentes bilden die schon erwähnten Spezialtheoreme der Duopoltheorie.

Die Ausführungen dürften gezeigt haben, daß in der Gleichgewichtstheorie zumindest ein in seiner Rolle ungeklärtes variables Element enthalten ist, von dem die Theorie mit abhängig ist. In der Theorie tritt also eine Verfälschung auf, deren Ausmaß zur Zeit noch unbekannt ist. Die Vermutungen sprechen dafür, daß diese Verfälschung nicht unbeträchtlich ist – von den anderen bisher unberücksichtigten Momenten gleicher Art ganz zu schweigen.

Anmerkungen

1 Vgl. hierzu K. *Menger* und A. *Wald,* in: Ergebnisse eines mathematischen Kolloquiums, Wien 1935. Heft 6.

2 J. R. *Hicks,* Gleichgewicht und Konjunktur. Zeitschrift für Nationalökonomie, Bd. IV, S. 445.

3 H. L. *Moore:* Synthetic Economics, New York 1929.

4 F. A. *Hayek:* Preiserwartungen, Monetäre Störungen und Fehlinvestitionen; Nationaløkonomisk Tidskrift 1935. 73. Bd. Heft 3. Sperrungen von mir. O. M.

5 O. *Morgenstern:* Wirtschaftsprognose, Eine Untersuchung ihrer Voraussetzungen und Möglichkeiten. Wien: J. Springer. 1928. S. 98.

6 K. *Menger:* Moral, Wille und Weltgestaltung. Grundlegung zur Logik der Sitten. Wien: J. Springer. 1934. Besondere Aufmerksamkeit ist den im IV. Kapitel entwickelten neuen mathematischen Methoden zu schenken, die Anwendungen und Erweiterungen auf die verschiedenartigsten ökonomischen Probleme zulassen. Namentlich ergeben sich Anwendungen für die theoretische Grundlegung der Wirtschaftspolitik.

7 L. C. *Robbins:* An Essay on the Nature and Significance of Economic Science. London 1932. S. 62.

8 Für eine Darstellung vgl. u. a. D. *Hilbert* und W. *Ackermann:* Grundzüge der theoretischen Logik, Berlin 1928. Kap. IV, § 4.

9 Vgl. hierüber O. *Morgenstern:* Wirtschaftsprognosen, Wien 1928, S. 8 f, S. 30 usw.

10 Die Einführung des Erwartungsmomentes in der Theorie ist also wesentlich schwieriger, als jenen Autoren klar zu sein scheint, die bereits darin einen Fortschritt der Theorie erblicken, wenn von „Erwartung" undefiniert gesprochen wird.
Ich denke hier z. B. an G. *Myrdal:* Der Gleichgewichtsbegriff als Instrument der geldtheoretischen Analyse. (Beiträge zur Geldtheorie, Wien 1933, S. 361 ff.) *Myrdal* erklärt (S. 384) ausdrücklich, „die Antizipation in das geldtheoretische System einfügen" zu wollen. Allerdings wird dann nicht analysiert, worin die Antizipationen bestehen, welche Bestimmungsgründe sie haben usw. Auch trifft keineswegs zu, daß Antizipation und Erwartung zusammenfallen müssen; doch will ich auf diese weitere Schwierigkeit hier nicht eingehen. Ein anderer Autor, der hier zu nennen wäre, ist F. A. *Hayek* (s. o. S. 339), sowohl wegen seiner Anwendung der *Jevons–Wicksell*schen Investierungsfunktion, als auch wegen seiner Ansicht, es könne die volle Voraussicht eine *Präzisierung* der Gleichgewichtsgedanken bringen, während sie nur ein *Paradoxon* liefert!

11 K. *Menger:* Das Unsicherheitsmoment in der Wertlehre, Zeitschrift für Nationalökonomie, Bd. V. 1934.

12 Es empfiehlt sich, an dieser Stelle darauf hinzuweisen, daß diese Abweichungen der Erwartungen und ihre Bedingtheit durch Stimmungselemente zur Ursache von *Diskontinuitäten* werden, die in der Wirtschaftstheorie verschiedentlich Schwierigkeiten schaffen. Hier wäre die Stelle für die u. a. von *Pareto, Fanno* und *Pigou* betonten psychischen Faktoren im Konjunkturverlaufe.

13 E. *Chamberlin:* The Theory of Monopolistic Competition. Cambridge, Mass. 1933.

14 J. R. *Hicks:* Annual Survey of Economic Theory: The Theory of Monopoly, in: *Econometrica,* Bd. 3, 1935, S. 4.

Friedrich A. von Hayek
1899–1992

Wer sich so lange, so konsequent und unbeirrt dem Zeitgeist widersetzt, konnte es wohl kaum vermeiden, ein Stein des Anstoßes zu sein. In Wien geboren, in Europa während der letzten 50 Jahre jedoch weitgehend vernachlässigt, zählte F. A. von Hayek zu den einflußreichsten Sozialphilosophen und Ökonomen unserer Zeit, dessen großes Werk neuerdings auch von bisherigen Gegnern gerne zitiert wird. Von Hayek studierte zunächst Jus und anschließend Staatswissenschaften an der Universität Wien und habilitierte sich mit seiner *Geldtheorie und Konjunkturtheorie* (1929). Gemeinsam mit von Haberler, Machlup, Morgenstern, Rosenstein-Rodan und rund 20 anderen jungen Sozialwissenschaftern ging von Hayek als der führende Vertreter der vierten Generation aus dem Wiener Privatseminar Ludwig von Mises hervor. 1927 gelang ihm gemeinsam mit Mises die Gründung des „Österreichischen Institutes für Konjunkturforschung", dessen Leitung er bis 1931 innehatte. In diesem Jahr folgte er einem Ruf an die London School of Economics, wo er bereits bei seiner Ankunft in jene fundamentale Auseinandersetzung mit den Lehren Lord Keynes' involviert wurde, die Sir John Hicks treffend als „das Drama" bezeichnete. 1944 erschien sein wohl berühmtestes Buch, *The Road to Serfdom*, eine Warnung an die „Sozialisten in allen Parteien", die zum Bestseller der ersten Nachkriegsjahre wurde. 1947 gründete von Hayek die Mont Pelerin Society. Von 1950 an lehrte er 12 Jahre lang an der University of Chicago, ohne daß es ihm gelungen wäre, eine geschlossene Gruppe von Schülern herangezogen zu haben, und übernahm dann 1962 den

Lehrstuhl Walter Euckens in Freiburg/Breisgau. Im selben Jahr publizierte er sein magnum opus *The Constitution of Liberty*. 1974 wurde ihm (interessanterweise gemeinsam mit Gunnar Myrdal, dem Vater des schwedischen Volksheimes) der Nobelpreis verliehen. Hayeks Bibliographie umfaßt weit über 60 Bücher (z. T. in 17 Sprachen übersetzt) und an die 250 Aufsätze. Die Liste seiner Ehrendoktorate, Auszeichnungen und Orden ist schier endlos. Der hier abgedruckte Vortrag ist für sein Denken repräsentativ und wurde 1962 in Kiel gehalten.

Der Wettbewerb als Entdeckungsverfahren*

I.

Es wäre nicht leicht, die Nationalökonomen gegen den Vorwurf zu verteidigen, daß sie seit vierzig oder fünfzig Jahren den Wettbewerb meist unter Voraussetzungen untersucht haben, die, wenn sie in der Wirklichkeit zuträfen, diesen Wettbewerb völlig uninteressant und nutzlos machen würden. Wenn irgend jemand tatsächlich all das wüßte, was die ökonomische Theorie als „Daten" bezeichnet, so wäre Wettbewerb gewiß eine höchst verschwenderische Methode zur Herbeiführung einer Anpassung an diese Tatsachen. Es ist deshalb auch nicht überraschend, daß manche Autoren die Folgerung gezogen haben, daß wir entweder auf den Markt völlig verzichten können oder daß seine Ergebnisse höchstens als ein erster Schritt zu betrachten sind, um ein Sozialprodukt hervorzubringen, das wir dann in jeder uns genehmen Weise manipulieren, korrigieren oder umverteilen können. Andere, die scheinbar ihre Vorstellung vom Wettbewerb ausschließlich aus modernen Lehrbüchern bezogen haben, haben den Schluß gezogen, daß es diesen Wettbewerb überhaupt nicht gibt.

Demgegenüber ist es nützlich, sich ins Gedächtnis zu rufen, daß *überall* dort, wo wir uns des Wettbewerbs bedienen, dies nur damit gerechtfertigt werden kann, daß wir die wesentlichen Umstände *nicht* kennen, die das Handeln der im Wettbewerb Stehenden bestimmen. Im Sport oder bei Prüfungen, bei dem Vergeben von Regierungsaufträgen oder der Verleihung von Preisen für Gedichte und nicht zuletzt in der Wissenschaft wäre es offensichtlich sinnlos, einen Wettbewerb zu veranstalten, wenn wir im voraus wüßten, wer der Sieger sein wird. Daher möchte ich, wie ich im Titel dieses Vortrags zum Ausdruck gebracht habe, den Wettbewerb einmal systematisch als ein Verfahren zur Entdeckung von Tatsachen betrachten, die ohne sein Bestehen entweder unbekannt bleiben oder doch zumindest nicht genutzt werden würden.

Daß es sich beim Wettbewerb immer um ein solches Entdeckungsverfahren handelt, mag zunächst so selbstverständlich erscheinen, daß es kaum Hervorhebung verdient. Aus der ausdrücklichen Feststellung ergeben sich jedoch sofort Folgerungen, die keineswegs so selbstverständlich sind. Die erste ist, daß Wettbewerb *nur* deshalb und insoweit wichtig ist, als seine Ergebnisse unvoraussagbar und im ganzen verschieden von jenen sind, die irgend jemand bewußt hätte anstreben können, sowie auch, daß sich seine wohltätige Wirkung darin zeigen muß, daß er gewisse Absichten vereitelt und gewisse Erwartungen enttäuscht.

Die zweite Folgerung, die eng mit der ersten zusammenhängt, ist methodologischer Art. Sie ist besonders interessant, weil sie auf den Hauptgrund hinweist, aus dem in den letzten zwanzig oder dreißig Jahren die Mikrotheorie, jene Analyse der Feinstruktur der Wirtschaft, die uns allein die Rolle des Wettbewerbs verstehen lehren kann, so sehr an Ansehen verloren hat, ja infolgedessen anscheinend auch von vielen vorgeblichen Wirtschaftstheoretikern gar nicht mehr verstanden wird. Ich möchte darum hier zu Beginn ein paar Worte über jene methodologische Eigenart jeder Theorie des Wettbewerbs sagen, die die aus ihr gezogenen Schlußfolgerungen allen jenen verdächtig erscheinen läßt, die gewohnheitsmäßig aufgrund eines übermäßig vereinfachten Kriteriums entscheiden, was sie als wissenschaftlich anzuerkennen bereit sind.

Es ist nämlich eine notwendige Folge des Grundes, aus dem allein wir uns des Wettbewerbs bedienen, daß die Gültigkeit der Theorie des Wettbewerbs *für jene Fälle, in denen sie interessant ist,* nie empirisch nachgeprüft werden kann. Es ist natürlich möglich, die Theorie an vorgestellten Denkmodellen nachzuprüfen; und es wäre prinzipiell auch vorstellbar, daß wir sie experimentell in künstlich geschaffenen Situationen nachprüften, in denen alle die Tatsachen, die der Wettbewerb entdecken soll, dem Beobachter im vorhinein bekannt wären. Aber in einer solchen Situation wäre das Ergebnis des Experiments kaum interessant und seine Veranstaltung wahrscheinlich nicht die Kosten wert. Wo wir aber die Tatsachen, die wir mit Hilfe des Wettbewerbs entdecken wollen, nicht schon vorher kennen, können wir auch nicht feststellen, wie wirksam es zur Entdeckung aller relevanten Umstände führt, die hätten entdeckt werden können. Was sich empirisch nachprüfen läßt, ist nicht mehr, als daß Gesellschaften, die sich zu solchem Zweck des Wettbewerbs bedienen, dieses Ergebnis in höherem Maße verwirklichen als andere – eine Frage, die mir die Geschichte der Zivilisation nachdrücklich zu bejahen scheint.

Die Besonderheit, daß die Leistung des Wettbewerbs gerade in jenen Fällen nicht empirisch nachgeprüft werden kann, in denen er allein interessant ist, hat er übrigens mit den Entdeckungsverfahren der Wissenschaft gemein. Auch die Vorteile der etablierten wissenschaftlichen Verfahren können selbst nicht wieder wissenschaftlich bewiesen werden, sondern sind nur deshalb anerkannt, weil sie tatsächlich bessere Ergebnisse gebracht haben als alternative Verfahren.[1]

Der Unterschied zwischen dem wirtschaftlichen Wettbewerb und dem erfolgreichen Verfahren der Wissenschaft ist, daß der erste eine Methode zur Entdeckung besonderer vorübergehender Umstände darstellt, während sich die Wissenschaft etwas zu entdecken bemüht, das manchmal „allgemeine Tatsachen" genannt wird, d. h. Regelmäßigkeiten in den Ereignissen, und an den einzigartigen, besonderen Tatsachen nur insofern interessiert ist, als sie ihre Theorien zu widerlegen oder zu bestätigen tendieren. Weil es sich hier um allgemeine und permanente Züge unserer Welt handelt, haben die Entdeckungen der Wissenschaft reichlich Zeit, ihren Wert zu erweisen, während der Nutzen der besonderen Umstände, die der wirtschaftliche Wettbewerb entdeckt, in weitem Maße vergänglich ist. Die Theorie der wissenschaftlichen Methode könnte aber ebenso leicht damit diskreditiert werden, daß man darauf hinweist, daß sie nicht zu prüfbaren Voraussagen darüber führt, was die Wissenschaft entdecken wird, als die Theorie des Marktes mit dem Hinweis diskreditiert wurde, daß sie nicht zu Voraussagen der besonderen Ergebnisse des Marktprozesses führt. Das kann diese Theorie aber der Natur der Sache nach in allen jenen Fällen nicht, in denen es sinnvoll ist, sich des Wettbewerbs zu bedienen. Wie wir sehen werden, ist die Voraussagekraft dieser Theorie notwendig auf eine Voraussage der Art der Struktur oder der abstrakten Ordnung beschränkt, die sich bilden wird, erstreckt sich aber nicht auf eine Voraussage besonderer Ereignisse.[2]

II.

Obwohl mich dies noch weiter von meinem Hauptthema abführt, möchte ich ein paar Worte über die Folgen anfügen, die die durch die Anwendung falscher methodologischer Kriterien der Wissenschaftlichkeit bedingte Enttäuschung über die Mikrotheorie gehabt hat. Sie war wahrscheinlich vor allem dafür verantwortlich, daß sich ein großer Teil der Ökonomen von ihr abgewandt und der sogenannten Makrotheorie zugewandt hat, die scheinbar den Kriterien der Wissenschaftlichkeit besser entspricht, weil sie auf die Voraussage konkreter Ereignisse hinzielt. Mir scheint sie jedoch in Wirklichkeit viel weniger wissenschaftlich zu sein, ja auf den Namen einer theoretischen Wissenschaft im strengen Sinn gar keinen Anspruch machen zu können.

Der Grund für diese Ansicht ist die Überzeugung, daß die Grobstruktur der Wirtschaft keine Regelmäßigkeiten zeigen kann, die nicht Ergebnisse der Feinstruktur sind, und daß jene Aggregate oder Durchschnittswerte, die statistisch allein erfaßbar sind, uns über die Vorgänge in der Feinstruktur keine Information geben. Die Vorstellung, daß wir unsere Theorien so formulieren müssen, daß sie sich *unmittelbar* auf die beobachtbaren statistischen oder sonstigen meßbaren Größen anwenden lassen, erscheint mir ein methodischer Irrtum zu sein, der, wenn die Naturwissenschaften sich von ihm hätten leiten lassen, ihren Fortschritt sehr gehemmt hätte. Alles, was wir von Theorien fordern können, ist, daß sich aus ihnen unter Einfügung der entsprechenden Daten Folgerungen ableiten lassen, die an der Wirklichkeit kontrolliert werden können. Daß in unserem Bereich diese konkreten Daten so vielfältig und komplex sind, daß wir sie nie alle erfassen können, ist eine unabänderliche Tatsache, aber nicht ein Mangel der Theorie. Sie hat zur Folge, daß wir aus unseren Theorien nur sehr allgemeine Aussagen, „pattern predictions", wie ich sie anderswo genannt habe,[3] aber keine spezifischen Voraussagen von Einzelereignissen ableiten können. Dies rechtfertigt aber gewiß nicht, darauf zu bestehen, daß wir zwischen den unmittelbar beobachtbaren Größen eindeutige Beziehungen ableiten müssen oder daß das die einzige Methode zur Erzielung wissenschaftlicher Erkenntnisse ist – besonders dann nicht, wenn wir wissen, daß wir in jenem undeutlichen Abbild der Wirklichkeit, das wir Statistik nennen, in Aggregaten und Durchschnittswerten unvermeidlich sehr viele Dinge zusammenfassen, deren kausale Bedeutung sehr verschieden ist. Die Theorie den Informationen anzupassen, die wir haben, so daß die beobachteten Größen direkt in der Theorie erscheinen, ist ein falsches wissenschaftstheoretisches Prinzip.

Statistische Größen wie Volkseinkommen, Investitionen, Preisniveaus oder Produktionsvolumen sind Größen, die in dem Prozeß ihrer Bestimmung selbst keine Rolle spielen. Wir können wohl hinsichtlich ihres beobachteten Verhaltens gewisse Regelmäßigkeiten („empirische Gesetze" in dem spezifischen Sinne, in dem Carl *Menger* sie den theoretischen Gesetzen gegenüberstellte) feststellen, die häufig zutreffen, manchmal aber nicht. Aber die Bedingungen, unter denen sie zutreffen, können wir mit den Mitteln der Makrotheorie nie formulieren.

Das soll nicht heißen, daß ich die sogenannte Makrotheorie als völlig nutzlos betrachte. Da wir nun einmal über viele wichtige Umstände nur statistische Informationen zur Verfügung haben, aber nicht die Daten über die Veränderung der Feinstruktur, wird sie uns oft Annäherungswerte oder wahrscheinlich Voraussagen bieten, die wir auf keine andere Weise erreichen können. Es mag oft nützlich sein, aufgrund der Annahme zu argumentieren, daß zum Beispiel eine Steigerung der Gesamtnachfrage in der Regel zu einer größeren Steigerung der Investitionen führen wird, obwohl wir wissen, daß unter bestimmten Umständen das Gegenteil der Fall sein wird. Als Faustregeln zur Bildung von Voraussagen bei unzureichender Information haben diese Sätze der Makrotheorie gewiß ihren Wert. Aber sie scheinen mir nicht nur nicht in höherem Maße den Charakter wissenschaftlicher Theorien zu haben als die Mikrotheorie, sondern ihn im strengen Sinn überhaupt nicht zu besitzen.

Ich muß gestehen, daß ich in dieser Hinsicht heute noch mehr mit den Ansichten des jungen *Schumpeter* sympathisiere als mit denen des älteren, der in so hohem Maße für den Aufstieg der Makrotheorie verantwortlich ist. Vor genau sechzig Jahren schrieb *Schumpeter* in seinem brillanten Erstlingswerk[4], wenige Seiten nachdem er den Begriff „methodologischer Individualismus" zur Bezeichnung der Methode der ökonomischen Theorie eingeführt hatte: „Wenn man das Gebäude unserer Theorie unbeeinflußt von Vorurteilen und von außen kommenden Forderungen aufbaut, so begegnet man diesen Begriffen [nämlich „Volkseinkommen", „Volksvermögen", „Sozialkapital"] überhaupt nicht. Wir werden uns daher mit ihnen nicht weiter beschäftigen; wollten wir das aber tun, so würde sich zeigen, welche Fülle von Unklarheiten und Schwierigkeiten ihnen anhaftet, wie sie in engem Zusammenhange mit vielen schiefen Auffassungen stehen, ohne auch nur zu *einem* wirklich wertvollen Satze zu führen."

III.

Um nun, nachdem ich mir dieses Anliegen vom Herzen geredet habe, zu meinem eigentlichen Gegenstand zurückzufinden, möchte ich mit der Betrachtung beginnen, daß sich die Markttheorie oft den Zugang zu einem wirklichen Verständnis des Wettbewerbs damit verbaut, daß sie von der Annahme einer „gegebenen" Menge knapper Güter ausgeht. Aber welche Güter knapp oder welche Dinge Güter sind, oder wie knapp oder wertvoll sie sind, ist gerade einer der Umstände, die der Wettbewerb entdecken soll: Es sind jeweils die vorläufigen Ergebnisse des Marktprozesses, die den einzelnen sagen, wonach zu suchen es sich lohnt. Die Nutzung des weit verstreuten Wissens in einer Gesellschaft mit fortgeschrittener Arbeitsteilung kann nicht darauf beruhen, daß die einzelnen alle die konkreten Verwendungen kennen, die von den Dingen ihrer Umgebung gemacht werden können. Ihre Aufmerksamkeit wird von den Preisen gelenkt, die der Markt für die verschiedenen Güter und Dienste bietet. Das bedeutet unter anderem, daß die besondere und in mancher Hinsicht immer einzigartige Kombination von Kenntnissen und Geschicklichkeiten jedes einzelnen nicht nur – und nicht einmal in erster Linie – Kenntnisse sein werden, die die Betreffenden vollständig aufzeichnen oder einer Behörde mitteilen könnten. Das Wissen, von dem ich spreche, besteht vielmehr in hohem Maße in der Fähigkeit, besondere Umstände aufzufinden, eine Fähigkeit, die die einzelnen nur wirksam nutzen können, wenn ihnen der Markt sagt, welche Art von Gegenständen und Leistungen verlangt werden und wie dringlich.

Diese Andeutung muß hier genügen, um verständlich zu machen, von welcher Art von Wissen ich spreche, wenn ich den Wettbewerb ein Entdeckungsverfahren nenne. Es wäre viel hinzuzufügen, wenn ich versuchen wollte, diese Skizze so konkret zu gestalten, daß die Bedeutung dieses Prozesses klar hervortritt. Was ich gesagt habe, sollte aber ausreichen, um die Absurdität des gebräuchlichen Vorgehens aufzuzeigen, das von einer Situation ausgeht, in der alle wesentlichen Umstände als bekannt vorausgesetzt sind – einem *Zustand,* den die Theorie merkwürdigerweise vollkommenen Wettbewerb nennt, in dem aber für die *Tätigkeit,* die wir Wettbewerb nennen, keine Gelegenheit mehr besteht und von der vielmehr vorausgesetzt wird, daß sie ihre Funktion bereits erfüllt hat. Ich muß mich jedoch nun einer anderen Frage zuwenden, über die noch mehr Verwirrung besteht, nämlich der Bedeutung der Behauptung, daß der Markt die Pläne der einzelnen spontan an die so entdeckten Tatsachen *anpaßt,* oder der Frage des Zwecks, für die die so gefundene Information genutzt wird.

Die Verwirrung, die hier herrscht, ist vor allem der falschen Vorstellung zuzuschreiben, daß die Ordnung, die der Markt herbeiführt, als eine *Wirtschaft* im strengen Sinn des Wortes angesehen werden kann und daß die Ergebnisse daher nach den Kriterien beurteilt werden müssen, die in Wirklichkeit nur für eine solche Einzelwirtschaft angemessen sind. Diese Kriterien, die für eine echte Wirtschaft gelten, in der alle Bemühungen im Dienst einer einheitlichen Zielordnung stehen, sind aber zum Teil völlig irrelevant für jene komplexe Struktur, die sich aus vielen Einzelwirtschaften zusammensetzt und die wir unglücklicherweise mit demselben Wort „Wirtschaft" bezeichnen. Eine Wirtschaft im strengen Sinn des Wortes ist eine Organisation oder Anordnung, in der jemand planmäßig Mittel im Dienste einer einheitlichen Zielhierarchie verwendet. Die spontane Ordnung, die der Markt herbeiführt, ist etwas ganz anderes. Aber der Umstand, daß sie sich in vieler Beziehung nicht so verhält wie eine eigentliche Wirtschaft, insbesondere, daß sie *nicht* allgemein dafür sorgt, daß, was von den meisten Menschen als die wichtigeren Ziele angesehen wird, immer vor den weniger wichtigen befriedigt wird, ist eine der Hauptursachen, derenthalben sich die Menschen gegen sie auflehnen. Ja es kann wohl gesagt werden, daß der ganze Sozialismus auf nichts anderes hinzielt als darauf, daß die Katallaxie, wie ich, um den Ausdruck Wirtschaft zu vermeiden, die Marktordnung gerne nenne, in eine echte Wirtschaft verwandelt werden soll, in der eine einheitliche Wertskala darüber entscheidet, welche Bedürfnisse befriedigt werden sollen und welche nicht.

Dieser verbreitete Wunsch wirft aber zwei Probleme auf. Erstens können in die Entscheidungen über die Führung einer echten Wirtschaft, wie in die Führung jeder Organisation, nur die Kenntnisse der Organisatoren oder Leiter eingehen. Zweitens müssen alle Mitglieder einer solchen echten, als bewußt geleitete Organisation aufgefaßten Wirtschaft in allen ihren Handlungen jener einheitlichen Zielhierarchie dienen. Dem stehen die beiden Vorteile der spontanen Marktordnung oder Katallaxie gegenüber: Sie kann das Wissen aller Teilnehmer nutzen, und die Ziele, denen sie dient, sind die besonderen Ziele aller ihrer Teilnehmer in aller ihrer Vielfältigkeit und Gegensätzlichkeit.

Aus der Tatsache, daß die Katallaxie keinem einheitlichen Zielsystem dient, ergeben sich all die bekannten Schwierigkeiten, die nicht nur die Sozialisten, sondern alle Ökonomen beunruhigen, die sich bemühen, die Leistung der Marktordnung zu bewerten: Denn wenn die Marktordnung nicht einer bestimmten Rangordnung von Zielen dient, ja wenn von ihr, wie von jeder spontan gebildeten Ordnung, legitimerweise gar nicht gesagt werden kann, daß sie bestimmte Zwecke *hat*, dann ist es auch nicht möglich, den Wert ihrer Ergebnisse als eine Summe der einzelnen Produkte darzustellen. Was meinen wir aber dann, wenn wir behaupten, daß die Marktordnung in irgendeinem Sinn ein Maximum oder Optimum hervorbringe?

Den Ausgangspunkt für eine Antwort muß die Einsicht bilden, daß, obwohl die spontane Ordnung nicht für irgendeinen bestimmten Einzelzweck geschaffen wurde und in diesem Sinne nicht gesagt werden kann, daß sie einem bestimmten, konkreten Zweck dient, sie nichtsdestoweniger der Erzielung einer Vielheit von individuellen Zwecken zuträglich sein kann, die in ihrer Gesamtheit niemand kennt. Rationales und erfolgreiches Handeln ist für den einzelnen nur in einer Welt möglich, die einigermaßen geordnet ist; und es ist offenbar sinnvoll, sich zu bemühen, Bedingungen zu schaffen, in denen die Aussichten, seine Ziele wirksam zu verfolgen, für jeden beliebigen, willkürlich herausgegriffenen einzelnen so gut wie möglich sind – selbst wenn wir nicht voraussagen können, welche besonderen Individuen dadurch begünstigt werden und welche nicht. Wie wir gesehen haben, sind die Ergebnisse eines Entdeckungsverfahrens notwendig unvoraussagbar, und alles, was wir von der Benützung eines zweckmäßigen Entdeckungsverfahrens erwarten dürfen, ist, daß es die Chancen für unbekannte Personen vergrößern wird, aber nicht irgendwelche bestimmte Ergebnisse für bestimmte Personen. Das einzige gemeinsame Ziel, das wir in der Wahl dieser Technik der Ordnung sozialen Geschehens verfolgen können, ist die abstrakte Struktur oder Ordnung, die sich als Folge bilden wird.

IV.

Wir sind gewohnt, die Ordnung, die der Wettbewerb herbeiführt, als ein Gleichgewicht zu bezeichnen – ein nicht sehr glücklicher Ausdruck, denn ein wirkliches Gleichgewicht setzt voraus, daß die relevanten Tatsachen schon entdeckt sind und der Prozeß des Wettbewerbs daher zum Stillstand gekommen ist. Der Begriff der Ordnung, den ich, zumindest in wirtschaftspolitischen Diskussionen, dem des Gleichgewichts vorziehe, hat den Vorteil, daß wir sinnvoll davon sprechen können, daß eine Ordnung in geringerem oder größerem Grade verwirklicht werden kann und daß sich eine Ordnung auch durch Veränderungen hindurch erhalten kann. Während ein Gleichgewicht nie wirklich besteht, ist es doch berechtigt zu behaupten, daß die Art von Ordnung, von der das „Gleichgewicht" der Theorie eine Art Idealtyp darstellt, in hohem Maße verwirklicht wird.

Diese Ordnung manifestiert sich in erster Linie darin, daß die Erwartungen von bestimmten Transaktionen mit anderen Menschen, auf die die Pläne aller Wirtschaftenden aufgebaut sind, in hohem Maße erfüllt werden. Diese wechselseitige Anpassung der individuellen Pläne wird dabei durch einen Vorgang zustande gebracht, den wir, seitdem die Naturwissenschaften auch begonnen haben, sich mit spontanen Ordnungen oder „selbst-organisierenden Systemen" zu befassen, gelernt haben, als negative Rückkoppelung zu bezeichnen. Ja, wie jetzt auch informierte Biologen erkennen, hat, „lange bevor Claude *Bernard,* Clark *Maxwell,* Walter B. *Cannon* oder Norbert *Wiener* die Kybernetik entwickelten, Adam *Smith* die Idee ebenso klar in seinem Volkswohlstand gesehen. Die ‚unsichtbare Hand', die die Preise reguliert, drückt offenbar diese Vorstellung aus. Was *Smith* sagt, ist im wesentlichen, daß auf einem freien Markt die Preise durch negative Rückkoppelung bestimmt werden."[5]

Wir werden später sehen, daß die Tatsache, daß gerade durch die Enttäuschung von Erwartungen ein hohes Maß der Übereinstimmung der Erwartungen herbeigeführt wird, von grundlegender Bedeutung für das

Verständnis des Funktionierens der Marktordnung ist. Die Leistungen des Marktes erschöpfen sich aber nicht darin, daß er eine wechselseitige Anpassung der individuellen Pläne herbeiführt. Er bewirkt es auch, daß alles, was erzeugt wird, von denen erzeugt wird, die diese Dinge billiger (oder zumindest ebenso billig) erzeugen können wie irgend jemand, der sie tatsächlich nicht produziert, und daß die Güter zu Preisen verkauft werden, die niedriger sind als jene, zu denen sie irgend jemand anbieten könnte, der das Gut nicht anbietet. Das schließt natürlich nicht aus, daß manche große Gewinne über ihre Kosten hinaus erzielen können, sofern diese Kosten beträchtlich niedriger sind als die des nächstbesten potentiellen Produzenten des Gutes. Es bedeutet aber, daß von jener Kombination von verschiedenen Gütern, die tatsächlich produziert wird, so viel produziert wird, wie wir mit irgendeiner uns bekannten Methode herstellen können. Das ist natürlich nicht so viel, wie wir produzieren könnten, wenn tatsächlich all das Wissen, das irgend jemand besitzt oder erwerben kann, einer Zentralstelle zur Verfügung stünde und von ihr in einen Computer gefüttert werden könnte. Die Kosten des Entdeckungsverfahrens, das wir gebrauchen, sind beträchtlich. Aber wir tun den Leistungen des Marktes Unrecht, wenn wir sie gewissermaßen „von oben herunter" beurteilen, nämlich durch den Vergleich mit einem idealen Standard, den wir in keiner bekannten Weise erreichen können. Wenn wir sie, wie das allein zulässig erscheint, „von unten hinaus" beurteilen, d. h. im Vergleich mit dem, was wir mittels irgendeiner anderen uns zur Verfügung stehenden Methode erreichen können, insbesondere im Vergleich mit dem, was produziert würde, wenn Wettbewerb verhindert würde – z. B. wenn nur jene ein Gut erzeugen dürften, denen eine Behörde das Recht dazu erteilt –, so muß die Leistung des Marktes sehr beträchtlich erscheinen. Wir brauchen uns auch nur zu erinnern, wie schwierig es ist, in einer Wirtschaft mit effektivem Wettbewerb Möglichkeiten zu entdecken, die Konsumenten mit besseren oder billigeren Waren zu versorgen, als dies schon geschieht. Wo wir zunächst solche ungenützten Möglichkeiten zu entdecken glauben, finden wir meist, daß sie unausgenützt geblieben sind, weil dies entweder die Macht irgendeiner Behörde oder eine höchst unerwünschte private Machtausübung verhindert.

Wir dürfen selbstverständlich auch nicht vergessen, daß der Markt nicht mehr herbeiführen kann als eine Annäherung an irgendeinen Punkt jener n-dimensionalen Oberfläche, durch die die reine Theorie den Horizont der Möglichkeiten beschreibt, der bei der Erzeugung jeder beliebigen Kombination der Güter und Leistungen denkbarerweise erreicht werden könnte; daß der Markt aber die besondere Kombination der verschiedenen

Güter und ihre Verteilung unter den einzelnen im wesentlichen durch unvorhersehbare Umstände und in diesem Sinn vom Zufall entscheiden läßt. Die Situation ist, wie schon Adam *Smith* gesehen hat,[6] so ähnlich, als ob wir übereingekommen wären, ein Spiel zu spielen, das zum Teil auf Geschicklichkeit und zum Teil auf Glück beruht und dessen Regeln dazu führen, daß um den Preis, daß der Anteil jedes einzelnen in gewissem Maße dem Zufall überlassen wird, das reale Äquivalent dieses teilweise vom Zufall abhängigen Anteils jedes einzelnen so groß wie möglich wird. In moderner Sprache können wir sagen, daß wir ein Nicht-Null-Summen-Spiel spielen, dessen Regeln darauf abzielen, die Dividende (im eigentlichen Sinn des zu Teilenden) zu vergrößern, das aber den Anteil der einzelnen zum Teil dem Zufall überläßt. Ein Verstand, dem alle Tatsachen bekannt wären, könnte natürlich jeden ihm wünschenswert erscheinenden Punkt auf jener n-dimensionalen Oberfläche wählen und das Produkt von dieser von ihm gewählten Zusammensetzung auch nach Belieben verteilen. Aber der einzige Punkt an (oder wenigstens einigermaßen nahe an) jenem Horizont von Möglichkeiten, den wir mit einem uns bekannten Verfahren erreichen können, ist jener, den wir erreichen, wenn wir seine Bestimmung dem Markt überlassen. Das sogenannte „Maximum", das wir auf diese Weise erreichen können, kann natürlich nicht als eine Summe bestimmter Mengen von Gütern definiert werden, sondern nur durch die Chance, die es unbekannten Personen bietet, für einen zum Teil durch Zufall bestimmten Anteil ein möglichst großes Äquivalent zu erhalten. Daß dieses Ergebnis nicht aufgrund einer einheitlichen Wertskala der erzielten konkreten Ergebnisse beurteilt werden kann, ist einer der Hauptgründe, weshalb es mir so irreführend erscheint, die Ergebnisse der Marktordnung oder Katallaxie so zu betrachten, als ob wir es mit einer Wirtschaft im eigentlichen Sinn zu tun hätten.

V.

Die Folgen dieser irrigen Interpretation der Marktordnung als einer Wirtschaft, deren Aufgabe es ist, die verschiedenen Bedürfnisse nach einer gegebenen Rangordnung zu befriedigen, zeigen sich in den Bemühungen der Politik, die Preise und Einkommen im Dienste einer sogenannten „sozialen Gerechtigkeit" zu korrigieren. Ungeachtet der verschiedenen Bedeutungen, die die Sozialphilosophen diesem Begriff zu geben versuchten, hat er in der Praxis doch fast nur eins bedeutet: Nämlich den Schutz von einigen Gruppen von Menschen gegen die Notwendigkeit eines Abstiegs von der absoluten oder relativen materiellen Lage, die sie bisher eingenommen hatten. Dies ist jedoch ein Prinzip, das nicht allgemein durchgeführt werden kann, ohne die Grundlagen der Marktordnung zu zerstören. Nicht nur das fortschreitende Wachstum, sondern in gewissen Umständen sogar die Erhaltung des erreichten Niveaus der durchschnittlichen Einkommen hängt davon ab, daß sich Anpassungsprozesse vollziehen, die eine Veränderung nicht nur der relativen, sondern auch der absoluten Anteile der einzelnen Individuen und Gruppen erfordern, obwohl diese in keiner Weise für die Notwendigkeit dieser Änderung verantwortlich sind.

Es ist nützlich, hier daran zu erinnern, daß *alle* wirtschaftlichen Entscheidungen durch unvorhergesehene Veränderungen notwendig gemacht werden und daß die Rechtfertigung der Benützung des Preismechanismus allein darin besteht, daß er den einzelnen zeigt, daß das, was sie bisher getan haben oder tun können, aus Gründen, mit denen sie nichts zu tun haben, mehr oder weniger wichtig geworden ist. Die Anpassung der ganzen Ordnung menschlichen Handelns an die sich verändernden Umstände beruht darauf, daß sich die Entlohnung der verschiedenen Leistungen ändert, ohne auf die Verdienste oder Mängel der Betroffenen Rücksicht zu nehmen.

In diesem Zusammenhang wird oft der Ausdruck „Anreize" (incentives) in einer Weise gebraucht, die leicht zu Mißverständnissen Anlaß gibt, nämlich als ob sie hauptsächlich den Zweck hätten, die einzelnen zu veranlassen, sich genügend anzustrengen. Die wichtigste Funktion der Preise ist aber, daß sie uns sagen, *nicht wieviel,* sondern *was* wir leisten sollen. In einer sich ständig ändernden Welt erfordert schon die bloße Erhaltung eines gegebenen Wohlstandsniveaus ständige Änderungen in der Richtung der Bemühungen vieler einzelner; und diese werden nur dann erfolgen, wenn sich die verhältnismäßige Entlohnung dieser Tätigkeiten ändert. Unter relativ stationären Bedingungen werden aber diese Anpassungen, die notwendig sind, um den Einkommensstrom auch nur auf seiner bisherigen Höhe zu erhalten, auch keinen Überschuß produzieren, der dazu verwendet werden könnte, jene zu entschädigen, die von den Preisänderungen benachteiligt werden. Nur in einer schnell wachsenden Wirtschaft können wir hoffen, ein absolutes Absinken der materiellen Lage einzelner Gruppen zu verhindern.

Bei der heute üblichen Behandlung dieser Probleme wird oft übersehen, daß auch die relative Stabilität der verschiedenen Aggregate, die die Makroökonomie als Daten behandelt, das Ergebnis mikroökonomischer Prozesse sind, in denen die Änderungen der relativen Preise eine entscheidende Rolle spielen. Es ist ein Ergebnis des Marktmechanismus, daß ein anderer veranlaßt wird, die Lücke zu füllen, die entsteht, wenn einer nicht die Erwartungen erfüllt, auf die Dritte ihre Pläne gegründet haben. In diesem Sinn sind all die kollektiven Angebots- und Nachfragekurven, mit denen wir so gerne arbeiten, nicht wirklich Daten, sondern Ergebnisse des ständig vor sich gehenden Wettbewerbsprozesses. Statistische Informationen können uns darum auch nie sagen, was für Änderungen der Preise oder Einkommen notwendig sein werden, um die notwendige Anpassung an eine unvermeidlich eingetretene Änderung der Daten herbeizuführen.

Der entscheidende Punkt ist jedoch, daß es in einer demokratischen Gesellschaft vollkommen unmöglich wäre, durch Befehle, die nicht als gerecht empfunden werden können, jene Änderungen hervorzubringen, die zweifellos notwendig sind, aber deren Notwendigkeit im besonderen Falle nie strikt bewiesen werden könnte. Eine bewußte Lenkung müßte in einem solchen System immer auf Preise hinzielen, die als gerecht empfunden werden, und das kann in der Praxis nur die Erhaltung der bestehenden Einkommens- und Preisstruktur bedeuten. Ein Wirtschaftssystem, in dem jeder erhielte, was er nach der Ansicht der anderen verdient, wäre unvermeidlich ein höchst ineffizientes System – ganz abgesehen davon, daß es auch ein unerträglich tyrannisches System wäre. Aus dem gleichen Grund ist auch zu befürchten, daß jede „Einkommenspolitik" mehr dahin tendieren wird, jene Änderungen in der Preis- und Einkommensstruktur zu verhindern, die die Anpassung an unvorhergesehene Änderungen der Bedingungen erfordert, als sie zu erleichtern.

Es ist eines der Paradoxa unserer Zeit, daß in dieser Hinsicht wahrscheinlich die kommunistischen Länder weniger mit Vorstellungen einer „sozialen Gerechtigkeit" belastet und daher eher bereit sind, jene, gegen die sich die Entwicklung wendet, leiden zu lassen, als dies in den „kapitalistischen" und demokratischen Ländern der Fall ist. Zumindest in gewissen Ländern des Westens ist die Lage gerade deshalb so hoffnungslos, weil die die Politik beherrschende Ideologie jene Änderungen unmöglich macht, die notwendig wären, um die Lage der Arbeiterklasse so schnell zu verbessern, wie es notwendig wäre, um jene Ideologie zum Verschwinden zu bringen.

VI.

Wenn selbst in hochentwickelten Wirtschaften der Wettbewerb vor allem als ein Entdeckungsverfahren wichtig ist, in dem Kundschafter auf der ständigen Suche nach unausgenützten Gelegenheiten sind, die, wenn sie entdeckt wurden, dann auch von anderen genützt werden können, so gilt das natürlich in noch höherem Grade von den unterentwickelten Gesellschaften. Ich habe mit Absicht zuerst die Probleme der Erhaltung einer Ordnung in Gesellschaften betrachtet, in denen die meisten Produktionskräfte und Techniken allgemein bekannt sind, aber eine ständige Anpassung der Tätigkeiten an unvermeidliche kleinere Änderungen erfordert, um auch nur das einmal erreichte Niveau zu erhalten. Auf die Rolle, die der Wettbewerb im Fortschritt des verfügbaren technischen Wissens spielt, will ich hier nicht eingehen. Aber ich möchte doch besonders betonen, wieviel größer seine Wichtigkeit überall dort sein muß, wo es die Hauptaufgabe ist, in einer Gesellschaft, in der bisher der Wettbewerb gering war, die noch unbekannten Möglichkeiten zu entdecken. Es mag nicht völlig absurd, wenn auch größtenteils falsch sein zu erwarten, daß wir die Entwicklung der Struktur einer schon hochentwickelten Gesellschaft voraussagen und lenken können; aber es scheint mir phantastisch zu glauben, daß wir im voraus die künftige Struktur einer Gesellschaft bestimmen können, in der das Hauptproblem noch ist herauszufinden, was für materielle und menschliche Produktivkräfte vorhanden sind, oder daß wir in einem solchen Lande in der Lage sein sollen vorauszusagen, was die besonderen Folgen einer bestimmten Maßnahme sein werden.

Abgesehen von dem Umstand, daß in einem solchen Lande soviel mehr erst zu entdecken ist, scheint es mir aber noch einen anderen zu geben, der hier die größtmögliche Freiheit des Wettbewerbs noch viel wichtiger macht als in höher entwickelten Ländern. Es ist dies der Umstand, daß die Änderungen in Gewohnheiten und Gebräuchen, die notwendig sind, nur eintreten werden, wenn jene, die bereit und fähig sind, mit neuen Verfahren zu experimentieren, es für die andern notwendig machen können, sie nachzuahmen, und erstere ihnen dabei den Weg weisen können; während, wenn die Mehrzahl in der Lage ist, die wenigen zu verhindern, Experimente zu machen, das erforderliche Entdeckungsverfahren unterbunden werden wird. Die Tatsache, daß der Wettbewerb nicht nur zeigt, wie die Dinge besser gemacht werden können, sondern alle, deren Einkommen vom Markt abhängt, zwingt, die Verbesserungen nachzuahmen, ist natürlich einer der Hauptgründe für die Abneigung gegen den Wettbewerb. Er stellt eine Art unpersönlichen Zwanges dar, der viele Individuen dazu veranlassen wird, ihr Verhalten in einer Weise zu ändern, die durch keinerlei Anweisungen oder Befehle erreicht werden könnte. Zentrale Lenkung im Dienst einer „sozialen Gerechtigkeit" mag ein Luxus sein, den sich reiche Länder leisten können, aber gewiß keine Methode, durch die arme Länder jene Anpassung an sich schnell ändernde Umstände erzielen können, von denen Wachstum abhängt.

Vielleicht ist es in diesem Zusammenhang auch der Erwähnung wert, daß die Möglichkeiten des Wachstums umso größer sein werden, je mehr von den vorhandenen Möglichkeiten eines Landes noch unausgenützt sind, und daß dies oft bedeuten wird, daß eine hohe Wachstumsrate mehr ein Zeichen für die schlechte Politik der Vergangenheit als für eine gute Politik in der Gegenwart ist; sowie auch, daß im allgemeinen in einem schon hochentwickelten Land kein so schnelles Wachstum zu erwarten ist wie in einem Lande, in dem eine volle Nutzung der Ressourcen lange durch gesetzliche und institutionelle Hindernisse unmöglich gemacht worden ist.

Nach allem, was ich von der Welt gesehen habe, scheint mir der Anteil der Menschen, die bereit sind, neue Möglichkeiten auszuprobieren, die ihnen eine Verbesserung ihrer Lage versprechen, sofern sie daran nicht von ihren Mitmenschen verhindert werden, überall ziemlich derselbe zu sein. Der viel beklagte Mangel an Unternehmungsgeist in manchen jungen Ländern scheint mir nicht eine unabänderliche Eigenschaft der einzelnen, sondern die Folge von Beschränkungen zu sein, die die herrschenden Anschauungen ihnen auferlegen. Gerade darum muß es aber fatale Wirkungen haben, wenn in solchen Ländern der kollektive Wille der Mehrheit die Bemühungen der einzelnen lenken soll, anstatt daß sich die öffentliche Gewalt darauf beschränkt, den einzelnen gegen den Druck der Gesellschaft zu schützen – was nur die Institution des Privateigentums und all die mit ihm verbundenen freiheitlichen Einrichtungen des Rechtsstaates zustande bringen können.

VII.

Aber wenn im Bereich der Unternehmen im großen und ganzen der Wettbewerb ein ziemlich widerstandsfähiges Gewächs ist, das in der unerwartetsten Weise wieder auftaucht, wenn man es zu unterdrücken versucht, ist in der ganzen westlichen Welt sein Wirken in Hinblick auf den einen allgegenwärtigen Produktionsfaktor, nämlich die menschliche Arbeit, in mehr oder weniger hohem Grade unwirksam gemacht worden. Es ist eine allgemein bekannte Tatsache, daß die schwierigsten, ja scheinbar unlösbaren Probleme der Wirtschaftspolitik unserer Zeit, die die Nationalökonomen mehr als alle anderen beschäftigt haben, ein Ergebnis der sogenannten Starrheit der Löhne sind. Diese bedeutet im wesentlichen, daß sowohl die Lohnstruktur als auch das Lohnniveau in zunehmendem Maße von den Marktverhältnissen unabhängig geworden sind. Die meisten Nationalökonomen betrachten diesen Umstand als eine unwiderrufliche Entwicklung, die wir nicht ändern können und der wir unsere Politik anpassen müssen. Es ist kaum eine Übertreibung zu sagen, daß sich seit dreißig Jahren insbesondere die Erörterungen der Währungspolitik fast ausschließlich mit den Problemen befassen, wie man die dadurch geschaffenen Schwierigkeiten umgehen kann. Mir scheint schon lange, als ob es sich dabei um eine bloße Behandlung der Symptome handelte, durch die wir die grundlegenden Schwierigkeiten vielleicht für den Augenblick verdecken können, was aber nicht nur den Zeitpunkt bloß hinausschiebt, an dem wir uns doch an das Hauptproblem werden machen müssen, sondern auch dessen schließliche Lösung immer schwieriger macht. Denn das Hinnehmen dieser Starrheiten als unabänderliche Tatsachen hat nicht nur die Folge, diese Starrheiten zu vergrößern, sondern verleiht auch den anti-sozialen und destruktiven Praktiken, die sie verursachen, eine Aura der Legitimität. Ich muß gestehen, daß ich selbst als Folge alles Interesse an den laufenden Diskussionen der Probleme der Währungspolitik, die einmal eines meiner Hauptarbeitsgebiete war, verloren habe, weil mir dieses Ausweichen vor dem Zentralproblem in ganz unverantwortlicher Weise die Last auf die Schultern unserer Nachfolger zu schieben scheint. In gewissem Sinn ernten wir hier freilich nur, was der Begründer dieser Mode gesät hat, denn wir sind natürlich schon in jenem „long run", in dem er wußte, daß er tot sein würde.

Es war ein großes Mißgeschick für die Welt, daß diese Theorien aus der ganz ungewöhnlichen, ja vielleicht sogar einzigartigen Situation Großbritanniens in den zwanziger Jahren unseres Jahrhunderts entstanden sind, einer Lage, in der es offenbar schien, daß die Arbeitslosigkeit die Folge eines überhöhten Reallohn*niveaus* war und das Problem der Flexibilität der Lohnstruktur daher von geringerer Bedeutung schien. Als Ergebnis der Rückkehr Großbritanniens zur Goldwährung nach Jahren der Kriegsinflation auf die Parität von 1914 konnte mit einem gewissen Recht behauptet werden, daß dort alle Reallöhne im Verhältnis zum Rest der Welt zu hoch waren, um das notwendige Ausfuhrvolumen zu erreichen. Ich bin nicht überzeugt, daß dies selbst damals wirklich zutraf. Gewiß hatte aber schon damals Großbritannien die älteste, eingewurzeltste und umfassendste Gewerkschaftsbewegung, der es gelungen war, mit ihrer Lohnpolitik eine Lohnstruktur zu erhalten, die viel mehr durch Überlegungen der „Gerechtigkeit" als der wirtschaftlichen Angemessenheit bestimmt war – was nicht viel anderes bedeutete, als daß die alt eingebürgerten Verhältnisse zwischen den Löhnen erhalten wurden und eine solche Änderung der relativen Löhne der verschiedenen Gruppen, wie sie die geänderten Verhältnisse erforderten, praktisch unmöglich geworden war. Zweifellos wäre in der damaligen Lage Vollbeschäftigung nur dadurch zu erreichen gewesen, daß manche Reallöhne, vielleicht die von zahlreichen Gruppen von Arbeitern, von dem Stand herabgedrückt worden wären, den sie als Ergebnis der Deflation erreicht hatten. Es ist aber nicht sicher, daß dies notwendig eine Senkung des durchschnittlichen Reallohnniveaus bedeutet haben müßte. Es kann sein, daß die Anpassung der Struktur der ganzen Wirtschaft, die die Lohnänderungen herbeigeführt hätten, dies unnötig gemacht hätte. Die damals schon übliche Betonung des durchschnittlichen Reallohn*niveaus* aller Arbeiter eines Landes hat jedoch verhindert, daß diese Möglichkeit auch nur ernstlich ins Auge gefaßt wurde.

Es ist vielleicht zweckmäßig, das Problem in allgemeinerer Form zu betrachten. Es scheint mir kein Zweifel daran möglich, daß die Produktivität der Arbeit eines Landes, und daher auch das Lohnniveau, zu dem Vollbeschäftigung möglich ist, von der Verteilung der Arbeiterschaft zwischen den verschiedenen Wirtschaftszweigen abhängt und daß letztere wieder von der Lohnstruktur bestimmt wird. Wenn diese Lohnstruktur aber mehr oder weniger starr geworden ist, so wird dies die Anpassung der Wirtschaft an geänderte Umstände verhindern oder verlangsamen. In einem Lande, in dem die Verhältnisse zwischen den verschiedenen Löhnen durch lange Zeit starr gehalten wurden, ist daher anzunehmen, daß das Reallohnniveau, zu dem Vollbeschäftigung erzielt werden kann, beträchtlich niedriger sein wird, als es bei flexiblen Löhnen wäre.

Es will mir scheinen, als ob, insbesondere ohne jenen raschen technischen Fortschritt, an den wir heute gewöhnt sind, eine völlig starre Lohnstruktur die Anpassung an Änderungen der anderen Umstände verhindern würde, insbesondere auch die Anpassung an jene, die erfolgen müssen, um das Einkommensniveau auch nur konstant zu erhalten, und daß sie so zu einem langsamen Absinken jenes Reallohnniveaus führen müßte, bei dem Vollbeschäftigung erzielt werden kann. Ich kenne leider keine empirischen Untersuchungen über den Zusammenhang zwischen Flexibilität der Löhne und Wachstum. Ich würde erwarten, daß die Ergebnisse solcher Untersuchungen eine hohe positive Korrelation zwischen diesen beiden Größen zeigen würden: Nicht sosehr, weil Wachstum zu Änderungen der relativen Löhne führt, sondern vor allem, weil solche Änderungen die notwendige Voraussetzung für jene Anpassung an geänderte Umstände sind, die das Wachstum verlangt.

Der Hauptpunkt scheint mir aber zu sein, daß, wenn es richtig ist, daß das Reallohnniveau, zu dem Vollbeschäftigung möglich ist, von der Lohnstruktur abhängt, und infolgedessen, wenn bei Veränderung der Verhältnisse die Relation zwischen den verschiedenen Löhnen unverändert bleibt, das Reallohnniveau, bei dem Vollbeschäftigung eintritt, entweder ständig sinken oder doch nicht so schnell steigen wird, wie sonst möglich wäre; dies heißt, daß eine Manipulierung des Reallohnniveaus durch die Währungspolitik keinen Ausweg aus den Schwierigkeiten bietet, die durch die Starrheit der Lohn*struktur* verursacht werden. Ebensowenig kann hier irgendeine praktisch mögliche „Einkommenspolitik" einen Ausweg bieten. Es ergibt sich vielmehr, daß gerade jene Starrheit der Lohnstruktur, die die Lohnpolitik der Gewerkschaften im vermeintlichen Interesse ihrer Mitglieder (oder einer „sozialen Gerechtigkeit") herbeigeführt hat, eines der größten Hindernisse für den Anstieg der Realeinkommen der Arbeiterschaft als ganzer geworden ist; oder, mit anderen Worten, daß, wenn verhindert wird, daß einzelne Reallöhne absolut oder zumindest relativ absinken, das Reallohnniveau der Arbeiterschaft als ganzer nicht so schnell ansteigen wird, wie es möglich wäre.

Das klassische Ideal, das John Stuart *Mill* in seiner Autobiographie als „full employment at high wages to the whole labouring population" beschrieben hat, kann nur durch eine wirtschaftliche Nutzung der Arbeit erzielt werden, die ihrerseits frei bewegliche relative Löhne voraussetzt. An dessen Stelle hat jener große Mann, dessen Name wohl als der des Totengräbers der britischen Wirtschaft in die Geschichte eingehen wird, als Methode zur Erzielung der Vollbeschäftigung bei Anerkennung der Starrheit der Geldlohnstruktur die Herabsetzung des Reallohnniveaus durch Geldentwertung populär gemacht. Die Erfahrungen der letzten Jahre scheinen mir aber deutlich zu zeigen, daß diese Methode nur einen zeitweiligen Ausweg bietet. Der Zeitpunkt, an dem wir das Übel an der Wurzel fassen müssen, scheint mir nicht weiter hinauszuschieben zu sein. Wir können unsere Augen nicht mehr viel länger gegenüber der Tatsache verschließen, daß das Interesse der Arbeiterschaft im ganzen verlangt, daß die Macht einzelner Gewerkschaften beseitigt wird, die relative Position ihrer Mitglieder gegenüber anderen Arbeitern zu erhalten. Die wichtigste Aufgabe scheint jetzt zu sein, die Arbeiterschaft als ganze zu überzeugen, daß eine solche Beseitigung des Schutzes der relativen Position einzelner Gruppen die Aussichten auf eine schnelle Steigerung der Reallöhne der Arbeiterschaft im ganzen nicht nur nicht bedroht, sondern sogar erhöht.

Dabei will ich gewiß nicht bestreiten, daß es in absehbarer Zeit politisch unmöglich bleiben wird, einen wirklich freien Arbeitsmarkt wiederherzustellen. Ein solcher Versuch würde wohl zu solchen Konflikten führen, daß er nicht ernstlich ins Auge gefaßt werden kann – oder doch zumindest nicht, solange nicht die Arbeitgeber kollektiv den Arbeitnehmern die Erhaltung ihres durchschnittlichen Realeinkommens garantieren. Gerade eine solche Garantie scheint mir aber der einzige Weg zu sein, den Markt wieder in die Funktion einzusetzen, die relativen Löhne der verschiedenen Gruppen zu bestimmen. Es scheint mir, als ob wir nur so hoffen dürften, die einzelnen Gruppen von Arbeitern zu bewegen, auf die Sicherheit ihrer besonderen Lohnsätze zu verzichten, die das Haupthindernis einer flexiblen Lohnstruktur geworden ist. Eine solche kollektive Vereinbarung zwischen der gesamten Arbeitgeberschaft und der gesamten Arbeitnehmerschaft scheint mir als Übergangsmaßnahme deshalb ernstlicher Erwägung wert, weil das Ergebnis der Arbeiterschaft wohl zeigen würde, wie sehr sie von einem wirklich funktionierenden Arbeitsmarkt gewinnen könnte, und damit Aussicht bestände, später auf den schwerfälligen und komplizierten Apparat verzichten zu können, der zunächst geschaffen werden müßte.

Was mir vorschwebt, ist ein Generalvertrag, durch den die Gesamtheit der Arbeitgeber der Gesamtheit der Arbeitnehmer, zunächst auf ein Jahr, die bisherige Reallohnsumme zusätzlich eines Anteils an dem Anwachsen der Gewinne zusichert, aber jeder einzelnen Gruppe oder jedem einzelnen Arbeiter laufend nur einen gewissen Anteil, sagen wir fünf Sechstel, seines bisherigen Lohnes auszahlt und den Rest (zusammen mit dem vereinbarten Anteil an der Steigerung der Gewinnsumme aller Unternehmen) in zwei weiteren Monatsraten, zu Jahresende und nach Bilanzabschluß, unter den Beschäftigten der verschiedenen Wirtschaftszweige und Firmen im Verhältnis zu der Veränderung der Gewinne verteilt, die sich unter Zugrundelegung der ausgezahlten fünf Sechstel der Löhne ergibt. Ich habe fünf Sechstel zur laufenden Auszahlung vorgeschlagen, weil dies die Auszahlung einer Weihnachtsremuneration in der durchschnittlichen Höhe eines Monatseinkommens aufgrund der vorläufigen Schätzung der Gewinne, und einer zweiten Urlaubsremuneration von ungefähr der gleichen Höhe möglich machen würde, wenn die Bilanzen für das Kalenderjahr vorliegen. Für das nächste Jahr würden dann wieder zwar die durchschnittlichen Löhne des ersten Jahres garantiert, aber bis zum Jahresende jeder Gruppe nur fünf Sechstel des im Vorjahre ausgezahlten Gesamtbetrages gezahlt und am Jahresende für jede Gruppe aufgrund der in der betreffenden Industrie oder dem betreffenden Unternehmen gemachten Gewinne ergänzt usw.

Der Wirkung nach würde ein solches Verfahren ziemlich auf dasselbe hinauslaufen wie eine Wiederherstellung des freien Arbeitsmarktes, nur daß die Arbeiterschaft wüßte, daß sich ihre durchschnittlichen Reallöhne nicht verringern, sondern nur steigen können. Ich würde erwarten, daß eine solche indirekte Wiedereinsetzung des Marktmechanismus zur Bestimmung der Verteilung der Arbeiter zwischen Industrien und Unternehmen eine beträchtliche Beschleunigung des Anstieges des durchschnittlichen Reallohnniveaus, verbunden mit einer schrittweisen Senkung der Reallöhne einzelner Gruppen, mit sich bringen würde.

Sie werden mit glauben, daß ich so einen merkwürdigen Vorschlag nicht leichthin in die Welt setze. Aber irgendeine Maßnahme von der Art scheint mir heute der einzige noch mögliche Ausweg aus dem fortschreitenden Prozeß der Erstarrung der Lohnstruktur, die mir nicht nur die Hauptursache der zunehmenden wirtschaftlichen Schwierigkeiten von Ländern wie Großbritannien zu sein scheint, sondern die auf dem Umweg über ein Herumdoktern an den Symptomen durch „Einkommenspolitiken" und dergleichen solche Länder immer tiefer in eine geplante und damit noch starrere Wirtschaftsstruktur hineintreibt. Die Arbeiterschaft scheint mir von einer solchen Lösung nur gewinnen zu können, aber es ist mir natürlich klar, daß die Gewerkschaftsfunktionäre durch sie einen großen Teil ihrer Macht verlieren und sie deshalb wohl völlig ablehnen würden.

Anmerkungen

* Vortrag, gehalten am 5. Juli 1968 im Institut für Weltwirtschaft an der Universität Kiel, veröffentlicht in: Kieler Vorträge, Neue Folge 56, Hrsg. E. *Schneider,* Kiel 1968.

1 Vgl. die interessanten Ausführungen über diese Probleme in M. *Polanyi,* The Logic of Liberty, London 1951, in denen der Verfasser vom Studium der Methoden der wissenschaftlichen Forschung zu dem des wirtschaftlichen Wettbewerbs geführt wird. Vgl. auch K. R. *Popper,* Logik der Forschung, 2. Aufl. Tübingen 1966, S. 16.

2 Vgl. *meinen* Aufsatz „The Theory of Complex Phenomena", The Critical Approach in Science and Philosophy. Ed. M. *Bunge,* London und New York 1964. Wiederabgedruckt in *meinen* Studies in Philosophy, Politics and Economics, London, Chicago und Toronto 1967.

3 Vgl. *meinen* S. 251 zitierten Aufsatz „The Theory of Complex Phenomena".

4 J. *Schumpeter,* Das Wesen und der Hauptinhalt der theoretischen Nationalökonomie, Leipzig 1908, S. 97.

5 G. *Hardin,* Nature and Man's Fate. New York und London 1959, Mentor Ed. 1961, S. 54.

6 Vgl. A. *Smith,* Theorie der ethischen Gefühle. Übers. von W. *Eckstein,* Leipzig 1926, II, S. 396, 467.

Fritz Machlup
1902–1983

Fritz Machlup wurde in Wiener Neustadt geboren und studierte ab 1920 Staatswissenschaften an der Universität Wien, wo er noch Hörer von Friedrich von Wieser war. Bereits nach drei Jahren promovierte er und trat anschließend ins elterliche Pappunternehmen ein. Machlup führte parallel dazu seine geldtheoretischen und methodologischen Studien unter Ludwig von Mises fort und gehörte bald zum Kern der vierten Generation der Österreichischen Schule, die aus dem Wiener Mises-Seminar hervorging. Schon gegen Ende 1931 hatte sich Machlup mit drei großen Veröffentlichungen, darunter *Die Goldkernwährung* (1925), als Experte für internationale Geld- und Kreditfragen etabliert, mußte aber der politischen wie auch universitätsinternen Wirren wegen schon 1933 Wien verlassen. Machlup ging zunächst an die University of Buffalo, lehrte dort bis 1947, um dann für die nächsten 13 Jahre an die Johns Hopkins University zu übersiedeln. In dieser Zeit erschienen zwei seiner einflußreichsten Werke, *The Economics of Sellers' Competition* (1952) und *The Political Economy of Monopoly* (1952). Anfang 1960 akzeptierte er einen Ruf an die Princeton University, blieb dort bis zu seiner Emeritierung 1971 und lehrte dann noch bis zu seinem Tod an der New York University. Mit der *Methodology of Economics and Other Social Sciences* (1978), mit der er im wesentlichen wieder zu seinen früheren Arbeitsgebieten zurückkehrte, gelang ihm ein weiteres Standardwerk. Fritz Machlup war nicht nur als akademischer Lehrer beneidenswert erfolgreich, sondern auch als Schriftsteller. Die Liste seiner Publikationen umfaßt an die 30 Bücher und über 500 Aufsätze. Der folgende Beitrag aus dem Jahr 1937 ist für sein Werk repräsentativ und wurde zu einem seiner Klassiker.

On the Meaning of the Marginal Product

The marginal productivity of a "factor of production" is usually defined as the schedule of the increments in total "product" obtainable through application of additional units of the "factor". As the quotation marks enclosing "factor" and "product" may indicate, there is no unanimity as to the appropriateness of these words or as to their meaning and definition. Nothing will be said here about the comparative advantage of terminologies; the word factor of production, for example, will be used interchangeably with productive agent, productive service of resources, and the like. It is with the meaning of the terms employed, especially with the units in which factor and product are expressed or measured, that we shall be concerned. Space will not be allocated to the various problems in proportion to their significance; problems of secondary, or even minor, importance may be given a greater (unearned) share of space, partly in order to prove their unimportance, partly because it is the "small things" that invite the interest of the "disinterested" student.

I.

Physical Units of Factors

The units of services, the application of which leads to a change in "product", are mostly taken as physical units. They have to be conceived as two-dimensional: as the services of some physical or natural unit of resource through some unit of time. The choice both of the unit of *resource* and of the unit of *time* must be governed by considerations of divisibility and technical or economic relevance, that is to say, it "is not an arbitrary matter of methodology, but a question of fact".[1] We must not take a minute of the labor of an eighth of a man as our unit of labor; nor ordinarily will we take "a year-laborer",[2] although this may be the smallest unit in which some highly qualified labor services can be bought. The divisibility with respect to time of highly qualified labor deviates particularly from that of the more common types of labor – inasmuch as certain qualified services may be bought by the minute at the one extreme, by five-year contracts only at the other. Organization and other institutional factors (legal provisions, tradition, rules adopted in collective bargaining) may in some trades or industries make quite ordinary labor indivisible below a week.[3] But differences in the length of the labor-week make the hour a more convenient time dimension and the habit of the market has accepted the labor-hour as the customary physical unit.

The unit of land, of course, is any traditional measure of area – not quite so "natural" a one, thus, as the "human unit". If some definite size is taken as "the smallest" unit, it is done so, not because of any limited divisibility of land, but because of the limited divisibility of its complementary factors. The time extension, likewise, depends upon the technique of production – in farming it is a year.

To decide on the unit of capital is to open (or to prolong) a very lively discussion. What resource, first, is spoken of as capital? Some authors choose to speak in terms of particular capital goods (steam engines, power looms, shovels), others in terms of money capital (dollars, francs), others in terms of "abstract disposal over resources", which last can hardly be considered a physical unit. However capital may be defined, its time dimension is perfectly divisible, though rarely is it divided into smaller parts than a day. The marked has adopted the year as the basic time unit ("per annum") for expressing the price but the day as the smallest time unit for actual exchanges. "Time proper" has been suggested as the only dimension, and unit, of the factor capital; this has no meaning, it seems to me, unless what is meant is that "waiting time" or "investment period" it to be conceived of as *a third dimension* of any other (otherwise two-dimensional) factor. This third dimension is, then, the time interval between the application of any productive service, say a labor-hour, and the enjoyment of its product. It is, for certain purposes, more convenient to take waiting time and the value of productive service invested for this time as the two dimensions of capital. Capital, in this case, is no longer amenable to expression in terms of physical units. In the sphere of purely physical units, however, such waiting time can refer only to a concrete physical resource.[4]

"Marginal" productivity of factors has sense only if the units of factors are homogeneous in respect of "efficiency".[5] This must be taken into account in a puristic definition of "factor" by including only productive services of perfect substitutability (interchangeability), while services which are not perfectly substitutable for one another are considered as different factors. If this strict definition of factors is employed, the traditional classification, enumerating three or four factors of production, is definitely abandoned; there is a multitude of productive factors.

Efficiency Units

Many theoretical problems can be simplified if one may assume full homogeneity of factors, *e. g.,* equal efficiency of all laborers or uniform grade or quality of land. (This should not be done for "capital in general" if that is expressed in "physical units".) But often writers are tempted to proceed from this convenient assumption to such statements as that a labor-hour of a certain efficiency is equal to two labor-hours of half the efficiency or to half an hour of double efficiency. Such conversion of units of different efficiencies into uniform efficiency units sometimes involves the danger of circularity in reasoning.

The efficiency of any physical or natural unit of a factor can be measured only by its "effect" on the product; if natural units are then corrected for their different effects on product and, thus, converted into efficiency units, the further examination of the relationship between those units and marginal product may be badly distorted – especially if the different causes of efficiency disparity are not clearly distinguished, and, still more, if the efficiency in producing value,[6] rather than physical efficiency, is taken as a base.

Differences in physical efficiency of physical units of factors may be due to various causes: *(a)* differences by constitution, *i. e.,* natural heterogeneity as to potential performance in definite activities; *(b)* differences in energy and effort expended on the work; *(c)* differences through economics from the larger size of the productive combination, due to specialization or organization of lumpy elements (*i. e.,* increasing returns from proportional additions of all factors); *(d)* differences through varied proportions in the factor's cooperation with other factors (*i. e.,* increasing or decreasing returns with changes in the proportion of factors); *(e)* differences due to different techniques. It seems that only the first two[7] of these five causes have been in the minds of recent writers, when they tried, by eliminating them, to construct efficiency units.[8]

Even these two kinds of efficiency disparity could usefully be corrected for by construction of efficiency units only if the differences in efficiency of the natural units of the factors involved were the same in respect of all the various uses to which the units may be put. (Then, and only then, could one expect wage differences to take exact account of efficiency disparities.) But if the differences are different in respect of different occupations, then indeed the case is different.

On first thought, one might imagine that labor is grouped in several efficiency classes – each then constituting a group of homogeneous factors – and that degrees of substitutability are established between the various classes. But this device breaks down when we realize that the members of one group, while uniform within their group and perfectly substitutable with respect to a certain occupation, are not equally suitable for other jobs. Some members of the group may be almost perfectly substitutable for those of another group, others very little. In view of the different efficiency in other kinds of work of laborers who are homogeneous only concerning one occupation, it is not possible to express the substitutability of the different groups (factors) for one another by a single definite figure. There would be, instead, a whole range or schedule of figures from almost infinite to almost zero substitutability, and these schedules would be different between the groups F_1 and F_2, F_1 and F_3, F_1 and F_4, ... F_1 and F_n. The substitutabilities of factor F_1 for factor F_2 could perhaps be represented as a positive function of the number of members still working in the F_1 group; for the more units that are still employed as factor F_1, the greater will be the number of the more versatile units included; the greater the number of units from the group F_1 who have been called upon as substitutes for other factors, the smaller will be the "marginal substitutability" for factor F_2 of the rest of factor F_1.

The complications due to the fact that the versatility of a factor is not universal for all types of work but differentiated with respect to different types are bad enough. They are multiplied if one tries to take account of the further fact that the substitutability of services for one another is also an increasing function of time. (Skill is increased, abilities acquired, resistances overcome, etc.) This is true not only of substitutability between different grades of labor, but also between labor and "capital". The very definition of capital, indeed, depends on the lenght of time allowed for rearrangements to be carried through. If capital is referred to as *one* factor of production, it is because of its efficiency in allowing time-taking processes to be undertaken. This efficiency is different according to the length of time allowed for the forms to be changed.

Apart from these special properties of "the factor" capital, the complications are dire enough to make us well understand how much more convenient it is to assume homogeneity of factors, or to assume a moderate number of non-competing groups, or to reason, with *Marshall,* about factors of "normal" or "representative" efficiency.[9] Such assumptions are not only more convenient but "realistic" enough to permit of first, and higher, approximations to the solution of most problems. Mr. *Hicks's* conclusion in his *Theory of Wages* are not appreciably damaged by the fact that he assumed "average unskilled labor" to be of uniform efficiency in all industries.[10]

A most peculiar species of efficiency unit is Professor *Pigou's* "unit of uncertainty-bearing", which is defined as "the exposure of a £ to a given scheme of uncertainty, or . . . to a succession of like schemes of uncertainty during a year . . . by a man of representative temperament and with representative knowledge".[11] Having recognized that uncertainty-bearing and waiting were "generally found together" but "analytically quite distinct from" each other, Professor *Pigou* tries to establish uncertainty-bearing as "an independent and elementary factor of production standing on the same level as any of the better-known factors". For want of a natural unit of uncertainty-bearing he constructs ingeniously an efficiency unit by reducing the uncertainties involved in different exposures "on the basis of comparative market values" to an equivalent in terms of an arbitrarily selected "fundamental unit" of uncertainty-bearing.[12] That through modern developments, especially through the pooling of certain uncertainties, a number of undertakings have become less uncertain than in former times leads Professor *Pigou* to the statement that "the factor uncertainty-bearing has been made technically more efficient".[13]

As we have said above, efficiency units as natural units corrected for differences in pyhsical performance in well-defined activities are *toto caelo* different from efficiency units with market values taken as the measure of efficiency. These latter are more correctly regarded, and frowned upon, as "value units" of factors.

Units of Factors in Terms of Value

By measuring units of factors in terms of their market value, marginal productivity analysis is, to my mind, reduced *ad absurdum.* One must bear in mind that marginal productivity analysis as a part of the theory of distribution is to serve as explanation of the market values of factors or services. To define these services in terms of their market values is to give up the task of explaining them. Indeed, to use Professor *Knight's* words, "we cannot discuss the valuation of things without knowing what it is that is being evaluated".[14] After all, the marginal productivity curve is to be the substance behind, and under certain assumptions the same as, the demand curves for factors, *i. e.,* for definite (physically defined) services, not for units of value.[15]

Value units of factors are what Professor *Pigou* once called a "Pound Sterling worth of resources". He used this concept not in the theory of distribution but in an analysis of the national dividend, and he has withdrawn it from the later editions of his *Economics of Welfare.* One could never explain the exchange ratio between productive services of different kinds, if one measured their units in value terms. That a hundred dollars worth of labor services equals a hundred dollars worth of uncertainty-bearing, and equals a hundred dollars worth of land services would be all our wisdom.

When it has, thus, been made clear that the units of a factor must not be measured in value terms, it becomes twice as difficult to show that "units of capital" in terms of value are of a different stuff from those units which we have just solemny condemned. Capital, when conceived as associated with waiting time, or investment period, or consumption distance of something, needs, of course, a fuller designation of this "something", be it a commodity or a service of a (human or man-made) resource. Under quite particular assumptions it is possible to remain in the sphere of purely physical units, but we should have, then, as many different factors as we have different "somethings", and, to be sure, just as many different marginal productivity schedules. But if we choose to conceive of capital[16] as the total stock of non-permanent resources at a given time which enables us to use a part of the available productive services for the production of future outputs, then the aggregate of such resources cannot be expressed but in value terms. They are "homogeneous" only in the one respect that they permit the undertaking of time-consuming methods of production. The value of the resources (bundles of services) is the result of a choice between a great number of alternative uses of their services of which some are devoted to immediate consumptive satisfaction. The valuation of these services is, therefore, to some extent determined by opportunities other than their use in "capitalistic" (time-taking) production. More about these value units of capital will be said at later points or our analysis.

Units of Factors in Terms of Money

Measurement in units of value is a highly abstract conception as long as value is thought of "in real terms". To make it more realistic, one may think in terms of money. It is only in the case of one factor that units may properly be measured in terms of money, the case, namely, of capital, or, more appropriately termed, money capital. In a sense, we may regard units of money capital as natural units.[17] It is units of money that are the object of the producers' demand. That money is demanded by entrepreneurs, because it gives command over resources, does not impair the argument. This demand – for *money to invest* – is not to be confused with the concept of a demand for money – *money to hold* – employed in monetary theory. Observations about the marginal productivity schedule of money capital may be deferred to a later point when we discuss the units of return.

The problem of correcting money units of capital for changes in efficiency (namely in the efficiency to provide command over resources) forces itself on one's mind when one considers that the supply of money capital may originate from credit creation through an elastic banking system or through dishoarding – with ensuing changes of prices. All these price changes would, of course, find their expression in changes of the marginal productivity curves. But some writers wish to eliminate certain price changes (of cost elements) by means of corrected units. That is to say, they wish to deflate the money-capital units with reference to particular price indices. Examples of "units of capital in terms of buying-power" so devised are Mr. *Keynes's* "wage-units" and "cost-units", which relate the money units respectively to the wage level and to the level of all prime-cost factors.[18]

II.

Physical Units of Product

That the schedule of marginal products in terms of physical units is fundamental for all other productivity schedules can be stated without fear of contradiction. It is also true that serious points of analysis arise in connection with physical productivity: problems such as increasing and diminishing returns as phases of the "law of proportions of the factors", the quite different increasing returns due to specialization of factors and similar "economies", questions concerning divisible, indivisible, limitational factors, and what not. Indeed, the widespread discussion of this range of problems makes it excusable, or even imperative, to leave them aside here in favor of other matters.

Value of the Marginal Physical Product

It is only in terms of value that different types and qualities of product become comparable and economic problems arise. But the particular concept of the "value of the marginal physical product" is not the all-important one; it is, in fact, relevant for but two special cases.

The one is the case of a producer who sells his goods on a market so perfectly competitive that he does not expect any price changes to result from an increase or decrease of his output. In such a producer's expectations, the value of an addition to his physical product would be the same as an addition to the total value of his output. This is the meaning of the proposition that, to the competitive seller, the value of the marginal physical product is equal to the marginal product of value.

The second case is that of an economist, like Professor *Pigou,* who reflects upon the national dividend and its measurement. For his purpose it is not relevant whether an addition to the physical product or a particular kind does or does not cause the value of all such goods to fall; he considers relevant nothing but the value of the physical marginal (social) net product.[19]

Marginal Value Product

"Marginal product" without other adjectival qualification should be understood to mean, not marginal physical product, but marginal value product.[20] Synonyms are marginal product in value, or marginal product of value. Value productivity, and nothing but value productivity, is what matters in distribution theory.

The marginal value product is the composite effect of a number of elements, or changes of elements; how many and which of those elements have to be taken into account in making up the marginal productivity schedule depends entirely on the problem in hand. In an analysis of the equilibrium of the single firm all those "dependent changes" have to be included in the economists's reasoning which are held to be included in the entrepreneur's reasoning. And what these changes are will, of course, depend on the particular entrepreneur's estimate of his position in the markets in which he deals. The pure competitor will not anticipate any price changes to follow from his actions; a monopolistic competitor will anticipate certain reactions on the part of consumers, and perhaps also certain reactions on the part of his competitors, in framing his own policy of pricing and output; a producer who faces imperfect competition in the market where he buys will anticipate changes of the factor prices to result from his actions. And this is but a small list of "dependent changes". On another plane, anticipations of more or less future, more or less lasting, price changes, anticipations of political forces, of monetary policy, and the like, may enter. Turning from the single firm to problems of the industry or the industry or the economy as a whole, still more "dependent changes" must be taken into account.[21]

Discounted Marginal Product

Just as products of different kinds or qualities can be compared only in terms of value so products available at different moments of time can be compared only in terms of present or discounted value. That the rate of discount may depend in turn on the marginal productivity of capital no more invalidates the argument than does the fact that the prices of other factors are data for the productivity schedule of the factor under view.[22]

Thus, it is perfectly correct to explain wages "by the discounted marginal product of labor",[23] or, in a recent formulation, by the equalization of the "cost of any unit of current labor" to "the discounted value of every alternative output that could be gotten from it".[24]

Uncertain Marginal Product

It should be clear that all these marginal products are not realized but expected products, that is to say, they are the resultants of a number of estimates in somebody's mind. Such estimates are made with more or less confidence in one's own foresight and more or less uncertainty about the probabilities of the anticipated outcomes. The entrepreneur whose business process is "complicated, long-streched-out, and uncertain as to its outcome . . . not only discounts, he speculates".[25] And, as has been shown convincingly by *Knight,* he will, in his demand prices for factors, take account of the uncertainty involved in his undertaking – so that, in case his estimates should all be proved right in the course of events, a profit would be left for him.

The marginal productivity schedule for any factor will therefore be in terms of discounted, and more or less "safely" estimated value. (That is to say, with some "safety margin" because of the uncertainty involved.) Are now these marginal products conceived as value "in real terms" or in terms of money?

Marginal Product in Terms of Money

There cannot be any doubt that the marginal productivity schedule within the single firm runs in terms of money and nothing but money. Whether the marginal productivity schedules for factors in the industry or in the economy as a whole are conceived in real terms or in money terms depends on – the economist concerned. Such marginal productivity schedules are nothing but a convenient method of depicting anticipated reactions of the most complicated sort in the form of a simple functional relation. It is a matter of technique, habit, and predilection (of the economist, of course) whether he wishes to lead his train of reasoning in the one way or the other. Logically the two are equally legitimate. Marginal productivity analysis in terms of money has the advantage of appearing more realistic, and of copying more nearly the way of thinking of economic individuals; but it has the disadvantage of requiring allowance for changes in the supply of money and for changes in "price levels". Marginal productivity analysis in real terms has the advantage of yielding more direct results about the factors' shares in the national dividend;[26] the necessary allowance for changes in relative prices is in this case not much less than that in the case of the schedule in money terms; one distinct disadvantage of the schedule in real terms is that it calls for a supply schedule in real terms, which for short periods is meaningless. This point has been stressed by Mr. *Keynes* on the ground that, owing to the prevalent significance of money wages in wage bargaining, the labor supply may be determinate in money terms but not in real terms.[27]

Marginal Product of Capital in Terms of Ratios

From our discussion of the units of the factor "capital", one would rightly expect that special allowances would have to be made also in the measurement of its units of product. For certain of its meanings, we allowed capital to be measured in value terms or money terms rather than in terms of physical units. If the product, as well as the factor, is measured in value or money, it will be most convenient to express the one as a ratio of the other. The most concise definition of the productivity of capital is Professor *Fisher's* "rate of return over cost";[28] cost, in turn, is the value of all invested services with respect to their alternatives uses. In a sense, the ratio or rate in which the marginal product of capital is expressed is determined by the "time substitutabilities" between the alternative consumptive services that can be obtained at different future points of time from present productive services.[29]

III.

The strict definition of the marginal productivity of a factor, as the schedule of increments in product due to additional units of the factor *used with a given (unchanged) amount of other factors,* raises problems which we have so far neglected. To apply the principle of "unchanged amounts of other factors" to the economy as a whole is one thing; to apply it to each single establishment is another. The application to the economy as a whole allows reapportionment of all factors with respect to their combinations in different groups or establishments. The application to a single establishment breaks down in those cases where the proportion in which the different factors cooperate cannot be varied with continuous and small effects on the amount of product. Imagine the proportion between all or some of the factors within a group to be rigidly fixed, owing to technical conditions (like the proportion of elements in chemical compounds), then the increase in the amount of one of these factors without accompanying increase in its complementary factors would yield a zero addition to the product, while the decrease in the amount of the same factor would cause a considerable loss of product. For these reasons, a number of authors (foremost, *Wieser* and *Pareto*) raised strong objections against the application of the marginal productivity principle to single groups or single firms, and derived the value of the factors from their alternative uses through transfer of factors between different groups within the economy. Even with rigidly fixed proportions of factors *within* all given groups, an increase (or decrease) in the supply of a certain factor in the economy as a whole can be taken care of through changes in the proportion of the different groups, that is to say, through an increase (or decrease) in the number of these groups which employ more of this factor and a decrease (or increase) in the number of those groups which employ less of this factor.

Principle of net productivity is the name by which Mr. *Hicks* denoted this chain of reasoning.[30] Its counterpart is the *principle of variation,* which is to give us marginal products through assuming variability of the proportion of factors within each combination. It is, as *Hicks* has shown, the principle appropriate to long-run considerations, while the net productivity principle is that appropriate to the short period, during which some proportions are likely to be rigid.

For the marginal productivity schedules (as substance behind the demand for factors) of single firms or industries, the marginal *net* products is the fundamental concept. "The net product," said *Marshall,* ". . . is the net increase in the money value of . . . total output after allowing for incidental expenses."[31] The incidental expenses, *i. e.,* the payments to other factors newly employed together with the factor under consideration, are anticipated on the basis of these other factors' prices, which are given for the single firm and determinate for the economy as a whole. It is capital that is nearly always in complementary demand with other factors. If it were possible to employ one more unit of labor in a given plant, with given machinery, given raw material, and given intermediate products, it still would not be a "given amount of other factors", since the application of more capital is involved in the investment of more labor-hours over a certain period. The net productivity principle may be considered as another support – if it were needed – for the legitimacy of using given rates of interest for finding the marginal net product of labor (the discounted marginal product), and of using given prices of invested services for measuring the units of capital.

The principle of variation and the principle of net productivity yield the same results, if enough time is allowed for the former to come into full play. But also in the short run one may consider the strict marginality principle as fully satisfied[32] by the net productivity principle. For it secures, for the economy as a whole, through factor transfers between different establishments, the perfect variability of proportions which is postulated by the clause that "additional units of one factor are used with a given (unchanged) amount of other factors". The schedule of a factor's marginal productivity in the economy as a whole will, of course, be quite different from an aggregate of all marginal productivity curves in all single enterprises of the economy. The former will take account of the necessary changes of the latter due to the conservative changes in prices of the complementary factors in the course of their reapportionment among competing uses.

Notes

1 F.H. *Knight, Risk, Uncertainty and Profit* (Boston: Houghton Mitflin, 1921) p. 111.

2 As does A.C. *Pigou, Economics of Welfare* (London: Macmillan, 1932) 4th ed., p. 772.

3 J.R. *Hicks, The Theory of Wages* (London: Macmillan, 1932) p. 27.

4 When K. *Wicksell* discusses "the marginal productivity of waiting" (*Lectures on Political Economy,* London: Routledge, 1934, p. 177), he assumes, at first, a certain number of physically defined resources which receive their value in a process of capitalization at the rate given by the marginal productivity of waiting.

5 *Hicks* (*op. cit.,* p. 28) says: "If the labourers in a given trade are not of equal efficiency, then, strictly speaking, they have no marginal product. We cannot tell what would be the difference to the product if one man were removed from employment; for it all depends on which man is removed."

6 It is just in this way that Professor *Pigou* wishes to construct efficiency units. He makes (*op. cit.,* p. 775) the following suggestion. "In order to render this procedure legitimate, all that we need do is to select in an arbitrary manner some particular sort of labor as our fundamental unit, and to express quantities of other sorts of labor in terms of this unit on the basis of their comparative values in the market." Thus, "all the various sorts of labor ... can be expressed in a single figure, as the equivalent of so much labor of a particular arbitrarily chosen grade."

7 Joan *Robinson* distinguished "correct natural units", which were the "natural units of the factors corrected for their idiosyncrasies" (*Economics of Imperfect Competition,* p. 332), from "efficiency units", which were corrected for variations in efficiency due

to increasing returns. When the units were corrected for these differences (type c from above list) only constant physical returns would be got (*op. cit.,* p. 345). In a later article on "*Euler's* Theorem and the Problem of Distribution" (*Economic Journal,* Vol. XLIV [1934], p. 402), Mrs. *Robinson* admits "that the device suggested ... for getting over the difficulty by constructing corrected natural units is completely worthless."

8 *Marx,* of course, got his "homogeneous mass of human labor-power" by correcting all the "innumerable individual units" for their deviations from what he called the labor "socially necessary ... under the normal conditions of production, and with average degree of skill and intensity prevalent at the time." Thus, after the invention of the power loom, one labor-hour of a hand-loom weaver was "only half an hour's social labor". See *Capital,* Vol I (ed. *Kerr,* 1909), p. 46. The great difference between the (however questionable) efficiency units employed by modern writers and those employed by *Marx* lies in that the former do not try to deduce the value of the products from the quantity of labor after they had deduced the quantity of labor from the value of the products.

9 Alfred *Marshall, Principles of Economics,* 8th ed., p. 516. Whether J. B. *Clark's* "social unit of labor" (*Distribution of Wealth,* p. 63) is an efficiency unit or a value unit, or some still more mythical unit, I have not been able to find out.

10 *Op. cit.,* p. 33. In drawing marginal productivity curves for a particular firm one need not be disturbed by considerations of whether or not additional units of factors of equal efficiency will be obtainable; the lowest quality of additional units may be taken care of by a decreased elasticity of the factor supply curve to the firm (*Robinson, Imperfect Competition,* p. 345); that is to say, the slope of the factor supply curve may express the decreasing efficiency of the units which have to be drawn from other groups or grades.

11 *Pigou, op. cit.,* p. 772.

12 *Ibid.,* p. 775.

13 *Ibid.,* p. 778.

14 *Knight, op. cit.,* p. 125.

15 Mrs. *Robinson's* "marginal product per unit of outlay" was an attempt at getting a marginal productivity curve which constituted the entrepreneur's demand curve not only under most but under all assumptions. In these terms, wage will equal "marginal product" even for employers who are monopsonistic buyers of labor. See "*Euler's* Theorem", p. 412.

16 I should like to express my indebtedness to Professor von *Hayek,* whose unpublished manuscripts helped me greatly in arriving at my views on capital theory.

17 Cf. *Robinson, Economics of Imperfect Competition,* p. 343.

18 J. M. *Keynes, The General Theory of Employment, Interest and Money* (London: Macmillan, 1936), pp. 40 *et seq.*

19 *Pigou, op. cit.,* p. 135.

20 It is perhaps worth emphasizing that the founders of modern theory regarded, either implicitly or explicitly, the marginal product as value product: thus the "marginal contribution to value" in the theory of imputation of *Menger* and *Wieser, Wicksteed's*

"marginal worth of services", *Marshall's* "net increase in the money value of total output". These writers, of course, did not see the differences in value product arising out of different degrees of competition.

21 The problem of selecting those "other things being changed" the reactions of which may be shown by the shape of the curve, and those "other things" the reactions of which may be shown by a shift of the curve, calls for separate treatment.

22 The discussion of "marginal net productivity" in Section III will dwell upon this point.

23 F. W. *Taussig, Principles of Economics,* Chap. LII. (New York: The Macmillan Co., 1937).

24 *Hicks,* "Wages and Interest: The Dynamic Problem", *Economic Journal,* Vol. XLV (1935), p. 461.

25 *Taussig, op. cit.,* Vol. 2, p. 200.

26 I suggest that Mr. *Hicks's* distinction between "labor-saving" and "very labor-saving" inventions (*Theory of Wages,* p. 123) may be represented as follows. Labor-saving inventions may raise the marginal productivity of labor (though relatively less than the marginal productivity of the other factors) in real terms, but must lower it in terms of money. "Very labor-saving inventions" lower it in both real and money terms.

27 *Keynes, op. cit.,* p. 8. Mr. *Keynes* overemphasizes this point. If money wages are fixed, the lower and left part of the labor supply curve becomes irrelevant. Changes in employment take place in a range of the graph above and to the left of the labor supply curve.

28 Irving *Fisher, The Theory of Interest* (New York: The Macmillan Co., 1930) p. 155. Mr. *Keynes* (*op. cit.,* p. 135) presents the following definition of the "marginal efficiency of capital in general". It is defined as equal to the greatest of those rates of discount "which would make the present value of the series of annuities given by the returns expected from the capital-asset during its life just equal to its supply price". As I understand it, this definition is not meant to exclude small investments in working capital, like the investment in a few labor-hours; such investment is fully covered by the term "capital asset".

29 Cf. *Hicks's* article on "Wages and Interest", in the *Economic Journal,* Vol. XLV (1935), and my article on "Professor *Knight* and the Period of Production" in the *Journal of Political Economy,* Vol. XLIII (1935).

30 *Theory of Wages,* p. 14; "Marginal Productivity and the Principle of Variation", *Economica,* Vol. XII (1932). *Marshall's* "marginal net product" supplied the term, though *Marshall* himself did not separate it from the marginal product where full variability of factors was given. Remember the marginal shepherd who did not call for any new complementary factors to be added to the establishment.

31 *Op. cit.,* p. 521.

32 This was recognized by Professor F. M. *Taylor, Principles of Economics,* Chap. IV (New York: Ronald Press, 1925) See on this point *Knight, op. cit.* pp. 102–114, and *Hicks,* "Marginal Productivity and the Principle of Variation", *Economica,* Vol. XII (1932).

Erich Streissler
geb. 1933

Erich Streissler wurde im Wien der Zwischenkriegszeit geboren und schloß schon 1955 seine juridischen Studien an der Universität Wien ab. Ausgedehnte Studienaufenthalte führten ihn insbesondere an die Universität Oxford in England, aber ebenso an Universitäten in Spanien und Frankreich. 1962 ging Streissler an die Universität Freiburg im Breisgau und kehrte sechs Jahre später an die Wiener Universität zurück, wo er seither den ehemaligen Lehrstuhl Carl Mengers innehat. Professor Streissler ist Mitglied der Bayerischen, der Ungarischen und der Österreichischen Akademie der Wissenschaften und Vizepräsident des von Mises und Hayek in den späten zwanziger Jahren gegründeten Österreichischen Institutes für Wirtschaftsforschung. Unter Streisslers zahlreichen Veröffentlichungen soll hier nur stellvertretend sein erfolgreiches Lehrbuch *Grundzüge der Volkswirtschaftslehre für Juristen* (1984), das er gemeinsam mit seiner Frau publizierte, genannt werden. Mit seinen Büchern zur Geld- und Wachstumstheorie und seinen großen internationalen Veröffentlichungen zur ökonomischen Systemtheorie und vor allem zur Ideengeschichte wird Streissler zu den führenden Gelehrten der fünften Generation der Österreichischen Schule gezählt. Der hier wiedergegebene Aufsatz erschien im Jahre 1988 und gilt als einer der wichtigsten Beiträge zur Geschichte und Entwicklung der Wiener Schule.

The Intellectual and Political Impact of the Austrian School of Economics

I.

 And the worries of satisfying the simplest needs of life fill the sphere of thought of the great multitude of men and become the levers which force them to undertake the most unpleasant labours.... No fortune, and be it ever so large, permits the owner to satisfy all his wants and needs; he therefore evolves an activity, which we call the economy. ... Therefore those who are at the head of the state have to contrive the welfare and happiness of the citizens by a successful promotion of their economic endeavours. But even these measures of the state must have their limits, for it is better for the common good of society, if the individual and his family have to answer for the provision of their subsistence; for in this care lies the perpetual impulse to industry.[1]

In these words in 1876, an early pupil of the Austrian School of Economics summarised the very essence of Austrian economic thought: The writer was the young Crown Prince *Rudolf* of Austria in his lecture notes[2] on the economics course given to him by the founder of the School, Carl *Menger*. In a way which had up to then been unusual, the Austrian School saw economics as nothing but the consequence and outflow of the consumption needs of individuals, as the consequence of the psychological drives and motives working on individual fulfilment of these needs. The Austrian School created the idea of optimising man in economics, the notion of *"economising"* man and of the *process* of his economising. Historians of thought will remark that these ideas – perhaps in somewhat vaguer form – were already typical of the eighteenth-century Enlightenment;[3] and that economising was already a central Puritan notion of the British seventeenth century.[4] Still it is a curious fact that just when these ideas tended to lose their grip in England and France, they were taken up and developed from the late nineteenth century onwards in Austria, a country which was a latecomer to intellectual life as well as to economic development. With this development went a resurgence of the policy notions of Adam *Smith* and his time, a basically negative attitude to economic "interventionism" (another Austrian term). Thus the liberal tradition shifted to Austria – which had hardly any practical policy experiences in liberalism. It was a liberalism practised as a kind of intellectual game. This shift is so pronounced that the conservative (or better: Classical liberal) revivalist movements of the 1970s and 1980s in the United States of America and in England now invoke "Austrian economics" as their economic foundation instead of their own liberal traditions!

In what follows we shall first summarise the main distinguishing theoretical notions of the Austrian School of Economics (part II). We shall then speculate on the question of how it was linked to other currents of thought in Austria around the turn of the nineteenth to the twentieth century (part III). We shall discuss the reasons for the unique longevity and for the social cohesion of the School; and shall remark how the scattering of its frequently already very well-known members to all the corners of the world in the 1930s and 1940s disseminated its ideas and made it a major influence on "western" thought (part IV). Finally, we shall ask why it was that the School held itself aloof from economic policy while at the same time influencing both the practice of policy in Austria and notions about the right economic policy from the 1940s onwards worldwide (part V).

II.

The peak of high mercantilist tradition from about 1625 to 1775, particularly in England, had seen in economics, which was then formulated as a separate discipline,[5] a disquisition on the best means towards economic development and population growth and with it towards the material power of nation states. As shown by the title of Adam *Smith's* founding treatise of the classical tradition in economics, *An Inquiry into the Nature and Causes of the Wealth of Nations* (1776), the nature and the causes of economic wealth were still the main concern of the next epoch of economic thought. But now wealth was no longer identified with trade and finance but with the development of the productive processes and particularly labour; and its causes were located more than previously in the removal of all impediments to "the simple and obvious system of natural liberty". As classical economics progressed, economic thought focused more on the distribution of the national revenue between the different classes of society. Then, in the last quarter of the nineteenth century, the main interest in economics shifted totally: The so-called marginalist,[6] or neoclassical revolution focused mainly on price determination; and prices were no longer thought to be determined chiefly by production or the supply of commodities, but above all by individual demand. While to John Stuart *Mill,* the last great author of the "orthodox" classical tradition, demand for consumption purposes had still seemed hardly describable in scientific terms,[7] this very same subject now became the main field of research.

The neoclassical revolution was brought about by three distinct authors in three different places. W. Stanley *Jevons* (1835–1882) in Manchester (and later Francis Y. *Edgeworth,* 1845–1926, in Oxford) presented economics mainly as the calculus of pleasure and pain of the rational individual. Léon *Walras* (1834–1910) in Lausanne was above all interested in equilibrium prices resulting from market exchange. Finally, in Vienna, Carl *Menger* (1840–1921), the founder of the Austrian School, treated the whole span of the decision process of individual economic man to thorough economic analysis. Thus Austrian economic thought is part of the larger neoclassical tradition, which dominated economics up to the late 1930s, when it was – temporarily, as it proved – swamped by Keynesian economics. While being part of the neoclassical tradition, the Austrian school at the same time remained a consistently distinct entity with its own particular flavour.

This distinctive flavour is due to the forceful personality and extremely fertile mind of its founder, Carl *Menger*. He called his school of economics the "subjective value" school, by which he meant that all economic phenomena had to be traced to human motivations and to the interpretations of events by individuals. (*Menger,* or rather his followers, contrasted this with the "objective" forces, which were thought to characterise production necessities – a faulty distinction since production decisions depend just as much on subjective valuations as consumption.) *Menger's* successor, Friedrich von *Wieser* (1857–1926), from his slightly different point of view, called the school the *"Grenznutzenschule",* the marginal utility school. In this term, "utility" on the one hand stresses the subjective measuring rod of the value of commodities, while "marginal" on the other hand refers to the method of analysis of the entire neoclassical tradition, which holds that only incremental changes "at the margin" matter for deriving quantitative effects. But though the term "marginal utility" was coined by *Wieser,* essentially all three branches of neoclassical economics were marginal utility schools, so that the peculiar flavour of the Austrian tradition is more properly captured by the term "subjective value" theory. For the Austrians discovered numerous dimensions of subjective decision taking not noticed by the other branches of the neoclassical tradition. Only the Austrian tradition developed a general analysis of human decision making as such or a general theory of human choice by rational man. These became common in economics only after the dispersion of the

Austrian scholars throughout the world in the late 1930s and in the 1940s. In fact, one of the last works in the old Austrian tradition bears the simple title *Human Action*[8] and became the cornerstone of praxiology. Thus Austrian thought broadened economics into a philosophy of means and laid the foundation for the "imperialist" encroachment of economic thought on other social sciences typical of the post-1950 period.

Alone among the founders of neoclassical economics *Menger* stressed the *uncertainty* surrounding economic decision taking; while the classical tradition and also the other neoclassical strains of thought typically assumed that economic man is fully informed about all the data necessary for rational decision taking. Regarding uncertainty *Menger* had a peculiar notion which, though apparently quite obvious, was felt to be typically "Austrian" for decades, in fact up to the present:[9] The notion that it is the *time-consuming nature* of economic processes in general and of production in particular which is the *main cause of uncertainty*. If production takes time, producers for example can never fully know the market conditions that are going to prevail at the time when they are ready for delivery; they can never be sure that the price finally achieved will meet their costs; and what the costs have been is, on the other hand, completely irrelevant for the price of sale. This was a telling point against the classical endeavour to derive price from production costs, fully in line with the new attempt to see price as determined above all by demand. None but *Menger* would have identified, however, the time required for economic transactions with the likelihood of miscalculation, as he does in a chapter heading simply called: "Time-error". In fact, neither the time taken by economic processes nor the fog of uncertainty surrounding economic decision making were considered by other economic schools. This was due to a different focus: The interest in the end-effect of economic processes, or, to put it more technically, the interest in economic "equilibria". *Menger,* however, in contrast to *Jevons* and *Walras,* was not concerned with simple point equilibria. He stressed the possibility that prices in particular might be *indeterminate* within a wide margin and that there was scope for bargaining in price determination.

In conformity with his subjective view of the economic process *Menger* also stressed the importance of *information*. For instance, he saw the main role of entrepreneurs in the collection and evaluation of information, while to his peers in the other traditions entrepreneurs were just producers. A characteristic statement by *Menger,* wholly alien to the other neoclassical traditions, runs as follows: "The quantities of consumption goods at human disposal are limited only by human knowledge of the causal connections between things, and by the extent of human control over these things."[10] In the lectures given to Crown Prince *Rudolf*, *Menger* also stressed the importance of a proper *incentive structure* for economic action, a very modern point of view. (In fact, the Crown Prince was taught the relevance of the property rights approach to economics, a framework which has only recently become important to the understanding of economic history.[11] To the other neoclassical traditions economic man would appear in no need of motivation, being already sufficiently impelled by the recognition of his self-interest.

Menger only sketched a large number of ideas which would be more fully developed by generation after generation of a closely knit school, lasting from the publication in 1871 of *Menger's* founding treatise, *Grundsätze der Volkswirtschaftslehre (Principles of Economics)*, up to about 1950. Altogether the school comprised some forty to fifty scholars at the level of university lecturer or similar standing. Among these, only a few can be named in a brief summary: Eugen Böhm Ritter von *Bawerk* (1851–1914) and Friedrich Freiherr von *Wieser* (1851–1926) in the second generation following *Menger*, Ludwig von *Mises* (1881–1973) and Joseph A. *Schumpeter* (1883–1950), in the third Friedrich August von *Hayek* (born 1899), the Nobel-Laureate, and Oskar *Morgenstern* (1902–1977) in the fourth and last generation. Most of the third generation late in life and the fourth generation in middle life were driven out of Austrian and taught in England and the United States.

The "subjective value" notions of the Austrian economic tradition made these scholars not only treat common fields of economic research in a somewhat different way, but also take up particular fields of research neglected by other groups. The stress on the time dimension in production made them turn to *capital theory*. In fact, *Böhm-Bawerk* tried to measure capital in terms of the average time which elapsed before commodities produced by it become final, consumable utilities; he defined "capitalist" production as a "roundabout" way of achieving one's ends, the time-consuming, roundabout way yielding higher returns than a direct approach. The stress on uncertainty and the calculatory errors it entailed made the Austrians turn to the analysis of *economic fluctuations* and business cycles.

Already *Menger* had been particularly interested in the question of what uses men visualised for *money* and what advantages it gave them. He saw in money above all a reserve medium against uncertain fortunes. In consequence monetary theory became a typical and peculiar field of Austrian economists and was linked by them to business cycle analysis. Finally, *Menger's* ideas on price indeterminacy and on bargaining processes came to fruition in the theory of strategic *games* initiated by the Hungarian mathematician, John von *Neumann,* and by Oskar *Morgenstern* in 1944.[12]

Though *Böhm-Bawerk* – and later *Mises* and *Schumpeter* – gained greater renown, Friedrich von *Wieser* conceived of two variations on the Austrian themes which were perhaps of greater influence on the general development of "western" ideas than the more technical notions of, for example, *Böhm.*

Firstly *Wieser* (interestingly enough the son of a Vice-President of the High Court of Audit) developed the notion of the paramount importance of *accurate calculation* and accounting for economic efficiency. According to him, marginal utility provides such a measuring rod on the subjective level and market prices serve this role on the objective level. *Wieser* was thus seminal for the idea that *prices provide above all information* about economic conditions, a notion fully developed by *Mises* and *Hayek.*[13] This seemingly very abstract notion became important in the sphere of economic policy. *Wieser* already stated that in order to achieve efficiency a socialist economy would have to use economic calculations in just the same way as a capitalist one. This idea was turned around by *Mises* in the first full-scale scientific attack to be launched on the possibilities of socialist economies. Under the impact of the experience of the creation of Soviet Russia *Mises* first identified "socialism" with centralised state planning (in contrast to the standard definition of socialism before him which had simply identified it with the socialisation of the means of production). *Mises* then went on to state that, as a centralised system of production and distribution had no market prices, it lacked all information necessary for its being run efficiently.[14] *Hayek* later modified this argument by pointing out that a socialist system certainly lacked at least the cheapest means of gathering information and would therefore be very costly to run, the market being the optimal "discovery procedure".[15] These ideas of *Wieser's* thus started a novel line of critique of state economic policy: "Interventionism", as *Mises* called state action,[16] destroyed the mechanism of the creation and dissemination of information about economically relevant circumstances, i. e. market pricing, so it impeded economic efficiency.

The second notion of *Wieser's* had to do with economic change. As we noted, the Austrian tradition was always more concerned[17] with the process of deriving economic conditions than with the final outcomes. *Wieser* saw such change brought about by the heroic intervention of individual men who appear as "leaders" toward new economic shores: Development is brought about by the "pioneering" endeavours of the creative entrepreneur.[18] While *Wieser's* ideas on the necessity of exact calculation and the informative nature of prices were taken up by *Mises* and *Hayek,* his *leadership mystique* was enlarged by *Schumpeter* into a theory of *economic development*[19] and is still widely used as a concept for the treatment of economic "innovation" (a term derived from *Neuerungen*).

Finally a brief remark has to be made on the relation between Austrian economics and Marxism. Here misconceptions are rife. Marxist authors, in fact, have pictured Austrian economics as the acme of bourgeois reactionism against the rising sun of truth; and "subjective value" theory as the hidebound reaction to Marxist objective tenets. But the "subjective" framework was formulated by *Menger* nearly simultaneously with *Marx's Das Kapital,* volume one (respective dates of publication 1871 and 1867) and without yet having knowledge of *Marx.* And by mere chance – or by historic determinism – *Menger* was interested in nearly the same topics as *Marx:* in problems of capital, of money, of business fluctuations and in certain aspects of the process of economic development, while the other neoclassical schools were hardly interested in these topics at all. Thus only the Austrian School read *Marx,* took notice of him and therefore also clashed with Marxist thought. The other schools were oblivious of him. It is well known that Joan *Robinson,* steeped in the Marshallian tradition of Cambridge, England, discovered Marxism as a completely new intellectual experience as late as the 1930s! Not so the Austrians. Already in his thesis of "Habilitation" of 1884 *Wieser* names *Marx* and *Engels* beside *Ricardo, Jeyons* and, of course, *Menger* among the five authors who inspired his thought;[20] and *Böhm-Bawerk* treats of *Marx* extensively in the 1880s[21] and 1890s[22]; very critically, of course, as, in fact, he treated practically everybody very critically. Still, prominent Marxists attended his famous seminar in 1905–6: Emil *Lederer,* Otto *Bauer* and, above all, Rudolf *Hilferding.* (Curiously enough, *Hilferding* was united with the head of the Seminar in the basically negative attitude towards economic policy, *Böhm* thinking state intervention bad because it only throws a spanner into the smoothly working machine of private enterprise, while *Hilferding* thought it useless in a system which could only be changed to the better by complete revolution.) A two-way flow of ideas may exist: Possibly the important role given to credit for short-run (*Mises,* 1912);[23] and long-run (*Schumpeter,* 1912)[24] economic development may have been influenced by *Hilferding's* somewhat earlier "Finanzkapital" (1910);[25] for orthodox Anglo-American economics was at that time oblivious of the deeper consequences of credit creation.

III.

In what respect is the particular flavour of the Austrian economic tradition due to wider intellectual currents of Austrian culture in the last quarter of the nineteenth century?

Here one can only speculate on parallels. It is, however, certainly striking that Austrian economics was the most strongly *psychological* school of economics among contemporary schools and, indeed, the most strongly psychological of all times. Late-nineteenth-century Austria had a particular fascination for *psychology* and was the hot-bed of new psychological ideas. One could point to Anton *Romako's* (1834–1889) intensely symbolist-psychological portraits and to Arthur *Schnitzler's* (1862–1931) novels and plays — if not, already, to much in the work of Franz *Grillparzer* (1791–1872), considered the classical cynosure of Austrian poetry. Of course, Siegmund *Freud* (1856–1939) worked in Vienna most of his life and Alfred *Adler* (1870– 1937) up to his late middle age. Compared with these doyens of the different psychoanalytic traditions, whose main works appeared from the 1890s onwards, *Menger,* born in 1840 with his main treatise published in 1871, is a relatively early exponent of a psychology-based scientific school in Austria.

It has often been remarked that the *irrevocable passage of time* was a typical theme of nineteenth century Austrian thought; and time in economics was a basic aspect of Austrian economic thought. (One should remember particularly the irrelevance of past costs for present pricing.) The passage of time was a topic constantly re-enacted on the Austrian stage. A well-known symbol in Austrian literature is the goblet, irretrievably rolling under the bed in *Grillparzer's Der Traum ein Leben.* The farewell scene of personified "Youth" in *Raimund's Der Bauer als Millionär* is the dramatic focus of this much-performed play. Similarly, we may point to the Marschallin's concern with the clock striking the time in *Hofmannsthal's Rosenkavalier.* A stress on the theme "time equals error" may be taken as typical of contemporary general thought in Austria.

In a final contrast to other economic traditions, the Austrian school stressed the *variety* within a whole; or, as one could also say, the *structure* of aggregates.[26] While other schools usually only analysed competition, *Menger* turned to the whole gamut of more or less competitive situations,[27] commodities were described as more or less marketable,[28] as further removed or closer to consumption (the "orders" of commodities);[29] and price is determinate only within a wide margin.[30] From *Menger,* one gets the impression that at best the economy is in statistical equilibrium, an equilibrium only if ones does not look at it too narrowly. It is therefore interesting that the idea of *statistical equilibrium in mechanics* was developed nearly simultaneously with *Menger* by an Austrian physicist, who became professor at the University of Vienna in the same year as *Menger* (1873), and was nearly of the same age: Ludwig *Boltzmann* (1844–1906).

IV.

For a school of scientific thought the Austrian School of Economics presents a case of unusual cohesion and, even more unusual, of exceptionally long duration. After *Menger's* founding volume of 1871 the school thrived for three-quarters of a century, from 1875 to about 1950, through four generations of scholars.

The cohesion can be explained as follows: It was a school for learning and practising statecraft dominated by extremely influential, if not to say powerful men, the entrance to which was sought by ambitious young men interested in social advancement precisely because it was an avenue to important social positions.[31] On the other hand, its recruiting was slanted towards young men likely to succeed socially.

In 1873, at the early age of thirty-three, *Menger* became professor holding the most influential chair of economic theory in Austria, the chair at the University of Vienna, and obtained tenure as full professor in 1879. As Lorenz von *Stein,* his colleague in the chair of economic policy, was old, *Menger* was soon able to fill that chair, too, with men more or less in conformity with his own views (after some intermissions the chair was filled with the congenial Eugen Philippovich von *Philippsberg* in 1893). The professor at Vienna could dominate recruiting to the academic profession if he was a forceful personality, and *Menger* was such a personality. His influence was enhanced by the fact that he had by far the largest economics library in Austria (now at Tokyo) so that entrance to the economics profession was, in fact, gained by invitation to *Menger's* private library. But the mere entrance into university teaching (with the chance of becoming one of the very well-paid full professors) was not all. *Menger* himself was also the tutor of the Crown Prince, *Rudolf,* in 1875–6, later accompanying him on some of his voyages. He became *Hofrat* and one of the appointed members of the Austrian House of Lords *(Herrenhaus)* in 1900. The leaders of the next generation, *Böhm-Bawerk* and *Wieser,* were to become possibly even more influential. *Böhm-Bawerk,* after having been the senior civil servant responsible for the development of the newly conceived income tax in 1896, was Minister of Finance three times, the third time for nearly five years – then an exceptionally long stretch – from 1900 to 1904. He was *Geheimrat*, a Member of the House of Lords and from 1911 to his early death in 1914 President of the Austrian Academy of Sciences (in fact he should not be seen as mainly an academic, being professor in Innsbruck only from 1881 to 1889 and then – by special creation as a retirement position without full duties – in Vienna from 1904 to 1914). *Wieser,* after being professor at the second most important university of Austria, Prague, for a long time and *Rektor* (Vice-Chancellor) of that university, succeeded *Menger* in Vienna in 1903. He, too, became a Cabinet Minister (Minister of Trade) at the end of the monarchy, *Geheimrat* and a Member of the House of Lords. After the end of the monarchy three more members of the school, who had passed the "Habilitation", i. e. full-scale though usually unpaid university lecturers, became Cabinet Ministers in the First Republic: *Schumpeter* and *Reisch* became Ministers of Finance, *Mataja* Minister of Trade. *Reisch* was President of the Austrian National Bank for an extended period. At the end of the monarchy the head of the civil service, another *Geheimrat,* Rudolf *Sieghart,* was proud to have passed the "Habilitation" in the School; later he was governor of the socially most dignified Vienna bank, the bank of the Imperial family, the *Bodencreditanstalt.* Numerous other members of the school held high civil service or managerial positions in Vienna, in fact such positions rather more than professorships in the provinces. All this shows that the Austrian School of Economics easily was one of the socially most successful scientific schools and must have produced a highly influential "old boy" network (it should be remembered that Austria had few socially influential secondary schools and that the universities – with unrestricted admission for all – gave no social cachet, distinct from the academic degree).

Correspondingly, admission to the school was socially restrictive. About half the members came from the lower aristocracy, most of them though of very recent creation. Practically all members came from civil service or professional families, even in the fourth generation of the school after the end of the monarchy. Sons of commercial and manufacturing entrepreneurs were rare, only *Schumpeter* and *Machlup* coming to mind in the later generations. But *Schumpeter* had an important general as stepfather and was, in fact, practically repudiated in later life; and *Machlup* was accepted by his coevals, but not by some of his seniors, the "Habilitation" being denied to him. *Machlup* had the added "disability" of being *Jewish*; for the School was also quite exclusive towards persons considered to be "Jewish", though the much narrower, religious and social definition as to who was considered to be "Jew" in Austria has to be remembered and must not be confused with that of the Nazis. The only other "Jew" prominent as a leader in the School was Ludwig von *Mises,* who was, however, already in the fourth generation ennobled[32] and by then of a high civil service family of long standing. More normally, members were descended from a prime minister (of Liechtenstein: Gottfried von *Haberler*), or from a Vienna university professor (Friedrich August von *Hayek*), or even had the German emperor as acknowledged grandfather (Oskar *Morgenstern*).

The school ended when the "old boy" network broke down in Austria – some ten to fifteen years after the monarchy – simply because there was then no longer a sufficient number of positions to fill in the now miniaturised country and new social groups started to gain the few remaining ones. *Schumpeter* became professor in Bonn in 1925 and in Harvard in 1932, *Hayek* professor in London in 1931 (at the very early age of thirty-two); *Haberler* followed *Schumpeter* to Harvard in 1936, *Machlup* became professor in Buffalo in 1937. Few were left in Austria when Hitler arrived, *Mises* having gone to Geneva in 1934 and *Morgenstern* being caught by the *Anschluß* on a visiting professorial tour at Princeton and staying there. Thus the dispersal to the world was not due to political reasons but rather to a lack of opportunity. The dispersal was followed by the School being absorbed into the general economic mainstream.

It therefore does not seem too difficult to explain the cohesion and longevity of the School by its social standing and the attendant social pressures. What is difficult to explain is that a scientific school which was socially exclusive could consistently produce such first-rate scholars, recognised not only in Austria, but the world over. *Menger, Böhm-Bawerk* and *Wieser* had the highest international reputation. *Böhm-Bawerk,* in fact, was esteemed as an outstanding scholar outside Austria while he was rather esteemed as an exceptionally able civil servant, judge of the Administrative Court and Cabinet Minister: The man, as his obituary points out,[33] who above all achieved the conversion of the Austrian national debt from bonds carrying 4.2 per cent to one paying only 4.0 per cent! *Schumpeter,* soon after his move to the United States, became president of the American Economic Association; he had already received an honorary doctorate from Columbia at the age of thirty-one and died in 1950 as President-Designate of the newly founded International Economic Association, and, it is said,[34] the then most frequently quoted economist in the world. *Hayek* was awarded the *Nobel* memorial prize in 1974. *Mises* is constantly quoted today by a new Austrian School of Economics (detached from Austria). Scientific talent in

Austria from about 1840 to 1910 must have been really ample if a relatively narrowly based recruiting mechanism could prove so successful. Or possibly it was the other way round: First-rate minds with a scientific bent who also had the right social extraction to gain leading positions in state and society were imperceptibly drawn into economics as their field of study.

V.

Nowadays, the influence of Austrian economics is felt particularly in the field of economic policy. As we have stated, the School became a refuge of classical economic liberalism when this was in full decline elsewhere. What therefore was the Austrian attitude towards practical questions?

It is true both that anyone who did not subscribe to some broad code of basically liberal economic tenets, such as a socialist or social reformer,[35] could not be a proper member of the School and also that the School was not policy-oriented at all. I turn to the latter point first.

In the larger German-speaking universities (in Germany as well as in Austria and Switzerland) there would be two chairs of economics in each university: a chair of economic theory and a chair of economic policy. By this academic division, quite unknown in England or the United States, theory and policy were separate subjects. Economic policy – and often even theory – was generally treated by a historically minded scholar, if not an outright economic historian: Quite sensibly it was a descriptive subject treating of different possibilities of policy as they had materialised through time. *Menger,* of course, held the chair of economic *theory* in Vienna. Early in his career he came into conflict with the historical school in Germany – I think basically over the question not only of *how* economic should be treated but *by whom:* by patriotic German nationalists alone or also by aloof and abstract thinkers from Austria even in the fat academic pastures of Germany. In any case, *Menger* took the methodological position that general truths, e. g. in economics, are so obvious to our minds that the mind does not even allow the possibility of their refutation by empirical facts[36] – an ideal methodological position for a scientific revolutionary, but certainly in full conflict with the historically oriented tradition of economic policy chairholders. Thus the cleavage between theory and policy became very deep.

The Austrian School was attached to the chairs of economic theory. This probably served a purpose in the social recruiting side of the school as well: The exercise in abstract analysis was probably a better way of sifting out brilliant young minds than laborious fact-finding research on historical questions of economic policy. Furthermore, purely theoretical exercises gave intellectual cachet to men mostly following very practical professions in the top administration. And as members of the School were not bound to certain definite policy prescriptions by their studies, their practical usefulness was not limited to the implementation of exactly these measures. Their basically liberal economic credo therefore remained a pure intellectual exercise never to be put to the test in the day-to-day give and take of Austria. Where prominent adherents of the School were called in to aid policy implementation it was in relation to theory-based innovations of policy such as the change-over of the Austrian currency to the gold standard in the 1890s, in which *Menger* and also *Böhm-Bawerk* were active, and the introduction of the first (mildly progressive) Austrian income tax, largely by *Böhm*, in the same decade.

The general attitude of the high bureaucracy in Austria in the late nineteenth and the first quarter of the twentieth century was mildly liberal, stemming from the attitude of "Josephinismus" of the late eighteenth century. This was also the political attitude of the School in general. Not all members were as violently liberal as the late *Böhm-Bawerk* – who had been disgusted by the "useless" and factious departmental stupidity he had come to know as Minister of Finance. *Schumpeter* was mildly liberal and *Wieser* was by instinct at least an unabashed paternalistic interventionist, if not to say finally a fascist.[37] The most strongly liberal phase of the Austrian School came at its very end, in the fourth generation tutored by *Mises*; and this attitude was bequeathed to the world on the dispersion of the school. But it should be remembered that *Mises* was by profession a civil servant of the Vienna Chamber of Commerce, *i.e.* a professional representative of the Austrian entrepreneurs (if not to say their lobbyist). And that after the end of the monarchy the members of the School belonged to an old ruling class dispossessed of power and mostly also expropriated through the hyperinflation which had abolished their rentier capital. No wonder they were particularly critical of the state.

Menger himself was a very decided and outright economic liberal, though he published little on these questions.[38] But the lecture notes of Crown Prince *Rudolf* in 1876 show him teaching a liberalism possibly even more rigorous than that of Adam *Smith*. In "normal" cases economic action of the state is always harmful: It is only to be allowed in "abnormal" cases. In a very modern way state action is *solely* justified by *external effects* (as the abnormal cases), *i.e.* interactions between private individuals who do not enter into the economic calculations of those individuals who cause them, and therefore make market prices faulty indicators of economic scarcity. The state (according to *Rudolf*) should intervene to limit contagious diseases among cattle and plants by destroying the sources of infection; it should restrict the opportunities for certain unscrupulous individuals to harm others, as in the case of child labour, and impose maximum working hours and forest preservation laws; and it should provide public utilities where the means are so costly that individuals cannot provide them for themselves, as in the case of turnpikes, railroads, schools and the provision of prime stud animals. And that should be all. *Menger* (or his pupil *Rudolf*) finally refutes the appropriateness of state intervention in a new way: The diversity of individuals argues against the uniform provision of goods by the State, uniform provision being on the other hand the only one feasible.

According to the lecture notes of Crown Prince *Rudolf, Menger* was evidently also deeply imbued with Adam *Smith's* notion of the *futility* of much of state action. This point was developed by *Böhm-Bawerk* in the last year of his life (1914) in the very influential argument that the use of "power" is ineffective against economic laws.[39] (In the same year he also launched a violent attack on the spendthrift wastefulness of the state, which, to him, was the reason for a balance-of-payments deficit.[40] To these arguments about the ineffectiveness of policy *Mises,* in the early inter-war-period, added the argument of the inefficiency of socialism – and practically every interference with free competition, for example trade union action, was "socialism" for *Mises* (which for *Böhm* was only useless "power" trying to militate against economic laws).[41] *Mises'* arguments against socialism started an international controversy with *Barone, Lange* and *Lerner.*[42]

The influence of *Böhm-Bawerk's* seminar and *Mises'* constant reiterations probably did not fail to have an effect even on Austrian socialists, particularly on Otto *Bauer.* They did not dare to support employment-creating state action until the 1930s were quite advanced. In 1931, *Mises* still argued on classical "crowding-out" lines that all public works projects are useless;[43] if the state spends more, private individuals can only spend commensurately less. *Mises* also gave out the notion that any step towards state action would entail further and further steps, so that "interventionism" would necessarily lead to full-scale socialism.

Many of these liberal arguments were summarised in *Hayek's* very widely read *Road to Serfdom* (1944)[44] and in a more comprehensive fashion in his *The Constitution of Liberty.*[45] Through *Hayek's* work they have become the common property of the classical liberal counter-revolution against the welfare state of our time.

Notes

1 Auch erfüllen die Sorgen über die Befriedigung der einfachsten Lebens-Bedürfnisse den ganzen Gedankenkreis der grössten Mehrzahl der Menschen, und werden zu den Hebeln, welche sie zu den unangenehmsten Arbeiten drängen ... Kein Vermögen, und wäre es das Grösste, gestattet dem Besitzer, alle seine Wünsche und Bedürfnisse zu befriedigen; er entwickelt deshalb eine Thätigkeit, die wir die Wirthschaft nennen ... Darum müssen diejenigen, die an der Spitze der Staaten stehen ... durch erfolgreiche Förderung der wirthschaftlichen Bestrebungen der Bürger ... Wohlfahrt und Zufriedenheit herbeiführen. Doch auch diese Eingriffe des Staates müssen ihre Grenzen haben, denn es ist zum allgemeinen Wohl der Gesellschaft besser, wenn der Einzelne selbst und seine Familie Existenz zu verantworten hat; denn in dieser Sorge liegt der unaufhörliche Impuls zu steter Thätigkeit. (Crown Prince *Rudolf* of Austria, Politische Ökonomie I.).

2 The suggestion that treasures of the history of economics and even of the history of though in general may be found in the lecture notes of Crown Prince *Rudolf* I owe to Dr. Brigitte *Hamann*. I have used a typewritten copy provided by her of these as yet unpublished essays. The holograph copies of these notes, corrected by the teacher, Carl *Menger,* can be found in the Österreichische Staatsarchiv in Vienna.

3 See for example, Paul *Hazard, European Thought in the Eighteenth Century* (Harmondsworth, 1965; originally in French, Paris, 1946).

4 See for example R.H. *Tawney, Religion and the Rise of Capitalism,* 1926 (Harmondsworth: Penguin Books, 1961), who quotes (p. 260) Richard *Steele, The Tradesman's Calling,* 1684: "God hath given to man reason for this use, that he should first consider, then choose, then put in execution; and it is a preposterous and brutish thing to fix or fall upon any weighty business ... without a careful pondering it in the balance of sound reason ... It is an irrational act, and therefore not fit for a rational creature" (p. 242).

5 See Joyce O. *Appleby, Economic Thought and Ideology in Seventeenth Century England* (Princeton, New Jersey, 1978).

6 See R.D. Collison *Black,* A.W. *Coats* and Craufurd D.W. *Goodwin,* eds., *The Marginalist Revolution in Economics* (Durham, North Carolina, 1973); also *Hope* 4 (1972), 265 ff.

7 John St. *Mill, Principles of Political Economy – With Some of Their Applications to Social Philosophy* (London, 1848). On *Mill's* scepticism towards the possibility of formulating laws of consumer behaviour see Neil B. de *Marchi,* "Mill and Cairnes and the emergence of marginalism in England", *Hope* 4 (1972), 344 ff., here pp. 348 ff.

8 Ludwig von *Mises, Human Action. A Treatise on Economics.* (London, 1950).

9 Karl *Borch,* "The place of uncertainty in the theories of the Austrian School", in John R. *Hicks* and Wilhelm *Weber,* eds., *Carl Menger and the Austrian School of Economics* (Oxford 1973), pp. 61 ff, here pp. 61 f.

10 Carl *Menger, Principles of Economics,* James *Dingwall* and Bert F. *Hoselitz* (Glencoe, Ill., 1950), p. 74. On entrepreneurial information see pp. 91 ff. esp. p. 160.

11 See for example Douglass C. *North* and Robert P. *Thomas, The Rise of the Western World. A New Economic History* (Cambridge, 1973).

12 John von *Neumann* and Oskar *Morgenstern, Theory of Games and Economic Behaviour* (Princeton, New Jersey, 1944).

13 On *Wieser* see Erich *Streissler*, "Arma virumque cano – Friedrich von *Wieser*, the bard as Economist", in Norbert *Leser*, ed., *Die Wiener Schule der Nationalökonomie* (Vienna, 1986), pp. 83 ff. On prices as information media see esp. Friedrich A. v. *Hayek*, "The use of knowledge in society", *AER* XXXV (1945), 519 ff.

14 Ludwig von *Mises*, "Die Wirtschaftsrechnung im sozialistischen Gemeinwesen", *Archiv f. Sozialwi.* (1920); *Mises, Die Gemeinwirtschaft* (Jena, 1922).

15 Friedrich A. von *Hayek, Competition as a Discovery Procedure,* (Chicago, 1978).

16 Ludwig von *Mises, Kritik des Interventionismus. Untersuchungen zur Wirtschaftspolitik und Wirtschaftsideologie der Gegenwart* (Jena 1929).

17 *Wieser*, curiously, was the least concerned purely with economic processes and the most concerned with states of equilibria among the Austrian economists. But he was disquieted by the contrast of static economic thought and his process-analytic sociological notions and felt them to be two incompatible sides of his mind. See *Streissler*, "Arma virumque cano".

18 See Erich *Streissler*, "*Schumpeter's* Vienna and the role of credit in innovation", in Helmut *Frisch* ed., *Schumpeterian Economics* (Eastbourne, 1982), pp. 60 ff.

19 Joseph A. *Schumpeter, Theorie der wirtschaftlichen Entwicklung* (Leipzig, 1912).

20 Friedrich von *Wieser, Über den Ursprung und die Hauptgesetze des wirthschaftlichen Werthes* (Vienna, 1884), Vorwort.

21 Eugen *Böhm von Bawerk, Kapital und Kapitalzins*, Vol. *I: Geschichte und Kritik der Kapitalzinstheorien* (Innsbruck, 1884).

22 Eugen *Böhm von Bawerk,* "Zum Abschluss des Marxschen Systems", in O. v. *Boenigk* ed., *Staatswissenschaftliche Arbeiten, Festg. f. K. Knies* (Berlin, 1896).

23 Ludwig von *Mises, Die Theorie des Geldes und der Umlaufsmittel* (Munich, 1912).

24 Joseph A. *Schumpeter, Theorie der wirtschaftlichen Entwicklung.*

25 Rudolf *Hilferding, Das Finanzkapital. Eine Studie über die jüngste Entwicklung des Kapitalismus* (Vienna, 1910). The importance of the overuse of credit for cyclical fluctuations had, however, already been recognised by *Menger's* predecessor generation in Vienna. See Albert *Schäffle, Das gesellschaftliche System der menschlichen Wirthschaft* (Tübingen, 1867), pp. 214 ff. Lorenz von *Stein, Die Volkswirthschaftslehre* (Vienna, 1878), pp. 431 ff.

26 See Erich *Streissler*, "Structural economic thought – on the significance of the Austrian School today", *ZfN* XXIX (1969), 237 ff.

27 Carl *Menger, Grundsätze der Volkswirthschaftslehre* (Vienna, 1871), Fünftes Capitel.

28 *Ibid.*, Siebentes Capitel.

29 "Güter der ersten Ordnung" and "höhere Ordnung" right at the start of the book, in "Ueber den Causal-Zusammenhang der Güter", chap. 1, section 2.

30 *Ibid.,* esp. p. 177. In the translation (*Menger, Principles of Economics,* ed. and trans. *Dingwall* and *Hoselitz*) see particularly pp. 194 ff. *Menger* speaks of *"Preiskampf",* appropriately translated as "price duel" (p. 195).

31 See the memoirs of Rudolf *Sieghart, Die letzten Jahre einer Grossmacht* (Berlin, 1932).

32 See Eduard *März,* "Zwei Brüder aus Lemberg", in *Das jüdische Echo* XXXIII/I (1984), 101 ff.

33 Carl *Menger,* "Eugen von *Böhm-Bawerk*", 1915, reprtd in F.A. von *Hayek* ed., *Carl Menger Gesammelte Werke,* 2nd edn. (Tübingen, 1970), Vol. III, pp. 293 ff. *Menger* stresses "Eine Würdigung der Leistungen *Böhms* ... darf sich nicht auf seine wissenschaftlichen Publikationen beschränken" (p. 295). "Besonders bemerkenswert war seine Tätigkeit bei der Konversion des sogenannten österreichischen Blocks der einheitlichen 4.2-prozentigen Rente auf 4 Prozent" (p. 297).

34 See Paul A. *Samuelson,* "*Schumpeter* as an economic theorist", in Helmut *Frisch,* ed., *Schumpetrian Economics* (Eastbourne, 1981), pp. 1 ff., here p. 1.

35 See *Streissler,* "Structural economic thought", also *Streissler,* "To what extent was the Austrian School marginalist?", *Hope* 4 (1972), 426 ff.

36 On *Menger's* methodology see now Karl *Milford.* "Zu den Lösungsversuchen des Induktionsproblems und des Abgrenzungsproblems bei Carl *Menger*", unpublished doctoral dissertation, University of Vienna, 1986.

37 See *Streissler,* "Arma virumque cano", pp. 86 ff. and p. 100.

38 Apart from his practical disquisitions on the currency reform one has to rely mainly on Carl *Menger,* "Sozialtheorien der klassischen Nationalökonomie und die moderne Wirtschaftspolitik", 1981, reprtd in F.A. v. *Hayek,* ed., *Carl Menger Gesammelte Schriften,* 2nd edn. (Tübingen, 1970), Vol. III, pp. 219 ff.

39 Eugen von *Bawerk,* "Macht oder ökonomisches Gesetz?", *Z. f. Volksw., Sozpol. u. Verw.* 23 (1914), 205 ff.

40 Eugen *Böhm von Bawerk,* "Unsere passive Handelsbilanz" (originally in *Neue Freie Presse,* Jan. 1914), in Franz X. *Weiss,* ed., *Gesammelte Schriften von Eugen von Böhm-Bawerk* (Vienna and Leipzig, 1924), pp. 499 ff.

41 Eugen *Böhm von Bawerk,* "Macht oder ökonomisches Gesetz?" treats in section III extensively the effect of strikes, which can only be effective "for the moment" before various processes of substitution have taken place.

42 Enrico *Barone,* "Il ministro della produzione nello stato colletivista", *G. d. Economisti* 37 (1908); Oskar *Lange,* "On the economic theory of socialism", *RES.* IV (1936/37), 53 ff., 123 ff. reprtd in B.E. *Lippincott,* ed., *On the Economic Theory of Socialism* (New York, 1964). Abba P. *Lerner,* "Economic theory and socialist economy", *RES* II (1934/5), 51 ff. For a modern summary of the debate see Don *Lavoie,* "*Mises,* the calculation debate and 'market socialism'", *Wirtschaftspol. Blätter* 28 (1981), 58 ff.

43 Ludwig von *Mises, Die Ursachen der Wirtschaftskrise* (Tübingen, 1931).

44 Friedrich A. v. *Hayek, The Road to Serfdom* (London, 1944).

45 Friedrich A. v. *Hayek, The Constitution of Liberty* (London, 1960).

Ludwig M. Lachmann
1906–1991

Im Berlin der zwanziger Jahre, wo Ludwig Lachmann ab 1924 unter Werner Sombart Nationalökonomie studierte, war der theoretische Ansatz der Österreichischen Schule, wohl noch in Gefolge des „Methodenstreits", kaum bekannt und wurde nicht gelehrt. Ein Zufall wollte es, daß Lachmann während des Studiums auf Emil Kauder stieß, mit dem ihn ein spontanes Interesse an den „Österreichern" verband. Zu Anfang 1933 verließ Lachmann Deutschland und studierte an der London School of Economics unter Hayek. In dieser Zeit arbeitete Lachmann bereits, nicht zuletzt auch unter dem Einfluß Rosenstein-Rodans, an seinem für sein gesamtes Werk bestimmenden Begriff der „wechselnden Erwartungen" als Wirtschaftsfaktor, der in seinem Aufsatz „Uncertainty and Liquidity Preference" (1936) gut zum Ausdruck kommt. Obwohl er 1938 zum Leon Fellow der Universität London ernannt wurde, erhielten die meisten seiner Arbeiten aus dieser Zeit nicht die verdiente Aufmerksamkeit. In all seinen Aufsätzen bedient sich Lachmann der theoretischen Methode des Verstehens und der Sinndeutung individueller Handlungen, wobei die Tradition Max Webers mitschwingt. Jede Art der Aggregation ist für ihn als Erklärungsmodell menschlichen Handelns untauglich. 1949 übersiedelte er an die renommierte Universität Witwatersrand in Südafrika und wurde dort 1974 emeriert. Von 1975 an bis zu seinem Tod wirkte Lachmann als Gastprofessor an der New York University weiter. Unter seinen Veröffentlichungen soll hier nur seine große Aufsatzsammlung, *Capital, Expectations and the Market Process* (1977), hervorgehoben werden.

Marktwirtschaft und Modellkonstruktionen

1.

Fast zwei Jahrhunderte lang hat das marktwirtschaftliche Denken in der allmählichen Entwicklung der Wirtschaftstheorie einen reichen Nährboden gefunden. Der Markt, nicht als bloßes Gebilde der Wirtschaftsgeschichte, sondern als Sinnzusammenhang, als Erzeugnis und zugleich als Orientierungsmittel der wirtschaftlich Handelnden einer arbeitsteiligen Gesellschaft, stellte ja eines der wichtigsten Themen der klassischen Nationalökonomie dar. Es war gewiß kein Zufall, daß im Methodenstreit die Anhänger der historischen Schule ihre Gegner, oft genug zu Unrecht, geflissentlich des „Manchestertums" bezichtigten. Was sie in Wirklichkeit meinten, war die Tatsache, daß im klassischen Lehrgebäude der Markt und seine Institutionen eine so hervorragende Stellung einnahmen, und die Tatsache war ihnen ein Ärgernis.

In den letzten Jahrzehnten ist hier jedoch eine deutliche Wandlung eingetreten. Die moderne Wirtschaftstheorie wurde immer abstrakter und ergab sich zusehends einem eigenartigen, dem Vorbild der modernen Naturwissenschaften nachgeahmten, Modell-Platonismus. In diesem Rahmen ist wenig Raum für die Erörterung von Marktvorgängen und den sie auslösenden Handlungen. Noch weniger interessiert man sich für die geistigen Akte, aus denen die wirtschaftlichen Handlungen fließen. Der spätklassische Formalismus[1] – wie wir den in den letzten Jahrzehnten zur Vorherrschaft gelangten Stil des nationalökonomischen Denkens nennen wollen – findet die Erklärung wirtschaftlicher Erscheinungen aus den ihnen zugrunde liegenden Handlungen und Plänen begreiflicherweise keine kongeniale Aufgabe. Man abstrahiert davon und ersetzt, dem Vorbild der Naturwissenschaften folgend, kausale Erklärung durch funktionelle Größenbestimmung innerhalb eines geschlossenen, durch simultane Gleichungen charakterisierten, Systems.[2]

Durch diese Entwicklung der Wirtschaftstheorie wurde dem marktwirtschaftlichen Denken der geistige Nährboden abgegraben. In dieser Lage müssen seine Verfechter, vor neue Aufgaben gestellt, darangehen, sich ihre analytischen Waffen selbst zu schmieden.

Zunächst müssen wir das hier entstehende fundamentale Methodenproblem klar ins Auge fassen. *Der Markt ist ein Sinnzusammenhang.*

Markterscheinungen, Gütermengen und Preise, sind Ergebnisse der Wirtschaftspläne der Marktteilnehmer, die ihrerseits auf der Wirtschaftsrechnung der einzelnen Individuen und Unternehmungen fußen. Die Wirtschaftspläne sind also Komponenten dieses Sinnzusammenhangs. Die Markterscheinungen erklären heißt daher, sie auf ihre sinnhaften Komponenten zurückführen.

Sieht man hingegen, wie die moderne Nationalökonomie es tut, alle wirtschaftlichen Erscheinungen, einschließlich der Markterscheinungen, lediglich als Teile eines großen Beziehungszusammenhanges, nämlich des „Wirtschaftsystems" so ist man schlechthin dazu genötigt, sich auf die möglichst „exakte" Bestimmung derjenigen Beziehungen, deren Größen sich überhaupt bestimmen lassen, zu beschränken. Das ist freilich nur innerhalb eines geschlossenen Systems möglich und auch da nur in einem Zustande, in dem sämtliche Beziehungen ein Bild lückenloser Kohärenz bieten. Daraus erklärt sich auch, warum man sich fast ausschließlich mit Gleichgewichtszuständen befaßt. Die Notwendigkeit, alles wirtschaftliche Geschehen einem einheitlich gedachten Beziehungszusammenhang einzufügen, zwingt dazu, dieses Verfahren anzuwenden.

Nun ist die Bestimmung wirtschaftlicher Größenbeziehungen, sofern sie überhaupt möglich ist, unstreitig eine Aufgabe jeder Wirtschaftstheorie und also auch jeder Markttheorie. Allein für eine Denkweise, die sich um sinndeutendes Verstehen bemüht, ist das nur der erste Schritt. Die eigentliche Aufgabe besteht für sie darin, zu zeigen, wie diese Größenbeziehungen aus geistigen Akten fließen.

Die Unzulänglichkeit der Modellkonstruktionen des spätklassischen Formalismus, die wir im nächsten Abschnitt des längeren nachzuweisen haben werden, beruht also nicht auf ihrem hohen Abstraktionsgrade als solchem, denn alle Theorie ist abstrakt; auch nicht darin, daß hier Größenbeziehungen bestimmt werden, was alle Wirtschaftstheorie tun muß, und ganz gewiß nicht darin, daß das üblicherweise in mathematischer Form geschieht, denn die Mathematik hat sich als Ausdrucksform von Größenbeziehungen auf allen Wissensgebieten bewährt. Diese Unzulänglichkeit liegt vielmehr in der Bedeutung alles dessen, wovon abstrahiert werden muß: In der Makroökonomie abstrahiert man von allen den wirtschaftlichen Erscheinungen zugrunde liegenden menschlichen Handlungen und Plänen, während diese in der Mikroökonomie nur in idealtypischer Verzerrung („vollkommene Konkurrenz!") zur Darstellung gelangen.

Unter diesen Umständen sehen die Anhänger der Marktwirtschaft sich vor eine Reihe neuer Aufgaben gestellt. Von diesen scheinen drei uns von besonderer Wichtigkeit zu sein.

Erstens muß dargetan werden, daß die stilisierten Marktbilder, die uns in den spätklassischen Modellkonstruktionen begegnen, mit wirklichen Marktvorgängen recht wenig gemein haben. Wenn etwa in der Theorie der linearen Programmierung gezeigt wird, daß alle rationale Wirtschaftstätigkeit ein Preissystem impliziert, dessen Preise den Kosten gleich sind, und alle zeitlich entfaltete Produktion einen Zinssatz, so liegt die Ähnlichkeit dieses Preissystems mit dem der Marktwirtschaft zwar scheinbar auf der Hand. Aber diese Ähnlichkeit ist nur eine scheinbare, und die Marktwirtschaftslehre kann daraus keinen Nutzen ziehen. Denn bei diesem linearen Preissystem handelt es sich doch um Gleichgewichtspreise, die das Ergebnis eines Kalküls und nicht das Ergebnis von Marktvorgängen sind. Von den für alles marktwirtschaftliche Denken zentralen Problemen, was denn im Ungleichgewicht geschieht, ob und unter welchen Umständen es überhaupt zur Erreichung eines Gleichgewichtszustands kommen wird, wie lange ein solcher Zustand, wenn er einmal erreicht ist, dauern würde und so weiter, ist hier keine Rede.

Niemand leugnet die Nützlichkeit der linearen Programmierung für die Lösung praktischer Planungsprobleme. Nur hat sie zur Erleichterung unserer Verständnisse der Marktvorgänge nichts beizutragen. Der Grund dafür ist, daß kein einzelner Marktteilnehmer in Wirklichkeit über jene Gesamtkenntnis der Datenlage verfügt, die die Lineartheorie voraussetzt. Marktvorgänge und Zuweisungskalkül sind nun einmal verschiedene Dinge. Die enge Berührung von Gleichgewichtstheorie und Lineartheorie, die das spätklassische Denken unserer Zeit auszeichnet, zeigt, wenn wir es recht bedenken, die Schwächen der ersteren und nicht die Fruchtbarkeit der letzteren.

Die zweite Aufgabe besteht darin, sich mit der Ansicht auseinanderzusetzen, daß die Marktwirtschaft nur in einem stationären Zustande funktionieren könne, da nur hier die Orientierung an den augenblicklichen Marktpreisen den Erfolg wirtschaftlichen Handelns verbürge. In Wirklichkeit, so heißt es, müsse der Unternehmer gemäß seinen, naturgemäß ungewissen, Erwartungen handeln. Es sei nicht zu ersehen, was diese Erwartungen koordinieren könne. Das Preissystem jedenfalls könne es nicht; und die Terminmärkte der wirklichen Welt seien viel zuwenig entwickelt, und es gebe deren nicht genug, um hier Abhilfe zu schaffen.[3]

Ohne auf diesen wichtigen Fragenkomplex hier des näheren einzugehen, läßt sich zu diesem Argument kurz folgendes sagen.

Erstens einmal scheint es die Tragweite gut koordinierter Erwartungen weit zu überschätzen. Auch in einer Welt perfekter Terminmärkte bleibt die Zukunft ungewiß, und noch so gut koordinierte Erwartungen schützen nicht vor Enttäuschungen. Zweitens folgt aus der Abwesenheit von Terminmärkten noch keineswegs, daß hier ein ungedeckter Bedarf an spezialisierten Risikoträgern besteht. Im allgemeinen hat die Marktwirtschaft jene Institutionen selbst hervorgebracht, die gebraucht werden. Der Mangel an einer Institution mag darauf zurückzuführen sein, daß kein Bedarf danach besteht.

Schließlich scheint uns hier die entscheidende Frage die zu sein, inwieweit der Markt, der enttäuschte Erwartungen und das Fehlschlagen von Plänen gewiß nicht verhüten kann, doch Mittel und Wege bietet, um Fehlentscheidungen rasch und reibungslos zu liquidieren. Das bedeutet, daß für die Marktwirtschaft die Revision der Wirtschaftspläne keine geringere Bedeutung hat als deren Entwerfen.

Die dritte Aufgabe der Marktwirtschaftstheorie ist unseres Erachtens die, einen wirklich brauchbaren Wettbewerbsbegriff zu schaffen. Das ist ein Thema, das in den letzten dreißig Jahren *Chamberlin*, J. M. *Clark* und eine Reihe anderer in Angriff genommen haben. Auch die, welche den hier gebotenen Lösungsversuchen mit einiger Skepsis gegenüberstehen, werden die Leistung dieser Autoren nicht schmälern wollen. Denn sie sind in der Tat den Dingen auf den Grund gegangen und haben sich um das sinnbedeutende Verstehen wirklicher Marktvorgänge bemüht, was in unserem Zeitalter des Formalismus gewiß kein geringes Verdienst ist.

Am wichtigsten scheint uns hier die Erkenntnis zu sein, daß der Markt nicht ein Zustand, sondern eine Kette von Vorgängen ist. Deshalb ist es nicht angängig, den Wettbewerb als einen Marktzustand zu betrachten, dessen Form aus Annahmen über die Form individueller Handlungsschemen zu deduzieren wäre. Sondern diese Handlungsschemen hängen selbst von Marktvorgängen ab, an denen die am Markte Handelnden sich laufend orientieren. Das werden wir im dritten Abschnitt noch zu erörtern haben.

2. Zur Kritik der Modellkonstruktionen

Wir gehen nunmehr daran, die spätklassischen Modellkonstruktionen, vor allem in Hinsicht auf das Problem des „wirtschaftlichen Wachstums", einer kritischen Prüfung zu unterziehen. Der Grund für unsere Wahl gerade dieses Gebietes ist einmal, daß die Wachstumstheorien so recht eigentlich Geschöpfe der letzten zwanzig Jahre sind, so daß die Eigenart des spätklassischen Denkstils an ihnen besonders deutlich zutage tritt,[4] und zum anderen, daß gerade hier die Wirklichkeitsferne der Modelle oft so frappanten Ausdruck findet.

Gemeinsame Eigenschaft der meisten dieser Modelle ist die Suche nach, und die fast ausschließliche Beschäftigung mit, sogenannten „maximalen Wachstumspfaden". Seit *Neumanns* berühmter Arbeit[5] wird die Aufgabe der Wachstumstheorie vor allem darin gesehen, uns zu zeigen, wie unter gegebenen Bedingungen die Produktionsfaktoren gebraucht werden müssen, um einen dauernden optimalen Wachstumserfolg zu erzielen. Wir haben es hier mit einer Art „dynamischer Wohlfahrtsökonomie" zu tun. Die Lösung von Maximumproblemen, aus der Mikroökonomie bekannt, wird hier als Aufgabe der Makroökonomie angesehen, ohne daß uns jemals gesagt wird, wie denn jeder Marktteilnehmer zu jener Teilkenntnis der für ihn relevanten Daten gelangt, die er haben muß, wenn das Gesamtwissen aller Marktteilnehmer der Gesamtkenntnis der Datenlage seitens des Modellkonstrukteurs gleich sein soll. Aus der Ähnlichkeit der formalen Eigenschaften der Maximumprobleme schließen zu wollen, daß, was für die Einzelwirtschaft möglich ist, auch für das Wirtschaftssystem als Ganzes möglich sein muß, charakterisiert eben jene Geisteshaltung, die wir den spätklassischen Formalismus nennen. Solch umfassende Kenntnisse der Datenlage könnten allenfalls die Lenker einer Planwirtschaft besitzen – und selbst das muß zweifelhaft erscheinen. Mit Marktwirtschaft hat all dies nichts zu tun.

Zentralbegriff allen marktwirtschaftlichen Handelns ist der individuelle Wirtschaftsplan. Es ist eines, zu zeigen, daß alles planmäßige Handeln als Versuch einer Problemlösung anzusehen ist. Es ist etwas ganz anderes, die gelungene Lösung der Probleme aller Beteiligten voraussetzend, „maximale Wachstumspfade" zu untersuchen. In der Wirklichkeit schlagen einige Pläne stets fehl. Uns interessiert doch gerade, was sich in solchen Fällen ereignet. In der Wirklichkeit gibt es keine optimalen Lösungen für alle Beteiligten – außer in den Köpfen der Wohlfahrtsökonomen. Dynamische Gleichgewichte, maximale Wachstumspfade und ähnliche Begriffe sind charakteristische Vorstellungen von Nationalökonomen, die es wenig interessiert zu wissen, worum es in der Marktwirtschaft geht. Die Logik der Wahlakte führt uns zum Gleichgewicht des Haushalts und der Unternehmung und allenfalls zu dem des einzelnen Marktes, soweit für die auf ihm Tätigen die Marktlage übersehbar ist. Geht man darüber hinaus, so wird die Logik der Wahlakte bis zur Sinnlosigkeit verzerrt.

Jeder planmäßig Handelnde muß stets einer Reihe von Gesichtspunkten und wechselnden Umständen eingedenk sein, die oft größenmäßig bestimmt und abgestuft sind und die man als Funktionen ansehen kann.

Das gibt uns noch kein Recht, überall Funktionen zu sehen oder gar unsere Untersuchung auf das Bestehen solcher Umstände zu beschränken. Begriffe, die in der Sphäre der Einzelwirtschaft und des einzelnen Marktes einen guten Sinn haben, verlieren ihn oft, wenn ihnen ohne nähere Prüfung des Tatbestandes eine „Makro"-Bedeutung beigelegt wird. Das Operieren mit Aggregaten, von denen weder erklärt wird, wie sie eigentlich zustande kommen, noch, wie sie den Modus ihrer Zusammensetzung erhalten, erlaubt es den Modellkonstrukteuren, sich der Aufgabe, Markterscheinungen auf den von handelnden Menschen mit ihren Handlungen verbundenen Sinn zurückzuführen, zu entziehen.

So ist die Wachstumstheorie zu einem Zweige der angewandten Mathematik geworden, in dem man sich damit begnügt, optimale Lösungen aus „Daten" zu deduzieren, ohne sich je mit der Frage befassen zu müssen, wie viele der in Wirklichkeit Tätigen denn den Sinn dieser Daten erfaßt haben können. Den Naturwissenschaften entlehnte Methoden werden angewandt, ohne daß ihre Anwendbarkeit auf das Objekt geprüft wird. Die Deutung von Sinnzusammenhängen wird durch ein mechanisches „Zuweisungskalkül" ersetzt. Der Markt und seine Erscheinungen sind aber nur als ein Sinnzusammenhang zu verstehen.

Sowenig nun die sinndeutende Marktwirtschaftslehre von den sinnfremden Modellkonstruktionen zu lernen hat, so wenig darf sie sie ignorieren. Der Grund dafür liegt in der einfachen Tatsache, daß diese Maximal- und Optimallösungen – wie fern aller Wirklichkeit und wie abstrakt auch immer sie konzipiert sein mögen – als Maßstäbe benutzt werden können, an denen die wirkliche Marktwirtschaft gemessen und natürlich zu leicht befunden wird. Man sagt kaum zuviel, wenn man behauptet, daß die meisten Formalisten sich selten zu anderem Zweck mit den Erscheinungen der wirklichen Marktwirtschaft befassen, als um uns mit gewichtigem Ernst zu beweisen, daß das hohe Ideal der „Pareto-Optimalität" hier verfehlt worden ist. Welcher Art und Beschaffenheit eine Gesellschaft sein müßte, in der es erreicht werden kann, sagt man uns leider nicht. Die Beschäftigung mit den Modellkonstruktionen ist also für den Marktwirtschaftsanhänger durchaus kein müßiges Unterfangen.

Im einzelnen richtet sich unsere Kritik gegen drei Wesenszüge dieser Schemen:

das unentwegte Gleichgewichtsräsonnement,
die ausschließlich makroökonomische Form der Analyse
und die Verkennung des Wesens des technischen Fortschritts.

In der Einzelwirtschaft hat der Gleichgewichtsgedanke offenbar einen guten Sinn, da hier ein solcher Zustand von den Handelnden tatsächlich angestrebt, wenn auch freilich nie erreicht wird. Er stellt hier einen wirklichen Orientierungspunkt geistiger Akte dar. Auch auf dem einzelnen Markte hat es Sinn, von einem Gleichgewicht zwischen Angebot und Nachfrage zu sprechen, und wo die Handelnden sehr schnell reagieren, wie zum Beispiel an der Börse, wird ein solcher Zustand auch täglich erreicht. Erst wenn wir den Gedanken darüber hinaus auf den Gesamtzusammenhang wirtschaftlicher Beziehungen ausdehnen, geraten wir in Schwierigkeiten. Immerhin ist in einer stationären Welt ein allgemeiner Gleichgewichtszustand zumindest vorstellbar, ja er mag sogar, unter gewissen Umständen, wirklich erreicht werden können. Aber in einer Welt andauernder unerwarteter Veränderungen muß dieser Begriff höchst fragwürdig werden.

Es ist daher merkwürdig, daß alle modernen Wachstumstheorien auf derselben Systemidee fußen, die auf *Cassels* Gedanken der „gleichmäßig fortschreitenden Wirtschaft" zurückgeht[6] – „steady state growth". Die Schöpfer der Gleichgewichtstheorie waren sich durchaus dessen bewußt, daß sogar in der Statik aus dem Vorliegen der Gleichgewichtsbedingungen noch nicht folgt, daß ein mit diesen Bedingungen kommensurabler Zustand auch wirklich erreicht wird. Sie wußten, daß der „zum Gleichgewicht führende Pfad" eine Reihe von Problemen birgt.[7] Sie machten auch Versuche, diese schwierigen Probleme durch die Annahme des „Rekontrakt" auszuschließen. Noch vor dreißig Jahren hat *Kaldor* in einem berühmten Aufsatz auf das Bestehen dieser Probleme hingewiesen.[8] In den Modelltheorien der letzten Jahre jedoch sind sie unter den Tisch gefallen.[9] Das ist umso bemerkenswerter, als es doch auf der Hand liegt, daß die hier entstehenden Fragen in einer dynamischen Wirtschaft noch weit größere Schwierigkeiten bieten müssen, als es schon in der Statik der Fall ist. Ob selbst ein temporärer Gleichgewichtszustand je erreicht wird, hängt offenbar von den Reaktionsgeschwindigkeiten der verschiedenen Elemente des Systems und deren jeweilige Größen wiederum von den Erwartungen der Handelnden ab. Doch entzieht sich der Formalismus der Auseinandersetzung mit diesen heiklen Fragen dadurch, daß er Bestehen und Weiterbestand des Fortschrittsgleichgewichts, dessen Zustandekommen er nicht zu erklären vermag, einfach postuliert. Die Probleme menschlichen Handelns in einer Welt unerwarteter Veränderungen versinken hinter einem Rauchschleier von Formeln und Funktionen.

Über den Wettstreit von Makroökonomie und Mikroökonomie ist schon viel gesagt und geschrieben worden.[10] Wir müssen uns hier darauf beschränken, den Problemkreis von dem uns interessierenden Gesichtspunkt der Erklärung von Markterscheinungen aus in Angriff zu nehmen.

Offenbar ist von diesem Standpunkt aus eine Verfahrensweise, die es verabsäumt, Markterscheinungen auf Pläne zurückzuführen, den Sinnzusammenhang dieser Erscheinungen in seine Komponenten zu zerlegen, durchaus unbefriedigend.

Darüber hinaus müssen wir fragen, unter welchen Umständen die Annahme, daß die Veränderungen der Aggregate von denen ihrer Elemente schlechthin unabhängig sind, denn gerechtfertigt werden kann. Einmal ließe sich denken, daß die Aggregate aus völlig homogenen Elementen bestehen, so daß für eine Unterscheidung zwischen Makro- und Mikroanalyse gar kein Raum wäre. Offenbar widerspräche eine solche Annahme jedoch der Wirklichkeit der modernen Wirtschaft. Oder wir könnten annehmen, daß die Aggregate anderen, sagen wir „stochastischen", Gesetzen gehorchen als ihre Elemente. Es bedarf wohl kaum längerer Darlegung, daß das die Abdankung der Wirtschaftstheorie im herkömmlichen Sinne bedeuten würde. Schließlich könnten wir uns vorstellen, daß die Veränderungen der Aggregate von Veränderungen der Elemente begleitet werden, die gerade solchen Charakters sind, daß sie das gleichmäßige Wachstum der Aggregate zur Folge haben. In diesem Falle ruht die Beweislast offenbar auf den Schultern derer, die das behaupten.

Das Dilemma, das entsteht, sobald man versucht, die Bewegungen der Gesamtgrößen von den Vorgängen auf den einzelnen Märkten loszulösen, läßt sich an einem Beispiel zeigen. Die „Volkswirtschaftliche Produktionsfunktion" ist einer der Grundbegriffe der modernen Makrotheorien.[11] Die „Cobb-Douglas-Funktion" ist vielleicht die bekannteste Variante dieses Typus. Die Frage erhebt sich, wie es möglich ist, daß in einer Welt ständiger Veränderungen eine solche Funktion ihre Gültigkeit behält. Das könnte zutreffen, wenn alle Betriebe dieselbe Produktionsfunktion hätten, aber das kann kaum der Fall sein (unser Fall der Homogenität). In einer Welt heterogener individueller Produktionsfunktionen ist ein Gleichbleiben der Gesamtfunktion aber doch wohl nur möglich, wenn der „gleichmäßige Fortschritt" des Ganzen vom proportionalen Fortschritt jedes Sektors begleitet ist. In der Wirklichkeit ist volkswirtschaftliches Wachstum jedoch fast stets von erheblichen Verschiebungen der relativen Größe der einzelnen Sektoren begleitet. Das Beispiel lehrt, wohin die unzulässige Abstraktion von Mikrovorgängen die Modellkonstrukteure geführt hat.

Alles Denken ist an die Grenzen der von ihm gebrauchten Denkform gebunden. Der Formalismus, der für die funktionelle Denkform optiert, die exakte Größenbestimmung innerhalb eines geschlossenen Systems von Variablen möglich macht, begibt sich damit zugleich der Möglichkeit, sinnvolle Aussagen über menschliches Handeln zu machen. Was wir als "technischen Fortschritt" bezeichnen, ist jedoch ein komplexer Sinnzusammenhang, der aus Handlungen mannigfacher Art (etwa der Unternehmer, Ausführenden und Verbraucher) besteht. Es kann nicht überraschen, daß der Formalismus, der bei der Analyse des Wachstums nicht umhin kann, sich mit dem technischen Fortschritt[12] zu befassen, nur jene wenigen Aspekte des Problems meistert, die sich in die engen Schläuche seiner Denkform pressen lassen.

Technischer Fortschritt wird hier ausschließlich *ex post,* als vollzogene Tatsache, gesehen und als in der Zeit – gleichmäßig – stattfindender Anstieg der Produktivität der Produktionsfaktoren definiert. Daß es *ex ante* keineswegs feststeht, welche technischen Änderungen denn "Fortschritt" bedeuten werden und welche nicht, daß das vielmehr nur als das Resultat des Zusammenwirkens einer Anzahl von Produktions- und Marktvorgängen zu verstehen ist, wird nicht beachtet. Tatsachen wie die, daß in einer Marktwirtschaft jederzeit eine Anzahl von Unternehmern damit beschäftigt ist, mit neuen Gedanken zu experimentieren, jeder auf seine Weise und in einer anderen Richtung als die andern, und daß den schließlichen Erfolg oder Mißerfolg erst der Markt bestimmt, liegen jenseits der Vorstellungswelt der Modellkonstrukteure. Dabei sind einige der Schwierigkeiten, denen sie selbst in den Grenzen ihrer Denkform begegnen, für uns höchst lehrreich.

Wenn technischer Fortschritt in "verkörperter" Form auftritt, das heißt, wenn Maschinen späterer Baujahre produktiver sind als die früherer, verliert der Kapitalvorrat jene Homogenität, auf der der Begriff der Produktionsfunktion beruht. Natürlich versucht man, eine neue Zeitfunktion einzuführen, die die Homogenität wiederherstellt. Aber es ist nicht einzusehen, weshalb die Produktivitätsänderungen der Wirklichkeit dieser Funktion gehorchen müssen. Die unbedingte Gültigkeit der Homogenität des Kapitalvorrats, einmal in Zweifel gezogen, läßt sich nicht so leicht wiederherstellen.

Arrows Gedanke des "aus der Praxis Lernens" *(learning by doing)* eröffnet für uns noch weitere und interessante Perspektiven.[13]

Für den Formalisten bedeutet das zunächst, daß technischer Fortschritt nicht nur eine Funktion der Zeit, sondern auch des Produktionsvolumens ist. Es bedarf aber wohl kaum längerer Darlegung, daß kein gewöhnlicher Produktionsindex hier als unabhängige Variable dienen könnte. Jedenfalls liegt hier eine etwas tiefere Deutung dieser Vorgänge als jene, die sich in die funktionelle Denkform zwängen läßt, auf der Hand.

Es handelt sich dabei um die bekannte Tatsache, daß man bei längerem Gebrauch von Werkzeugen und Geräten oft Erfahrungen macht und

Fertigkeiten erwirbt, die deren zweckmäßigere Verwendung in der Zukunft erlauben. Technischer Fortschritt ist also Begleiterscheinung der Produktion als solcher. Nun ist es klar, daß es sich hier um geistige Akte handelt, in denen Erfahrung zu neuer Erkenntnis verarbeitet wird, die dann neue Anwendungen findet. Sicher werden dabei viele Fehler gemacht. Gewiß zeigt sich die mangelnde Gleichheit der Menschen auch in diesem Fall darin, daß die Fähigkeit, aus der Erfahrung zu lernen, nicht bei allen Produzenten in gleichem Maße vorhanden ist und jedenfalls stets ein gewisses Maß geistiger Regsamkeit erfordert. Von quantitativer Bestimmtheit, so scheint es, kann also hier kaum die Rede sein.

Der Formalismus entzieht sich wiederum der Auseinandersetzung mit diesen heiklen und seiner Verfahrensweise unzugänglichen Problemen dadurch, daß er eine funktionelle Beziehung zwischen Gesamtgrößen postuliert, deren Bestehen im besten Falle nichts beweisen würde. Denn es ist klar, daß die wirklichen Voraussetzungen dieser interessanten Art des Fortschritts in den individuellen Fähigkeiten verschiedener Produzenten und deren geistigem Einfluß auf andere und nicht in den zahlenmäßigen Eigenschaften von Aggregatgrößen liegen.

3. Einige Hinweise zum Ausbau der Marktwirtschaftslehre

Der Leser unserer Kritik der Modellkonstruktionen wird mit vollem Recht fragen, was denn nun zu tun sei, um diesen Mängeln abzuhelfen und das marktwirtschaftliche Denken auf eine breitere Basis zu stellen. Auf diese Fragen können wir freilich im Rahmen dieses Aufsatzes keine zureichende Antwort geben. Einige kurze Hinweise auf Gedanken, die wir als Leitlinien einer Rekonstruktion der Marktwirtschaftstheorie, wie sie jetzt notwendig geworden ist, zu betrachten geneigt sind, werden genügen müssen. Es kann sich also für uns hier nicht darum handeln, einen ausgearbeiteten und zusammenhängenden Grundriß der Marktwirtschaftslehre vorzulegen. Aber einige Hinweise auf den Stil unseres neuen Gebäudes und den Platz einiger Gebäudeteile im Gesamtplan seien uns gestattet. Dabei ist davon auszugehen, daß die Hauptmängel der heutigen Modellkonstruktionen tunlichst zu vermeiden sind.

Diese Modelle kranken, wie wir sahen, alle daran, daß dem Gleichgewichtsgedanken eine übertriebene Bedeutung beigemessen und den Plänen der Individuen eine Kongruenz zugesprochen wird, die in Wirklichkeit nicht besteht. Demgegenüber müssen wir für die unvermeidliche Inkongruenz der Pläne Raum lassen. Wir müssen nicht nur imstande sein, von fehlgeschlagenen Plänen und Fehlinvestitionen zu reden, sondern auch etwas über die Revision solcher Pläne zu sagen haben. Im Grunde beruht doch jeder neue Plan auf der Revision eines früheren Planes.

Die funktionelle Denkform des spätklassischen Formalismus erfordert ein geschlossenes System von Variablen, in dem die Größen einer Anzahl abhängiger Variablen durch funktionelle Beziehungen bestimmt werden. Es ist leicht einzusehen, warum eine solche Denkform der Marktwirtschaft nicht gerecht werden kann, die ihrem Wesen nach ein „offenes System" ist. Im System von *Walras* und *Pareto,* um das am besten bekannte Beispiel zu wählen, sind Gleichgewichtspreise und Gütermengen durch die Größe der Daten bestimmt. Auf dem wirklichen Markt aber verfügt niemand über jene Gesamtkenntnis der Datenlage, die es ihm ermöglichen würde, die Gleichgewichtsgrößen zu finden und sein Handeln ihnen anzupassen. Jedermann kennt bestenfalls die ihn unmittelbar angehenden Daten. Für den Rest ist er auf Vermutungen und für diese wiederum auf die ihm zur Verfügung stehenden Informationsquellen angewiesen. Den Markt als ganzes nährt ein breiter Strom des Wissens, der zwar ständig fließt, aber jedem andere Nachrichten zuträgt. Selbst dieselbe Nachricht wird von Optimisten und Pessimisten verschiedenartig interpretiert. Dieselbe objektive Möglichkeit wird von aggressiven und zurückhaltenden Charakteren nicht gleichmäßig genutzt werden. In einer ungewissen Welt, in der die Handelnden auf ihre Erwartungen angewiesen sind, ist ein allgemeines Übereinstimmen der Pläne also fast unmöglich. Die objektive Existenz einer Datenlage, die niemand zur Gänze kennt, ist bedeutungslos.

Die Marktwirtschaft ist daher ein „offenes" System, dessen offenem Charakter die funktionelle Denkform kaum Rechnung tragen kann. Sie erfordert im Gegenteil eine „offene" Denkform, die für „zumindest zeitweilig, nicht übereinstimmendes Handeln der Planenden Raum läßt. Eine solche würde uns freilich nicht gestatten, Größenbeziehungen „exakt" zu bestimmen. Sie soll es uns aber ermöglichen, Aufschluß darüber zu suchen, wie menschliches Handeln sich laufend an Ereignissen und deren Interpretationen, die selbst im Lauf der Zeit wechseln, orientiert, wie Gedanken sich zu Plänen zusammenfügen und wie alles Handeln geistigen Akten entsprießt. In diesem Sinne können wir die „kausal-genetische" Methode[14] der funktionellen gegenüberstellen. Wir wollen sie an zwei Beispielen erläutern.

Das Wesen des Marktes liegt darin, daß es sich hier um einen Prozeß handelt, in dessen Verlauf die Teilnehmer sich gegenseitig an ihren Handlungen orientieren. Da nun verschiedenartige Erwartungen nicht alle richtig sein können, können die auf diesen beruhenden verschiedenen Pläne nicht alle Erfolg haben. Der Markt entscheidet über Erfolg und Mißerfolg und zwingt die Erfolglosen zur Revision ihrer Pläne. Dadurch wird der Marktprozeß zum Ausleseprozeß der jeweils Erfolgreichen. Diese Auslese ist das notwendige Ergebnis der ursprünglichen Inkongruenz der Pläne. Bei einem Spiel kann es nicht nur Gewinnende geben.

Erfolg und Mißerfolg der Pläne finden ihren Ausdruck in Kapitalgewinnen und -verlusten. Denn jeder Plan erfordert eine Kapitalkombination, in der die Güter des festen Kapitals eine wichtige Rolle spielen. Der erfolgreiche Unternehmer erzielt nicht nur ein höheres Einkommen. Die seinem Plan dienenden festen Kapitalgüter, die mit seinem Erfolg zur Quelle eines Quasirentenstromes werden, werden im Preise steigen. Das Gegenteil gilt für fehlgeschlagene Pläne. Der erfolglose Unternehmer läuft sogar Gefahr, wenn er verschuldet ist, die Kontrolle über seine Kapitalkombination völlig zu verlieren. Selbst wenn es dazu nicht kommt, führt der Kapitalverlust regelmäßig zu einer Beschränkung der Dispositionssphäre des Unternehmers.

Wir können also in den Gütern des festen Kapitals, deren wirtschaftliche Verwendbarkeit beschränkt ist, die aber das „Rückgrat" jedes Planes bilden, Gefäße der Erwartungen sehen, auf denen der jeweilige Plan beruht. Der Markt bestimmt nicht nur die Einkommensverteilung, sondern durch die Wertänderungen der Kapitalgüter auch die Kapitalverteilung.[15] Es ist daher höchst irreführend, etwa zu behaupten, die Einkommensverteilung auf dem Markt hänge von den jeweiligen Besitzverhältnissen ab. Denn diese selbst sind als Folge der Kapitalwertänderungen, die Erfolg und Mißerfolg der Pläne begleiten, ständiger Veränderung ausgesetzt.

Das Gesagte wirft einiges Licht auf die Funktion der Börse in der Marktwirtschaft.[16] An der Börse werden Anteile an den verschiedenen Kapitalkombinationen laufend bewertet, die im wesentlichen aus festen Kapitalgütern bestehen. Die Börse nun registriert nicht nur Erfolg und Mißerfolg, sondern gibt auch den Erwartungen über die Aussichten der jeweils im Gang befindlichen Pläne Ausdruck. Wir können sie als den zentralen Terminmarkt für künftige Kapitalerträge mit unbestimmtem Horizont ansehen. Wer an ihr kauft oder verkauft, gibt damit seinen Erwartungen über die Chancen der verschiedenen Pläne Ausdruck. Damit bewertet er aber zugleich die ihnen zugrunde liegenden Kapitalkombinationen.

Die Funktion der Börse ist die jedes Terminmarktes, nämlich aus den vielfältigen individuellen Erwartungen eine sich im Börsenpreis ausdrückende „Markterwartung" zu destillieren, an der sich dann jeder Interessierte orientieren kann. Der Gleichgewichtspreis an der Börse wird nicht durch eine „objektive" Datenlage, sondern durch die jeweiligen Erwartungen der Käufer und Verkäufer bestimmt. Daß dieser Preis sich von Tag zu Tag ändert, zeigt die Sensitivität des Preisbildungsmechanismus gegenüber den Erwartungen, nicht seine mangelnde Funktionsfähigkeit. Die Funktion der Börse, wie jedes Marktes, ist nämlich nicht die, die Zukunft zu erraten, sondern die sich auf eine ungewisse Zukunft erstreckenden augenblicklichen Handlungen tunlichst miteinander in Einklang zu bringen.

Zum Schluß wollen wir uns noch einmal dem Wettbewerb zuwenden. Wir wollen am Wettbewerb, als unserem zweiten Beispiel, die kausal-genetische Methode erläutern.

Es dürfte sich erübrigen, nochmals darzulegen, weshalb die „vollkommene Konkurrenz" der Lehrbücher ein äußerst mangelhafter Begriff ist und zu unserem Verständnis des wirklichen Wettbewerbs nichts beitragen kann.[17] Wir möchten hier kurz auf drei Gesichtspunkte hinweisen, die bei der Suche nach einer besseren Fassung des Wettbewerbsgedankens sich als nützlich erweisen dürften.

Erstens ist, worauf wir oben schon hinwiesen, der Wettbewerb nicht als Zustand, sondern als Kette von Vorgängen anzusehen.[18] Wie für den Markt als Ganzes, so gilt auch für den Wettbewerb, daß es sich um einen Prozeß handelt, in dessen Verlauf die Teilnehmer sich gegenseitig an ihren Handlungen orientieren. Wichtigster Orientierungspunkt ist hier die Höhe der von den Mitbewerbern erzielten Gewinne.

Zweitens ist die von den Klassikern überkommene Vorstellung, daß die Konkurrenten irgendwie alle die „gleiche Stellung" innehaben müssen, während das Monopol ein „Privileg" bedeute, von der Hand zu weisen. Im Gegenteil liegt der Wert des Wettbewerbs gerade darin, daß hier die Käufer eine Wahl zwischen ungleichen Leistungen haben. Niemand zweifelt daran, daß Wahl und Entscheidung die wichtigsten Formen des wirtschaftlichen Aktes sind. Aber was für einen Sinn hätte wohl die Wahl zwischen gleichen Leistungen und identischen Gütern? Hier zeigt sich wieder, daß der Gedanken der „vollkommenen Konkurrenz" einem sinnfremden Denken entspringt.

Drittens lassen sich im Wettbewerbsprozeß zwei Phasen unterscheiden, die in ständigem Wechsel einander folgen: Einerseits Produktdifferenzierung, die im Grunde nichts anderes bedeutet als *Schumpeters* „neue Kombination", und andererseits der nivellierende Wettbewerb der Imitatoren erfolgreicher Neuerungen. Beide Phasen sind notwendige und komplementäre Elemente des Wettbewerbsprozesses. Ohne Neuerungen und ohne Produktdifferenzierung gäbe es nichts zu imitieren, und der Wettbewerb liefe leer. Ohne den steten Konkurrenzdruck der Imitatoren erfolgreicher Neuerungen blieben diese eine ständige Quelle monopolistischer oder oligopolistischer Renteneinkommen.

Für den wirtschaftlichen Fortschritt und das Funktionieren der Marktwirtschaft ist die erste Phase genauso nötig wie die zweite. Können wir uns denn vorstellen, wie die Flugzeuge, Automobile, Grammophone usw. von vor fünfzig Jahren ohne ständige Produktdifferenzierung den Weg zu ihren heutigen Formen hätten finden können? Fortschritt aller Art, und besonders Fortschritt durch Qualitätsverbesserung, erfordert ständiges Experimentieren in verschiedenen Richtungen. Über das so gewonnene technische Wissen fällt dann der Markt das endgültige wirtschaftliche Urteil.

Über die zweite Phase des Prozesses, die wir vielleicht als „Wettbewerb im engeren Sinne" bezeichnen dürfen, läßt sich wenig Allgemeines sagen, außer daß auch hier Gleichgewichtsvorstellungen unser Verständnis dieser Vorgänge eher hindern als fördern.

Ohne Preis-Kosten-Differenzen kann es keinen Wettbewerb im Sinne einer auf Vergrößerung des Marktanteils gerichteten Tätigkeit geben. Andererseits hat der Wettbewerb natürlich die Wirkung, diese Differenz ständig zu verringern. Für den Formalismus bedeutet das, daß „im Endzustande" die Preise überall den Kosten gleich sein werden. Für die wirkliche Marktwirtschaft ist eine solche Aussage bedeutungslos. Denn daß ein solcher Endzustand erreicht worden ist, würde ja nur bedeuten, daß der eigentliche, aus zwei Phasen bestehende, Wettbewerbsprozeß zum Stillstand gekommen ist. Das ständige Erstehen neuer Kombinationen mit ihren zeitweiligen Gewinnmöglichkeiten in der ersten Phase ist es, was dem Nivellierungsprozeß der zweiten Phase erst seinen Sinn verleiht.

Wir haben versucht darzulegen, warum das marktwirtschaftliche Denken von der heutigen Wirtschaftstheorie, soweit und solange sie unter der Herrschaft des Formalismus verharrt, nichts zu lernen hat und warum seine Exponenten in der Zukunft eigene Wege werden gehen müssen. Im ersten Abschnitt haben wir kurz jene Probleme angedeutet, die uns bei der heutigen Lage besonders wichtig zu sein scheinen. Im dritten Abschnitt versuchten wir, eine Verfahrensweise zu skizzieren, die nach unserer Meinung den wirklichen Aufgaben des marktwirtschaftlichen Denkens gerecht zu werden verspricht.

Bei der Beurteilung der Aussichten dieses Unternehmens ist zwei Gesichtspunkten Rechnung zu tragen.

Einmal ist der Formalismus bei seinem Siegeszug durch die heutige Welt hier und da auf Widerstand gestoßen. Auf diesen Inseln des Widerstandes finden wir Schulen des wirtschaftlichen Denkens, die in einer älteren Tradition als der den Naturwissenschaften entlehnten verwurzelt sind, einer Tradition, der es um das sinndeutende Verstehen menschlichen Handelns zu tun war. Zwar darf der spätklassische Formalismus sich mit Fug und Recht auf die Verfahrensweise seines klassischen Ahnherrn berufen, doch sind die subjektive Wertlehre und die Entdeckung der Bedeutung der Erwartungen Leistungen dieser anderen Tradition gewesen. Diese Tradition lebt auch im Zeitalter des Formalismus fort. Hier gilt es, zerrissene Fäden wieder anzuknüpfen. Außer an das Werk *Euckens* und seiner Schüler denken wir hier vor allem an die Arbeit der „praxeologischen" Schule[19] von *Mises, Hayek* und *Röpke*.

Zum anderen gibt es auch auf dem Gebiete der Wirtschaftsgeschichte ein reiches Material, das sich bei der Ausgestaltung des marktwirtschaftlichen Denkens verwerten läßt. Hier denken wir an Arbeiten, wie die in dem Bande „Capitalism and the Historians"[20] veröffentlichten Aufsätze oder an das ausgezeichnete Werk Fritz *Redlichs*[21]. Schließlich ist es eine geschichtliche Tatsache, daß sogar hinsichtlich des „Wachstums" die marktwirtschaftlich organisierten Volkswirtschaften die größten Erfolge aufzuweisen haben. Es ist ein Zeichen der Zeit, wenn heute die überall feilgehaltenen Rezepte für rasches Wachstum aus der Küche des Formalismus stammen, wenn doch die Wirtschaftsgeschichte, deren Erscheinungen freilich zu interpretieren sind, so reichen Aufschluß über die wahren Ursachen des wirtschaftlichen Fortschritts bietet.

Anmerkungen

1 Mit dankenswerter Klarheit charakterisiert *Samuelson* das Wesen der Erkenntnismethode des Formalismus: "Implicit in such analyses there are certain recognizable formal uniformities, which are indeed characteristic of all scientific method. It is proposed here to investigate these common features in the hope of demonstrating how it is possible to deduce general principles which can serve to unify large sectors of present day economic theory." P. A. *Samuelson, Foundations of Economic Analysis*, Cambridge (Mass.), 1947, S. 7.

2 "In every problem of economic theory certain variables (quantities, prices, etc.) are designated as unknowns, in whose determination we are interested. Their values emerge as a solution of a specific set of relationships imposed upon the unknowns by assumption or hypothesis. These functional relationships hold as of a given environment and milieu." P. A. *Samuelson*, a. a. O., S. 7.

2 "To my knowledge no formal model of resource allocation through competitive markets has been developed which recognizes ignorance about all decision maker's future actions, preferences, or states of technological information as the main source of uncertainty confronting each individual decision maker, and which at the same time acknowledges the fact that forward markets on which anticipations and intentions could be tested and adjusted do not exist in sufficient variety and with a sufficient span of foresight to make presently developed theory regarding the efficiency of competitive markets applicable. If this judgment is correct, our economic knowledge has not yet been carried to the point where it sheds much light on the core problem of the economic organization of society: the problem of how to face and deal with uncertainty. In particular, the economic profession is not ready to speak with anything approaching scientific authority on the economic aspects of the issue of individual versus collective enterprise which divides mankind in our time. Meanwhile, the best safeguard against overestimation of the range of applicability of economic propositions is a careful spelling out of the premises on which they rest. Precision and rigor in the statement of premises and proofs can be expected to have a sobering effect on our beliefs about the reach of the propositions we have developed." T.C. *Koopmans, Three Essays on the State of Economic Science,* 1957, S. 146/147.

4 Eine eingehende Übersicht über den derzeitigen Stand der Wachstumstheorie bieten F.H. *Hahn* und R.C.O. *Matthews,* "The Theory of Growth: A Survey", *The Economic Journal,* Vol. 74 (1964), S. 779–902.

5 J. von *Neumann,* „Ergebnisse eines mathematischen Kolloquiums", herausgegeben von Karl *Menger,* Wien 1935–1936.

6 Gustav *Cassel, Theoretische Sozialökonomie,* Leipzig 1918, Kap. I § 6.

7 In einer sozusagen halbamtlichen Verlautbarung aus dem Hauptquartier des spätklassischen Formalismus wird das auch heute unumwunden zugegeben: "Granted that an economy possesses a general equilibrium constellation of prices and outputs, if that constellation is not already in effect are there mechanisms in the economy that will bring it into being? ... *Walras* recognized this problem also, but was not able to give a satisfactory solution. In fact, the problem remains open to this day. We still do not have a satisfactory specification of the conditions under which the adjustment mechanism of an economy will guide it to its general equilibrium position." Robert *Dorfman, The Price System,* 1964, S. 107–108.

8 N. *Kaldor:* The Determinateness of Static Equilibrium, jetzt in: *Essays on Value and Distribution,* London 1960, ursprünglich in *The Review of Economic Studies* (Februar 1934).

9 Eine rühmliche Ausnahme ist die scharfsinnige Untersuchung von G.B. *Richardson: Information and Investment,* Oxford 1960, insbesondere Kap. I und II.

10 Siehe etwa: Fritz *Machlup: Der Wettstreit zwischen Mikro- und Makrotheorien in der Nationalökonomie,* Tübingen 1960.

11 "It is commonly called 'neo-classical' but the appropriateness of the description must surely be questioned. There is no 'production function' in *Jevons* or *Marshall, Walras* or *Pareto, Menger* or *Böhm-Bawerk.* There is in *Wicksell,* but he is careful to confine it to his model of 'production without capital'. J.B. *Clark* can hardly be regarded as a

major neo-classical economist. The originators of the 'production function' theory of distribution (in the static sense, where I still think that it should be taken fairly seriously) were *Wicksteed, Edgeworth,* and *Pigou.*" John *Hicks: Capital and Growth,* Oxford 1965, S. 293 Anm.

12 Hierzu siehe insbesondere: F. H. *Hahn* und R. C. O. *Matthews:* a. a. O., S. 825–852.

13 K. J. *Arrow:* The Economic Implications of Learning by Doing, *The Review of Economic Studies,* June 1962.

14 Das Wort „kausal-genetische Betrachtungsweise" stammt von *Sombart (Die drei Nationalökonomien,* München und Leipzig 1930, S. 121) und wird dann von Hans *Mayer* (Der Erkenntniswert der funktionellen Preistheorie, in: *Die Wirtschaftstheorie der Gegenwart,* zweiter Band, Wien 1932, S. 148 bis 151) übernommen.

15 Siehe dazu: L. M. *Lachmann:* The Market Economy and the Distribution of Wealth. *On Freedom and Free Enterprise. Essays in Honor of Ludwig von Mises.* Editor Mary Sennholz. Toronto–New York–London 1956, S. 175–187.

16 Wir wagen es zu hoffen, daß unsere Redeweise zu keinem Mißverständnis Anlaß geben wird.
Der „Funktionalismus" der modernen Soziologie, deren Terminologie wir gebrauchen, wenn wir von der „Funktion der Börse" sprechen, hat natürlich mit der „funktionellen" Denkform der formalistischen Nationalökonomie nichts zu tun.

17 F. A. *Hayek:* The Meaning of Competition. In: *Individualism and Economic Order,* London 1949. Deutsche Ausgabe: Der Sinn des Wettbewerbs. In: *Individualismus und wirtschaftliche Ordnung,* Erlenbach–Zürich 1952.

18 "Competition is by its nature a dynamic process whose essential characteristics are assumed away by the assumptions underlying static analysis." F. A. *Hayek:* a. a. O., S. 94.

19 Das Wort „Praxeologie" stammt aus *Mises' Nationalökonomie, Theorie des Handelns und Wirtschaftens,* Genf 1940. Wir möchten bei dieser Gelgenheit auf die Arbeiten zweier amerikanischer *Mises*-Schüler hinweisen: I. M. *Kirzner: The Economic Point of View,* New York 1960 und N. M. *Rothbard: Man, Economy and State,* 2 Bände, New York 1962.

20 *Capitalism and the Historians,* edited by F. A. *Hayek,* Chicago 1954.

21 Fritz *Redlich: Der Unternehmer,* Göttingen 1964.

Israel M. Kirzner
geb. 1930

Kirzner gilt als einer der führenden Vertreter der fünften Generation der Österreichischen Schule der Nationalökonomie in den USA. Kirzner wurde in London (England) geboren und kam über Südafrika nach New York, wo er ab den fünfziger Jahren an der New York University noch bei Ludwig von Mises hörte und an dessen Seminar teilnahm. Ebenso wie aus Mises berühmtem Wiener Privatseminar ging auch aus diesem eine ganze Reihe großer Forscherpersönlichkeiten hervor. Seit den sechziger Jahren lehrt Kirzner an der New York University und leitet dort auch das Program for Austrian Economics. Kirzners Forschungsschwerpunkt ist die Dynamik des unternehmerischen Handelns im Marktprozeß. Aus seinen zahlreichen Publikationen seien hier nur zwei seiner wichtigsten Arbeiten herausgehoben: 1973 erschien sein *Competition and Entrepreneurship* und 1989 gelang ihm mit *Discovery, Capitalism, and Distributive Justice* ein weiteres wichtiges Werk. Ganz im Sinne von Mises ist Kirzners Ansatz stark von einem Ordnungskonzept geprägt, das Staat, Markt und Ethik miteinander verbindet. Der hier abgedruckte Auszug ist seinem klassischen Essay „The Perils of Regulation. A Market Process Approach" (1979) entnommen.

Government Regulation and the Market Discovery Process

The perils associated with government regulation of the economy addressed here arise out of the *impact that regulation can be expected to have on the discovery process, which the unregulated market tends to generate.* Even if current market outcomes in some sense are judged unsatisfactory, intervention, and even intervention that can successfully achieve its immediate objectives, cannot be considered the obviously correct solution. After all, the very problems apparent in the market might generate processes of discovery and correction superior to those undertaken deliberately by government regulation; deliberate intervention by the state not only might serve as an imperfect substitute for the spontaneous market process of discovery; but also might impede desirable processes of discovery the need for which has *not* been perceived by the government. Again, government regulation itself may generate new (unintended and undesired) processes of market adjustments that produce a final outcome even less preferred than what might have emerged in the free market.

Here I discuss critically the impact of government regulation on the discovery process of the unregulated market at four distinct levels. First, I consider the likelihood that would-be regulators may not correctly assess the course the market might itself take in the absence of regulation. Second, I consider the likelihood that, because of the presumed absence of entrepreneurial incentives operating on government decision makers, government regulatory decisions will fail to exploit opportunities for social betterment waiting to be discovered. Third, I consider the likelihood that government regulation may stifle or inhibit desirable discovery processes which the market might have generated. Finally, I consider the likelihood that government regulation may influence the market by creating opportunities for new, and not necessarily desirable, market discovery processes which would not be relevant in an unregulated market.

The Undiscovered Discovery Process

We assumed earlier that regulation is demanded because of undesirable conditions that emerge in the market in the absence of regulation. But the urge to regulate, to control, to alter these outcomes must presume not only that these undesirable conditions are attributable to the absence of regulation, but also that the speedy removal of such conditions cannot be expected from the future course of unregulated market events. To attribute undesirable conditions to absence of regulation, moreover, also may require the denial of the proposition that were a better state of affairs indeed feasible, the market probably would have already discovered how to achieve it.

More specifically, many demands for government intervention into the market rest on one or both of two possible misunderstandings concerning the market discovery process. Demand for government intervention, on the one hand, might grow out of a failure to realize that the market already may have discovered virtually everything worth discovering (so that what appears to be obvious inefficiency might be able to be explained altogether satisfactorily if government officials had all the information the market has long since discovered and taken advantage of). Demand for regulation, on the other hand, may stem from the belief that unsatisfactory conditions will never be corrected unless by deliberate intervention. Such demands for regulation might be muted, that is, were it understood that genuine inefficiencies can be relied upon in the *future* to generate market processes for their own correction. (This second misunderstanding itself may rest on either of two bases. First, the tendency of markets to discover and eliminate inefficiency simply is not recognized. Second, by contrast, it is assumed, far too sanguinely, that market processes are so rapid that our awareness of an unmistakably unsatisfactory condition proves that some kind of market "failure" has occurred and that one cannot rely on future corrective processes.)

These misunderstandings, so often the foundation for demands for intervention, surely derive from an unawareness of several basic principles of the theory of market process. These principles show that, first, were knowledge perfect, it would be inconceivable that unexploited opportunities could yet remain for rearranging the pattern of input utilization or output consumption in such a way as to improve the well-being of all market participants; second, the existence of such unexploited opportunities, reflecting imperfect knowledge throughout the market, expresses itself in the unregulated market in the form of opportunities for pure entrepreneurial profit; and third, the tendency for such pure profit opportunities to be discovered and exploited tends more or less rapidly to eliminate unexploited opportunities for improving the allocation of resources. These principles of the theory of market process suggest that if genuine inefficiency exists, then (perhaps because of a recent sudden change in conditions of resource supply, of technology, or of consumer tastes) the market has not yet discovered *all that it will surely soon tend to discover*.

These principles may be denied either by expressing a lack of confidence in the systematic tendency for imperfect knowledge to be spontaneously improved or by attributing to the market the ability to attain equilibrium instantaneously (that is, by assuming that ignorance is not merely a disequilibrium phenomenon, but that ignorance disappears the very instant it emerges). Both denials may lead to demands for government intervention. The denial based on a lack of confidence about improving knowledge leads to the belief that current inefficiencies will not tend to be corrected spontaneously (and also to the propensity to see inefficiency where the market *already* has made necessary corrections). The denial based on the belief in instantaneous correction of disequilibrium conditions leads to the view that existing inefficiencies somehow are consistent with market equilibrium and that therefore extramarket steps are called for to achieve correction.

The Unsimulated Discovery Process

Government regulation takes the general form of imposed price ceilings and floors, of mandated quality specifications, and of other restraints or requirements imposed in interpersonal market transactions. The hope surrounding such government impositions, I continue to assume, is that they will constrain market activities to desired channels and at desired levels. But what is the likelihood that government officials, with the best of intentions, will *know* that imposed prices, say, might evoke the "correct", desired actions by market participants? This question parallels that raised by *Mises* and *Hayek* with respect to "market" socialism. Government officials in the regulated economy do enjoy the advantage (*not* shared by socialist planning officials) of making their decisions within the framework of genuine market prices. But the question remains: How do government officials know what prices to set (or qualities to require, and so forth)? Or to press the point further: How will government officials know if their earlier decisions were in error and in what direction to make corrections? In other words, how will government officials *discover* those opportunities for improving the allocation of resources, which one cannot assume to be automatically known to them at the outset of a regulatory endeavor?

The compelling insight underlying these questions rests heavily on the circumstance that officials institutionally are precluded from capturing *pecuniary* profits in the market, in the course of their activities (even though they are as eager as anyone else for entrepreneurial "profit" in the broadest sense of the term). The regulators' estimates of the prices consumers are prepared to pay, or of the prices resource owners are prepared to accept, for example, *are not profit-motivated estimates.* The estimates are not profit motivated at the time of an initial government regulatory action, and they are not profit motivated at each subsequent date when modification of a regulation might be considered. But estimates of market demand conditions or market supply conditions that are not profit motivated cannot reflect the powerful, discovery-inspiring incentives of the entrepreneurial quest for profit.

Nothing in the course of the regulatory process suggests a tendency for as yet unperceived opportunities of resource allocation improvement to be discovered. Nothing ensures that government officials who might perceive market conditions more accurately than others will tend systematically to replace less competent regulators. There is no entrepreneurial process at work, and there is no proxy for entrepreneurial profit or loss that easily might indicate where errors have been made and how they should be corrected. What regulators know (or believe they know) at a given moment presumably remains only partly correct. No systematic process seems at work through which regulators might come to discover what they have not known, *especially since they have not known that they enjoy less than complete awareness of a particular situation.*

The problem raised here is not quite the same as the one identified in other literature critical of government intervention. It is often noted, for example, that government officials are not motivated to minimize costs, since they will not personally benefit from the resulting economies. The problem raised here differs importantly from such questions of incentives for adopting known efficiencies. For even if one could imagine an official so dedicated to the citizenry that he would ensure the adoption of all known possible measures for cutting costs, one cannot yet imagine him somehow divining *as yet undiscovered* techniques for cutting costs. What the offical knows, he knows, and what he knows that he does not know, one may imagine him diligently undertaking to find out, through appropriate cost-benefit-calculated search. But one can hardly imagine him discovering, except by the sheerest accident, those opportunities for increasing efficiency of which he is completely unaware. The official is not subject to the entrepreneurial profit incentive, which somehow appears continually and successfully to inspire discovery of hitherto undreamed of possibilities for eliminating unnecessary expenditures. Nothing within the regulatory process seems able to simulate even remotely well the discovery process that is so integral to the unregulated market.

The Stifled Discovery Process

The most serious effect of government regulation on the market discovery process well might be the likelihood that regulation, in a variety of ways, may discourage, hamper, and even completely stifle the discovery process of the unregulated market. Indeed, that much regulation is introduced as a result of unawareness of the market's discovery process already has been noted.

Government regulation plainly might bar exploitation of opportunities for pure entrepreneurial profit. A price ceiling, a price floor, an impeded merger, or an imposed safety requirement might block possibly profitable entrepreneurial actions. Such restraints and requirements may be designed to block *particular* activities. If so, the likelihood is that since the possibility of such activities is so clearly seen and feared, the blocked activity may provide standard rates of return, but *not* particularly profitable ones in the entrepreneurial sense. Regulated restraints and requirements, though, are also likely to block activities that have *not* yet been foreseen by anyone, including the regulatory authorities. Regulatory constraints, that is, are likely *to bar the discovery* of pure profit opportunities.

That government regulation diminishes competition is common knowledge. Tariffs, licensing requirements, labor legislation, airline regulation, and bank regulation reduce the number of potential participants in particular markets. Government regulation, therefore, is responsible for imposing monopolylike inefficiencies ("deadweight" welfare losses) upon the economy. But such losses by no means constitute the full impact of the countercompetitive measures often embodied in regulatory constraints.

The beneficent aspect of competition in the sense of a rivalrous process, as noted earlier, arises out of *freedom of entry*. What government regulations so often erect are *regulatory barriers to entry*. Freedom of "entry", for the Austrian approach, refers to the freedom of potential competitors to discover and to move to exploit existing opportunities for pure profit. If entry is blocked, such opportunities simply may never be discovered, either by existing firms in the industry, or by regulatory authorities, or for that matter by outside entrepreneurs who *might* have discovered such opportunities were they allowed to be exploited when found.

From *this* perspective on regulation's anticompetitive impact, it follows that much regulation introduced explicitly to *create or maintain* competition is no less hazardous to the competitive-entrepreneurial process than are other forms of regulation that restrict competition. Entry of competitors, in the dynamic sense, need not mean entry of firms of about equal size. For example, entry might imply the *replacement,* by merger or other means, of a number of relatively high-cost producers by a *single* low-cost producer. Antitrust activity designed ostensibly to protect competition might *block* this kind of entry. Such regulatory activity thus blocks the capture of pure profit, obtainable in this case by the discovery and implementation of the possibility of lowering the price to consumers by taking advantage of hitherto unexploited, and perhaps unsuspected, economies of scale.

The literature critical of government regulation often draws attention to the undesirable effects of imposed prices. A price ceiling for a particular product or service (rent control, for example) tends to generate artificial shortages (of housing). A price floor for a particular product or service, (minimum wages, for example) tends to generate an artificial surplus (teenage unemployment). These important, well-recognized consequences of imposed prices flow from the efforts of the regulators to legislate prices at other than equilibrium levels.

Quite apart from the discoordination generated by such imposed prices in the markets for *existing* goods and services, price (and also quality) restraints also may well inhibit the discovery of wholly new opportunities. A price ceiling does not merely block the upper reaches of a given supply curve. Such a ceiling also may inhibit the discovery of as yet unsuspected sources of supply (which in the absence of the ceiling would have tended to shift the entire supply curve to the right) or of as yet wholly unknown new products (tending to create supply curves for wholly new graphs). The lure of pure profit tends to uncover such as yet unknown opportunities.

Price and quality restraints and requirements and restrictions on organizational forms operate (in a generally understood but not precisely predictable way) to inhibit entrepreneurial discovery. Price ceilings, for example, not only restrict supply from known sources of natural gas (or from known prospects for search), but also inhibit the discovery of wholly unknown sources. Drug testing regulations, as another example, not only reduce the flow of new pharmaceutical drugs where successful research might have been more of less predictable, but also discourage the entrepreneurial discovery of wholly unknown research procedures. Against whatever benefits might be derived from government regulation and intervention, one is forced to weigh, as one of regulation's intrinsically immeasurable costs, the stifling of the market discovery process.

The Wholly Superfluous Discovery Process

There is yet one more aspect of government regulation's complex impact on the discovery process. Whether intended by the regulatory authorities or not and whether suspected by them or not, the imposition of regulatory restraints and requirements tends to create entirely new, and not necessarily desirable opportunities for entrepreneurial discovery.

That such opportunities may be created follows from the extreme unlikelihood that government-imposed price, quality, or quantity constraints introduce anything approaching an equilibrium configuration. These constraints, on the contrary, introduce pure profit opportunities that would otherwise have been absent, as they simultaneously reduce or possibly eliminate other opportunities for pure profit that might otherwise have existed. This rearrangement of opportunities for pure profits, of course, is unlikely to be the explicit aim of regulation; nor even, indeed, is such rearrangement ever likely to be fully *known* to the authorities. Market ignorance is a fact of economic life. It follows that the replacement of one set of (unregulated) prices by another set of (partly regulated) prices, simply means that regulation has generated a possibly major alteration in the pattern of the discovery process. The now regulated market will tend to pursue the altered discovery process.

This regulation-induced alteration in the pattern of market discovery is closely related to the often noticed circumstance that regulation may result in a different set of *equilibrium* market consequences. Such consequences, moreover, may not have been correctly foretold by the authorities and, indeed, may be wholly undesired by them. Regulation often imposes costs not immediately recognized. Unless, quite fantastically, the regulatory authorities (somehow all acting in completely coordinated fashion) are perfectly informed on all relevant data about the market, they will *not* generally be able to perceive what new profit opportunities they create by their own regulatory actions. Inevitably, therefore, the imposition of a set of regulatory constraints on a market must set in motion a series of entrepreneurial actions that have *not* been anticipated and, therefore, that may well lead to wholly unexpected and even undesired final outcomes.

The one kind of new "profit" opportunity created by regulation that is by now well anticipated, though hardly desired of course, involves bribery and corruption of the regulators. There is widespread understanding of the unwholesome channels into which the entrepreneurial quest for pure profit inevitably tends to be attracted if arbitrary restraints on otherwise profitable activities are imposed.

The basic insight underlying these conclusions, in sum, is a simple one. The competitive-entrepreneurial process, being a process of discovery of the as yet unknown, can hardly be predicted in any but the broadest terms. The imposition of regulatory constraints necessarily results, therefore, in a pattern of consequences different from and, most plausibly, distinctly less desirable than what would have occurred in the unregulated market. One might therefore refer to this unplanned, undesired pattern of consequences of regulation as the wholly superfluous discovery process.

Discovery, Evidence and Illustration

The preceding discussion is theoretical and general, providing no hints of possible verification of its conclusions. While this discussion relies on highly plausible insights into the character of human action, a reader may believe himself justified in demanding evidence that might support the discussion's rather strong conclusions. Yet such evidence can hardly be furnished, and it may be instructive to spell out the reasons.

Evidence about Discovery

Econometricians have endeavored to measure the consequences of particular economic policies. Much of their ingenuity and sophistication has been called forth to grapple with the formidable problem of describing *what might have occurred* in the absence of particular policies. The problem of describing concretely what might have happened but did not, it should be noted, exists even in situations in which all the alternatives before relevant decision makers are clearly defined, so that one at least knows the list of options from among which choices would have been forthcoming. The problem derives from the circumstance that it is not possible, without more or less sophisticated conjecture, to be confident as to which of an array of options a particular decision maker *might* have selected in hypothetical circumstances.

This problem becomes infinitely more formidable if one wishes to describe, in specified hypothetical circumstances, *what might have been spontaneously discovered.* Here the problem is not merely that a particular decision maker's preferences are unknown. The problem is that one cannot imagine what specific, now unknown opportunities might have been discovered in the relevant hypothetical circumstances.

One should not be surprised, therefore, that the losses from the regulatory stifling of market discovery processes are difficult to single out. Indeed, one should not be surprised that analysis, too, has tended to overlook such losses. Therefore one can only hope to draw brief attention to studies that perhaps can provide some illustrative flavor of the kinds of losses attributable to regulatory constraints, to which I have sought to direct attention. For purposes of such illustration, I draw on work focusing on the discovery process initiated by the lure of entrepreneurial profit in technological innovation and in corporate entrepreneurial endeavor.

Discoverers: Innovators

Much recent work by economists is devoted to gaining insight into the process of technological innovation. A small part of that work has considered the impact of government regulation on innovative activity at the technological frontiers. Although the authors of these studies are not primarily concerned with the impact of regulation upon entrepreneurial incentives, it is difficult to read their work without noticing its direct relevance to this essay's concerns.

A 1971 Brookings Institution volume, for example, was devoted to a symposium examining technological change in regulated industries (in particular electric power, telecommunications, and air and surface transportation). In the analytical framework within which this examination was conducted, brief attention is paid to the thesis (attributed, perhaps too hastily, to *Schumpeter*) that it is "the incentive to earn very large profits" which "spurs entrepreneurs to introduce new techniques", so that the limits on possible profits imposed by regulatory commissions may inhibit such innovation.

A similar possible link between regulatory constraints and the possible slowing down of the processes of technological discovery is noted particularly in the context of drug research in the pharmaceutical industry. The classic paper by Professor *Peltzman,* examining the impact of the 1962 drug amendments upon drug research, together with the work of others, has led to widespread discussion of the possibility that drug research in the United States lags seriously behind that of other countries. *Peltzman's* results do not prove that regulation inhibits entrepreneurial discovery, which means the discovery of hitherto unknown opportunities, unknown even in the sense that it had not been known that they were there to be discovered. That is, *Peltzman's* findings would fit in equally well with a theory of search based on the assumption of awareness of discoverable opportunities waiting to be researched if the cost were not too high. Nonetheless, once attention is focused on entrepreneurial discovery, it is difficult to avoid linking *Peltzman's* results with the postulation of an entrepreneurial discovery process hampered by regulatory constraints.

Discoverers: Insiders

Another important area in which the role of entrepreneurial discovery has been explicitly explored is that of decision making by corporate managers. In his definitive study of the issue, Henry *Manne* discusses the impact upon the exercise of entrepreneurship in the corporate firm of regulatory restrictions on insider trading. *Manne's* study thoroughly examines the entrepreneurial role and its expression in a world of corporations. The study identifies the incentives of entrepreneurial profit needed to evoke the entrepreneurial role and the part that insider trading, in the absence of regulatory prohibition, might play to provide profit opportunities to reward entrepreneurial success. Restrictions on insider trading, *Manne* shows, no matter how plausible the motives underlying the regulatory restrictions may appear, tend to inhibit the exercise of entrepreneurship in corporate firms.

Conclusion

This essay draws attention to some less obvious drawbacks of government regulation of the market. These drawbacks are rooted in the way regulatory restrictions, restraints, and controls interfere with the spontaneous discovery process that the unregulated market tends to generate. These drawbacks are also to be clearly distinguished from other disadvantages that flow from government intervention.

The peculiar character of the perils of regulation identified here closely parallels certain economic problems associated with the operation of the socialist economy. The review of the *Mises–Hayek* criticisms of the possibility of economic calculation under socialism provides a classic source for an Austrian perspective on the market process, and simultaneously the review provides important lessons for an understanding of the dangers inherent in regulation.

Recognition of these dangers can be most helpful in explaining the inefficiencies and the stagnation that appear so consistently to beset modern interventionist economies. It is in the nature of the subject, however, that the recognition of these perils does not lead easily to the provision of clear-cut examples of such regulatory damage. Nonetheless, in a modest way it is possible to illustrate these perils from contemporary discussions of palpable problems.

An emphasis on the perils of regulation that arises out of concern for the market process does not, in and of itself, justify the absolute condemnation of government regulation of the market process. Such condemnation would require full consideration, in addition, not only of other perils than those discussed here, but also of the hoped-for benefits sought through regulation of the market. Ultimately, public policy must depend on the value judgments of the policymakers or of those they wish to serve. But, no policy decisions with respect to government regulation can be properly arrived at without a full understanding of all the dangers inherent in such regulation. And such a full understanding arises particularly out of studying the market process of entrepreneurial discovery.

GEORGE L. S. SHACKLE
1903–1988

Shackle war nur unwesentlich jünger als die meisten Mitglieder der vierten Generation der Österreichischen Schule. Er wurde in Cambridge (England) geboren und war erst Bankbeamter und Volksschullehrer, bevor er 1935 mit Ludwig Lachmann an der London School of Economics unter F. A. von Hayek zu studieren begann. Nach dem Krieg veröffentlichte Shackle sein wichtiges Buch, *Expectations in Economics* (1949), ein Standardwerk, das ihm 1951 auch die ersehnte Professur in Liverpool einbrachte. Dieses Werk enthält den Kern seines radikalen subjektivistischen Ansatzes, der im Laufe seines Lebens zu heftigen Kontroversen auch innerhalb der Österreichischen Schule Anlaß bot. Shackle argumentierte, daß die Wahrscheinlichkeitsvorstellungen ökonomischer Berechnungen fragwürdig werden, wenn Wahlhandlungen die Möglichkeit ihrer eigenen Wiederholung unmöglich machen, und führte den umstrittenen Begriff der „potential surprise curves" in die Diskussion ein. 1967 erschien sein theoriegeschichtlich interessantes Werk *The Year of High Theory* (1967), in dem er die Auseinandersetzungen zwischen Hayek und Keynes während der dreißiger Jahre beschreibt. Kurz nach seiner Emeritierung erschien 1974 sein *Keynesian Kaleidics*. Der hier abgedruckte Aufsatz ist für sein gesamtes Werk repräsentativ.

Cost and the Meaning of Choice

Origination, Reason and Freedom

Economic theory is unified by its teleological account of human affairs. What happens, it says, is the outcome of men's strivings to attain their desires or realize their ambitions. Traditionally, it has given little attention to the nature or source of the desires themselves. They have been tacitly deemed to be the natural reflection of men's biological constitution, their dependence for survival on food, fuel, clothing and shelter. If these basic needs have shown a fantastic efflorescence of variety and complexity, this has not affected the policy of taking tastes as "given". *Marshall* taught that at first needs give rise to activities, but that then activities give rise to needs. He mentioned beauty in their possessions as a proper concern of men. Does not this concern have a suggestion beyond anything that economists have made of it? The conscious conception and creation of beauty in our surroundings is uniquely human. But what should interest us is the peculiar gift of mind which this pursuit betrays. In a less elusive form it is the source of men's whole capacity for developing techniques, tools and scientific theories. Art, poetry, science and mathematics are the products of imagination, the creation of forms for the sake of their form. Whatever form it takes, the possession of the imaginative gift transforms the problem of accounting for human conduct. For now it is not a question of how *given* needs are satisfied. Deliberative conduct, *choice,* the prime economic act, depend for their possibility, when they go beyond pure instinctive animal response to stimulus, upon the conceptual power of the mind. Choice is necessarily amongst thoughts, amongst things imagined. For when experience is actual and proceeding, outside the realm of ideas, it is unique and already chosen. When men's exertions are directed to the attainment, the rendering actual, of products of their imagination, then indeed we are as much concerned with the source and process of that imagination as with the reasoned plan for the pursuit. Moreover the assigning of results to means or of means to ends is, in great regions of life, conjectural and itself a field for originative thought. Is it not by their access to these creative aspects of their choice of conduct, that we can suppose men to have freedom, without being obliged to deny them the exercise of reason?

Cost, Reason and Determinacy

The essential form of economic concepts and theories is that of counterpoint. Two ideas are found in this pattern to be set in partnership, comparison, contrast and opposition with each other. Such pairs are ends and means, needs and satisfactions, sacrifices and rewards, costs and results, desires and obstacles, input and output, argument and function (in the mathematical sense). Our discipline makes use of words which contain a comparison within their meaning: *Economy* compares the means with the result, so in a narrower sense does *efficiency*. *Maximum* and *minimum* make implicit comparisons between values of a variable. This structure reflects the basic teleological viewpoint, since there can be no purpose unless there are obstacles. A purpose unopposed would be instantly self-realizing. Purpose requires opposition, even if this consists only in deferment. Similarly the existence of an obstacle, the possibility of viewing a circumstance as an obstacle, depends on the existence of a purpose. This structure has also, however, had formal and methodological consequences. It has encouraged and strengthened the additive and scalar character of economic theory. When there are "two sides" the natural and inevitable question is: Which is the stronger? Which is the greater? This is perhaps part of the explanation why economic theory has leaned so strongly towards quantity and away from shape and configuration.

"Ends and means", "ends and obstacles" express two slightly different views of our place in Nature. It is perhaps better simply to regard man's circumstances as something neutral, but transformable and exploitable by thought and action of his own. His central economic activity is then that of choice, and the notion of *cost* is clarified to that of displacement cost. The cost of any chosen course of action, and of the results which can be envisaged for it or looked upon as an aspect of it, is then anything which could have been done, or had, instead. Since these available alternatives are themselves in rivalry with each other, the effective displacement cost of some course and its envisaged result, or array of possible results, is the most desired available alternative.

It is perhaps allowable to notice yet again the pre-supposition, the settled choice of world-picture, which is betrayed by the terms which the economist has adopted or accepted. *Cost* implies the availability of rival (i. e. mutually exclusive) alternatives. For the cost of something is the rejected best alternative which could have been had instead. Thus it implies that if the cosmos is determinate, that determinism works by way of men's responsible, reasoning and capable self-interest. Men's instinct to seek advantage (for themselves in some restricted sense, or for the interest or the institution or the idea with which they identify their own purpose of being), and their power to know what will conduce to that advantage, are supposedly relied on by Nature to bring about the destined course of events. The world-picture which speaks of cost but also regards the course of things as determinate treats men as responsible choosers, as being faced with rival alternatives yet sure to choose a particular member of the array. We must allow that this view can find a place for error, if we are willing to descend from the heights where men's reason and knowledge are *themselves* the essential mechanism of history. If men are confronted with mutually exclusive alternatives within reach, if the choice they make is nonetheless uniquely determinate, yet could be made via a process of erroneous reasoning or false information, then Nature must supply *something else,* in addition to her incorporation of men's moral and intellectual qualities in her Machinery of Destiny, to *make men make the right mistake* to lead them to the destinate action. We are, in this case, retreating from the extreme elegance and simplicity of the construct of value in its purest form, where men's conduct is determined by their pursuit of their advantage by means of correct reasoning on correct and sufficient data. The picture we are thus presented with is of freedom of a sort: "Freedom" within determinacy. *Cost* is then a term and a concept belonging to this highly special world-picture, by which the governance of men's affairs by reason and their resulting determinate conduct can be reconciled to their ascription to themselves of freedom of choice. I believe that if opinions on this matter were canvassed amongst economists who have given any thought to it, some such view as the foregoing might attract more assent than any other. The need for any such balancing on a razor-edge arises, perhaps, because of the neglect of the question of knowledge: If, because men (necessarily) lack much of the data required for rationality, and are therefore free in some measure to supply their own suppositious circumstances, there is another door open for the access of indeterminate thoughts and consequent actions.

The Non-arbitrary System

From the urge to survive, and its extension into the urge to ensure survival by gathering wealth; from the assumption that survival and wealth will be pursued by reason applied to a relevantly complete knowledge of circumstances; from the evident inclusion of other men's conduct in each man's circumstances and the consequent need for pre-reconciliation as a necessary condition of rationality, that is, of demonstrably best action; economics derives the notion of value, agreed ratios of exchange which are consistent throughout the whole range of exchangeable things. Universally pre-reconciled exchange values, a unanimous system of public prices, appear to afford a universal unit for scalar, additive measurement. By this means, men's activities are *measured and brought into account.* The account exhibits all the activities as constituting a closed, selfcontained system where the source and destination of everything is to be seen as belonging to an inter-contributory, multiple exchange of equal values. Economics displays business affairs as teleological, rational and closedly accountable ("book-keepable"). Closedness was illustrated by the *Tableau Economique,* its determinacy explained and established by the General Equilibrium of marginal adjustments.

The ultimate and conclusive success was the proof of the exact exhaustion of the product by the factor-payments, this ultimate closedness of the system following logically from its own principles of rationality and equal freedom. In assessing this great scheme of thought, we are likely to be swayed by a personal bias towards formal beauty and completeness (one of the first criteria of theoretic excellence, since it is this which enables a theory to perform its chief duty of setting the mind at rest) or towards realistic usefulness as an insight-tool into practical problems. One of its most powerful claims arises from the comparison with other economic theories. Nothing else in economics approaches its unity and sweep. For the theory of value and distribution, in its austerest form, is single-minded, aiming to establish the supremacy of the human reason in human affairs, human conduct as part of the Natural Order, and the whole as intelligible. The rest of economic theory views business affairs, on the one hand as either mindless or mistaken, or on the other as exploiting chaos in a spirit of adventure. The theory of money is either mechanical (the Quantity Theory) or speculative, a contest against uncertainty (the Liquidity Preference theory). The theories of the business cycle aim to show the effects of error or of unavoidable lack of knowledge. The theory of employment depends on a theory of investment where, in diametric opposition to the theory of value, enterprise is shown as essentially and inherently lacking the data necessary for rationality. Enterprise and investment are seen in it as activities where knowledge is necessarily substituted by originative figment: Activities whose nature is incompatible and at odds with that of the rational general equilibrium. Some return is made towards a self-regulating system in the conception which has emerged in recent years of the

Assurgent Economy, where relations are between simultaneous time-rates of growth, and inflationary general price-rises induce sufficient spending, by consumers and investing business men, to keep the economy pressing against its full employment ceiling. Perpetually rising general prices come to be expected, and induce pay demands whose effects justify the expectation, which in itself is a promise of money profit for enterprise and investment. Such a conception, however, is far from possessing the internal coherence and self-subsistent logic of a genuine system of pre-reconciled actions. Its stability depends on a fragile relation of expectations to experience, which some accident could destroy or which, for all its theory can tell us, may be essentially self-destructive. The strength of the timeless system is that it can be self-contained, totally independent of any world outside itself. Any system which exists in time and includes expectation is exposed to the whole conceivable range of non-economic events. For how can we limit the classes of events which can offer suggestions to expectation? To abstract from them would be arbitrary in a sense in which the comprehensive abstraction of general equilibrium is not.

Those who wish to disparage a plea for or against some course of action often describe its arguments as "emotive". In this they perpetrate a nonsense which ought to be exposed by any who hear it. What is action but the response to feelings? What action would there be if there were no desires, no consciousness of dissatisfaction, no longing for a "good state of mind"? What is *motive,* except emotion? We choose, and take, action in pursuit of an end. What is an end if not something upon which our desire concentrates our thought and effort? Again, what is desire if not emotion? Reason, logic, are in themselves purely formal, without force. Those who disparage their opponents' plea by calling it "emotive" mean merely that those opponents' desires, the object of their *emotions,* are different from their own.

In circumstances sufficiently known, reason may tell what action will lead to what end. But reason will not tell *what end ought to be chosen.* It will not do so if the end in question is to be an ultimate, irreducible expression of taste, temperament, character; an expression of the original fibre of personality, those things (whether formed by genetical endowment, or the earliest biochemistry of the embryonic brain, or the experience of the individual in life) which make the individual what he is. There is a basic source of choice beyond which no analytic penetration can be made except to the individual's constitution. Reason will not tell what end ought to be chosen, if the alleged "choosing" of an end is, instead, the *origination* of an end, the outcome of a creative thought. Reason shows the route, *given the goal.* Does a railway time-table tell me, of itself, what ticket to buy, what train to take? To require that action be free from emotion is to require that a journey be without purpose. Without feelings, desires, demands, the mere terms efficiency, economy, lose all meaning. Reason comes into play only after the end is chosen. One route may be preferred to another, but that merely means that the chosen end is the attainment of some result in a particular way. If route and goal are unified, choice of this unified entity is choice, not reason. Choice and reason are things different in nature and function, reason *serves* the chosen purposes, not performs the selection of them. Loose expression and looser thought are betrayed in those who speak of a "reason" for such-and-such an action, and fail to acknowledge to themselves that their "reason" means merely the logical implication of a choice already made, a purpose already taken for granted. To claim that one's conduct is "guided by reason" and is therefore superior to, better founded than, that of a person "guided by emotion" is a crude confusion of thought and abuse of words.

LELAND B. YEAGER
GEB. 1924

Leland Yeager, geboren in Oak Park, Illinois, gehört mit Israel M. Kirzner zu den führenden Vertretern der fünften Generation der Schule, die mit wenigen Ausnahmen bereits außerhalb Österreichs geboren wurden, ihre fruchtbare Tätigkeit in der angelsächsischen Welt entfalteten und hauptsächlich in den USA wirkten. Yeager studierte zunächst Mathematik und spezialisierte sich anschließend an der Columbia University auf Geldtheorie, Handelstheorie und politische Ökonomie. 1954 veröffentlichte er sein Buch, *Free Trade: America's Opportunity*, und wurde drei Jahre danach zum Paul Goodloe McIntire Professor an der University of Virginia berufen. Yeagers *International Monetary Relations: Theory, History and Policy* (1966) wurde weit beachtet. Seit 1983 lehrt Yeager in Auburn, einer kleinen Universität in Alabama, und ist dort Ludwig von Mises Distinguished Professor. In jüngerer Zeit widmet sich Yeager in zunehmendem Maße den philosophischen und methodologischen Fragen der Nationalökonomie. Die hier abgedruckte Arbeit, die in einigen überarbeiteten Stellen vom Original abweicht, stammt aus dem Jahr 1987 und gilt als einer der wichtigsten Beiträge zur neu entfachten Methodendiskussion zwischen den unterschiedlichen Forschungsansätzen der „Public Choice School", der „Chicago School" und der „Austrian School".

Why Subjectivism?
Insights and Exaggerations

Economists of the Austrian school put special emphasis on subjectivism. This paper reviews why subjectivist insights are important, but it also warns against exaggerations. The latter part, while briefer, particularly warrants attention in Austrian circles.

Various writers define subjectivism in ways that, though not necessarily inconsistent, do seem quite different. Empirical concepts (as opposed to mathematical concepts, like "triangle") necessarily have an "open texture" (*Waismann* 1965). An open-textured concept just cannot be defined so precisely and comprehensively as to rule out the possibility of an unforeseen situation or case or example that would require modifying the previously framed definition. I feel no duty, then, to start with a definition. Instead, the meaning of subjectivism will emerge from the topics covered and from contrasts with nonsubjectivist attitudes.

Materialism versus Subjectivism in Policy

Subjectivist insights contribute to positive economics – to understanding how the world works (or would work with circumstances changed in specified ways). They do not bear primarily on policy instead. As an expository device, however, it is convenient to begin by considering subjectivism being applied – or being ignored – in policymaking.

Perhaps the broadest subjectivist insight is that economics deals with human choices and actions, not with mechanistically dependable relations. The economy is no machine whose "structure" can be ascertained and manipulated with warranted confidence. Economics knows nothing comparable to Avogadro's number, atomic weights and numbers, the speed of light in a vacuum, and similar constants of nature (*Mises* 1963, p. 55). Or if such constants do exist, an economist could earn a great reputation by demonstrating a few of them. No amount of cleverness with econometrics can make the nonexistent exist after all.

One reason why no enduring "structural parameters" characterize the economic system is that the way people behave in markets, as in other aspects of life, depends on their experiences and expectations and on what doctrines they have come to believe. (Here is one area of overlap between Austrian economics and the rational-expectations school currently, or recently, in fashion.)

The circumstances mentioned are inherently changeable. One implication warns against policies whose success presupposes unrealistic kinds or degrees of knowledge. It warns against overambition in attempting detailed central control of economic life.

Subjectivist economics points out, for example, what is lost when policy makes simplistic distinctions between necessities and luxuries or when, unlike voluntary transactions, policy fails to take account of subtle differences between the circumstances and tastes of different people. (My discussion passes over personal rights not because they are unimportant but only because my present topic is, after all, rather different.)

Examples abound, in Third World countries and elsewhere, of attempts to conserve scarce foreign-exchange earnings for "essentials" by exchange controls, multiple exchange rates, import quotas, and selective import duties designed to limit or penalize the waste of foreign exchange on "luxury" imports and other "nonessential" uses.

The arguments offered for such controls, like arguments for consumer rationing in wartime, are not always sheer nonsense. But subjectivist considerations severely qualify them. It is impossible to make and implement a clear distinction between luxuries and essentials. Suppose that a government tightly rations foreign exchange for pleasure cruises and travel abroad but classifies oil as an essential import. Some of the oil may go for heating at domestic resorts operating on a larger scale than if the cruises had not been restricted. The restrictions may in effect divert factors of production from other activities into providing recreation otherwise obtainable at lower cost through foreign travel. Because of poor climate at home, it may well be that the marginal units of foreign exchange spent on imported oil go to satisfy wants of the same general sort – while satisfying them less effectively – as wants otherwise satisfied by foreign travel. Restricting travel and supposedly nonessential imports is likely to promote imports of their substitutes and also divert domestic and imported resources or materials into home production of substitutes. The diversions may also impede exports that earn foreign exchange.

It is particularly dubious to try to distinguish between essential and frivolous imports according to whether they serve production (or "economic growth") or mere consumption. All production supposedly aims at satisfying human wants, immediately or ultimately. Producing machinery or building factories is no more inherently worthy than producing restaurant meals or nightclub entertainment, for the machinery or factories are pointless unless they can sooner or later yield goods or services that do satisfy human wants. To favor production-oriented (or export-oriented) imports over consumption-oriented imports is to prefer a roundabout achievement of ultimate consumer satisfactions to their more direct achievement merely because of the greater roundaboutness. It is to confuse ends and means.

Persons obtain their satisfactions in highly diverse ways (even including altruistic ways). Some policy-makers evidently do not understand how the price system brings into play the dispersed knowledge that people have about their own tastes and circumstances. A journalist illustrated such misunderstanding when badgering Alan *Greenspan,* then Chairman of the Council of Economic Advisers, with questions about whether business firms would continue producing essential goods when frivolous goods happened to be more profitable. As *Greenspan* properly replied (in *Mitchell* 1974, pp. 74–76), people differ widely in their tastes. Some choose to buy extraordinary things and deliberately deprive themselves of other things generally counted as necessities.

One might conceivably – which is not to say conclusively – urge controls as correctives for specific market distortions. Barring such identified distortions, the idea naturally occurs to subjectivist economists of letting ultimate consumers appraise "essentiality". Sweeping philosophical comparisons are unnecessary. People can act on their own comparisons of the satisfactions they expect from additional dollar's worths of this and that. Consumers and businessmen can judge and act on the intensities of the wants that various goods can satisfy, either directly or by contributing to further processes of production.

Standard theoretical reservations about this suggestion – standard arguments for government discrimination in favor of some and against other particular goods and services – invoke the concepts of externalities, of merit wants and goods, and of income redistribution. Yet how can policy-makers be confident that supposed externalities are genuine and important, that supposed merit wants really deserve cultivation, or that discriminating among goods will accomplish the desired redistribution of real income? Any one of many goods, considered by itself, might seem deserving of special favor; yet how *relatively* deserving different goods are may remain highly uncertain, particularly when no one knows just how severely the diversion of resources into particular lines of production will impair production in other lines that might even be more meritorious by the policy-makers' criteria. (Tunnel vision is a failing of policymakers not thoroughly familiar with the idea of general economic interdependence.)

More fundamentally, particular goods do not possess qualities deserving special consideration globally, or by their very nature. On the contrary, usefulness or desirability is a relation between things and human wants. The usefulness of something – specifically, its marginal utility – is the smaller the more abundant the thing is. Ideally, decisions about adjusting quantities of various things should consider their usefulness *at the margin.* It is easy to imagine circumstances in which an additional dollar's worth or an additional ounce of penicillin or polio vaccine would contribute less to human satisfaction than an additional unit of orchids.

The concepts of priorities does not properly apply in the context considered here. For the reasons mentioned, and also in view of how the political process works and of ample experience with controls, it is unrealistic to expect the government to choose "social priorities" reasonably. Consider, for example, the botch of energy policy, including the long record of subsidizing energy consumption in travel and transport (through the underpricing of road and airport facilities) and also including tax exemptions and subsidized loans granted to rural electric cooperatives, even while government officials plead for energy conservation.

Policies adopted or advocated during the energy crises of 1974 and 1979 betray ignorance of subjectivist insights. Examples are rationing of gasoline not so much by price as by the inconvenience and apprehension of having to hunt around for it and wait in long lines to buy it, or being allowed to buy gasoline only on odd- or even-numbered days according to one's license-plate number. A former chairman of Inland Steel Company (Joseph L. *Block* in Committee for Economic Development 1974, pp. 79–80) suggested requiring each car owner to choose one day of the week when he would be forbidden to drive. That prohibition, enforced with appropriate stickers, would supposedly have eliminated some needless driving and encouraged use of public transportation. Another example was a decision by the California Public Utilities Commission banning natural-gas heating of new swimming pools (Charlottesville *Daily Progress,* 29 February 1976, p. E 11).

Such measures and proposals underrate the value of freedom and flexibility. Arbitrary measures burden some people lightly and others heavily because different people's lives afford different scopes for substituting away from the restricted consumption and make advance scheduling of activities difficult and unrestricted flexibility important in widely differing degrees. In unrestricted voluntary transactions, by contrast, people can allow for such differences.

A narrowly technological outlook is often linked with puritanical moralizing. (I am reminded of my maternal grandmother, who used to bewail the waste of using a teabag only once if it could be made to serve twice and of using and washing a large plate if the food could be crammed onto a small plate.) Recovery techniques left too much oil and gas in the ground, natural gas on the continental shelf was flared, and prevailing practice in coal mining left half of a seam in the ground merely because it was needed there as supporting columns or because getting it all out was too expensive – so went one complaint (*Freeman* 1974, pp. 230–232). Energy has been wasted by "too little" insulation of buildings.

Yet so-called waste was probably sensible at the lower energy prices of the past. There can be such a thing as "too much" conservation; for example, producing aluminium for storm windows installed under tax incentives even consumes energy in other directions. Ample heat and air conditioning brought comfort, and fast driving saved valuable time. Not having to concentrate on ferreting out ways to conserve energy saved mental capacity for other purposes. Now, at today's higher prices, a dollar spent on energy no longer buys as much comfort or saves as much time or thought as before; and people respond accordingly. Conceivably, of course, the energy prices of the past, distorted downward by interventions, may have led people to consume more energy than they would have done at free-market prices; but if so, the specific distortions should have been identified and addressed. Moralizing about ways of consuming less was off the track.

Such moralizing almost regards waste as something perpetrated only with material resources, not with people's time or comfort or peace of mind. Ironically, this strand of materialism sometimes occurs among people who announce Galbraithian scorn for the alleged materialism of the affluent society. Another apparent strand sometimes found in the attitude of such people is self-congratulation on heroic hard-headedness in recognizing necessary austerities. (Speaking at a conference in Beverly Hills on 26 April 1975, Senator Gaylord *Nelson* welcomed the challenge of helping to create the new and simpler lifestyles of the future.)

Materialistic energy-conservation proposals illustrate a kind of thinking related to what F.A. *Hayek* (1952) has called *scientism*. It is something quite different from science or the scientific outlook. A full definition is unnecessary here, but one aspect is the feeling that results somehow do not count unless they have been deliberately arranged for. A person with the scientistic attitude does not understand how millions of persons and companies, trading freely among themselves, can express and arrange for satisfying the wants they themselves consider most intense. He does not appreciate self-adjusting processes, like someone's decision to forgo a gas-heated swimming pool, or any pool at all, in view of the prices to be paid. He assumes that a grandmotherly state must take charge, and he performs feats of routine originality in thinking of new ways for it to do so – as by requiring that cars get 30 miles to the gallon, by imposing standards for building insulation, or by banning pilot lights in gas appliances. Tax gimmicks and ideas are a dime a dozen – incentives for storm windows and solar heating and the plowback of profits into oilfield development and what not. The current, or recent, vogue for partial national economic planning under the name of "industrial policy" provides further examples.

Subjectivist insights illuminate the issue of the military draft. (For early discussions by University of Virginia Ph.D. graduates and graduate students, see *Miller* 1968). Many persons have advocated the draft on the grounds that an all-volunteer force is too costly. They understand cost in an excessively materialistic and accounting-oriented way. In truth, costs are subjective – unpleasantnesses incurred and satisfactions forgone. In keeping down monetary outlays, the draft conceals part of the costs and shifts it from the taxpayers being defended to the draftees compelled to serve at wages inadequate to obtain their voluntary service. Furthermore, the draft increases total costs through inefficiency. It imposes unnecessarily large costs on draftees who find military life particularly unpleasant or whose foreclosed civilian pursuits are particularly rewarding to themselves and others. At the same time it wastes opportunities to obtain relatively low-cost service, meaning service at costs subjectively appraised as relatively low, from men who happen to escape the draft but would have been willing to serve at wages below those necessary to obtain voluntary service from men in fact drafted. The opposite method – recruiting the desired number of service men and women by offering wages adequate to attract them as volunteers – brings to bear the knowledge that people themselves have of their own abilities, inclinations, and alternative opportunities. So doing, the market-oriented method holds down the true, subjectively assessed, costs of staffing the armed forces. (Of course, considerations in addition to these also figure in the case against the military draft.)

Subjectivist insights help one understand why compensation at actual market value for property seized under eminent domain probably will not leave the former owner as well off as he had been. His having continued to hold the property instead of having already sold it suggests that he valued it more highly than the sales proceeds or other property purchasable with those proceeds.

Neglect of subjectivism is central to the fallacy of "comparable worth". According to that doctrine, currently fashionable among feminists and interventionists, the worth of work performed in different jobs can be objectively ascertained and compared. People performing different jobs that are nevertheless judged alike, on balance, in their arduousness or pleasantness, their requirements in ability and training, the degrees of responsibility involved, and other supposedly ascertainable characteristics should receive the same pay; and government, presumably, should enforce equal pay. Formulas should replace wage-setting by voluntary agreements reached under the influences of supply and demand.

This idea ducks the question of how to ration jobs sought especially eagerly at their formula-determined wages and how to prod people into jobs that would otherwise go unfilled at such wages. It ducks the question of what kind of economic system and what kind of society would take the place of the free-market system, with its processes of coordinating decentralized voluntary activities. (Though writing before comparable worth became a prominent issue, *Hayek,* 1960, chapter 6, aptly warned against displacing market processes by nonmarket assessments of entitlements to incomes.) The comparable-worth doctrine neglects the ineffable individual circumstances and subjective feelings that enter into workers' decisions to seek or avoid particular jobs, employers' efforts to fill them, and consumers' demands for the goods and services produced in them. Yet wages and prices set through market processes do take account of individual circumstances and personal feelings (a point I'll say more about later on).

Subjectivist economists recognize the importance of intangible assets, including knowledge, a kind of "human capital". They recognize the scope for ingenuity in getting around government controls of various kinds, whereas the layman's tacit case for controls involves a mechanistic conception of the reality to be manipulated, without due appreciation of human flexibility. Controls, and responses to them, destroy human capital by artificially hastening the obsolescence of knowledge; they impose the costs of keeping abreast of the artificially changing scene and divert material and intellectual resources, including inventiveness, from productive employments. Credit-allocation measures and other controls on financial institutions, for example – even reserve requirements and interest-rate ceilings – have bred innovations to circumvent them. Managers have to be trained and other start-up costs borne for new institutions and practices, and customers must spend time and trouble learning about them. Price and wage controls and energy-conservation rules provide further illustrations of such wastes.

Arbitrariness and unfairness figure among the costs of controls intended to buck market forces. As controls become more comprehensive and complex, their administrators are less able to base their decisions on relatively objective criteria. Bureaucratic rules become more necessary and decisions based on incomplete information less avoidable. Multiplication of categories entitled to special treatment invites the pleading of special interests. Even morality, another intangible asset, is eroded.

The complexity of detailed monitoring and enforcement suggests appealing for voluntary compliance, compliance with the spirit and not just the letter of the regulations. (Controls over foreign trade and payments for balance-of-payments purposes, such as President *Johnson* attempted in the mid-1960s, provide still further examples; see *Yeager* 1965.) Whether compliance is avowedly voluntary or ease of evasion makes compliance voluntary in effect, such an approach tends to penalize public-spirited citizens who do comply to the advantage of others. Exhorting people to act against their own economic interest tends to undercut the signaling and motivating functions of prices. How are people to know, then, when it is proper and when improper to pursue economic gain? To exhort people to think of compliance as in their own interest when it plainly is not, or to call for self-sacrifice as if it were the essence of morality, is to undercut the rational basis of morality and even undercut rationality itself.

A kind of perverse selection results. Public-spirited car owners who heed appeals for restraint in driving thereby leave more gasoline available, and at a lower price than otherwise, to less public spirited drivers. Sellers who do comply with price ceilings or guidelines must consequently turn away some customers unsatisfied, to the profit of black-marketeers and other less scrupulous sellers. Eventually such effects become evident, strengthening the idea that morality is for suckers and dupes.

Subjectivists know better than to erect efficiency, somehow conceived, into the overriding criterion either of particular processes or institutions or of entire economic systems. The principle of comparative advantage discredits the idea that each product should necessarily be produced wherever it can be produced most efficiently in the technological sense. No presumption holds, furthermore, that any particular line of production necessarily should be carried on in the technologically most advanced way; for the resources required in such production are demanded by other industries also, where they may well contribute more at the margin to consumer satisfactions, as judged by what consumers are willing to pay.

Efficiency in the sense of *Pareto* optimality is often taken as a criterion of policy. Pareto efficiency is indeed a useful concept in the teaching and study of microeconomic theory. It is useful in contemplating outcomes of the market process in the form of particular – but abstractly conceived – allocations of resources and goods. Economists seldom if ever face an occasion or opportunity to appraise concrete, specific allocations in the real world. As Rutledge *Vining* properly emphasizes, legislators and their expert advisors necessarily are choosing among alternative sets of legal and institutional constraints rather than among alternative specific results or allocations. (See *Vining* 1985 and *Yeager* 1978.) Such constraints are rules of the game within which people strive to make the most of their opportunities amidst ceaseless change in wants, resources, and technology. The very point of having rules and institutions presupposes their having a certain stability and dependability, which would be undermined by continual efforts to make supposedly optimal changes in them.

What is useful in policy discussions, then, is not the supposed benchmark of *Pareto* efficiency but rather comparison among themselves of what alternative sets of rules add up to – alternative economic and social systems. If we must have a standard against which to appraise reality, we might well adopt the view of a competitive market economy as a collection of institutions and practices for gathering and transmitting information and incentives concerning not-yet-exhausted opportunities for gains from trade (including "trade with nature" through production or rearrangements of production).

Knowledge and Coordination

Subjectivists recognize the many kinds of information that market prices and processes permit bringing to bear on decisions about production and consumption. These kinds include what F. A. *Hayek* (1945) called "knowledge of the particular circumstances of time and place", knowledge that could hardly be codified in textbooks or assembled for the use of central planners, knowledge that can be used, if at all, only by numerous individual "men on the spot". It includes knowledge about all sorts of details of running business firms, including knowledge of fleeting local conditions. It includes what people know about their own tastes and particular circumstances as consumers, workers, savers, and investors. Subjectivist economists recognize how such factors not only underlie the prices that consumers are prepared to pay for goods but also underlie costs of production.

Each consumer decides how much of each particular good to buy in view of the price of the good itself, the prices of other goods, his income and wealth, and his own needs and preferences. Subject to qualifications about how possible and how worthwhile precise calculation seems, he leaves no opportunity unexploited to increase his total satisfaction by diverting a dollar from one purchase to another. Under competition, the price of each good tends to express the total of the prices of the additional inputs necessary to supply an additional unit of that good. These resource prices tend, in turn, to measure the values of other marginal outputs sacrificed by diversion of resources away from their production. Prices therefore tell the consumer how much worth of other production must be forgone to supply him with each particular good. The money values of forgone alternative production tend, in turn, to reflect consumer satisfactions expectedly obtainable from that forgone production. (I say "reflect" – take account of – in order not to claim anything about actual measurement of what is inherently unmeasurable. I speak only of tendencies, furthermore, for markets never fully reach competitive general equilibrium.)

With prices bringing to their attention the terms of choice posed by the objective realities of production possibilities and the subjective realities even of other persons' preferences, consumers choose the patterns of production and resource use that they prefer. Their bidding tends to keep any unit of a resource from going to meet a less intense willingness to pay for its productive contribution to the denial of a more intense willingness. Ideally – in competitive equilibrium, and subject to qualifications still to be mentioned – no opportunity remains unexploited to increase the total value of things produced by transferring a unit of any resource from one use to another. Changes in technology and consumer preferences always keep creating such opportunities afresh, but the profit motive keeps prodding businessmen to ferret them out and exploit them.

To determine how resources go into producing what things in what quantities, consumers need freedom to spend their incomes as they wish, unregimented by actual rationing. But they need more: Opportunities to make choices at unrigged prices tending to reflect true production alternatives.

We could speak then of "consumers' sovereignty", but the term is a bit narrow. So far as their abilities permit, people can bring their preferences among occupations as well as among consumer goods to bear on the pattern of production. In fact, investors' preferences, including notions about the morality and the glamour of different industries and companies, also have some influence; and we might speak of "investors' sovereignty" as well. (See *Rothbard* 1962, p. 452, n. 12, and pp. 560–562 on what *Rothbard* calls "individual sovereignty".)

Suppose that many people craved being actors strongly enough to accept wages below those paid in other jobs requiring similar levels of ability and training. This willingness would help keep down the cost of producing plays, and cheap tickets would draw audiences, maintaining jobs in the theater. Suppose, in contract, that almost everyone hated to mine coal. The high wages needed to attract miners would enter into the production cost and price of coal, signaling power companies to build hydroelectric or nuclear or oil-burning rather than coal-burning plants and signaling consumers to live in warmer climates or smaller or better-insulated houses than they would do if fuel were cheaper. Such responses would hold down the number of distasteful mining jobs to be filled. The few workers still doing that work would be ones whose distaste for it was relatively mild and capable of being assuaged by high wages.

No profound distinction holds between workers' sovereignty and consumers' sovereignty or between getting satisfactions or avoiding dissatisfactions in choosing what work to do and in choosing what goods to consume. Consumer goods are not ultimate ends in themselves but just particular means of obtaining satisfactions or avoiding dissatisfactions. People make their personal tastes and circumstances count by how they act on the markets for labor and goods alike.

Our broadened concept of consumers' and workers' sovereignty by no means upsets the idea of opportunity cost. We need only recognize that people choose not simply among commodities but rather among *packages* of satisfactions and dissatisfactions. The choice between additional amounts of A and B is really a choice between satisfactions gained and dissatisfactions avoided by people as consumers and producers of A and satisfactions gained and dissatisfactions avoided by people as consumers and producers of B. Choosing package A costs forgoing package B. Ideally, the prices of products A and B indicate the terms of exchange, so to speak, between the entire combinations of satisfactions gained and dissatisfactions avoided at the relevant margins in connection with the two products. Prices reflect intimately personal circumstances and feelings as well as physical or technological conditions of production and consumption.

None of this amounts to claiming that different persons' feelings about goods and jobs (and investment opportunities) can be accurately measured and compared in terms of price or in any other definite way. However, people's feelings do count in the ways that their choices are expressed and their activities coordinated through the price system, and changes in their feelings do affect the pattern of production in directions that make intuitively good sense.

Clearly, then, economic theory need not assume that people act exclusively or even primarily from materialistic motives. Pecuniary considerations come into play, but along with others. As the laws of supply and demand describe, an increase in the pecuniary rewards or charges – or other rewards or costs – attached to some activity will increase or decrease its chosen level, other incentives and disincentives remaining unchanged. Money prices and changes in them can thus influence behavior and promote coordination of the chosen behaviors of different people, even though pecuniary considerations do not carry decisive weight and perhaps not even preponderant weight.

Value Theory

The role of subjectivism in solving the diamond-and-water paradox, replacing the labor theory or other real-cost theories of value, and accomplishing the marginalist revolution of the 1870s is too well known to require more than a bare reminder here. Subjectivism does not especially mean importing psychology into economics (*Mises* 1963, pp. 122–127, 486–488). Diminishing marginal utility is a principle of sensible management rather than of psychology: A person will apply a limited amount of some good (grain, say, as in *Menger* 1950, pp. 129–130) to what he considers its most important uses, and a larger and larger amount will permit its application to successively less important uses also.

Subjectivists do not commit the error of John *Ruskin,* who thought that "Whenever material gain follows exchange, for every plus there is a precisely equal minus" (quoted in *Shand* 1984, p. 120). They recognize that wealth is produced not only by physically shaping things or growing them but also by exchanging them. In the words of Henry *George* (1989/1941, pp. 331–332), who independently achieved several Austrian insights, "Each of the two parties to an exchange . . . (gets) something that is more valuable to him than what he gives . . . Thus there is in the transaction an actual increase in the sum of wealth, an actual production of wealth."

Subjectivists recognize nonmaterial elements in costs as well as demands. Every price is determined by many circumstances classifiable under the headings of "subjective factors" and "objective factors" (or "wants" and "resources and technology"). An alternative classification distinguishes between demand factors and supply factors. This alternative is not equivalent to the first classification because there is no reason to suppose that subjective factors operate only on the demand side of a market while objective factors dominate the supply side.

On the contrary, subjective factors operate on both sides. The supply schedule of a good does not reflect merely the quantities of inputs technologically required for various amounts of output, together with given prices of the inputs. The input prices are themselves variables determined by bidding among various firms and lines of production in the light of the inputs' capabilities to contribute to producing goods valued by consumers. Consumers' subjective feelings about other goods thus enter into determining the money costs of supplying quantities of any particular product.

Subjective factors operate in both blades of *Marshall's* scissors. (Misleadingly, *Marshall* 1920, pp. 348, 813 ff., had referred to a utility blade and a cost blade, as if utility and cost were quite distinct.)

By the logic of a price system, then, money cost brings to the attention of persons deciding on production processes and output volumes in any particular line – and ultimately to the attention of its consumers – what conditions prevail in all other sectors of the economy, including persons' attitudes toward goods and employments. Money prices and costs convey information about subjective conditions outside the direct ken of particular decisionmakers.

At this point the subjectivism of Austrian economists reinforces their awareness of general economic interdependence and their concern with coordination among the plans and actions of different people. They are wary (as many textbook writers seem not to be) of focusing so narrowly on the choices of the individual household and individual firm as to detract attention from the big picture.

Recognizing the subjective aspects of costs, we gain insights into the dubiousness of expecting prices to correspond to costs in any precise way. Costs represent values of forgone alternatives; costs are intimately linked with acts of choice.

Cost curves are no more objectively given to business firms than are demand curves for their products. A large part of the task of entrepreneurs and managers is to learn what the cost (and demand) curves are and to press the cost curves down, so to speak, through inspired innovations in technology, organization, purchasing, and marketing. Outsiders are in a poor position to second-guess their decisions.

Subjectivists appreciate the role of expectations. Well before the recent vogue of "rational expectations" in macroeconomics, Ludwig von *Mises* (1953/1981, pp. 459–460) recognized that an inflationary policy could not go on indefinitely giving real "stimulus" to an economy; people would catch on to what was happening, and the supposed stimulus would dissipate itself in price increases. *Mises* also argued (1963, p. 586) that disorders such as the corn-hog cycle would be self-corrective. Unless the government protected farmers from the consequences of unperceptive or unintelligent behavior, farmers would learn about the cycle, if it did in fact occur, and by anticipating it would forestall it. (Those who did not learn would incur losses and be eliminated from the market).

Much expressed nowadays are notions such as of "the market's" expectation of some future magnitude – the dollar-mark exchange rate in three months, or whatever. Subjectivists are skeptical. They understand that "the market" does not form expectations or change light bulbs ("How many right-wing economists does it take to change a light bulb?") or do anything else. *People* do, people acting and interacting on markets. Since expectations are formed by people, they are understandably loose, diverse, and changeable.

All this intertwines with the inherent unpredictability of future human affairs. It is not even possible to make an exhaustive list of all possible outcomes of some decision, let alone attach probability scores to outcomes (*Shackle* 1972, esp. p. 22). Policy-makers should take this point to heart and restrain their optimism about being able to control events.

This is not to deny that some predictions can be made with warranted confidence, notably the if-this-then-that predictions of economic theory and of science in general. Foretelling the future is quite another matter. Economists, like other people, have only limited time and energy. It is reasonable for each one to stick to work exploiting his own comparative advantages and hunches about fruitfulness and not let himself be badgered into foretelling the unforetellable.

Further Policy Implications

James *Buchanan* achieved one of the greatest triumphs of subjectivism with his demonstration (1958) that the burden of government expenditures can indeed be largely shifted onto future generations by deficit financing through issue of bonds. The conventional wisdom among economists (shared even by Ludwig von *Mises*) had been unduly materialistic: The burden cannot be shifted through time, since resources are used when they are used. *Buchanan* exposed the error by recognizing that a burden is something subjectively perceived. Persons who give up current command over resources in exchange for government bonds that they find attractive suffer no burden in doing so. It is in the future that people – in general, people other than the original bond-buyers – will bear the burden of paying taxes to service the debt or of losing through its inflationary or outright repudiation.

Am ultrasubjectivist view of cost put forward by James *Buchanan* (1969) and writers in the London School tradition (some of whose articles are reprinted in *Buchanan* and *Thirlby,* 1981) has been largely adopted by Austrian economists (*Vaughn* 1980 and 1981, *Seldon* 1981).

In examining this view, we must avoid false presuppositions about how words relate to things. It is not true that each word has a single definite and unequivocal meaning and that it labels a specific thing or action or relation objectively existing in the real world. On the contrary, many words have wide ranges of meaning. One way to learn what writers mean by a word is to see what implications they draw from propositions containing it.

This is true of "cost" as interpreted by *Buchanan* and the London economists. Those writers associate particular policy positions with the fuzziness that they attribute to cost. They heap scorn on cost-oriented rules for managing enterprises.

Advocates of such rules typically attribute important welfare properties to them. Probably the most prominent such rule is the one requiring the output of an enterprise to be set at such a level that price equals marginal cost. (The same general cost-oriented family would include rules like the one that total revenue just cover total cost.) One strand of argument for socialism, in fact, is that socialized enterprises could be made to follow such rules, unlike unregulated private enterprises. Even under capitalism, such rules supposedly might be useful in the framing of antimonopoly policy and the regulation of public utilities. They might also figure in other government economic interventions and in the simulation of market results in nonmarket settings, as in tort settlements.

The case for socialism and milder government economic interventions can be weakened, then, by discrediting the measurability and even the conceptual definiteness of "cost". This, I conjecture, is a clue to the ultrasubjectivist view of the concept. "Cost", says *Buchanan* (1969, pp. 42–43), "is that which the decision-taker sacrifices or gives up when he makes a choice. It consists in his own evaluation of the enjoyment or utility that he anticipates having to forgo as a result of selection among alternative courses of action." If cost can thus be portrayed as a thoroughly subjective concept or magnitude and if no one but the individual decision-maker (entrepreneur or manager) can know what cost is or was, and if such knowledge is ineffable and practically incommunicable, then no outside authority can reasonably impose cost-oriented rules on him. The case for displacing or overriding the market dissolves.

This line of argument has merit. In particular, as already observed, cost curves do not objectively exist. Instead, business decision-makers have the task of discovering or inventing them and modifying them by happy innovations. Unfortunately, as a later section of this paper shows, *Buchanan* and the London economists carry their subjectivist line too far and so tend to discredit it.

Subjectivist insights about expectations have other notable policy implications. The history of energy policy, and of politicians' demagogy, provides reason for expecting future repetition of past infringements on property rights. Firms and investors must recognize that if they make decisions turning out in some future energy crisis to have been wise – for example, stockpiling oil, cultivating nonconventional energy sources, adopting conservation measures, or building flexibility into their facilities and operations so as to be able to cope relatively well with energy squeezes – then they will not be allowed to reap exceptional profits from their risk-bearing, their correct hunches, and their good luck. They will be victimized by seizure of oil stocks, by adverse treatment under rationing schemes, by price controls, or in other ways. Government reassurances, even if made, would nowadays not be credible. The benefits of diverse private responses to diverse expectations about energy supplies are being partly forestalled.

This example reminds subjectivists of a broader point about remote repercussions of particular policies, repercussions remote in time or in economic sector affected. A violation of property rights may seem the economical and expedient policy in the individual case. Yet in contributing to an atmosphere of uncertainty, it can have grave repercussions in the long run.

Because expectations influence behavior, a policy's credibility conditions its effectiveness, as the rational-expectations theorists, and William *Fellner* (1976) before them, have emphasized. The question of the withdrawal pangs of ending an entrenched price inflation provides an example. When money-supply growth is slowed or stopped, the reduced growth of nominal income is split between price deceleration and slowed real production and employment. Expectations affect how favorable or unfavorable this split is. If the anti-inflation program is not credible – if wage negotiators and price-setters think that the policy-makers will lose their nerve and switch gears at the first sign of recessionary side-effects – then those private parties will expect the inflation to continue and will make their wage and price decisions accordingly; and the monetary slowdown will bite mainly on real activity. If, on the contrary, people are convinced that the authorities will persist in monetary restriction indefinitely no matter how bad the side-effects, so that inflation is bound to abate, then the perceptive price-setter or wage-negotiator will realize that if he nevertheless persists in making increases at the same old pace, he will find himself out ahead of the stalled inflationary procession and will lose customers or jobs. People will moderate their price and wage demands, making the split relatively favorable to continued real activity.

It is only superficially paradoxical, then, that in two alternative situations with objectively the same degree of monetary restraint, the situation in which the authorities are believed ready to tolerate severe recessionary side-effects will actually exhibit milder ones than the situation in which the authorities are suspected of irresolution. Subjectivists understand how intangible factors like these can affect outcomes under objectively similar conditions.

Capital and Interest Theory

Capital and interest theory is a particular case or application of general value theory, but its subjectivist aspects can conveniently occupy a section of their own.

Subjectivist insights help dispel some paradoxes cultivated by neo-Ricardians and neo-Marxists at Cambridge University. These paradoxes seem to impugn standard economic theory (particularly the marginal-productivity theory of factor remuneration), and by implication they call the entire logic of a market economy into question.

Reviewing the paradoxes in detail is unnecessary here (see *Yeager* 1976 and *Garrison* 1979). One much-employed arithmetical example describes two alternative techniques for producing a definite amount of some product. They involve different time-patterns of labor inputs. In each technique, compound interest accrues, so to speak, on the value of invested labor. Technique A is the cheaper at interest rates above 100 percent, B is cheaper at rates between 50 and 100 percent, and A is cheaper again at rates below 50 percent.

If a decline of the interest rate through one of these two critical levels brings a switch from the less to the more capital-intensive of the two techniques, which seems normal enough, then the switch to the other technique as the interest rate declines through the other switch point is paradoxical. If we view the latter switch in the opposite direction, an increased interest rate prompts a more intensive use of capital. Capital intensity can respond perversely to the interest rate.

Examples of such perversity seem not to depend on trickery in measuring the stock of capital. The physical specifications of a technique, including the timing of its inputs and its output, stay the same regardless of the interest rate and regardless of whether the technique is actually in use. If one technique employs physically more capital than the other in relation to labor or to output at one switch point, then it still employs more at any other interest rate. This comparison remains valid with any convention for physically measuring the amount of capital, provided only that one does not change measurement conventions in mid-example. If the capital intensities of the two techniques are such that the switch between them at one critical interest rate is nonparadoxical, then the switch at the other must be paradoxical – a change in capital intensity in the *same* direction as the interest rate. We cannot deny perversity at both switch points – unless we abandon a purely physical conception of capital.

The paradox-mongers commit several faults. They slide from comparing alternative static states into speaking of *changes* in the interest rate and of *responses* to those changes. They avoid specifying what supposedly determines the interest rate and what makes it change.

The key to dispelling the paradoxes, however, is the insight that capital – or whatever it is that the interest rate is the price of – cannot be measured in purely physical terms. One must appreciate the value aspect – the subjective aspect – of the thing whose price is the interest rate. It is convenient to conceive of that thing as a factor of production. Following *Cassel* (1903, pp. 41 ff. and *passim*), we might name it "waiting". It is the tying up of value over time, which is necessary in all production processes. (This conceptualization is "convenient" not only because it conforms to reality and because it dispels the paradoxes but also because it displays parallels between how the interest rate and other factor prices are determined and what their functions are; it brings capital and interest theory comfortably into line with general microeconomic theory.)

In a physically specified production process, a reduced interest rate not only is a cheapening of the waiting (the tying up of value over time) that must be done but also reduces its required value-amount. It reduces the interest element in the notional prices of semifinished and capital goods for whose ripening into final consumer goods and services still further waiting must be done. Increased thrift is productive not only because it supplies more of the waiting required for production but also because, by lowering the interest rate, it reduces the amount of waiting required by any physically specified technique.

The amounts of waiting required by alternative physically specified techniques will in general decline in different degrees, which presents the possibility of reswitching between techniques, as in the example mentioned. When a decline in the interest rate brings an apparently perverse switch to a technique that is less capital-intensive by some physical criterion, the explanation is that the decline, although reducing the waiting-intensities of both techniques, reduces them differentially in such a way as to bring a larger reduction in the overall expense of producing by the adopted technique.

Preconceived insistence on measuring all factor quantities and factor-intensities in purely physical terms clashes with the fact of reality – or arithmetic – that the amount of tying up of value over time required in achieving a physically specified result does indeed depend on that factor's own price. Not only the waiting-intensity of a physically specified process but also the relative waiting-intensities of alternative processes really are affected by the interest rate. When a switch of technique occurs, the technique adopted really is the more economical on the whole, the inputs, waiting included, being valued at their prices. When a rise in the interest rate triggers a switch of techniques, the displaced one has become *relatively* too waiting-intensive to remain economically viable. It is irrelevant as a criticism of economic theory that *by some other, inapplicable, criterion* the displaced technique counts as less capital-intensive.

Further discussion of the supposed paradoxes would display parallels between reswitching and the conceivable phenomenon of multiple internal rates of return in an investment option, which is hardly mysterious at all (*Hirshleifer* 1970, pp. 77–81). Already, though, I've said enough to show how a subjectivist conceptualization of the factor whose price is the interest rate can avoid fallacies flowing from a materialist or objectivist conceptualization.

"I Am More Subjectivist Than Thou"

On a few points, some Austrian economists may not have been subjectivist enough. Murray *Rothbard* (1962, pp. 153–154) seems to think that a contract under which no property has yet changed hands – for example, an exchange of promises between a movie actor and a studio – is somehow less properly enforceable than a contract under which some payment has already been made. Blackmail is a less actionable offense than extortion through application or threat of physical force (1962, p. 443, n. 49). If a villain compels me to sell him my property at a mere token price under threat of ruining my reputation and my business by spreading vicious but plausible lies, his action is somehow less of a crime or tort than if he had instead threatened to kick me in the shins or trample one of my tomato plants (*Rothbard* 1982, esp. pp. 121–127, 133–148, and personal correspondence). The material element in a transaction or a threat supposedly makes a great difference.

I may be at fault in not grasping the distinctions made in these examples, but it would be helpful to have further explanation of what superficially seems like an untypical lapse from subjectivism into materialism.

Far more common is the lapse into overstating the subjectivist position so badly as to risk discrediting it. F.A. *Hayek* is not himself to blame, of course, but a remark of his (1952, p. 31) has been quoted *ad nauseam* (for example by Ludwig *Lachmann* in *Spadaro* 1978, p. 1, Walter *Grinder* in his introduction to *Lachmann* 1977, p. 23, and *Littlechild* 1979, p. 13). It has had a significance attributed to it that it simply cannot bear. "It is probably no exaggeration to say that every important advance in economic theory during the last hundred years was a further step in the consistent application of subjectivism."

This proposition of doctrinal history could be strictly correct without its implying that every subjectivist step was an important advance. Moreover, past success with extending subjectivism in certain degrees and directions does not imply that any and all further extensions constitute valid contributions to economics.

A theorist is not necessarily entitled to take pride in being able to boast, "I am more subjectivist than thou." More important than subjectivism for its own sake is getting one's analysis straight.

The most sweeping extensions of subjectivism occur in remarks about a purely subjective theory of value, including a pure time-preference theory of the interest rate. Closely related remarks scorn the theory of mutual determination of economic magnitudes, the theory expounded by means of systems of simultaneous equations of general equilibrium. The ultrasubjectivists insist on monocausality instead. Causation supposedly runs in one direction only, *from* consumers' assessments of marginal utility and value and the relative utilities or values of future and present consumption *to* prices and the interest rate and sectoral and temporal patterns of resource allocation and production (*Rothbard* 1962, pp. 302–303).

Taken with uncharitable literalness, the ultrasubjectivist slogans imply that people's feelings and assessments have *everything* to do and the realities of nature, science, and technology have *nothing* to do with determining prices and interest rates and all interrelated economic magnitudes. Actually, these objective realities do interact with people's tastes. They condition how abundant various resources and goods are, or could be made to be, and so help determine *marginal* utilities.

For two reasons I know that the ultrasubjectivists do not really believe all they say. First, the propositions in question, taken literally, are too preposterous for *anyone* to believe. Second, subjectivist writings sometimes discuss production functions, the principle of diminishing marginal physical product, and other physical relations, conceding some importance to such matters.

What I am objecting to, then, is not so much substantive beliefs as, rather, the willful use of misleading language, language that sometimes misleads even its users, language adopted on the presupposition that subjectivism is good and more of it is better.

Subjectivists may contend that physical reality counts only *through* people's subjective perceptions of it and the valuations they make in accord with it. But that contention does not banish the influence of objective reality. Businessmen (and consumers) who perceive reality correctly will thrive better on the market than those who misperceive it. A kind of natural selection sees to it that objective reality does get taken into account.

Full-dress argument for purely subjective value and interest theory and for unidirectional causality appears rarely in print, probably because such notions are not defensible. They do keep being asserted in seminars, conversation, and correspondence, however, as I for one can testify and as candid Austrians will presumably acknowledge. Furthermore, such assertions do appear in authoritative Austrian publications. (For examples, see *Rothbard* 1962, pp. 117, 122, 293, 307, 332, 363–364, 386, 452, n. 16, 455, n. 12, 457, n. 27, 508, 528, 557, 893, n. 14; *Rothbard,* introduction to *Fetter* 1977; *Taylor* 1980, pp. 26, 32, 36, 47, 50; *Shand* 1984, pp. 23, 44, 45, 54, 56. *Garrison* 1979, pp. 220–221, avoids the word "pure" in recommending a time-preference theory of interest and a subjectivist theory of value in general, but he does contrast them favorably with what he calls "eclectic" theories, such as the "standard Fisherian" theory of interest. For outright avowal of a pure-time-preference interest theory, see *Kirzner's* manuscript).

The point repeatedly turns up in Austrian discussions that goods which people consider different from each other are indeed different goods, no matter how closely they resemble each other physically. This point is not downright fallacious, but the significance attributed to it is excessive, and its use in question-begging ways is likely to repel mainstream economists. An example is the contention that when a manufacturer sells essentially the same good under different labels at different prices, he is nevertheless not practicing price discrimination; for the goods bearing the different labels are considered by the consumers to be different goods, which *makes* them different goods in all economically relevant senses. The manufacturer is supposedly just charging different prices for different things.

Quite probably his practice is not one that perceptive economists and social philosophers would want to suppress by force of law; but we should not let our policy judgments, any more than our subjectivist methodological preconceptions, dictate our economic analysis or remove certain questions from its scope. It may be more fruitful to recognize that price discrimination is indeed going on, with the different labels being used to separate customers according to their demand elasticities.

Crypticism sometimes accompanies insistence on pure subjectivism. An example is a line of attack taken against mainstream interest theory, which enlists considerations of intertemporal transformability (that is, the *productivity* of investment) as well as the subjective time-preference element. This theory is epitomized by Irving *Fisher's* diagram (1930, pp. 234ff., *Hirshleifer* 1970, *passim*) showing a transformation curve between present and future goods (a consumption), as well as a map of indifference curves between present and future goods. A familiar Austrian objection is to insist that the diagram, specifically the transformation curve, fails to make the required distinction between physical productivity and value productivity.

If not deliberate obscurantism, this objection does indicate misunderstanding of *Fisher's* theory (or impatience with or prejudice against it). Of course, some technological change that increases the physical productivity of investment in some specific line of production, say widgets, may not increase the value productivity of such investment. The increased physical amount of future widgets obtainable for a given present sacrifice may indeed have a reduced total value in terms of other goods and services in general (the future demand for widgets may be price-inelastic). Some of the new opportunities created by technological change will indeed be unattractive to investors. In invoking the greater productivity of more roundabout methods of production, *Böhm-Bawerk* (1959, II, 82–84, III, 45–56) was referring to "well-chosen" or "skillfuly chosen" or "wisely selected" methods; and a similar stipulation applies to the present case. Technological changes that increase the physical productivity of particular roundabout methods broaden the range of opportunities among which investors can exercise wise choice, and implementing some of those choices does add to the demand for waiting, tending to bid up the interest rate.

The ultrasubjectivist objection is open to another strand of reply. It is illegitimate to invoke a contrast between physical productivity and value productivity by restricting the discussion to examples of sacrificing *specific* present goods to get more future goods of the same kind. What is conveyed by borrowing and lending (and other transactions in waiting) is not command over investible resources that would otherwise have gone into producing specific present goods but command over resources in general. It *is* legitimate to do what *Fisher's* diagram helps us to do: to conceive of present goods in general being sacrificed for larger amounts of future goods in general.

With their admirable general emphasis on process and on the decisions and actions of individual persons, Austrian economists should not rest content with attacks on mainstream capital and interest theory that rely on cryptic allusions to a distinction between physical productivity and value productivity (or, similarly, to assertions that "factor prices will adjust"). They should defend their pure subjectivism on this topic, if they can, with a detailed process analysis of how persons act.

Next I turn to exaggerations in the subjectivist cost doctrins of *Buchanan* and the London school. These theorists interpret the cost of a particular course of action as the next-best course perceived and forgone by the decisionmaker. Ronald *Coase* (quoted with approval in *Buchanan* 1969, p. 28) says that "The cost of doing anything consists of the receipts which would have been obtained if that particular decision had not been taken. . . . To cover costs and to maximize profits are essentially two ways of expressing the same phenomenon."

Well, suppose the best course of action open to me is, in my judgment, to open a restaurant of a quite specific type in a specific location. The next-best course, then, is presumably to open a restaurant identical in all but some trivial detail, such as the particular hue of green of the lampshades. If so, the cost of the precise restaurant chosen is presumably an all but identical restaurant worth to me, in my judgment, almost fully as much. Generalizing, the cost of a chosen thing or course of action is very nearly the full value that the decision-maker attributes to it.

My counterexample to the *Coase–Buchanan* cost concept may seem frivolous, but it raises a serious question. How far from identical to the chosen course of action must the next best alternative be to count as a distinct alternative? The point conveyed by questions like this is that either radical error or sterile word-juggling is afoot. (*Nozick,* 1977, especially pp. 372–373, expresses some compatible though not identical doubts about subjectivist conceptions of cost and preference.)

More ordinary concepts of cost, however, are meaningful, including the interpretation of money cost in a particular line of production as a way of conveying information to decision-makers in it about conditions (including personal tastes) in other sectors of the economy.

Buchanan (1969, p. 43) draws six implications from his choice-bound conception of cost, and *Littlechild* (in *Spadaro* 1978, pp. 82–83) quotes them all with apparent approval. I'll quote and comment only on the first, second, and fifth.

1. Most importantly, cost must be borne exclusively by the decision-maker; it is not possible for cost to be shifted to or imposed on others.
2. Cost is subjective; it exists in the mind of the decision-maker and nowhere else.
5. Cost cannot be measured by someone other than the decision-maker because there is no way that subjective experience can be directly observed.

Let's see. As for 1. and 2., of course cost can be imposed on others in quite ordinary senses of those words; it is not always kept inside the mind of the decision-maker. What about adverse externalities – smoke damage and the like? What about losses imposed on stockholders by an incompetent business management? What about the costs that a government imposes on a population by taxation or inflation (or its command of resources, however financed)? Isn't it notoriously true that a government official need not personally bear all the costs of his decisions? What about involuntarily drafted soldiers? Even an ordinary business decision has objective aspects in the sense that the resources devoted to the chosen activity are withdrawn or withheld from other activities.

Of course the costs incurred in these examples have subjective aspects also – in the minds or the perceptions of the draftees and of persons who would have been consumers of the goods from whose production the resources in question are competed away. What is odd is the contention that no cost occurs except subjectively and in the mind of the decision-maker alone.

As for 5., it is true that cost cannot be measured – not measured precisely, that is, whether by the decision-maker or by someone else.

But measurability itself is evidently what is at issue, not the admitted imprecision of measurement of cost, as of other economic magnitudes. The money costs of producing a definite amount of some product, or the marginal money cost of its production, can indeed be estimated. Estimates of money cost take into account, in particular, the prices multiplied by their quantities of the inputs required to produce specified amounts or marginal amounts of the good in question. True, cost accounting has no objective and infallible rules and must employ conventions. For this and other reasons, estimates of money cost are just that – estimates. But they are not totally arbitrary; they are not meaningless.

Money costs of production, as well as the input prices that enter into estimating them, play a vital role in conveying information to particular business decision-makers about conditions in other sectors of the economy. Money costs and prices reflect – do not measure precisely, but reflect – the values and perhaps even the utilities attributed by consumers to the goods and services whose production is forgone to make the required inputs available to the particular line of production whose money costs are in question. (Money costs and factor prices also reflect, as noted above, the preferences and attitudes of workers and investors.)

It is therefore subversive of understanding of the logic of a price system to maintain that cost is entirely subjective, falls entirely on the decision-maker, and cannot be felt by anyone else.

This risk of subversiveness may be being run in a good cause. A healthy skepticism is in order about socialism, rationalization, and the imposition of cost rules on nationalized and private enterprises. However, we should beware of trying to obtain substantive conclusions from methodological preconceptions. Sound conclusions and policy judgments incur discredit from association with questionable verbal maneuvers.

Valid subjectivist insights join with the fact that general equilibrium never actually prevails in recommending skepticism about policies that would unnecessarily impose imitation markets or the mere feigning of market processes. The fact of disequilibrium prices does not, of course, recommend junking the market system in favor of something else. Market prices, although not precise indicators of the tradeoffs posed by reality, are at least under the pressures of supply and demand and entrepreneurial alertness to become more nearly accurate measures.

The recommended skepticism does have some application, however, with regard to compensation for seizures under eminent domain, damage awards in tort cases, and the development of case law. It also has some application with regard to benefit/cost studies. Personal rights, not such exercises, should of course dominate many policy decisions.

Again, though, I want to warn against overstatement. Admittedly, costs and benefits are largely subjective, market prices are at disequilibrium levels, and other bases of making estimates are inaccurate also. But what is to be done when some decision or other has to be made – about a new airport, a subway system, a dam, or a proposed environmental regulation? Does one simply ramble on about how imponderable everything is, or does one try in good faith to quantify benefits and costs? Of course the estimates will be crude, even very crude, but perhaps the preponderance of benefits or costs will turn out great enough to be unmistakable anyway. In any case, expecting the advocates of each of the possible decisions to quantify their assertions and lay them out for scrutiny will impose a healthy discipline on the arguments made. It will weaken the relative influence of sheer poetry, oratory, demagogy, and political maneuvering.

My last example of subjectivism exaggerated and abused is what even some members of the Austrian school have identified as a "nihilism" about economic theory. Nihilistic writings stress the unknowability of the future, the dependence of market behavior on divergent and vague and ever-changing subjective expectations, the "kaleidic" nature of the economic world, and the poor warrant for any belief that market forces are tending to work toward rather than away from equilibrium (if, indeed, equilibrium has any meaning). Some of these assertions are relevant enough in particular contexts, but ultrasubjectivists bandy them sweepingly about as if willing to cast discredit not merely on attempts to foretell the future but even on scientific predictions of the if-this-then-that type. It is hard to imagine why an economist who thus wallows in unknowability continues to represent himself as an economist at all. (One hunch: He may think he has an all-purpose methodological weapon for striking down whatever strand of analysis or policy argument he happens not to like. But then his own analyses and arguments – if he has any – would be equally vulnerable.)

There is no point trying to conceal from knowledgeable Austrian readers what economist I particularly have in mind, so I'll refer to the writings of Ludwig *Lachmann* listed in the bibliography (including his articles in *Dolan* 1976 and *Spadaro* 1978), as well as *Lachmann's* admiration of *Shackle's* writings on the imponderability of the future. Also see *O'Driscoll's* refreshing criticism (in *Spadaro* 1978, esp. pp. 128–134) of *Lachmann* for practically repudiating the concepts of the market's coordinating processes and of spontaneous order.

Concluding Exhortations

As Gustav *Cassel* wrote in a book first published over sixty years ago, it was already an absurd waste of intellectual energy for economists still to be disputing whether prices were determined by objective factors or subjective factors (1967, p. 146). Referring to interest theory in particular, Irving *Fisher* (1930, p. 312) called it "a scandal in economic science" that two schools were still crossing swords on the supposed issue. Prices, including interest rates, are determined by factors of both kinds. As noted earlier, saying so does not mean identifying objective factors with the supply side and subjective factors with the demand side of markets, nor vice versa. Both sorts of factor operate on both sides.

For a grasp of how subjective and objective factors thoroughly intertwine in a system of economic interdependence, a study of the simplified general-equilibrium equation system presented in *Cassel's* (1967) chapter IV is well worth while. The reader should pay attention, among other things, to the role of the technical coefficients, that is, coefficients indicating the amounts of each input used in producing a unit of each product. *Cassel* does not need to suppose, of course, that these coefficients are rigidly determined solely by nature and technology. On the contrary, an elaboration of his system can take account of how many or most of these coefficients are themselves variable and subject to choice in response to prices, which are themselves determined in the system of mutual interdependence.

Study of *Cassel's* chapter (or similar expositions) should also disabuse the open-minded reader of any lingering belief in unidirectional causality. Mutual determination of economic variables is a fact of reality; and no blanket prejudice against general-equilibrium theory, which does afford important insights, should blind one to that fact.

Of course, when one investigates the consequences of a specified change – say in tastes, technology, taxes, or a fixed exchange rate – it is not enough (nor, realistically, is it possible) so solve a general-equilibrium equation system with one or more parameters changed and then compare the new and old solutions. An adequate analysis traces out, perhaps even sequentially, the reactions of the persons involved and shows the reasonableness of their theorized reactions from their own points of view. But insisting on such a causal analysis does not presuppose belief in monocausality. The specified disturbance does indeed impinge on a system of mutual determination. Both the new and old constellations of economic activities result from multidirectional interactions of a great many subjective and objective factors.

Austrian economists have important messages to convey about subjective elements that, on all sides, pervade market behavior, signals, and outcomes. Their insights have important implications for policy. It is a shame to impede communication by remarks about purely subjective value theory, pure-time-preference interest theory, and the alleged fallacy of multidirectional causality.

Austrians cannot really mean what such remarks, taken literally, convey. They mislead and repel people outside the inner circle. The main goal of the Austrians is presumably not to recite slogans that reinforce cosy feelings of camaraderie among members of an elite. Instead, their goal, shared with other economists who wish well for mankind, is presumably to gain and communicate understanding of economic (and political) processes in the world as it is, has been, and potentially could be. They want to extend and communicate such knowledge so as to increase whatever chance there may be that man's deepest values will ultimately prevail. Respect for the straightforward meanings of words will aid in that endeavor.

Besides shunning deceptive slogans, Austrian economists should beware of surrounding their doctrines with a fog of methodological preachments, preachments suggestive, moreover, of pervasive sniping and sour grapes (as, for example, about the elegant formal theory that some other economists rightly or wrongly delight in). Above all, Austrians should avoid discrediting the sound core of their doctrine by contaminating it with bits of downright and readily exposable error (or what comes across as error on any straightforward reading of the words used). Austrians have positive contributions to make and should make them.

References

Eugen von *Böhm-Bawerk*. Capital and Interest. Trans. by G.D. Huncke and H.F. Sennholz. Three volumes. South Holland, IL: Libertarian Press, 1959. (First published in German in 1884, 1889, 1909–12).

James M. *Buchanan*. Cost and Choice. Chicago: Markham, 1969.

James M. *Buchanan*. Public Principles of Public Debt. Homewood: Irwin, 1958.

James M. *Buchanan* and G.F. *Thirlby,* eds. L.S.E. Essays on Cost. New York: New York University Press, 1981 (first published 1973).

Gustav *Cassel*. The Nature and Necessity of Interest. New York: Kelley, 1971 (first published 1903).

Gustav *Cassel*. The Theory of Social Economy. Trans. by S.L. *Barron* from fifth German edition, 1932. New York: Kelley, 1967 (reprint of 1932 English edition).

Committee for Economic Development. Achieving Energy Independence. New York: CED, 1974.

Edwin G. *Dolan,* ed. The Foundations of Modern Austrian Economics. (Includes, among others, articles by L.M. *Lachmann* and Murray *Rothbard.*) Kansas City: Sheed & Ward, 1976.

William *Fellner.* Towards a Reconstruction of Macroeconomics. Washington: American Enterprise Institute, 1976.

Frank A. *Fetter.* Capital, Interest, and Rent. Edited with an introduction by Murray N. Rothbard. Kansas City: Sheed Andrews and McMeel, 1977.

Irving *Fisher.* The Theory of Interest. New York: Kelley, 1970 (first published 1930).

S. David *Freeman.* Energy: The New Era. New York: Walker, 1974.

Roger *Garrison.* "Waiting in Vienna". Pp. 215–226 in Mario J. Rizzo, ed., Time, Uncertainty, and Disequilibrium. Lexington, MA: Lexington Books, 1979.

Henry *George.* The Science of Political Economy. New York: Schalkenbach Foundation, 1941 (first published 1898).

Friedrich A. *Hayek.* The Counter-Revolution of Science. Glencoe: Free Press, 1952.

Friedrich A. *Hayek.* The Constitution of Liberty. Chicago: University of Chicago Press, 1960.

Friedrich A. *Hayek.* "The Use of Knowledge in Society". American Economic Review, 35, September 1945, pp. 519–530.

J. *Hirshleifer.* Investment, Interest, and Capital. Englewood Cliffs: Prentice-Hall, 1970.

Israel M. *Kirzner.* "Pure Time Preference Theory: A Post Script to the 'Grand Debate'". New York University, manuscript, undated but early 1980s.

Ludwig M. *Lachmann.* Capital, Expectations, and the Market Process. Edited with an introduction by Walter E. Grinder. Kansas City: Sheed Andrews and McMeel, 1977.

Stephen C. *Littlechild.* The Fallacy of the Mixed Economy. San Francisco: Cato Institute, 1979.

Alfred *Marshall.* Principles of Economics. Eighth edition. London: Macmillan, 1920, reprinted 1947.

Carl *Menger.* Principles of Economics. Trans. by J. Dingwall and B.F. Hoselitz. Glencoe: Free Press, 1950. (First published in German, 1871).

James C. *Miller* III, ed. Why the Draft? The Case for a Volunteer Army. Baltimore: Penguin, 1968.

Ludwig von *Mises.* Human Action. Second edition. New Haven: Yale University Press, 1963.

Ludwig von *Mises.* The Theory of Money and Credit. Trans. by H.E. Batson. Indianapolis: Liberty Classics, 1981 (reprint of 1953 edition).

Edward J. *Mitchell,* ed. Dialogue on World Oil. Washington: American Enterprise Institute, 1974.

Robert *Nozick.* "On Austrian Methodology". Synthese, 36, November 1977, pp. 353–392.

Murray N. *Rothbard.* The Ethics of Liberty. Atlantic Highlands, NJ: Humanities Press, 1982.

Murray N. *Rothbard*. Man, Economy, and State. Two volumes, continuous pagination. Princeton: Van Nostrand, 1962.

James R. *Seldon*. "The Relevance of Subjective Costs: Comment". Southern Economic Journal, 48, July 1981, pp. 216–221.

G. L. S. *Shackle*. Epistemics & Economics. Cambridge: University Press, 1972.

Alexander H. *Shand*. The Capitalist Alternative: An Introduction to Neo-Austrian Economics. New York: New York University Press, 1984.

Louis M. *Spadaro,* ed. New Directions in Austrian Economics. (Includes, among others, articles by L. M. *Lachmann,* Gerald P. *O'Driscoll,* Jr., and S. C. *Littlechild*.) Kansas City: Sheed Andrews and McMeel, 1978.

Thomas C. *Taylor*. The Fundamentals of Austrian Economics. San Francisco: Cato Institute, 1980.

Karen I. *Vaughn*. "Does It Matter That Costs Are Subjective?" Southern Economic Journal, 46, January 1980, pp. 702–715.

Karen I. *Vaughn*. "The Relevance of Subjective Costs: Reply". Southern Economic Journal, 48, July 1981, pp. 222–226.

Rutledge *Vining*. On Appraising the Performance of an Economic System. New York: Cambridge University Press, 1984.

Friedrich *Waismann*. "Verifiability". Pp. 122–151 in Antony Flew, ed., Logic and Language. Anchor edition. Garden City: Doubleday, 1965.

Leland B. *Yeager*. "Balance-of-Payments Cure Worse than the Disease". Commercial and Financial Chronicle, vol. 202, 2 September 1965, pp. 3, 29.

Leland B. *Yeager*. "Pareto Optimality in Policy Espousal". Journal of Libertarian Studies, vol. 2, no. 3, 1978, pp. 199–216.

Leland B. *Yeager*. "Toward Understanding Some Paradoxes in Capital Theory". Economic Inquiry, 14, September 1976, pp. 313–346.

MURRAY N. ROTHBARD
1926–1995

Es war insbesondere die Publikation von Mises *Human Action* (1949), die Rothbard zu Mises wohl engstem amerikanischem Schüler gemacht hat. Rothbard wurde in New York geboren und studierte an der Columbia University. Gemeinsam mit Hans Sennholz, Israel Kirzner und anderen nahm er ab der Mitte der fünfziger Jahre am Mises-Seminar an der New York University teil. Er gilt als einer der Hauptrepräsentanten der fünften Generation der Österreichischen Schule und war einer der Vordenker und Gründer der Libertarian Party in den Vereinigten Staaten. Rothbard lehrte bis in die frühen achtziger Jahre am Brooklyn College in New York und anschließend bis zu seinem Tod an der University of Nevada in Las Vegas. Rothbard war auch der akademische Leiter des Mises Institute an der Auburn University. Rothbard war Philosoph, Ökonom und Historiker, dessen umfangreiches Werk Themen von der Ethik über die Geldtheorie bis hin zur Ideengeschichte behandelt. In der Hauptsache ging es ihm um die Weiterentwicklung der Praxeologie, die für ihn eine Theorie von den Mitteln zur Erreichung von Zielen, nicht aber eine Theorie von der richtigen Zielwahl ist. Diese liegt jenseits aller Wissenschaftlichkeit. Unter Rothbards knapp 20 Büchern sollen hier nur sein epochales Werk *Man, Economy and State* (1962) und sein *Power and Market* (1975) hervorgehoben werden. Der hier wiedergegebene Aufsatz faßt seine geldtheoretischen Arbeiten zusammen und ist für sein Schaffen repräsentativ.

Austrian Definitions of the Supply of Money

1. The Definition of the Supply of Money

The concept of the supply of money plays a vitally important role, in differing ways, in both the Austrian and the Chicago schools of economics. Yet, neither school has defined the concept in a full or satisfactory manner; as a result, we are never sure to which of the numerous alternative definitions of the money supply either school is referring.

The Chicago School definition is hopeless from the start. For, in a question-begging attempt to reach the conclusion that the money supply is the major determinant of national income, and to reach it by statistical rather than theoretical means, the Chicago School *defines* the money supply as that entity which correlates most closely with national income. This is one of the most flagrant examples of the Chicagoite desire to avoid essentialist concepts, and to "test" theory by statistical correlation; with the result that the supply of money is not really defined at all. Furthermore, the approach overlooks the fact that statistical correlation cannot establish causal connections; this can only be done by a genuine theory that works with definable and defined concepts.[1]

In Austrian economics, Ludwig von *Mises* set forth the essentials of the concept of the money supply in his *Theory of Money and Credit,* but no Austrian has developed the concept since then, and unsettled questions remain (e. g., are savings deposits properly to be included in the money supply?).[2] And since the concept of the supply of money is vital both for the theory and for applied historical analysis of such consequences as inflation and business cycles, it becomes vitally important to try to settle these questions, and to demarcate the supply of money in the modern world. In *The Theory of Money and Credit, Mises* set down the correct guidelines: Money is the general medium of exchange, the thing that all other goods and services are traded for, the final payment for such goods on the market.

In contemporary economics, definitions of the money supply range widely from cash + demand deposits (M_1) up to the inclusion of virtually all liquid assets (a stratospherically high M). No contemporary economist excludes demand deposits from his definition of money. But it is useful to consider exactly why this should be so. When *Mises* wrote *The Theory of*

Money and Credit in 1912, the inclusion of demand deposits in the money supply was not yet a settled question in economic thought. Indeed, a controversy over the precise role of demand deposits had raged throughout the nineteenth century. And when Irving *Fisher* wrote his *Purchasing Power of Money* in 1913, he still felt it necessary to distinguish between M (the supply of standard cash) and M_1, the total of demand deposits.[3] Why then did *Mises,* the developer of the Austrian theory of money, argue for including demand deposits as part of the money supply "in the broader sense"? Because, as he pointed out, bank demand deposits were not *other* goods and services, other assets exchangeable for cash; they were, instead, redeemable for cash at par on demand. Since they were so redeemable, they functioned, not as a good or service exchanging for cash, but rather as a warehouse receipt for cash, redeemable on demand at par as in the case of any other warehouse. Demand deposits were therefore "money-substitutes" and functioned as equivalent to money in the market. Instead of exchanging cash for a good, the owner of a demand deposit and the seller of the good would both treat the deposit *as if* it were cash, a surrogate for money. Hence, receipt of the demand deposit was accepted by the seller as final payment for his product. And *so long as* demand deposits *are* accepted as equivalent to standard money, they will function as part of the money supply.

It is important to recognize that demand deposits are not automatically part of the money supply by virtue of their very existence; they continue as equivalent to money only so long as the subjective estimates of the sellers of goods on the market *think* that they are so equivalent and accept them as such in exchange. Let us hark back, for example, to the good old days before federal deposit insurance, when banks were liable to bank runs at any time. Suppose that the Jonesville Bank has outstanding demand deposits of $ 1 million; that million dollars is then its contribution to the aggregate money supply of the country. But suppose that suddenly the soundness of the Jonesville Bank is severely called into question; and Jonesville demand deposits are accepted only at a discount, or even not at all. In that case, as a run on the bank develops, its demand deposits no longer function as part of the money supply, certainly not at par. So that a bank's demand deposit only functions as part of the money supply so long as it is treated as an equivalent substitute for cash.[4]

It might well be objected that since, in the era of fractional reserve banking, demand deposits are not *really* redeemable at par on demand, that then only standard cash (whether gold or fiat paper, depending upon the standard) can be considered part of the money supply. This contrasts with 100 percent reserve banking, when demand deposits are *genuinely* redeemable in cash, and function as genuine, rather than pseudo, warehouse receipts to money. Such on objection would be plausible, but would overlook the Austrian emphasis on the central importance in the market of *subjective* estimates of importance and value. Deposits are not *in fact* all redeemable in cash in a system of fractional reserve banking; but so long as individuals on the market *think* that they are so redeemable, they continue to function as part of the money supply. Indeed, it is precisely the expansion of bank demand deposits beyond their reserves that accounts for the phenomena of inflation and business cycles. As noted above, demand deposits must be included in the concept of the money supply so long as the market *treats* them as equivalent; that is, so long as individuals *think* that they are redeemable in cash. In the current era of federal deposit insurance, added to the existence of a central bank that prints standard money and functions as a lender of last resort, it is doubtful that this confidence in redeemability can ever be shaken.

All economists, of course, include standard money in their concept of the money supply. The justification for including demand deposits, as we have seen, is that people believe that these deposits are redeemable in standard money on demand, and therefore treat them as equivalent, accepting the payment of demand deposits as a surrogate for the payment of cash. But if demand deposits are to be included in the money supply for this reason, then it follows that any other entities that follow the same rules must also be included in the supply of money.

Let us consider the case of savings deposits. There are several common arguments for *not* including savings deposits in the money supply: 1. They are not redeemable on demand, the bank being legally able to force the depositors to wait a certain amount of time (usually 30 days) before paying cash; 2. they cannot be used directly for payment. Checks can be drawn on demand deposits, but savings deposits must first be redeemed in cash upon presentation of a passbook; 3. demand deposits are pyramided upon a base of total reserves as a multiple of reserves, whereas savings deposits (at least in savings banks and savings and loan associations) can only pyramid on a one-to-one basis on top of demand deposits (since such deposits will rapidly "leak out" of savings and into demand deposits).

Objection 1., however, fails from focusing on the legalities rather than on the economic realities of the situation; in particular, the objection fails to focus on the *subjective* estimates of the situation on the part of the depositors. In reality, the power to enforce a thirty-day notice on savings depositors is never enforced; hence, the depositor invariably thinks of his savings account as redeemable in cash on demand. Indeed, when, in the 1929 depression, banks tried to enforce this forgotten provision in their savings deposits, bank runs promptly ensued.[5]

Objection 2. fails as well, when we consider that, even within the stock of standard money, some part of one's cash will be traded more actively or directly than others. Thus, suppose someone holds part of his supply of cash in his wallet, and another part buried under the floorboards. The cash in the wallet will be exchanged and turned over rapidly; the floorboard money might not be used for decades. But surely no one would deny that the person's floorboard hoard is just as much part of his money stock as the cash in his wallet. So that mere lack of activity of part of the money stock in no way negates its inclusion as part of his supply of money. Similarly, the fact that passbooks must be presented before a savings deposit can be used in exchange should not negate its inclusion in the money supply. As I have written elsewhere, suppose that for some cultural quirk – say widespread revulsion against the number "5" – no seller will accept a five-dollar bill in exchange, but only ones or tens. In order to use five-dollar bills, then, their owner would first have to go to a bank to exchange them for ones or tens, and *then* use those ones or tens in exchange. But surely, such a necessity would not mean that someone's stock of five-dollar bills was not part of his money supply.[6]

Neither is objection 3. persuasive. For while it is true that demand deposits are a multiple pyramid on reserves, whereas savings bank deposits are only a one-to-one pyramid on demand deposits, this distinguishes the sources or volatility of different forms of money, but should not exclude savings deposits from the supply of money. For demand deposits, in turn, pyramid on top of cash, and yet, while each of these forms of money is generated quite differently, so long as they exist each forms part of the total supply of money in the country. The same should then be true of savings deposits, whether they be deposits in commercial or in savings banks.

A fourth objection, based on the third, holds that savings deposits should not be considered as part of the money supply because they are efficiently if indirectly controllable by the Federal Reserve through its control of commercial bank total reserves and reserve requirements for demand deposits. Such control is indeed a fact, but the argument proves far too much; for, after all, demand deposits are themselves and in turn indirectly but efficiently controllable by the Fed through its control of total reserves and reserve requirements. In fact, control of savings deposits is not nearly as efficient as of demand deposits; if, for example, savings depositors would keep their money and active payments in the savings banks, instead of invariably "leaking" back to checking accounts, savings banks *would* be able to pyramid new savings deposits on top of commercial bank demand deposits by a large multiple.[7]

Not only, then, should savings deposits be included as part of the money supply, but our argument leads to the conclusion that no valid distinction can be made between savings deposits in commercial banks (included in M_2) and in savings banks or savings and loan associations (also included in M_3).[8] Once savings deposits are conceded to be part of the money supply, there is no sound reason for balking at the inclusion of deposits of the latter banks.

On the other hand, a *genuine* time deposit – a bank deposit that would indeed only be redeemable at a certain point of time in the future, would merit very different treatment. Such a time deposit, not being redeemable on demand, would instead be a credit instrument rather than a form of warehouse receipt. It would be the result of a credit transaction rather than a warehouse claim on cash; it would therefore not function in the market as a surrogate for cash.

Ludwig von *Mises* distinguished carefully between a *credit* and a *claim* transaction: A credit transaction is an exchange of a present good (e. g., money which can be used in exchange at any present moment) for a future good (e. g., an IOU for money that will only be available in the future). In this sense, a demand deposit, while legally designated as credit, is actually a present good – a warehouse claim to a present good that is similar to a bailment transaction, in which the warehouse pledges to redeem the ticket at any time on demand.

Thus, *Mises* wrote:

> It is usual to reckon the acceptance of a deposit which can be drawn upon at any time by means of notes or cheques as a type of credit transaction and juristically this view is, of course, justified; but economically, the case is not one of a credit transaction. If *credit* in the economic sense means the exchange of a present good or a present service against a future good or a future service, then it is hardly possible to include the transactions in question under the conception of credit. A depositor of a sum of money who acquires in exchange for it a claim convertible into money at any time which will perform exactly the same service for him as the sum it refers to has exchanged no present good for a future good. The claim that he has acquired by his deposit is also a present good for him. The depositing of the money in no way means that he has renounced immediate disposal over the utility it commands.[9]

It might be, and has been, objected that credit instruments, such as bills of exchange or Treasury bills, can often be sold easily on credit markets – either by the rediscounting of bills or in selling old bonds on the bond market; and that therefore they should be considered as money. But many assets are "liquid", i. e., can easily be sold for money. Blue-chip stocks, for example, can be easily sold for money, yet no one would include such stocks as part of the money supply. The operative difference, then, is not whether an asset is liquid or not (since stocks are no more part of the money supply than, say, real estate) but whether the asset is redeemable at a fixed rate, at par, in money. Credit instruments, similarly to the case of shares of stock, are sold *for* money on the market at fluctuating rates. The current tendency of some economists to include assets as money purely because of their liquidity must be rejected; after all, in some cases, inventories of retail goods might be as liquid as stocks or bonds, and yet surely no one would list these inventories as part of the money supply. They are *other* goods sold for money on the market.[10]

One of the most noninflationary developments in recent American banking has been the emergence of *certificates of deposit* (CDs), which are genuine time and credit transactions. The purchaser of the CD, or at least the large-demonination CD, knows that he has loaned money to the bank which the bank is only bound to repay at a specific date in the future; hence, large-scale CDs are properly not included in the M_2 and M_3 definitions of the supply of money. The same might be said to be true of various programs of time deposits which savings banks and commercial banks have been developing in recent years: In which the depositor agrees to retain his money in the bank for a specified period of years in exchange for a higher interest return.

There are worrisome problems, however, that are attached to the latter programs, as well as to *small-denomination* CDs; for in these cases, the deposits *are* redeemable before the date of redemption at fixed rates, but at penalty discounts rather than at par. Let us assume a hypothetical time deposit, due in five years' time at $ 10,000, but redeemable at present at a penalty discount of $ 9,000. We have seen that such a time deposit should certainly not be included in the money supply in the amount of $ 10,000. But should it be included at the fixed though penalty rate of $ 9,000, or *not* be includes at all? Unfortunately, there is no guidance on this problem in the Austrian literature. Our inclination is to include these instruments in the money supply at the penalty level (e. g., $ 9,000), since the operative distinction, in our view, is not so much the par redemption as the ever-ready possibility of redemption at some fixed rate. If this is true, then we must also include in the concept of the money supply federal savings bonds, which are redeemable at fixed, though penalty rates, until the date of official maturation.

Another entity which should be included in the total money supply on our definition is *cash surrender values* of life insurance policies; these values represent the investment rather than the insurance part of life insurance and are redeemable in cash (or rather in bank demand deposits) at any time on demand. (There are, of course, no possibilities of cash surrender in other forms of insurance, such as term life, fire, accident, or medical.) Statistically, cash surrender values may be gauged by the total of policy reserves less policy loans outstanding, since policies on which money has been borrowed from the insurance company by the policyholder are not subject to immediate withdrawal. Again, the objection that policyholders are reluctant to cash in their surrender values does not negate their inclusion in the supply of money; such reluctance simply means that this part of an individual's money stock is relatively inactive.[11]

One caveat on the inclusion of noncommercial bank deposits and other fixed liabilities into the money supply: Just as the cash and other reserves of the commercial banks are not included in the money supply, since that would be double counting once demand deposits are included; in the same way, the demand deposits owned by these noncommercial bank creators of the money supply (savings banks, savings and loan companies, life insurance companies, etc.) should be deducted from the total demand deposits that are included in the supply of money. In short, if a commercial bank has demand deposit liabilities of $ 1 million, of which $ 100,000 are owned by a savings bank as a reserve for its outstanding savings deposits of $ 2 million, then the total money supply to be attributed to these two banks would be $ 2.9 million, deducting the savings bank reserve that is the base for its own liabilities.

One anomaly in American monetary statistics should also be cleared up: For a reason that remains obscure, demand deposits in commercial banks or in the Federal Reserve Banks owned by the Treasury are excluded from the total money supply. If, for example, the Treasury taxes citizens by $ 1 billion, and their demand deposits are shifted from public accounts to the Treasury account, the total supply of money is considered to have fallen by $ 1 billion, when what has really happened is that $ 1 billion worth of money has (temporarily) shifted from private to governmental hands. Clearly, Treasury deposits should be included in the national total of the money supply.

Thus, we propose that the money supply should be defined as all entities which are redeemable on demand in standard cash at a fixed rate, and that, in the United States at the present time, this criterion translates into:

M_a (a = Austrian) = total supply of cash-cash held in the banks + total demand deposits + total savings deposits in commercial and savings banks + total shares in savings and loan associations + time deposits and small CDs at current redemption rates + total policy reserves of life insurance companies − policy loans outstanding − demand deposits owned by savings banks, saving and loan associations, and life insurance companies + savings bonds, at current rates of redemption.

M_a hews to the Austrian theory of money, and, in so doing, broadens the definition of the money supply far beyond the narrow M_1, and yet avoids the path of those who would broaden the definition to the virtual inclusion of all liquid assets, and who thus would obliterate the uniqueness of the money phenonemon as the final means of payment for all other goods and services.

II. The Money Supply and Credit Expansion to Business

In contrast to the Chicago School, the Austrian economist cannot rest content with arriving at the proper concept of the supply of money. For while the supply of money (M_a) is the vitally important supply side of the "money relation" (the supply of and demand for money) that determines the array of prices, and is therefore the relevant concept for analyzing price inflation, different parts of the money supply play very different roles in affecting the business cycle. For the Austrian theory of the trade cycle reveals that *only* the inflationary bank credit expansion that enters the market through new business loans (or through purchase of business bonds) generates the overinvestment in higher-order capital goods that leads to the boom-bust cycle. Inflationary bank credit that enters the market through financing government deficits does *not* generate the business cycle; for, instead of causing overinvestment in higher-order capital goods, it simply reallocates resources from the private to the public sector, and also tends to drive up prices. Thus, *Mises* distinguished between "simple inflation", in which the banks create more deposits through purchase of government bonds, and genuine "credit expansion", which enters the business loan market and generates the business cycle. As *Mises* writes:

> In dealing with the (business cycle) we assumed that the total amount of additional fiduciary media enters the market system via the loan market as advances to business . . .
> There are, however, instances in which the legal and technical methods of credit expansion are used for a procedure catallactically utterly different from genuine credit expansion. Political and institutional convenience sometimes makes it expedient for a

government to take advantage of the facilities of banking as a substitute for issuing government fiat money. The treasury borrows from the bank, and the bank provides the funds needed by issuing additional banknotes or crediting the government on a deposit account. Legally the bank becomes the treasury's creditor. In fact the whole transaction amounts to fiat money inflation. The additional fiduciary media enter the market by way of the treasury as payment for various items of government expenditure ... They affect the loan market and the gross market rate of interest, apart from the emergence of a positive price premium, only if a part of them reaches the loan market at a time at which their effects upon commodity prices and wage rates have not yet been consummated.[12]

Mises did not deal with the relatively new post-World War II phenomenon of large-scale bank loans to consumers, but these too cannot be said to generate a business cycle. Inflationary bank loans to consumers will artificially deflect social resources to consumption rather than investment, as compared to the unhampered desires and preferences of the consumers. But they will *not* generate a boom-bust cycle, because they will not result in "over"investment, which must be liquidated in a recession. Not enough investments will be made, but a least there will be no flood of investments which will later have to be liquidated. Hence, the effects of diverting consumption investment proportions away from consumer time preferences will be asymmetrical, with the overinvestment-business cycle effects only resulting from inflationary bank loans to business. Indeed, the reason why bank financing of government deficits may be called simple rather than cyclical inflation is because government demands are "consumption" uses as decided by the preferences of the ruling government officials.

In addition to M_a, then, Austrian economists should be interested in *how much* of a new supply of bank money enters the market through new loans to business. We might call the portion of new M_a that is created in the course of business lending, M_b (standing for either business loans or business cycle). If, for example, a bank creates $ 1 million of deposits in a given time period, and $ 400,000 goes into consumer loans and government bonds, while $ 600,000 goes into business loans and investments, then M_b will have increased by $ 600,000 in that period.

In examining M_b on the American financial scene, we can ignore savings banks and savings and loan associations, whose assets are almost exclusively invested in residential mortgages. Savings bonds, of course, simply help finance government activity. We are left, then, with commercial banks (as well as life insurance investments). Commercial bank assets are comprised of reserves, government bonds, consumer loans, and business loans and investments (corporate bonds). Their liabilities consist of demand deposits, time deposits (omitting large CDs), large CDs, and capital. In trying to discover movements of M_b with any precision, we founder on the difficulty that it is impossible in practice to decide to what extent any increases of business loans and investments have been financed by an increase of deposits, thus increasing M_b, and how much they have been financed by increases of capital and large CDs. Looking at the problem another way, it is impossible to determine how much of an increase in deposits (increase in M_a) went to finance business loans and investments, and how much went into reserves or consumer loans. In trying to determine increases in M_b for any given period, then, it is impossible to be scientifically precise, and the economic historian must act as an "artist" rather than as an apodictic scientist. In practice, since bank capital is relatively small, as are bank investments in corporate bonds, the figure for commercial bank loans to business can provide a rough estimate of movements in M_b.

With the development of the concepts of M_a (total supply of money) and M_b (total new money supply going into business credit), we have attempted to give more precision to the Austrian theory of money, and to the theoretical as well as historical Austrian analysis of monetary and business cycle phenomena.

Notes

1 In a critique of the Chicago approach, Leland *Yeager* writes: "But it would be awkward if the definition of money accordingly had to change from time to time and country to country. Furthermore, even if money defined to include certain near-moneys does correlate somewhat more closely with income than money narrowly defined, that fact does not necessarily impose the broad definition. Perhaps the amount of these near-moneys depends on the level of money-income and in turn on the amount of medium of exchange ... More generally, it is not obvious why the magnitude with which some other magnitude correlates most closely deserves overriding attention ... The number of bathers at a beach may correlate more closely with the number of cars parked there than with either the temperature or the price of admission, yet the former correlation may be less interesting or useful than either of the latter" (Leland B. *Yeager*, "Essential Properties of the Medium of Exchange," *Kyklos* [1968], reprinted in *Monetary Theory*, ed. R.W. *Clower* [London: Penguin Books, 1969], p. 38). Also see Murray N. *Rothbard*, "The Austrian Theory of Money," in E. *Dolan* , ed., *The Foundations of Modern Austrian Economics* (Kansas City, Kansas; Sheed &Ward, 1976), pp. 179–82.

2 Ludwig von *Mises, The Theory of Money and Credit,* 3rd ed. (New Haven: Yale University Press, 1953).

3 Irving *Fisher, The Purchasing Power of Money* (New York: Macmillan, 1913).

4 Even now, in the golden days of federal deposit insurance, a demand deposit is not always equivalent to cash, as anyone who is told that it will take 15 banking days to clear a check from California to New York can attest.

5 On the equivalence of demand and savings deposits during the Great Depression, and on the bank runs resulting from attempts to enforce the 30-day wait for redemption, see Murray N. Rothbard, *America's Great Depression*, 3rd ed. (Kansas City, Kansas: Sheed & Ward, 1975), pp. 84, 316. Also see Lin Lin, "Are Time Deposits Money?" *American Economic Review* (March 1937), pp. 76–86.

6 *Rothbard*, "The Austrian Theory of Money," p. 181.

7 In the United States, the latter is beginning to be the case, as savings banks are increasingly being allowed to issue checks on their savings deposits. If that became the rule, moreover, objection 2. would then fall on this ground alone.

8 Regardless of the legal form, the "shares" of formal ownership in savings and loan associations are economically precisely equivalent to the new deposits in savings banks, an equivalence that is universally acknowledged by economists.

9 *Mises, Theory of Money and Credit*, p. 268.

10 For *Mises'* critique of the view that endorsed bills of exchange in early nineteenth-century Europe were really part of the money supply, see *ibid.*, pp. 284–86.

11 For hints on the possible inclusion of life insurance cash surrender values in the supply of money, see Gordon W. McKinley, "Effects of Federal Reserve Policy on Nonmonetary Financial Institutions," in Herbert V. *Prochnow*, ed., *The Federal Reserve System* (New York: Harper & Bros., 1960), p. 217 n; and Arthur F. *Burns, Prosperity without Inflation* (Buffalo: Economica Books, 1958), p. 50.

12 Ludwig von *Mises, Human Action*, 3rd rev. ed. (Chicago: Henry Regnery, 1966), p. 570.

RICHARD M. EBELING
GEB. 1950

Ebeling wurde in New York geboren, studierte erst in Sacramento und anschließend an der Rutgers University in New Jersey Wirtschaftswissenschaften. Er gilt innerhalb der sechsten Generation als einer der besten Kenner des Werkes von Ludwig von Mises. Gegen Ende der siebziger Jahre ging er für einige Jahre an die National University of Ireland und übernahm dann eine Assistenzprofessur an der University of Dallas, Texas, an der er bis 1988 blieb. Seit diesem Jahr ist er Ludwig von Mises Professor of Economics am Hillsdale College in Michigan. Als Vizepräsident der The Future of Freedom Foundation, einer politisch aktiven Vereinigung junger Wissenschafter, ist Ebeling nebenher auch für deren akademische Belange zuständig. Ebeling konzentriert sich in seinen Arbeiten auf die Gebiete der Wirtschaftspolitik und der Ideengeschichte. Seit 1991 berät Ebeling neben seiner Lehrtätigkeit auch die litauische Regierung zur Geldreform und zur Privatisierung. 1993 erschien sein wichtiger programmatischer Aufsatz „The Political Economy of Privatization and Market Reform in Russia", der wesentlich von der Misesschen Position geprägt ist. Die vorliegende Arbeit wurde anläßlich der 100. Wiederkehr des Geburtstages von Ludwig von Mises 1983 geschrieben.

Mises' Influence on Modern Economic Thought

In his 1921 essay paying homage to *Menger, Schumpeter* suggested that "it is an acid test of the significance of a man's lifework whether one can discern in it a single achievement which by itself signifies greatness, or whether it can be portrayed only as a mosaic into which many small pieces have been assembled".[1] The writings of Ludwig von *Mises* successfully pass *Schumpeter's* "acid test". The common thread permeating the entire *"Misesian"* edifice is a conscious and fundamental adherence and development of the concept of methodological subjectivism. And in this endeavor, *Mises* showed himself to be a faithful follower of the founders of the Austrian School of Economics.

In his first rebuttal to *Schmoller* during the opening shots of the *Methodenstreit, Menger* had declared that economic theory had "the task of tracing (social) phenomena back to their simplest elements, and to exhibit, on the basis of the method of isolation, the precise laws in accordance with which complicated economic phenomena develop from said elements".[2] What are the "simplest elements" to which the complexity of social and economic phenomena may be reduced and from which complex market phenomena may be understood? That was clearly stated by *Wieser:* "The object of investigation is man in a condition of activity." The building blocks of economic analysis were the activities of the individual market participants whose interactions generated the aggregate market outcomes. What empirical instrument served as a check to confirm or falsify the social scientists' statements about the general laws hof human activity? *Wieser* responded that "our mind ratifies every accurate description of the processes of his consciousness by the affirmative declaration that such is the case, and by the compelling feeling that it must be so necessarily . . . we, each of us, hear the law pronounced by an unmistakable inner voice."[3]

From *Mises'* first writings to his last, the refining, elaboration and application of this "Austrian" perspective served as the cornerstone of his contribution and influence on modern economic science. In his 1933 summary of the methodological writings he had begun in the 1920s, *Mises* emphasized that the unique factor to be takten into account in the study of social phenomena is the animated purposefulness of all human endeavors. "In our view", he stated, "the concept of man is, above all else . . . the concept of the being who acts ... The fact that our deeds are intentional makes them actions."[4] Man is viewed as a being who inquisitively looks out upon the world, who is conscious of opportunities to improve his lot and proceeds to apply means to achieve ends when circumstances are perceived by the actor as offering the possibility for success.

Purposefulness, perception of circumstances, alertness to opportunities, are all attributes assignable only to individuals, whose concrete content are functions of the particular perspectives, circumstances and interpretations of the respective actors themselves. Social science, therefore, according to *Mises*, is grounded at its start in methodological individualism and methodological subjectivism. The *alpha* and *omega* of social phenomena is the subjective world of acting man. The laws of nature and the physical environment may be the limits within which human endeavors are possible of accomplishment, but it is the human actor's *perception* of the possible and the attainable that will serve as the divining rod for action initiated.[5]

Within this *Misesian* schema are to be found all the dynamic elements that have become the intellectual spearheads at the frontiers of contemporary economic analysis: imperfect knowledge, time, process and change, expectations and foresight. Each of these has explicit residence in *Mises'* concept of purposeful action, for action — conscious behavior directed towards selected goals — has logical meaningfulness only where choice is seen as possible. And choice, as selection among alternative opportunities subjectively perceived, has reality only where certain knowledge of the future is lacking. In turn, time, process and change, as *Mises* was wont to emphasize, are inseparable from action, for the very thought of action implies a *becoming* and a *became*.[6]

The laws of social phenomena, *Mises* argued, are derived from the *logic of action* which, itself, is one and inseparable from the logic of thought and reason. The processes of the market that tend to marke market prices equal to market costs, for supply to tend towards an equilibrium with demand, are all reducible to the logic guiding the action of the respective individuals subsumed under the terms, "suppliers" and "demanders" — that the value of any particular means should not exceed the value of any particular end they serve[7].

Over the six decades beginning in 1912 and ending in 1969, the implications of the subjectivist perspective for questions concerning the applicability of economic analysis beyond the boundries of the "marketplace", the study and comparison of alternative economic systems, the place of knowledge and expectations in disequilibrium processes of adjustment and the role of money and the study of monetary dynamics, were all explored by *Mises*. And during that period the general thrust of *Mises'* analysis has had – with a time-lag – a profound influence on the direction of economic science.

In the years following the first world war, a leading question among economists was the delimiting of the "economic" from the "non-economic" in the study of both market and non-market phenomena.[8] The older definitions of economics as the science of wealth or welfare, of catallatics or monetary exchange, or of maximizing behavior, came to be viewed as inadequate. A broader definition that could incorporate all human conduct had first been suggested by *Sherwood*[9] and elaborated upon by *Wicksteed*.[10] A formalizing of all human conduct under the concept of choice was begun by some of the Austrians, particularly *Mayer*[11] and *Strigl*[12]. But it was put in a complete form in the late 1920s by *Mises* in a series of articles and essays.[13]

Mises argued that all conscious behavior, *regardless of the motive,* contained an "economic" aspect, that being the requirement for choice among alternative courses of action. The logic of choice was the preferring of on possibility over another and the pursuit of the ends selected by the application of means available. Furthermore, the logic of choice and the logic of all human action were ultimately one and the same, for all conscious conduct imposed the necessity of preferring one alternative and foregoing another. Closely linked with this generalizing of the concept of choice was *Mises'* reminder that opportunities foregone among alternatives were subjective, i.e., the *cost of a choice* ultimately depended upon the particular knowledge, perspective, interpretations and expectations of the individual decision-maker.[14]

Mises' wide formalization of choice has had revolutionary consequences for economics during the past fifty years. In his 1932 *Essay on the Nature and Significance of Economic Science,* Lord *Robbins* acknowledged his "especial indebtedness to the works of Professor Ludwig von *Mises*"[15] and then stated what has now become *the* standard definition of economics as the "science which studies human behavior as a relationship between end and scarce means which have alternative uses".[16] Its application, said *Robbins,* could be as wide as the economics of war, prostitution or religious artifacts. And two years later, Sir John *Hicks* pointed out that, "By transforming the subjective theory of value into a general logic of choice, they extend its applicability over wide fields of human conduct", including, potentially, "an economic theory of the state."[17]

Such wider applications of the *Misesian* idea of the logic of human action has had to wait for several decades to pass, though some Austrians had begun to consider its possibilities for understanding political processes early on.[18] In the 1950s and early 1960s, the theory of "public choice" arose, particularly following the publication of *The Calculus of Consent* by *Buchanan* and *Tullock*. Consciously adopting *Mises*' "individualistic" methodology,[19] *Buchanan* and *Tullock* have stimulated the growth of a vast literature that has focused on the usefulness of analyzing the choice-theoretics of individual behavior for understanding democratic decision-making, pressure-group politics, bureaucracy and war and revolution.[20]

In the last fifteen years this has expanded into a broad "Economic Approach to Human Behavior", under the stimulus of the writings of Gary S. *Becker*. Consciously building upon *Robbins*' formulation of *Mises* general theory of human action, *Becker* has pioneered a series of papers and monographs containing an economic analysis of crime, law, marriage, fertility, children, altruism and social interaction.[21] Indeed, these have now even been popularized for economic classroom instruction.[22]

The particular mode in which *Robbins* expressed *Mises*' theory has tended to generate a "static" formulation of the logic of choice in which the mathematical calculation of utility maximizing behavior is the central core of the analysis, with both "ends" and "means" taken as "known" and "given". Furthermore, the wide-spread definition of science as capacity to predict has resulted in *Becker* and those following his *Robbinsian* exposition of the logic of choice calculating opportunity cost as foregone money-income as a device for quantitative "prediction" of human behavior under given constraints.

Mises' exposition adhered stringently to the basic postulates of subjectivist economics, which as *Buchanan* has expressed it, makes "an explicit denial of the *objectivity* of the data that forms economic choice. The acting subject, the chooser, selects certain preferred alternatives according to his own criteria", not necessarily limited to alternative money-income streams.[23] In the 1930s, *Buchanan* has pointed out, "Ludwig von *Mises* was one of the chief sources for the subjectivist economics expounded" by a number of economists at the London School of Economics, particularly *Hayek*, *Thirlby* and *Wiseman*.[24] They emphasized the "non-objective" and anticipatory quality of cost and choice. Choice, they said, echoing *Mises*, is necessarily forward-looking in an environment of less than perfect knowledge; it is unique and distinct, being dependent upon the decision-maker's expectations of future possibilites – both of a monetary and non-monetary character – and their anticipated relative importance. And more recently, this L. S. E. development of the *Misesian* theme has been taken up as a basis for questioning the standard marginal-cost pricing rule for public utility and regulatory policy.[25]

The subtle distinction between a logic of choice that initially assumes given, objectively known conditions and *Mises'* logic of action that accepts the necessarily limited, imperfect knowledge of the choosers becomes clear in *Mises* own applications of the of the subjectivist approach and its impact on economic theory.

Before 1920, almost no thought had been given by either socialist or non-socialist economists to the efficacy of State planning as an alternative to a market economy. *Mises* raised this very question in a 1920 article that was expanded into a comprehensive treatise two years later in 1922.[26] Under socialism, the prohibition on the private ownership of the means of production would preclude the existence of markets upon which the prices of scarce factors of production could be formed. And without market prices no rational technique would exist for carrying out economic calculation for the estimation of least-cost methods of production. Hence, concluded *Mises,* the establishment of universal socialism would necessitate the demise of all rational economic planning.

With this challenge to socialism *Mises* influenced the entire direction of a large segment of economic thought. *Hayek* has said that, "To none of us . . . who read the book *(Die Gemeinwirtschaft)* when it appeared was the world ever the same again . . . *Roepke* . . . *Robbins,* or *Ohlin* . . . would tell the same story."[27] In fact, the last fifty years of discussion and debate over the capacity for the State to replace the market economy as the coordinator of economic activity has been one reply after another attempting to directly or indirectly answer *Mises'* argument. Indeed, what has been most influential of all is that those replying to his challenge have from the start implicitly admitted the correctness of his central thesis. When *Lange* gave his famous "answer" to *Mises* in the mid-1930s and even suggested that a "statue of Professor *Mises* ought to occupy an honorable place in the great hall of the . . . Central Planning Board of the socialist state",[28] it was an answer that conceded the entire case: Complete central planning was impossible, with some form of pricing system necessary for economic calculation. *Lange's* exposition and that of many others, e.g. *Durbin, Hall, Dickinson* and *Lerner,* have all been attempts to somehow make prices and planning compatible.

Yet, all such attempts have been primarily exercises in trying to devise ways of setting up supply and demand equations to generate equilibrium pricing solutions. They have all operated in frameworks tacitly assuming, to one degree or another, a "givenness" and "objectiveness" of the market "datum" for calculating purposes. Yet, *Mises'* more subtle point was precisely, how the "datum" was to be discovered and utilized? "It is clear that under stationary conditions the problem of economic calculation does not really arise", *Mises* stated. "The problem of economic calculation is a problem which arises in an economy which is perpetually subject to change, an economy which every day is confronted with new problems which have to be solved."[29]

Once change is brought into the analysis expectations enters as an integral part, as well. Prices in such a world are more than objective parameters within which market participants indulge in maximizing behavior. The prices themselves, *Mises* argued, have to be viewed as the result of the interaction of the constantly changing expectations of rivalrous entrepreneurs forming judgments about consumer demands, on the one hand, and anticipations about the productive usefulness of factors of production in alternative uses, on the other hand. The market process was the social device for the coordination of a multitude of individual and subjective estimates of the relative importance and significance of ever-changing opportunities and circumstances.[30]

Thus, in analyzing and comparing alternative economic systems the relevant questions concern the extent to which each system can integrate the divergent and decentralized knowledge and evaluational expectations of a multitude of market participants and enable its effective utilization. Especially within the last several years it has come to be generally recognized by economists that this *Misesian* criteria is the only one from which any legitimate comparisons of alternative institutional arrangements can be made.[31] The revolutionary character of *Mises'* methodological subjectivism becomes most apparent from a look at his contributions to monetary theory and trade cycle analysis, and the impact it has had on 20th century economic thought. In his 1912 treatise, *Theorie des Geldes und der Umlaufmittel*, *Mises* made one of the first successful attempts to apply marginal utility analysis to explain the origin and value of money by emphasizing the role of uncertainty and expectations in the actions of market participants.[32] However, *Mises'* analysis contained much more than just this. In the parlance of contemporary economics, he proceeded to develop a microeconomic foundation for macroeconomics. Utilizing *Böhm-Bawerk's* capital theory and Knut *Wicksell's* distinction between the money and "natural" rates of interest, *Mises* devised a dynamic process analysis showing how changes in the money supply could generate shifts in income distribution, cause resource misallocations via relative price distortions and induce trade cycle fluctuations.[33]

What distinguished *Mises'* approach, for example, from Irving *Fisher's* quantity theory of money was precisely his refusal to make the analytical jump (made by *Fisher* and others) from changes in the aggregate money supply to changes in the general "price level". *Mises* insisted upon a strict adherance to methodological individualism. Any explanations of statistically calculated changes in total employment and output or in the "price level" needed to be dissected into the "step-by-step" sequential process of individual market actions, reactions and plan adjustments and readjustments following an increase (or decrease) in the money supply. Thus, the macroeconomic aggregates were to be decomposed into their microeconomic components by rigorously analyzing the "transmission mechanism" of a monetary injection.

In the 1930s applications of *Mises'* approach were at the forefront of monetary theory. Its most influential spokesman outside of Austria was *Hayek,* who in a series of lectures published under the title, *Prices and Production,* introduced the "Austrian" theory of the trade cycle to English-speaking economists.[34] Versions of *Mises'* theory were soon appearing under the pen of several other "Austrian" economists, including *Haberler,*[35] *Machlup,*[36] *Strigl*[37] and *Robbins.*[38] Indeed, no less an authority than *Hicks* has pointed out that in the 1930s *Hayek's* exposition of the theory became "the principle rival of the new theores of *Keynes*".[39] Even socialist economists adopted the framework as a starting-point for their analysis of capitalist economies.[40]

During the 1940s and 1950s, *Mises'* theory of monetary dynamics were temporarily eclipsed by the *Keynesian* Revolution. Over the last fifteen years, however, interest in the microeconomic foundations of macro-phenomena and revived interest into the problems of disequilibrium adjustment processes, as well as expectations theory, has brought about a reawakened a awareness of *Mises'* contribution.

The relevancy of *Mises'* work is more than evident. In 1919, he developed an exposition of the purchasing power parity theory that introduced expectations analysis to explain shifts and divergences between foreign exchange ratios and respective domestic price levels.[41] In his 1919 volume, *Nation, Staat und Wirtschaft*[42], and in empirical studies for the Austrian government, "Ludwig v. *Mises* was the first", *Machlup* has remarked, "to point to the phenomena of the consumption of capital" due to distortions of capital accounts and entrepreneurial expectations caused by inflation and the fiscal policies of the Austrian State during the early 1920s.[43] In 1931, *Mises* analyzed the impact of "money illusion" on employment in terms of trade union expectations about changes in real wages due to inflation.[44] And in 1933, he was already applying aspects of what has become known as "rational expectations" theory to analyze the potential effects on employment and output from government manipulations of monetary and fiscal instruments; he emphasized that their impact will be a function of the interpretive expectations of the market participants when a change in policy is introduced.[45]

Already in 1967, Edmund S. *Phelps* reminded his fellow economists that "Continental economists like von *Mises* always emphasized the role of expectations in the inflationary process".[46] And most recently, *Laidler*, in an analysis of rational expectations theory, has argued that, "It is the Austrians ... like Ludwig von *Mises* and Friedrich von *Hayek* ... who are the predecessors of *Lucas, Sargent* and their *associates*." In fact, *Laidler* crowns the expositors of rational expectations as the "neo-Austrians" who "have set themselves the task of producing a theory of the business cycle that is firmly based on the notion that all market phenomena represent the harmonious outcome of the voluntary choices of maximizing individuals".[47] And finally, the *Misesian* and Austrian analysis of the non-neutral manner in which monetary forces can distort income distribution and resource allocation has served as the starting point for the theory of the "political business cycle".[48]

But the most important influence that can be seen as immanating from the writings of *Mises* been its success in, first, maintaining an interest in the Austrian School of Economics during the years of *Keynesian* supremacy and, now, in fostering a growing revival of that Austrian tradition, both in Europe and the United States. Its coherence as a logical system of thought, its capacity to intergrate in a single analysis the dynamic interaction of short-run impacts and long-run consequences and its smooth applicability to problems of alternative social arrangements and institutional orders, has made the Austrian approach extremely appealing to a widening segment of the economics profession.

Particularly in the United States, *Mises'* influence has generated major works consciously in the Austrian mold, e.g., the writings of Israel M. *Kirzner*[49] and Murray N. *Rothbard*.[50] In the past five years alone, four volumes devoted to the Austrian perspective have appeared in America,[51] with journals devoting entire issues to the topic.[52]

The "acid test" of an economist's contribution is not only, as *Schumpeter* suggested, that it can be expressed in a single achievement. Many are the economists during the last two hundred years who have proposed "systems". Equally, if not more importantly, is the capacity of that contribution to appear alive, fresh and relevant to generation after generation of thinkers and scientists. By this latter "acid test", the contributions of Ludwig von *Mises* have more than proven their timeless value to the sciences of man.

Notes

1 J. A. *Schumpeter*, "Carl Menger", *Ten Great Economists,* New York, 1951, p. 80.

2 C. *Menger, Die Irrtümer des Historismus in der Deutschen Nationalökonomie* (1884), quoted in Albion W. *Small, The Origins of Sociology,* New Jersey (1924), 1967, p. 223.

3 F. v. *Wieser, Social Economics,* New York (1927), 1967, p. 8; translation of *Theorie der gesellschaftlichen Wirtschaft,* Tübingen, 1914.

4 L. v. *Mises, Epistemological Problems of Economics,* New York (1960), 1981, p. 14; translation of *Grundprobleme der Nationalökonomie,* Jena, 1933, pp. 13–14.

5 L. v. *Mises, Human Action: A Treatise on Economics,* Chicago (1949), 3rd revised ed., 1966, pp. 41–46.

6 Ibid., pp. 99–101.

7 Ibid., pp. 257–259 and 289–294.

8 Cf. I. M. *Kirzner, The Economic Point of View,* Kansas City (1960), 1976.

9 S. *Sherwood,* "The Philosophical Basis of Economics", in: *Annals of the American Academy of Political and Social Science,* Sept. 1897, pp. 58–92.

10 Ph. H. *Wicksteed, The Common Sense of Political Economy* (1910), London, 1933.

11 H. *Mayer,* Untersuchung zu dem Grundgesetz der wirtschaftlichen Wertrechnung, in: *Zeitschrift für Volkswirtschaft und Sozialpolitik* (Bd. II, 1922), S. 4–5.

12 R. *Strigl, Die ökonomischen Kategorien und die Organisation der Wirtschaft,* Jena, 1923, S. 123.

13 *Mises, Epistemological Problems of Economics,* pp. 146–216; *Grundprobleme der Nationalökonomie,* S. 137–200.

14 Ibid., pp. 146–166; S. 137–155.

15 L. *Robbins, An Essay on the Nature and Significance of Economic Science,* London, 1935, pp. XV–XVI.

16 Ibid., p. 16.

17 J. R. *Hicks,* "A Reconsideration of the Theory of Value", in: *Economica,* Feb., 1934, p. 54.

18 O. *Morgenstern, The Limits of Economics,* London, 1937, pp. 29–46; translation of *Die Grenzen der Wirtschaftspolitik,* 1934.

19 J. M. *Buchanan* and G. *Tullock, The Calculus of Consent,* Ann Arbor, 1962, pp. 11–15 and 315–317 and 358.

20 W. A. *Niskanen, Bureaucracy and Representative Government,* Chicago, 1971, p. 9; "My book builds on the insights of (Max) Weber and von Mises . . ."; G. *Tullock, The Social Dilemma, The Economics of War and Revolution,* Blacksburg, 1974.

21 G. S. *Becker, The Economic Approach to Human Behavior,* Chicago, 1976, p. 4–7.

22 I. *Papps, For Love or Money?, A Preliminary Economic Analysis of Marriage and the Family,* London, 1980; R. *McKenzie* and G. *Tullock, The New World of Economics,* Homewood, 1981, for references to *Mises,* pp. 8–9.

23 J. M. *Buchanan, Cost and Chouce, an Inquiry in Economic Theory,* Chicago, 1969, p. 25.

24 Ibid., p. 34; see J. M. *Buchanan* and G. F. *Thirlby* (eds.), *L. S. E. Essays on Cost,* New York (1973), 1981.

25 St. C. *Littlechild, The Fallacy of the Mixed Economy, An "Austrian" Critique of Conventional Economics and Governments Policy,* San Francisco, 1979.

26 L. v. *Mises,* "Economic Calculation in the Socialist Commonwealth", in: F. A. v. *Hayek* (ed.), *Collectivist Economic Planning,* London, 1935, pp. 87–130, translation of "Die Wirtschaftsrechnung im sozialistischen Gemeinwesen", in: *Archiv für Sozialwissenschaften* (1920); and *Mises, Socialism, An Economic and Sociological Analysis,* Indianapolis, 1936, translation of *Die Gemeinwirtschaft* (1922), 1932.

27 F. A. v. *Hayek,* Appendix two, in: Margit von *Mises, My Years with Ludwig von Mises,* New Rochelle, 1976, p. 189.

28 O. *Lange,* "On the Economic Theory of Socialism", in: *Review of Economic Studies,* Oct. 1936; Feb. 1937, reprinted in E. *Lippincott* (ed.), *On the Economic Theory of Socialism,* New York, 1965, pp. 57–58.

29 L. v. *Mises, Socialism,* p. 139.

30 L. v. *Mises, Human Action,* pp. 327–343 and 705–715.

31 R. R. *Nelson,* "Assessing Private Enterprise: an Exegesis of Tangled Doctrine", in: *The Bell Journal of Economics,* Spring, 1981, pp. 93–111.
K. I. *Vaugh,* "Economic Calculation Under Socialism: The Austrian Contribution", in: *Economic Inquiry,* Oct. 1980, pp. 535–554.
I. M. *Kirzner, The Perils of Regulation, A Market-Process Approach,* Coral Gables, 1978.

32 L. v. *Mises, The Theory of Money and Credit,* Indianapolis (1951), 1981, translation of *Theorie des Geldes und der Umlaufmittel,* zweite neubearbeitete Auflage, München und Leipzig: 1924.

33 L. v. *Mises,* "Monetary Stabilization and Cyclical Policy", in: *On the Manipulation of Money and Credit,* Dobbs Ferry: Free Market Books, 1978, pp. 59–171, translation of *Geldwertstabilisierung und Konjunkturpolitik* (1928); and *Human Action,* pp. 398–432 and 538–586.

34 F. A. v. *Hayek, Prices and Production,* New York, 1935; also, *Hayek, Monetary Theory and the Trade Cycle,* New York, 1933.

35 G. *Haberler,* "Money and the Business Cycle", 1932, reprinted in R. M. *Ebeling* (ed.), *The Austrian Theory of the Trade Cycle and Other Essays,* New York, 1978, pp. 7–20.

36 F. *Machlup, The Stock Market, Credit and Capital Formation,* London, 1940, translation of *Börsenkredit, Industriekredit und Kapitalbildung,* 1931; also, *Machlup, Führer durch die Krisenpolitik,* Wien, 1934.

37 R. *Strigl, Kapital und Produktion,* Wien, 1934.

38 L. *Robbins, The Great Depression,* London, 1934.

39 J. *Hicks, Critical Essays in Monetary Theory,* London, 1967, p. 203.

40 E. F. M. *Durbin, Purchasing Power & Trade Depression,* London, 1934; M. A. *Abrams, Money and a Changing Civilisation,* London, 1934; H. *Gaitskell,* "Four Monetary

Heretics", in G. D. H. Cole (ed.), in: *What Everybody Wants to Know About Money,* New York, 1933, pp. 280–335.

41 L. v. *Mises,* „Zahlungsbilanz und Devisenkurse", in: *Mitteilungen des Verbandes österreichischer Banken und Bankiers,* 1919, S. 39–46.

42 L. v. *Mises, Nation, Staat und Wirtschaft,* Wien und Leipzig, 1919, S. 123–144.

43 F. *Machlup,* "The Consumption of Capital in Austria", in: *The Review of Economic Statistics,* Jan. 15, 1935, p. 13.

44 L. v. *Mises,* "The Causes of the Economic Crisis", in: *On the Manipulation of Money and Credit,* pp. 199–200; translation of *Die Ursachen der Wirtschaftskrise: Ein Vortrag,* Tübingen, 1931.

45 L. v. *Mises,* "The Current Status of Business Cycle Research and Its Prospects for the Immediate Future", in ibid., 211–212; translation from *Die Stellung und die nächste Zukunft der Konjunkturforschung, Festschrift für Arthur Spiethoff,* München, 1933, S. 178–179.

46 E. S. *Phelps,* "Money Wage Dynamics and Labor Market Equilibrium", in: *Microeconomic Foundations of Employment and Inflation Theory,* New York, 1970, p. 129.

47 D. *Laidler,* "Monetarism: An Interpretation and an Assessment", in: *Economic Journal,* March, 1981, p. 12.

48 R. E. *Wagner,* "Economic Manipulation for Political Profit: Macroeconomic Consequences and Constitutional Implications", in: *Kyklos,* 1977, pp. 395–409; *Wagner,* "Public Choice, Monetary Control and Economic Disruption", in: P. *Whiteley* (ed.), *Models of Political Economy,* London, pp. 201–220; and *Wagner,* "Boom and Bust: The Political Economic Disorder", in: *The Journal of Libertarian Studies,* Winter, 1980, pp. 1–38.

49 I. M. *Kirzner, Competition and Entrepreneurship,* Chicago, 1973; *Perception, Opportunity and Profit,* Chicago, 1979; *An Essay on Capital,* New York, 1966.

50 M. N. *Rothbard, Man, Economy and State,* New Jersey, 1962; *America's Great Depression,* New Jersey, 1963; *Toward a Reconstruction of Utility and Welfare Economics,* New York, 1977.

51 E. G. *Dolan* (ed.), *The Foundations of Modern Austria Economics,* Kansas City, 1976; L. S. *Moss* (ed.), *The Economics of Ludwig von Mises, Toward a Critical Reappraisal,* Kansas City, 1976; L. *Spadaro* (ed.), *New Directions in Austrian Economics,* Kansas City, 1978; M. *Rizzo* (ed.), *Time, Uncertainty and Disequilibrium, Exploration of Austrian Themes,* Lexington, 1979.

52 "Carl Menger and Austrian Economics", *Atlantic Economic Journal,* Sept., 1978; see, also, L. M. *Lachmann,* "From Mises to Shackle: An Essay on Austrian Economics and the Kaleidic Society", in: *Journal of Economic Literature,* March, 1976, pp. 54–62.

George A. Selgin
geb. 1954

Lawrence H. White
geb. 1957

GEORGE SELGIN studierte zunächst im Austrian Program unter Israel Kirzner an der New York University, ging dann nach Hongkong und anschließend an die George Mason University in Virginia. Von dort wurde er nach Athens, Georgia, geholt, wo er ebenso wie White an der Universität lehrt und forscht. Diese Universität ist seit den späteren achtziger Jahren zu einem Zentrum geldtheoretischer Forschung geworden, das der Methodologie der Österreichischen Schule verpflichtet ist. 1992 veröffentlichte Selgin sein Buch *The Theory of Free Banking*, mit dem er die Ideen der Deregulierung der Geldpolitik weiter vorantrieb. Der hier abgedruckte Aufsatz entstand 1986 und ist für den interessanten Ansatz der beiden Autoren repräsentativ.

(Biographie von LARRY WHITE: Bitte umblättern!)

Nach einigen Jahren an der New York University, wo er am Institut von Israel Kirzner im „Austrian Program" lehrte, akzeptierte LARRY WHITE eine Professur an der University of Georgia in Athens, Georgia. White und sein nur unwesentlich jüngerer Kollege George Selgin gelten als die wichtigsten Geldtheoretiker innerhalb der sechsten Generation der Österreichischen Schule der Nationalökonomie. Ihre Arbeiten wurden stark durch F. A. von Hayeks bahnbrechendes Werk *Die Entnationalisierung des Geldes* (1977) beeinflußt. Seit den achtziger Jahren trägt White zusätzlich in den Seminaren des Institute for Human Studies an der G. Manson University und der Foundation for Economic Education in New York vor. Seine Arbeitsgebiete umfassen auch Kapitaltheorie und Methodologie. Mit seinem Buch *Free Banking in England* gelang es White 1984, ein Standardwerk der einschlägigen Literatur zu schreiben.

The Evolution of a Free Banking System*

The institutional features of models of unregulated monetary systems have often been arbitrarily and implausibly assumed. This paper instead provides realistic grounding for important features by constructing a logical evolutionary account of free banking. Sophisticated and orderly arrangements are shown to emerge from competition and the pursuit of less costly methods of payment. The emergence of standardized commodity money is followed by the development, in turn, of basic money-transfer banking, easily transferable bank liabilities, and clearinghouses. The features of an evolved free banking system differ from those assumed in recent models of competitive payments systems.

I. Introduction

In recent years monetary theorists have produced a substantial literature on the properties of a completely unregulated monetary system.[1] Their assumptions concerning the institutional features of such a system have ranged from the proliferation of numerous competing private fiat currencies at one extreme to the complete disappearance of money at the other. While these assumptions have generated clear-cut and provocative conclusions, their plausibility or realism in light of historical experience is open to serious doubt. These doubts may unfortunately suggest that any discussion of an unregulated monetary system (or "free banking" system) must be tenuous and highly speculative. This paper shows, to the contrary, that important institutional features of a free banking system, in particular the nature of payment media, can be realistically grounded by constructing a logical explanation of its evolution.

The method of logical evolutionary explanation has previously been applied to monetary institutions by *Hicks* (1967) and *Menger* (1892), among others. The present study integrates and extends work along their lines. The method is employed here in the belief that it has been unduly neglected in recent work, not that it is the only valid method for theoretically explaining institutional arrangements. The more standard method of building explicit transactions costs or informational imperfections or asymmetries into an optimization model has unquestionably been useful in the task of explaining why banks exist as intermediaries (*Santomero* [1984, 577–580] surveys this literature).

Our investigation derives arrangements that would have arisen had state intervention never occurred. The results should therefore help to identify the degree to which features of current monetary and banking institutions are rooted in market forces and the degree to which they have grown out of regulatory intervention. Such information gives important clues about how future deregulation would modify institutions. We show that sophisticated monetary arrangements, whose institutional features are described, emerge in the absence of regulation. No strong claims are advanced here about the welfare properties of these arrangements.[2] We aim to establish the most credible path for unrestricted monetary evolution, but certainly not the only possible path. Economists who find other institutional outcomes more plausible for an unregulated system will, we hope, similarly try to explain why and how those outcomes would emerge.

The evolution of a free banking system, following the emergence of standardized commodity money, proceeds through three stages. These are, first, the development of basic money-transfer services which substitute for the physical transportation of specie; second, the emergence of easily assignable and negotiable bank demand liabilites (inside money); and third, the development of arrangements for the routine exchange ("clearing") of inside monies among rival banks. The historical time separating these stages is not crucial. The path of development, rather than being one of steady progress as pictured here, may in practice involve false starts or creative leaps. What is essential is that each stage is the logical invisible-hand outgrowth of the circumstances that preceded it. In other words, each successive step in the process of evolution originates in individuals' discovery of new ways to promote their self-interest, with the outcome an arrangement at which no individual consciously aims.

II. Commodity Money

Because the use of money logically and historically precedes the emergence of banking firms, we begin with an account of the origin of money. Our account follows that of *Menger* (1892), who furnished an invisible-hand explanation, consistent with historical and anthropological evidence, of how money originated as a product of undesigned or spontaneous evolution.[3] *Menger's* theory shows that no state intervention is necessary in order to establish a basic medium of exchange or unit of account. It also provides a useful prototype for our explanations of how subsequent banking institutions evolve in spontaneous fashion.

In premonetary society, traders relying upon barter initially offer goods in exchange only for other goods directly entering their consumption or household production plans. The number of bargains struck this way is small, owing to the well-known problem of finding what *Jevons* termed a "double coincidence of wants". Before long some frustrated barterer realizes that he can increase his chances for success by adopting a two-stage procedure. He can trade his wares for some good, regardless of its direct usefulness to him, which will more easily find a taker among those selling what he ultimately wants. It follows that the earliest media of exchange are simply goods perceived to be in relatively widespread demand. The widening of demand for these things owing to their use as media of exchange reinforces their superior salability. Other traders eventually recognize the gains achieved by those using indirect exchange, and emulate them, even though they may be unaware of the reason for the advantages from using a medium of exchange. This emulation further enhances the acceptance of the most widely accepted media, elevating one or two goods above all others in salability. The snowballing of salability results in the spontaneous appearance of generally accepted media of exchange. Eventually traders throughout an economy converge on using a single commodity as a generally accepted medium of exchange, i.e., as money.

Historical evidence on primitive monies indicates that cattle were often the most frequently exchanged commodity, and that a standardized "cow" was the earliest unit of account. Cattle were a poor general medium of exchange, however, because of their relative nontransportability and nonuniformity. Not until the discovery of metals and of methods for working them did the use of money replace barter widely.[4] According to Jacques *Melitz* (1974, 95), common attributions of moneyness to primitive media, especially nonmetallic "moneys" (with the exception of cowries in China), warrant skepticism because many of these media (e.g., the Yap stones of Melanesia) do not meet any reasonably strict definition of money.

The emergence of coinage can also be explained as a spontaneous development, an unplanned result of merchants' attempts to minimize the necessity for assessing and weighing amounts of commodity money received in exchange. Merchants may at first mark irregular metallic nuggets or pieces after having assessed their quality. A merchant recognizing his own or another's mark can then avoid the trouble and cost of reassessment. Marking gives way to stamping or punching, which eventually leads to specialists' making coins in their modern form. Techniques for milling coin edges and covering the entire surface with type provide safeguards against clipping and sweating and so allow coinage to serve as a guarantee of weight as well as of quality. Arthur R. *Burns* (1927a, 297–304; 1927b, 59) has illustrated this process with evidence from ancient Lydia, where coins of electrum (a naturally occurring silvergold alloy) coins came into early use.

Absent state interference, coinage is a private industry encompassing various competing brands. Under competition coins are valued according to bullion content plus a premium equal to the marginal cost of mintage. The demand for readily exchangeable coins promotes the emergence of standard weights and fineness. Nonstandard coins must circulate at a discount because of the extra computational burden they impose, so that their production is unprofitable. States seem to have monopolized coinage early in history, but not by outcompeting private mints. Rather, the evidence suggests that state coinage monopolies were regularly established by legal compulsion and for reasons of propaganda and monopoly profit. State-minted coins functioned both as a symbol of rule and as a source of profits from shaving, clipping, and seignorage. For these reasons coinage became a state function throughout the world by the end of the seventh century (*Burns* 1927a, 308; 1927b, 78).

III. Banking Firms

The counting and transporting of coin entail considerable inconvenience. Traders, particularly those frequently making large or distant eschanges, will naturally seek lower-cost means of transferring ownership of money. One likely locus for development of such means is the market where local coins are exchanged for foreign coins. Standard coins may differ interlocally even in the absence of local state interventions because of geographic diseconomies in reputation building for mints. A coin-exchange market then naturally arises with interlocal trade. A trader who uses a money changer must initially count and carry in local coin each time he wants to acquire foreign coin, or vice versa. He can reduce his costs by establishing a standing account balance, to build up at his convenience and draw upon as desired. The money changer's inventories equip him to provide such accounts, which constitute demand deposits, and even to allow overdrafts. These deposits may originally be non-transferable. But it will soon be apparent, where one customer withdraws coins in order to pay a recipient who redeposits them with the same exchange banker, that the transfer is more easily made at the banker's place of business, or more easily yet by persuading the banker to make the transfer on his books without any handling of coins. Thus trading individuals come to keep money balances with agencies which can make payments by ledger-account transfers.

Money-transfer services of this sort, provided by money changers and bill brokers in twelfth century Genoa and at medieval trade fairs in Champagne, mark the earliest recorded forms of banking.[5] In time all the major European trading centers had "transfer banks", as Raymond *de Roover* (1974, 184) calls them; he comments that "deposit banking grew out of (money-changing) activity, because the money changers developed a system of local payments by book transfer". In our view, however, the taking of deposits on at least a small scale logically *precedes* the development of book-transfer methods of payment.

Money-transfer services may also develop in connection with deposits made for safekeeping rather than for money changing. The well-known story of the origins of goldsmith banking in seventeenth century England illustrates this development. Wealthy persons may temporarily lodge commodity money with scriveners, goldsmiths, mintmasters, and other reputable vault-owners for safe-keeping. Coin and bullion thus lodged must be physically withdrawn and transferred for its owner to use it as a means of payment. Exchanges in which the recipient redeposits it in the same vault (like redeposits with a money changer or bill broker) create obvious advantages in making the transfer at the vault, or better yet in simply notifying the vault's custodian to make the transfer on his books. In England, scriveners were the earliest pioneers in the banking trade; in Stuart times they were almost entirely displaced by goldsmith bankers. English goldsmiths evidently became transfer bankers during the seventeenth century, when they "began to keep a 'running cash' for the convenience of merchants and country gentlement" (*de Roover* 1974, 83–84). The confiscation by Charles I of gold deposited for safekeeping at the royal mint ended that institution's participation in the process of banking development. Private mints, had they been permitted, would have been logical sites for early banking activities.

Transfer banking is not connected with intermediation between borrowers and lenders when the banker acts strictly as a warehouseman, giving deposit receipts which are regular warehouse dockets. The strict warehouse banker is a bailee rather than a debtor to his depositors and can make loans only out of his personal wealth. Two conditions make it possible, however, to take advantage of the interest income available from lending out depositors' balances, even while satisfying depositors' desire to have their funds withdrawable on demand: (1) Money is fungible, which allows a depositor to be repaid in coin and bullion not identical to that he brought in, and (2) the law of large numbers with random withdrawals and deposits makes a fractional reserve sufficient to meet actual withdrawal demands with high probability even though any single account may be removed without notice. (Interestingly, these conditions may also be met in the warehousing of standard-quality grain, so that fractional reserve "banking" can likewise develop there, as *Williams* [1984] has shown.) The lending of depositors' balances is an innovation that taps a vast new source of loanable funds and alters fundamentally the relationship of the banker to his depositor customers.

Historically in England, according to *Richards* (1965, 223), "the bailee ... developed into the debtor of the depositor; and the depositor became an investor who loaned his money ... for a consideration." Money "warehouse receipts" became merely ready promissory notes. W. R. *Bisschop* (1910, 50 n) reports that English warehouse bankers had become intermediaries by the time of Charles II (1660–1685): "Any deposit made in any other shape than ornament was looked upon by them as a free loan." Competition for deposits prompted the payment of interest on deposits, and the attractiveness of interest on safe and accessible deposits in turn apparently made the practice of depositing widespread among all ranks of people (*Powell* 1966, 56–57).

IV. Transferable Instruments

Under these circumstances the effective money supply obviously becomes greater than the existing stock of specie alone. The most important banking procedures and devices, however, have yet to develop. Many purchases are still made with actual coin. Bank depositors, in order to satisfy changing needs for money at hand, make frequent withdrawals from and deposits into their bank balances. These actions may in the aggregate largely cancel out through the law of large numbers. But they require the banks to hold greater precautionary commodity money reserves, and consequently to maintain a larger spread between deposit and loan rates of interest, than is necessary when payments practices become more sophisticated. Greater sophistication comes with the emergence of negotiable bank instruments, able to pass easily in exchange from one person to another, which replace coin and nonnegotiable deposit receipts in transactions balances. The use of coin is also superceded by the development of more efficient means for the bank-mediated transfer of deposits.

Assignability and negotiability may develop through several steps. Initially the assignment of deposited money (whether "warehoused" or entrusted to the banker for lending at interest) by the depositor to another party may require the presence of all three parties to the exchange or their attorneys. Money "warehouse receipts" (or promissory notes) and running deposit balances cannot be assigned by the owner's endorsement without the banker acting was witness. An important innovation is the development of bank-issued promissory notes transferable by endorsement. Assignable notes in turn give way to fully negotiable bank notes assigned to no one in particular but instead payable to the bearer on demand. A parallel development is the nonnegotiable check enabling the depositor to transfer balances to a specific party, in turn giving way to the negotiable check which can be repeatedly endorsed or made out "to cash".[6] Thus the modern forms of inside money – redeemable bearer bank notes and checkable deposits – are established. Once this stage is reached it is not difficult for bankers to conceive what Hartley *Withers* (1920, 24) has called "the epoch-making notion" – in our view it is only an incremental step – of giving inside money not only to depositors of metal but also to borrowers of money. The use of inside money enhances both customer and bank profits, so that only the possible reluctance of courts to enforce obligations represented by assigned or bearer paper stands in the way of its rapid development.

In England bearer notes were first recognized during the reign of Charles II, about the time when warehouse banking was giving way to fractional reserve transfer banking. At first the courts gave their grudging approval to the growing practice of repeated endorsement of promissory notes. Then after some controversy, fully negotiable notes were recognized by Act of Parliament. In France, Holland, and Italy during the sixteenth century merchants' checks "drawn in blank" circulated within limited circles and may have cleared the way for the appearance of bank notes (*Usher* 1943, 189; *Richards* 1965, 46, 225).

V. Regular Note-Exchange

Further economies in the use of commodity money require more complete circulation of inside money in place of commodity money, and more complete development of bank note and check clearing facilities to reduce the need for commodity money reserves. It is relatively straightforward to show that bankers and other agents pursuing their self-interest are indeed led to improve the acceptability of inside money and the efficiency of banking operations.

At this stage, although bank notes are less cumbersome than coin, and checkable deposits are both convenient for certain transactions and interest paying, some coin still remains in circulation. Consumers trust a local bank's notes more than a distant bank's notes because they are more aware of the local notes' likelihood of being honored and more familiar with their appearance (hence less prone to accepting forgeries). It follows that the cost to a bank of building a reputation for its issues – particularly regarding note convertibility – is higher in places further from the place of issue and redemption. The establishment of a network of bank branches for redemption is limited by transportation and communication costs. In the early stages of banking development the par circulation of every bank's notes and checks is therefore geographically relatively limited.[7] People who generally hold the inside money of a local bank but who do business in distant towns must either take the trouble to redeem some of their holdings for gold and incur the inconvenience of transporting coin, or suffer a loss in value on their notes by carrying them to a locale where they are accepted only at a discount, if at all. (The alternative practice of keeping on hand notes from each locality they deal with is likely to be prohibitively costly in terms of foregone interest.) In general, a brand of inside money will initially be used only for transactions in the vicinity of the issuer, and coin will continue to be held alongside notes of like denomination. The use of commodity money in circulation requires banks to hold commodity reserves greater tha those required by the transfer of inside money, because the withdrawal of commodity money for spending generates more volatile reserve outflows than the spending of notes or deposits.

In this situation, profit opportunities arise which prompt actions leading to more general acceptance of particular inside monies. The discounting of notes outside the neighborhood of the issuing bank's office creates an arbitrage opportunity when the par value of notes (i.e., their face redemption value in commodity money) exceeds the price at which they can be purchased for commodity money or local issues in a distant town plus (secularly falling) transaction and transportation costs. As interlocal trade grows, "note brokers" with specialized knowledge of distant banks can make a business, just as retail foreign currency brokers do today, of buying discounted nonlocal notes and transporting them to their par circulation areas or reselling them to travelers bound for those areas. Competition eventually reduces note discounts to the level of transaction and transportation costs plus a factor for redemption risk. By accepting the notes of unfamiliar banks at minimal commission rates, brokers unintentionally increase the general acceptability of notes, and promote their use in place of commodity money.

To this point we have implicitly assumed that banks refuse to accept one another's notes. This is not unreasonable; banks have as many reasons as other individuals do to refuse notes unfamiliar to them or difficult to redeem. They have in addition a further incentive for refusing to accept notes from rival banks, which is that by doing so they help to limit the acceptability of these notes, thereby enhancing the demand for their own issues. To cite just one historical illustration of this, the Bank of Scotland and the Royal Bank of Scotland – the first two banks of issue located in Edinburgh – refused to accept the notes of "provincial" banks of issue for a number of years (see *Checkland* [1975, 126]).

Nevertheless note brokerage presents opportunities for profit to bankers. Banks can out-compete other brokers because, unlike other brokers, they can issue their own notes (or deposit balances) to purchase "foreign" notes and need not hold costly till money. Each bank has an additional incentive to accept rival notes: larger interest earnings. If the notes acquired are redeemed sooner than the notes issued, interest-earning assets can be purchased and held in the interim. This profit from "float" can be continually renewed. In other words, a bank can maintain a permanently larger circulation of its own notes by continually replacing other notes with its own, and correspondingly can hold more earning assets than it otherwise could. If other banks are simultaneously replacing Bank A's notes with their own, there may be no absolute increase in A's circulation compared to the situation in which no bank accepts rival notes. But there will be an increase compared to Bank A not accepting, given whatever policies rivals are following, so that the incentive remains. (We argue below that in fact an indirect consequence of *other* banks' par acceptance of Bank A notes will be an absolute increase in A-note-holding in place of specie-holding.) Where transaction and transportation costs and risks are low enough, competition for circulation will narrow the brokerage fee to zero, that is, will lead the banks to general acceptance of one another's notes at par. The development of par acceptance by this route does not require that the banks explicitly and mutually agree to such a policy.

An alternative scenario, which assumes strategic behavior by the banks, leads to the same result. A bank may aggressively purchase foreign notes in the markets, and then suddenly return large quantities to their issuers for redemption in commodity moncy, hoping to force an unprepared issuer to suspend payments. The aggressor hopes to gain market share by damaging a rival's reputation or even forcing it into liquidation. These tactics, historically known as "note-picking" and "note-duelling", initially provoke the other issuers to respond in kind. Collecting and redeeming the first bank's notes not only returns the damage, but helps replenish the other banks' reserves. Purchasing its rivals' notes at par allows a bank to collect them in greater quantities, and may therefore be adopted. (Arbitrage-redemption of notes paid out precludes paying a price above par.) In the long run, nonaggression among banks should emerge, being less costly for all sides. Note-picking and note-duelling are costly and ineffectual ways to promote circulation when others do likewise. Banks thus find it profitable to take rivals' notes only as these are brought to them for deposit or exchange, and to return the collected notes to their issuers promptly in exchange for commodity money reserves. This result is contrary to Eugene *Fama's* (1983, 19) suggestion that note-duelling will persist indefinitely. It is an example of the "tit for tat" strategy, as discussed by Robert *Axelrod* (1984), proving dominant in a repeated-game setting.[8] Again, no explicitly negotiated pact is necessary. It only takes a single bank acting without cooperation from other banks to nudge the rest towards par acceptance (zero brokerage fees) as a defensive measure to maintain their reserves and circulation.

In New England at the beginning of the nineteenth century the Boston banks gave the nudge that put the whole region – with its multitude of "country" banks of issue far removed from the city – on a par-acceptance basis (*Trivoli* 1979). In Scotland the Royal Bank, when it opened for business in 1727, immediately began accepting at par the notes of the Bank of Scotland, at that time its only rival, and instigated a short-lived note duel. One response by the Bank of Scotland, later widely adopted, is notable: The Bank inserted a clause into its notes giving it the option (which it did not normally exercise) of delaying redemption for six months, in which event it would pay a bonus amounting to 5 percent per annum (*Checkland* 1975, 60, 67–68). In both places established banks, even after they had begun accepting each other's notes at par, sometimes refused to take the notes of new entrants. They soon changed their policies because the new banks that accepted and redeemed their notes were draining their reserves, while the established banks could not offset this without engaging in the same practice.

Banks that accept other banks' notes at par improve the market for their own notes and, unintentionally, for the notes that they accept. This makes a third scenario possible: If two banks both understand these circulation gains, they may explicitly enter a mutual par-acceptance arrangement. Others will emulate them, leading to general par acceptance. This explanation, previously offered by *White* (1984a, 19–21), assumes slightly more knowledge on the part of banks than the first two scenarios.

Historical evidence of such explicit arrangements in Scotland is provided by *Munn* (1975).

Statistics from Boston dramatically illustrate the mutual circulation gains from acceptance arrangements. From 1824 to 1833 the note circulation of the Boston banks increased 57 percent, but the Boston circulation of country banks increased 148 percent, despite the Boston banks' intent to drive the country out of business (*Lake* 1947, 186; *Trivoli* 1979, 10–12). There is room for all banks to gain because the spread of par acceptance makes inside money more attractive to hold relative to commodity money. Since notes from one town are now accepted in a distant town at par, there is no longer good reason to lug around commodity money. As par note acceptance developed in Scotland, Canada, and New England – places where note issue was least restricted – during the nineteenth century, gold virtually disappeared from circulation. (Small amounts of gold coin were still used in these places at least in part because of restrictions upon the issue of "token" coin and of small denomination notes. In an entirely free system, such restrictions would not exist.) In England and the rest of the United States, where banking (and note issue in particular) were less free, gold remained in circulation.

Even the complete displacement of commodity money in circulation by inside money does not, however, exhaust the possibilities for economizing on commodity money. Much of the specie formerly used in circulation to settle exchanges outside the banks may still be needed to settle clearings among them. Banks can substantially reduce their prudentially required holdings of commodity money by making regular note eschanges which allow them to offset their mutual obligations. Only net clearings rather than gross clearings are then settled in commodity money. The probability of any given-sized reserve loss in a given period is accordingly reduced (by the law of large numbers) and each bank can prudently reduce its ratio of reserves to demand liabilities.

The gains to be had from rationalization of note exchange are illustrated by the provincial Scottish banks before 1771, which practiced par acceptance without regular exchange. Note duelling among these banks was not uncommon (*Leslie* 1950, 8–9; *Munn* 1981, 23–24), and to guard against redemption raids they had to keep substantial reserves. *Munn's* figures (1981, 141) show that their reserves during this period were typically above 10 percent of total liabilities. This contrasts with reserve ratios of around 2 percent that were typical after note clearings became routine. The advantages of regular note exchange are great enough to have secured its eventual adoption in every historical instance of relatively free plural note issue.

VI. Clearinghouses

The most readily made arrangements for note exchange are bilateral. In a system of more than two issuers, however, multilateral note exchange provides even greater economies. Reserve-holding economies result from the offsetting of claims that would otherwise be settled in specie. Multilateral clearing also allows savings in time and transportation costs by allowing all debts to be settled in one place and during one meeting rather than in numerous scattered meetings.

The institutional embodiment of multilateral note and deposit exchange, the clearinghouse, may evolve gradually from simpler note-exchange arrangements. For example, the note-exchange agents of banks A and B may accidentally meet each other at the counter of bank C. The greater the number of banks exchanging bilaterally, the less likely it is that such an encounter could be avoided. It would be natural for these two agents to recognize the savings in simple time and shoe-leather costs from settling their own exchange then and there, and from agreeing to do it again next time out, and then regularly. From a set of three pairwise settlements around one table it is not a large step toward the computation and settlement of combined net clearing balances. Once the advantages of this become clear to management, particularly the reserve holding economies which may not have concerned the note porters, the institution will spread. Fourth, fifth, and subsequent banks may join later meetings. Or similar regular few-sided exchanges may be formed among other groups of banks, either independently or by one of the first three banks, whose meetings are later combined with the meetings of the original group. Eventually all the banks within an economy will be connected through one or a small number of clearinghouses.

The histories of the best-known early clearinghouses, in London, Edinburgh, and New York, all conform to this general pattern. *Gibbons* (1858, 292) reports that in New York the impetus for change from numerous bilateral exchanges to combined multilateral exchange came from note porters who "crossed and re-crossed each other's footsteps constantly". Among the London check porters, as related by *Bisschop* (1910, 160), "occasional encounters developed into daily meetings at a certain fixed place. At length the bankers themselves resolved to organize these meetings on a regular basis in a room specially reserved for this purpose."

The settlement of interbank obligations is initially made by physical transfer of commodity money at the conclusion of clearing sessions. Banks will soon find it economical to settle instead by means of transferable reserve accounts kept on the books of the clearinghouse, echoing the original development of transfer banking. These accounts may be deposits or equity shares denominated in currency units. As a transfer bank, the clearinghouse need not hold 100 percent reserves, and can safely pay its members a return (net of operating costs) by holding safe earning assets. This development reduces a member bank's cost of holding reserves, but does not eliminate it because alternative assets yield a higher return. Unless regulated directly by the clearinghouse, a bank's reserve ratio is determined by precautionary liquidity considerations depending mainly on the volume and volatility of net clearings and the clearinghouse penalty for reserve deficiency (see *Baltensperger* [1980, 4–9] and *Santomero* [1984, 584–586]).

Once established, a clearinghouse may serve several purposes beyond the economical exchange and settlement of interbank obligations. It can become, in the words of James G. *Cannon* (1908, 97), "a medium for united action among the banks in ways that did not exist even in the imagination of those who were instrumental in its inception". One task the clearinghouse may take on is to serve as a credit information bureau for its members; by pooling their records, banks can learn whether loan applicants have had bad debts in the past or are overextended to other banks at present, and can then take appropriate precautions (*Cannon* 1910, 135). Through the clearinghouse banks can also share information concerning bounced checks, forgeries, and the like.

The clearinghouse may also police the soundness of each member bank in order to assure the other member banks that notes and deposits are safe to accept for clearing. As part of this function, banks may be required to furnish financial statements and may have their books audited by clearinghouse examiners. The Chicago clearinghouse insisted on statements as early as 1867, and in 1876 gained the right to carry out comprehensive examinations whenever desired, to determine any member's financial condition (*James* 1938, 372–373, 499). Regular examinations began in 1906 (*Cannon* 1910, 138–139). Other clearinghouses, such as the Suffolk Bank and the Edinburgh clearinghouse, took their bearings mainly from the trends of members' clearing balances and traditional canons of sound banking practice. Those two clearinghouses enjoyed such high repute as certifying agencies that to be taken off their lists of members in good standing meant a serious loss in reputation and hence business for an offending bank (*Trivoli* 1979, 20; *Graham* 1911, 59).

It is possible that a clearinghouse may attempt to organize collusive agreements on interest rates, exchange rates, and fee schedules for its members. However, rates inconsistent with the results of competition would tend to break down under unregulated conditions, for the standard reason that secretly underbidding a cartel has concentrated benefits and largely external costs. A clear example of this comes from Scottish experience (*Checkland* 1975, 391–427). The Edinburgh banks set up a committee in 1828 to set borrowing and lending rates. The Glasgow banks joined a new version of the committee in 1836, at which time it represented the preponderance of Scottish banks in number and in total assets. Though not a clearinghouse association itself, the committee had much the same membership as the Edinburgh clearinghouse. In spite of repeated formal agreements, the committee could not hold members to its recommended interest rates. Not until after entry to the industry was closed in 1844 did the agreements become at all effective.

Perhaps the most interesting of all the roles a clearinghouse may perform is to assist its members in times of crisis (see *Cannon* [1910, 24]). If a bank or group of banks is temporarily unable to pay its clearing balances, or if it experiences a run on its commodity money reserves, the clearinghouse can serve as a medium through which more liquid banks lend to less liquid ones. It provides the framework for an intermittent, short term credit market similar to the continuous federal funds market from which reserve-deficient American banks presently borrow. Another possible emergency function of clearinghouses is note issue. This function is called for when member banks are artificially restricted from issuing, as for example U.S. banks were by the bond collateral requirements of the National Banking Acts, so that the banks are not able independently to fulfill all of their depositors' requests for hand-to-hand means of payment. Currency shortages occurred frequently in the United States during the second half of the nineteenth century, and clearinghouses helped to fill the void causes by deficient note issues of the National Banks.[9]

VII. The Mature Free Banking System

We have now reached the stage of mature development of a stylized free banking system, insofar as historical evidence illuminates its likely structural and operational characteristics. Evidence on industry structure from Scotland, Canada, Sweden, and elsewhere indicates that unregulated development does not produce natural monopoly, but rather an industry consisting of numerous competing banking firms, most having widespread branches, all of which are joined through one or more clearinghouses. In Scotland there were nineteen banks of issue in 1844, the final year of free entry. The largest four banks supplied 46.7 percent of the note circulation. In addition to their head offices the banks had 363 branch offices, 43.5 percent of which were owned by the largest (measured again by note issue) four banks.[10]

The banks in the mature system issue inside money in the shape of paper notes and demand deposit accounts (checkable either by paper or electronic means) that circulate routinely at par. Banks may also issue redeemable token coins, more durable but lighter and cheaper, to take the place of full-bodied coins as small change. Each bank's notes and tokens bear distinct brand-names identification marks and are issued in the denominations the public is most willing to hold. Because of the computational costs that would be involved in each transfer, interest is not likely to accrue on commonly used denominations of bank notes or tokens, contrary to the hypothesis of Neil *Wallace* (1983) that all currency would bear interest under laissez faire.[11] Checkable accounts, however, provide a competitive yield reflecting rates available on interest-earning assets issued outside the banking system.

Checkable bank accounts are most familiarly structured as demand deposits, i. e., liabilities having a predetermined payoff payable on demand. An important reason for this structure is that historically a debt contract has been easier for the depositor to monitor and enforce than an equity contract which ties the account's payoff to the performance of a costly-to-observe asset portfolio. The predetermined payoff feature, however, raises the possibility of insolvency and consequently of a run on the bank if depositors fear that the last in line will receive less than a full payoff. One method of forestalling runs that may prevail in an unregulated banking system is the advertised holding of a large equity cushion, either on the bank's books or off them in the form of extended liability for bank shareholders. If this method were inadequate to assure depositors, banks might provide an alternative solution by linking checkability to equity or mutual-fund-type accounts with postdetermined rather than predetermined payoffs. The obstacles to such accounts (asset-monitoring and enforcement costs) have been eroded over the centuries by the emergence of easy-to-observe assets, namely publicly trades securities. Insolvency is ruled out for a balance sheet without debt liabilities, and the incentive to redeem ahead of other account holders is eliminated. An institution that linked checkability to equity accounts would operate like a contemporary money-market mutual fund, except that it would be directly tied into the clearing system (rather than having to clear via a deposit bank). Its optimal reserve holdings would be determined in the same way as those of a standard bank.

The assets of unregulated banks would presumably include short-term commercial paper, bonds of corporations and government agencies, and loans on various types of collateral. Without particular information on the assets available in the economy, the structure of asset portfolios cannot be characterized in detail, except to say that the banks presumably strive to maximize the present value of their interest earnings, net of operating and liquidity costs, discounted at risk-adjusted rates. The declining probability of larger liquidity needs, and the trade-off at the margin between liquidity and interest yield, suggest a spectrum of assets ranging from perfectly liquid reserves, to highly liquid interest-earning investments (these constitute a "secondary reserve"), to less liquid higher-earning assets. Thus far, because the focus has been on monetary arrangements, the only bank liabilities discussed have been notes and checking accounts. Unregulated banks would almost certainly diversify on the liability side by offering a variety of time deposits and also travelers' checks. Some banks would probably become involved in such related lines of business as the production of bullion and token fractional coins, issue of credit cards, and management of mutual funds. Such banks would fulfill the contemporary ideal of the "financial supermarket", with the additional feature of issuing bank notes.

Commodity money seldom if ever appears in circulation in the mature system, virtually all of it (outside numismatic collections) having been offered to the banks in exchange for inside money. Some commodity money will continue to be held by clearinghouses so long as it is the ultimate settlement asset among them. In the limit, if inter-clearinghouse settlements were made entirely with other assets (perhaps claims on a super-clearinghouse which itself holds negligible commodity money), and if the public were completely weaned from holding commodity money, the active demand for the old-fashioned money commodity would be wholly nonmonetary. The flow supply formerly sent to the mints would be devoted to industrial and other uses. Markets for those uses would determine the relative price of the commodity. The purchasing power of monetary instruments would continue to be fixed by the holder's contractual right (even if never exercised) to redeem them for physically specified quantities of the money commodity. The problem of meeting any significant redemption request (e.g., a "run" on a bank) could be contractually handled, as it was historically during note-duelling episodes, by invoking an "option clause" that allows the bank a specified period of time to gather the necessary commodity money while compensating the redeeming party for the delay. The clause need not (and historically did not) impair the par circulation of bank liabilities.

This picture of an unregulated banking system differs significantly in its institutional features from the visions presented in some of the recent literature on competitive payments systems. The system described here has assets fitting standard definitions of money. Banks and clearinghouses hold (except in the limit), and are contractually obligated to provide at request, high-powered reserve money (commodity money or deposits at the clearinghouse), and they issue debt liabilities (inside money) with which payments are generally made. These features contrast with the situation envisioned by *Black* (1970) and *Fama* (1980), in which "banks" hold no reserve assets and the payments mechanism operates by transferring equities or mutual fund shares unlinked to any money.

Bank reserves do not disappear in the evolution of a free banking system, as analyzed here, because the existence of bank liabilities that are promises to pay presupposes some more fundamental means of payment that is the thing promised. Individuals may forgo actual redemption of promises, preferring to hold them instead of commodity money, so long as they believe that they will receive high-powered money if they ask for it. Banks, on the other hand, have a competitive incentive to redeem one another's liabilities regularly. So long as net clearing balances have a positive probability of being nonzero, reserves will continue to be held. In a system without reserve money it is not clear what would be used to settle clearing balances. In an evolved system, the scarcity of the money commodity and the costliness of holding reserves moreover serve to pin down the price level and to limit the quantity of inside money. In a moneyless system it is not clear what forces limit the expansion of payment media nor what pins down the price level. Nor are these things clear, at the other extreme, in a model of multiple competing fiat monies.[12]

Our analysis indicates that commodity-based money would persist in the absence of intervention, for the reason that the supreme salability of the particular money good is self-reinforcing. This result contradicts recent views (see *Black* [1970], *Fama* [1980], *Greenfield* and *Yeager* [1983], *Yeager* [1985]) that associate complete deregulation with the replacement of monetary exchange by a sophisticated form of barter. (To be sure, *Greenfield* and *Yeager* recognize that their system would be unlikely to emerge without deliberate action by government, particularly given a government-dominated monetary system as the starting point.) In a commodity-based-money economy, prices are stated in terms of a unit of the money commodity, so the question of using an abstract unit of account does not arise as it does in a sophisticated barter setting.[13] Even if actual commodity money were to disappear from reserves and circulation, the media of exchange would not be "divorced" from the commodity unit of account; they would be linked by redeemability contracts. We can see no force severing this link. Contrary to *Woolsey* (1985), the renunciation of commodity redemption obligations is not compelled by economization of reserves. Thus we find no basis for the spontaneous emergence of a multicommodity monetary standard or of any pure fiat monetary standard, such as contemplated in works by *Hall* (1982), *Woolsey* (1984), *Klein* (1974), and *Hayek* (1978). In short, unregulated banking would be much less radically unconventional, and much more akin to existing financial institutions than recent literature on the topic suggests.

One important contemporary financial institution is nonetheless missing from our account, namely the central bank. We find no market forces leading to the spontaneous emergence of a central bank, in contrast to the view of Charles *Goodhart*. (For this discussion a central bank is closely enough defined, following *Goodhart* [1985, 3–8], as an agency with two related powers: monetary policy, and external regulation of the banking system.) *Goodhart* (1985, 76) argues that the development of a central bank is "natural" because "the natural process of centralization of inter-bank deposits with leading commercial banks tends toward the development of a banks' club" which then needs an independent arbiter. But even on his own account the forces that historically promoted centralized inter-bank deposits were *not* "natural" in any laissez faire sense. They stemmed crucially from legal restrictions, particularly the awarding of a monopoly of note issue or the suppression of branch banking. Where no legislation inhibits the growth of branched banking firms with direct access to investment markets in the economy's financial center, and able to issue their own notes, it is not at all apparent that profit seeking compels any significant inter-bank depositing of reserves. Walter *Bagehot* (1873, 66–68) argued persuasively that "the natural system – that which would have sprung up if Government had let banking alone – is that of many banks of equal or not altogether unequal size" and that in such a system no bank "gets so much before the others that the others voluntarily place their reserves in its keeping". None of the relevant historical cases (Scotland, Canada, Sweden) shows any significant tendency toward inter-bank deposits.

We have seen that reserves do tend to centralize, on the other hand, in the clearinghouses. And clearinghouses, as *Gorton* (1985a, 277, 283; 1985b, 274) has recently emphasized, may take on functions that are today associated with national central banks: holding reserves for clearing purposes, establishing and policing safety and soundness standards for member banks, and managing panics should they arise. But these functional similarities should not be taken to indicate that clearinghouses have (or would have) freely evolved into central banks. The similarities instead reflect the pre-emption of clearinghouse functions by legally privileged banks or, particularly in the founding of the Federal Reserve System (*Gorton* 1985a, 277; *Timberlake* 1984), the deliberate nationalization of clearinghouse functions. Central banks have emerged from legislation contravening, not complementing, spontaneous market developments.[14]

Notes

* The authors are indebted to the Institute for Humane Studies for the opportunity to work together on this article, and to Chris *Fauvelais,* David *Glasner,* Israel *Kirzner,* Hu *McCulloch,* Mario *Rizzo,* Kurt *Schuler,* Richard J. *Sweeney,* and anonymous referees for useful comments. *White's* research is supported by the Scaife Foundation. The usual disclaimer applies.

1 See for example *Black* (1970), *Klein* (1974), *Hayek* (1978), *Fama* (1980), *Greenfield* and *Yeager* (1983), *Wallace* (1983), *White* (1984b), *O'Driscoll* (1985a), and *Yeager* (1985).

2 We have each made normative evaluations of free banking elsewhere: *Selgin* (1987, chs. 8–10), *White* (1984a, ch. 5; 1984b).

3 See also *Menger* (1981, 260–262). The same view appears in *Carlisle* (1901, 5), and *Ridgeway* (1892, 47). A more recent version of *Menger's* theory is *Jones* (1976). For a secondary account of *Menger's* theory see *O'Driscoll* (1985b).

4 See *Menger* (1981, 263–266), *Ridgeway* (1892, 6–11), and *Burns* (1927a, 286–288). One some alleged nonmetallic monies of primitive peoples see *Quiggin* (1963).

5 See *Usher* (1943), *de Roover* (1974, chs. 4–5), and *Lopez* (1979).

6 On the historical development of bank notes and checks in Europe see *Usher* (1943, 7–8, 23).

7 See *White* (1984a, 84–85) for nineteenth century views on geographic diseconomies in note circulation.

8 An example of the explicit adoption of "tit for tat" by an exhausted note-duelling bank is given by *Munn* (1981, 24).

9 See *Cannon* (1908), *Andrew* (1908), *Smith* (1936), *Timberlake* (1984), and *Gorton* (1985a).

10 These figures are based on data in *White* (1984a, 37). A recent econometric study of economies of scale in banking is *Benston, Hanweck,* and *Humphrey* (1982).

11 See *White* (1984a, 8–9; 1987).

12 *Taub* (1985) has shown that a dynamic inconsistency facing issuers in *Klein's* (1974) model will lead them to hyperinflate.

13 This point is emphasized by *White* (1984c). For additional criticism of the *Black–Fama–Yeager* literature see *O'Driscoll* (1985a), *Hoover* (1985), and *McCallum* (1984).

14 On the appearance of central banks in several nations see *Smith* (1936); on Canada in particular see *Bordo* and *Redish* (1985).

References

Andrew, A. Piatt., "Substitutes for Cash in the Panic of 1907". *Quarterly Jounal of Economics,* August 1908, 497–516.

Axelrod, Robert, *The Evolution of Cooperation.* New York: Basic Books, 1984.

Baltensperger, Ernst, "Alternative Approaches to the Theory of the Banking Firm". *Journal of Monetary Economics,* January 1980, 1–37.

Benston, George J., Gerald A. Hanweck, and David B. Humphrey, "Scale Economies in Banking: A Restructuring and Reassessment". *Journal of Money, Credit, and Banking,* November 1982, 435–454.

Bisschop, W. R., *The Rise of the London Money Market, 1640–1826.* London: P. S. King & Son, 1910.

Black, Fischer, "Banking and Interest Rates in a World Without Money: The Effects of Uncontrolled Banking". *Journal of Bank Research,* Autumn 1970, 9–20.

Bordo, Michael and Angela Redish, "Why Did the Bank of Canada Emerge in 1935?" Unpublished manuscript, 1985.

Burns, A. R., "Early Stages in the Development of Money and Coins", in: *London Essays in Economics in Honour of Edwin Cannan,* edited by T. E. *Gregory* and Hugh *Dalton.* London: George Routledge & Sons, 1927a.

Burns, A. R., *Money and Monetary Policy in Early Times.* New York: Alfred E. Knopf, 1927b.

Cannon, James G., "Clearing Houses and the Currency", in: *The Currency Problem and the Present Financial Situation,* edited by New York: Columbia University Press, 1908.

Cannon, James G., *Clearing Houses.* Washington: Government Printing Office, 1910.

Carlisle, William, *The Evolution of Modern Money.* London: Macmillan, 1901.

Checkland, S. G., *Scottish Banking: A History, 1695–1973.* Glasgow: Collins, 1975.

de Roover, Raymond, *Business, Banking, and Economic Thought in Late Medieval and Early Modern Europe,* edited by Julius *Kirshner.* Chicago: University of Chicago Press, 1974.

Fama, Eugene F., "Banking in the Theory of Finance". *Journal of Monetary Economics,* January 1980, 39–57.

Fama, Eugene F., "Financial Intermediation and Price Level Control". *Journal of Monetary Economics,* July 1983, 7–28.

Gibbons, J. S., *The Banks of New York, Their Dealers, the Clearing House, and the Panic of 1857.* New York: D. Appleton Co., 1858.

Goodhart, Charles, *The Evolution of Central Banks: A Natural Development?* London: Suntory-Toyota International Centre for Economics and Related Disciplines/London School of Economics and Political Science, 1985.

Gorton, Gary, "Clearinghouse and the Origin of Central Banking in the United States". *Journal of Economic History,* June 1985a, 277–283.

Gorton, Gary, "Banking Theory and Free Banking History: A Review Essay". *Journal of Monetary Economics,* September 1985b, 267–276.

Graham, William, *The One Pound Note in the History of Banking in Great Britain*, 2nd ed. Edinburgh: James Thin, 1911.

Greenfield, Robert L. and Leland B. Yeager, "A Laissez Faire Approach to Monetary Stability", *Journal of Money, Credit and Banking*, August 1983, 302–315.

Hall, Robert, "Explorations in the Gold Standard and Related Policies for Stabilizing the Dollar", in: *Inflation Causes and Effects*, edited by Robert Hall. Chicago: University of Chicago Press for the National Bureau of Economic Research, 1982.

Hayek, F. A., *Denationalisation of Money*, 2nd ed. London: Institute of Economic Affairs, 1978.

Hicks, John, "The Two Triads, Lecture I", in: *Critical Essays in Monetary Theory*. Oxford: Clarendon Press, 1967.

Hoover, Kevin D., "Causality and Invariance in the Money Supply Process". Doctoral dissertation, Oxford University, 1985.

James, F. Cyril, *The Growth of Chicago Banks*. New York: Harper & Brothers, 1938.

Jones, Robert, "The Origin and Development of Media of Exchange". *Journal of Political Economy*, November 1976, 757–775.

Klein, Benjamin, "The Competitve Supply of Money". *Journal of Money, Credit, and Banking*, November 1974, 423–453.

Lake, Wilfred S., "The End of the Suffolk System". *Journal of Economic History*, November 1947, 183–207.

Leslie, J. O., *The Note Exchange and Clearing House Systems*. Edinburgh: William Blackwood, 1950.

Lopez, Robert S., "The Dawn of Medieval Banking", in: *The Dawn of Modern Banking*. New Haven: Yale University Press, 1979.

McCallum, Bennett T., "Bank Deregulation, Accounting Systems of Exchange, and the Unit of Account: A Critical Review". Carnegie-Rochester Conference Series on Public Policy, Autumn 1984, 13–45.

Melitz, Jacques, *Primitive and Modern Money*. Reading, MA: Addison-Wesley, 1974.

Menger, Carl, "The Origin of Money". *Economic Journal*, June 1892, 239–255.

Menger, Carl, *Principles of Economics* (1871). New York: New York University Press, 1981.

Munn, Charles W., "The Origins of the Scottish Note Exchange". *Three Banks Review* 107, 1975, 45–60.

Munn, Charles W., *The Scottish Provincial Banking Companies, 1747–1864*. Edinburgh: John Donald, 1981.

O'Driscoll, Gerald P., Jr., "Money in a Deregulated Financial System". *Economic Review*, Federal Reserve Bank of Dallas, May 1985a, 1–12.

O'Driscoll, Gerald P., Jr., "Money: Menger's Evolutionary Theory". Unpublished manuscript, Federal Reserve Bank of Dallas, 1985b.

Powell, Ellis T., *The Evolution of the Money Market, 1385–1915*. New York: Augustus M. Kelley, 1966.

Quiggin, A. Hingston, *A Survey of Primitive Money: The Beginning of Currency*. London: Methuen, 1963.

Richards, R. D., *The Early History of Banking in England.* New York: Augustus M. Kelley, 1965.

Ridgeway, William, *The Origin of Metallic Currency and Weight Standards.* Cambridge: Cambridge University Press, 1892.

Santomero, Anthony M., "Modeling the Banking Firm: A Survey". *Journal of Money, Credit, and Banking,* November 1984, 576–602.

Selgin, George A., *The Theory of Free Banking.* Totowa, N. J.: Rowman and Littlefield, 1987.

Smith, Vera C., *The Rationale of Central Banking.* London: P. S. King, 1936.

Taub, Bart., "Private Fiat Money with Many Suppliers". *Journal of Monetary Economics,* September 1985, 195–208.

Timberlake, R. H., "The Central Banking Role of Clearing-House Associations". *Journal of Money, Credit, and Banking,* February 1984, 1–15.

Trivoli, George, *The Suffolk Bank: A Study of a Free-Enterprise Clearing System.* London: Adam Smith Institute, 1979.

Usher, Abbott Payson, *The Early History of Deposit Banking in Mediterranean Europe.* Cambridge: Harvard University Press, 1943.

Wallace, Neil, "A Legal Restrictions Theory of the Demand for 'Money' and the Role of Monetary Policy". Federal Reserve Bank of Minneapolis *Quarterly Review,* Winter 1983, 1–7.

White, Lawrence H., *Free Banking in Britain: Theory, Experience, and Debate, 1800–1845.* Cambridge: Cambridge University Press, 1984a.

White, Lawrence H., "Free Banking as an Alternative Monetary System", in: *Money in Crisis,* edited by Barry N. Siegel. San Francisco: Pacific Institute, 1984b.

White, Lawrence H., "Competitive Payments Systems and the Unit of Account". *American Economic Review,* September 1984c, 699–712.

White, Lawrence H., "Accounting for Non-Interest-Bearing Currency: A Critique of the 'Legal Restrictions' Theory of Money". *Journal of Money, Credit, and Banking,* 1987, forthcoming.

Williams, Jeffrey C., "Fractional Reserve Banking in Grain". *Journal of Money, Credit, and Banking,* November 1984, 488–496.

Withers, Hartley, *The Meaning of Money.* London: John Murray, 1920.

Woolsey, Warren W., "The Multiple Standard and the Means of Exchange". Unpublished manuscript, Talladega College, Talladega, Al, 1984.

Woolsey, Warren W., "Competitive Payments Systems: Comment". Unpublished manuscript, Talladega College, Al, 1985.

Yeager, Leland B., "Deregulation and Monetary Reform". *American Economic Review,* May 1985, 103–107.

GREGORY B. CHRISTAINSEN
GEB. 1953

Greg Christainsen wurde in Newton im Staate Massachusetts geboren und ging nach seinen Studien zunächst an die University of Maine. Seit den frühen achtziger Jahren ist er Professor an der California State University, Hayward, wo er 1986 im bekannten „Austrian Economics Program" seine Spezialgebiete Umweltökonomie, Geldtheorie und allgemeine Wirtschaftspolitik lehrt. Sein breites Arbeitsgebiet umfaßt auch Sozialphilosophie und die relativ neue Disziplin von „Law and Economics". Einige seiner Vorlesungen und Essays wurden mit Preisen ausgezeichnet. Neben seiner Forschungs- und Lehrtätigkeit in Hayward ist Christainsen auch als wirtschaftspolitischer Berater mehrerer internationaler Firmen in den USA und in verschiedenen Ländern Asiens, wie Singapur und Thailand, tätig. Unter seinen Veröffentlichungen sollen hier nur sein geldtheoretischer Aufsatz *Fiat Money and the Constitution* (1988), der in das Gebiet von *Law and Economics* gehört, und sein wirtschaftspolitischer Essay über *New Zealand: The Experiment Unfolds* (1993) besonders erwähnt werden. Die hier erstmals abgedruckte Arbeit ist stark dem rechtstheoretischen Werk Hayeks verpflichtet und zeigt Christainsens Ansatz in besonders deutlicher Weise.

The Legal System as a Discovery Process*

Introduction

The process by which disputes are resolved in courts of law has long been viewed as a type of discovery procedure. It has been argued, for example, that common law judges do not decide cases by imposing their will on litigants. Instead, they merely find ("discover") the rules of conduct that have applied in other, similar cases and situations. In so doing, it is argued that judges use the knowledge embedded in customs and precedents, knowledge that is dispersed among millions of people and tested by centuries of experience.[1]

In recent years another social process that has attained status as a discovery procedure is the process of economic competition in free markets. This view developed from a lecture given by F. A. *Hayek* at the 1968 meetings of the Philadelphia Society.[2] In that lecture, the future Nobel laureate said:

> I propose to consider competition as a procedure for the discovery of such facts as, without resort to it, would not be known to anyone, or at least would not be utilized.
>
> This may at first appear so obvious and incontestable as hardly to deserve attention. Yet, some interesting consequences that are not so obvious immediately follow (*Hayek* 1978, pp. 179–180).

This paper will first review *Hayek's* argument. Then, *Hayek's* argument will be applied to legal systems.

Competition as a Discovery Procedure: A Recapitulation

Hayek's 1968 lecture grew out of a 1945 paper (*Hayek* 1945) and a lecture given at the London Economic Club in 1936.[3] Early on, *Hayek* made the simple point that knowledge in society is not located all in one place (e.g., in the central government) and never can be. In his 1945 article he argued that this is especially so in light of the fact that most knowledge does not exist in the form of a conscious awareness of the rules governing natural and social phenomena – "scientific" knowledge. Rather, most knowledge consists of an informal or tacit awareness of "circumstances of time and place" – knowledge of the likes and dislikes of particular people, trends in the flow of traffic, intricacies of various jobs, conditions in different neighborhoods, and so on. Such knowledge of heterogeneous conditions and preferences cannot be communicated in any practical way to a central planner (who would then issue directives to enterprises). The people who have this knowledge are often not even conscious of the fact that they have it, and a planner who did not have this knowledge in the first place would not even know all the questions to ask to get it. Decentralized markets, on the other hand, make spontaneous and economical use of this informal knowledge as individuals pursue their various interests. Without individuals even being aware of the process, prices spread information about the availability of resources and coordinate people's actions.

In his 1968 lecture *Hayek* elaborated on this theme by pointing out how the profit incentives of the competitive market process provide a means of mobilizing and transmitting knowledge, which is dispersed throughout society. At the same time, losses provide negative feedback that helps to root out errors and contradictions in people's beliefs. It should be clear from a close reading of the quotation at the beginning of this paper that *Hayek's* lecture went beyond describing a process whereby people use preexisting knowledge. He was also speaking of a process whereby new knowledge is uncovered. At a later date, *Hayek* (1979, p. 190) expressed this point by saying that a person "will discover what he knows or can find out only when faced with a problem where this will help".[4]

Thus, people acting within a competitive process can progressively discover what wants are worth satisfying. Economical ways of satisfying these wants, including appropriate organizational forms for enterprises, can be discovered as well.

As *Hayek* commented at the end of his 1968 lecture, however, an effective competitive process requires a complementary legal environment that defines and enforces rights concerning property and contracts. But *Hayek's* 1968 lecture did not go far in outlining the feature of such a legal environment except to say that appropriate "protection for private initiatives and enterprise can only ever be achieved through the institution of private property and the whole aggregate of libertarian institutions of law" (*Hayek* 1978, p. 190).

Property Rights and Effective Discovery Procedures

It cannot be said that a majority of the economics profession, let alone the legal profession, has really grasped the nature and implications of the property rights stucture that underlies an effective discovery process. It has by now been established in the law and economics literature that any institution, whether private or public, will systematically fail unless it is governed by a property rights structure that is complete (i.e., a structure wherein rights are defined, enforced, and transferable). What must be more plainly said is that government institutions, by definition, involve property rights that are not freely transferable. If they were freely transferable, they would be private property. At the same time, it must be pointed out that defining, enforcing, or transferring property rights is sometimes very costly, so that it may not always be worthwhile for these activities to be carried out to the full extent abstractly possible.

So, in a sense, the law and economics literature has painted itself into a corner. That is, institutional failure is seen as avoidable – if appropriate property rights structures can be established. The establishment of appropriate property rights structures is, in turn, seen as a basic function of government. But government itself is governed by a property rights structure that the literature would deem inappropriate, so how can it be expected to carry out its tasks successfully?

We now proceed to outline an alternative legal system that is governed by a property rights structure which would appear to be more complete than that of the common law or government legislatures.[5] It can be argued, however, that in some respects the property rights structure governing this alternative is still not complete. Two points should be made about this qualification at the outset.

First, as mentioned above, it is costly to define, enforce, and transfer property rights, so it may not always be worthwhile to articulate a complete set of rights; the resources that would be employed to do this have alternative uses. It is, therefore, likely that at any point there would still exist some "commons" areas.

Second, to the extent that incomplete property rights manifest themselves in the form of externalities and to the extent that, inclusive of transactions costs considerations, there are net benefits to be had by internalizing them, there will then be opportunities for the evolution of institutions to do so – provided that there are no legal barriers to the operation of market forces.[6] This simple point tends to be lost when markets are analyzed in terms of (static) equilibrium states instead of being viewed as part of an ongoing (dynamic) process of discovery.

To say that the property rights structure governing the resolution of legal disputes is complete, or nearly complete, would be, of course, to say that the legal system had been privatized. It is not difficult to see how a private system would operate in cases where the parties to a dispute agree to be bound by the decision of a particular arbitrator. But in cases where the parties do not have such an agreement or, more dramatically, where certain people (e.g., criminals) brazenly refuse to be bound by any judge or any law whatsoever, it is less clear how a private legal system would function. And if everyone's assets were subject to the whims of gangs or private armies, the property rights structure would, of course, be very far from complete.

The model for such a system is as follows: If X accuses Y of wrongful behavior, X may bring suit against Y in any private court willing to hear the case. If Y agrees to submit to the decision of the court, the ruling of that court settles the matter. But Y might refuse to submit to the decision of that court. He might instead turn to a court of his own choosing or to a private protection agency to defend his interests. At this point, there is the potential for violence between X and Y, or between their respective agents, just as there would be if Y refused to submit to the decision of a public court in today's world. Put simply, an individual would resort to violence if the expected benefits exceeded the expected costs. So if the stakes in the dispute were relatively high, and if the damages (to one's person, property, reputation, etc.) that one expected to result from a violent confrontation were relatively low, there might well be violence.[7]

The above conditions would undoubtedly exist on many occasions under a private legal system. They often exist in today's world. On the other hand, even if the technology of violence (fists, clubs, guns, bombs, etc.) in the possession of the parties were rather unequal, negotiation or submission to arbitration might be a preferred strategy. Even if one party could expect to "win" a violent confrontation, the costs of doing so might leave the net benefits to that party lower than they would have been under a peaceful strategy.[8]

One can, of course, find historical examples of both violence and negotiation or arbitration. One can also find various strategies based on bluffs. A priori, the quantity of violence in the model is indeterminate. What is relevant are the empirical studies of how the various facets of a private legal system operate in comparison to those of other legal processes (the common law, legislation, dictatorship, etc.). It is worth noting, for example, that in his study of the spontaneous emergence of private property rights in California's gold fields, John *Umbeck* (1981) found that there was actually relatively little violence in those fields during the gold rush of the late 1840s.[9] To cite another example, David *Friedman* (1979) has estimated that, at its worst, the average number of people killed or executed per year under medieval Iceland's private legal system was, on a per capita basis, about the same as the rate of murder and nonnegligent manslaughter in the United States in 1976.

It is asserted here that individuals acting under a private legal system would generally conclude that submitting to some peaceful means of resolving disputes is preferable to the use of violence. In the model discussed above, the respective agents of X and Y might negotiate a settlement or agree to submit to a private court's decision. In any event – including the possibility that Y would be forcibly brought to trial – if Y were ultimately found guilty of wrongdoing, he could try to appeal the case somewhere. If Y could not overturn the decision, however, he might be subject to some form of punishment, such as providing restitution to X.[10]

As various kinds of cases were resolved, a system of law would evolve. Over time, the resolution of new and different cases would produce an ever-more sophisticated set of rules to guide individual conduct. Just as no one can forecast the precise set of prices that will govern private market transactions during a particular period, no one can be sure of the precise rules that would govern the resolution of disputes in a private legal system during a particular period. Rules would emerge through a process of discovery. Ex post, moral and legal philosophers might be competent to discuss the general characteristics of the rules of conduct that emerged, just as some economists are competent to discuss the general nature of the factors that determine prices in free markets. No economist, however, is competent to deduce the whole set of market prices a priori, and no moral or legal philosopher would be competent to deduce the whole set of legal rules in advance. To try to do so would be to fall victim to an uncritical rationalist hubris. Following *Hayek,* spontaneous social processes, including spontaneous legal processes, use more information than any single person or group can ever possess.

Points of Controversy

Five major points of controversy will now be discussed with respect to a private legal system: (1) the incentives for private courts to provide impartial justice, (2) the incentives to articulate legal precedents, (3) the incentives for standardizing legal rules across jurisdictions, (4) the private protection for legal rights that would emerge, and (5) the desirability of the social conventions that would underlie a private system of law. All of these points of controversy cast doubt on whether a private legal system would be governed by an effective legal discovery process.

With respect to the first point of controversy, *Landes* and *Posner* (1979, p. 254) have argued that competition among courts might not suffice to resolve disputes in an optimal manner insofar as it is the plaintiff who determines the choice among courts having concurrent jurisdiction over his claim. Thus, they argue, both the substantive and procedural rules that emerged would systematically favor plaintiffs at the expense of defendants. In a similar fashion, it can be argued that the decisions reached by private judges would systematically favor wealthy litigants, who could afford to pay higher court fees than poorer clients.

With respect to the second point of controversy, *Landes* and *Posner* have noted that there is a difference between resolving disputes and articulating legal rules (i.e., precedents) to guide future decisionmaking. Even if private judges resolved disputes efficiently, it is argued that since the interests of future decisionmakers are not fully represented in present cases, a private legal system would underproduce precedents (*Landes* and *Posner* 1979, pp. 238–239). In other words, the articulation of precedents is viewed as having benefits that a free market would fail to internalize.

The third point of controversy – the incentives for standardizing legal rules across jurisdictions – is *Hayek's* main concern about a private system of justice.

> I believe there is one convincing argument why you can't leave even the law to voluntary evolution: the great society depends on your being able to expect that any stranger you encounter in a given territory will obey the same system of rules of law. Otherwise you would be confined to people whom you know ... So in a sense you have, at least for a given territory, a uniform law and that can only exist if it's enforced by government.[11]

According to this argument, a common system of law, like a common language or a common money, reduces transactions costs among strangers. The alleged market failure is that, although nearly everyone would benefit from a common legal system, private courts resolving disputes on a case-by-case basis would have incentives to cater to the more immediate, heterogeneous interests of their clients instead of to the public good of legal uniformity; privately produced law would be haphazard and would render behavior unpredictable.

The fourth area of controversy – the operation of private protection agencies – revolves around two possible market failures. First, are there not external benefits that derive from an agency's patrolling an area? That is, if someone pays a security agency to deter criminal activity in a certain area, will that not benefit others who might not have paid the agency? And if an inability to collect from all beneficiaries encourages free-riding behavior, wouldn't that discourage an optimal amount of protection from being provided? Second is the argument that protection is a natural monopoly, Robert *Nozick* (1974, Part I) and also James *Buchanan* (1977, p. 52) have put forth this view. According to *Buchanan:*

> Conflicts may occur, and one agency will win. Persons who have previously been clients of losing agencies will desert and commence purchasing their protection from winning agencies. In this manner, a single protective agency or association will eventually come to dominate the market for policing services over a territory.

As previously discussed in this paper, there is thus a fear that conflicts would be resolved by violence instead of by developing legal rules. The argument now is not only that violence would be widespread, but that there would be large economies of scale in the use of force, and the agency that would be able to reap these economies would be in a position where "might makes right". In fact, if and when a single agency gained a dominant position with respect to the use of coercion, it would constitute an emerging state.[12]

The fifth and last point of controversy involves the formation of social conventions such as values and norms that underlie a system of law. There is a fear, which goes back at least as far as Aristotle, that if values and norms are left to spontaneous evolution, society is likely to become increasingly decadent; if left to their own devices, law and social order generally may break down over time. Once more, it is argued, a state is a necessary evil in the struggle to cope with some of the defects of extensive liberty.

Counterpoints

Private Courts to Dispense Impartial Justice

Let us look at each point of controversy in order. First is the issue as to whether private courts would dispense impartial justice. *Landes* and *Posner* (1979, p. 255) comment that during the centuries when English plaintiffs often had a choice among competing courts, there was "none (of which we are aware) of the blatant plaintiff favoritism that our economic analysis predicts would emerge in such a competitive setting". They also provide the proper explanation as to why history did not conform to their theory: Under competing courts, the defendant may be able to opt out of the forum preferred by the plaintiff (p. 254). There must then be a negotiated agreement or some other method of deciding on the court to which their dispute is submitted. *Landes* and *Posner* reject this explanation as a general answer to the problem of dispensing impartial justice in a private legal system, because they worry about cases wherein a defendant who fears the outcome of unbiased adjudication refuses to have his dispute heard in an impartial setting. "This problem can be overcome only if the parties to a contract agree in advance to the submission of any dispute arising from the contract to a particular tribunal" (p. 254).

What *Landes* and *Posner* do not discuss are the range of possibilities for pressuring or even coercing recalcitrant parties who have not previously agreed to a particular tribunal. The threat of coercion is the ultimate weapon that a government has in the event that a party refuses to submit to a court's jurisdiction, and *Landes* and *Posner* do not object to government's having a (virtual) monopoly over coercion's legitimate uses. In England beginning in the 11th century, however, the Roman Catholic church used its much-feared power of excommunication in competition with the coercive power of secular authorities. Secular authorities could act on behalf of their courts with armed might, but those who sought refuge in the church's ecclesiastical courts could, in many cases, call on what the devout considered to be an even greater power.

To be sure, secular officials often used coercion arbitrarily, and church officials can be criticized for the manner in which the excommunicative power was sometimes used, but – after what was admittedly a long struggle – the most striking outcome of such confrontations was the emergence (discovery) of relatively uniform rules of law to resolve differences among competing court systems. These rules were independent of the will of any single (monopoly) authority. The issues governed by them included not only a variety of substantive disputes among individuals, but procedural disputes between church and king concerning court jurisdictions and recalcitrant parties (*Berman* 1983, chap. 7).[13]

The point here is thus that recalcitrants can indeed be pressured into appearances before (presumably) impartial adjudicators, even in the absence of contracts, under the protections of a rule of law that is the result of a competitive process. In addition to providing an answer to *Landes* and *Posner's* concerns about impartial justice for defendants, such a process provided the means by which individuals from historically oppressed classes started to gain a greater degree of autonomy during the Middle Ages.[14]

Private Articulation of Legal Precedents

The next issue – the incentives of private arbitrators to articulate precedents – again finds *Landes* and *Posner* providing at least part of the reply to their own concern. At one point, *Landes* and *Posner* (1979, pp. 257–258) argue that commercial arbitrators do not set precedents but just apply those established by government courts. They recognize, however, that the Law

Merchant system of the Middle Ages, which involved the use of private courts and law for the adjudication of commercial disputes, developed a large, some would say phenomenal, body of precedents. This body of precedents was eventually absorbed into government law as royal courts competed for clients against merchant courts. In England in 1606, however, Lord (Edward) Coke asserted that the rulings of merchant courts could be countermanded by royal tribunals, and the Law Merchant declined vis-à-vis public courts. Thereafter, the development of commercial law precedents slowed, and merchants gradually started going back to private arbitration (*Trakman* 1983, pp. 25–26). *Landes* and *Posner* (1979, p. 258) note that the renewed competition apparently stimulated important procedural reforms in England in the 19th century, and in the 20th century private arbitration has again become a major factor in settling commercial disputes. In many respects, then, the causation with regard to who sets and who just applies precedents has run from private to public sector.

In a private legal system, the articulation of clear and unbiased precedents would be a matter of self-interest for courts insofar as it is a way of establishing brand-name capital. *Landes* and *Posner* are aware of this, but argue that private courts would not have an interest in precedents if cheaper forms of advertising existed (*Landes* and *Posner* 1979, p. 239).

From a more dynamic perspective, however, one can see why the incentives to articulate precedents would be likely to dominate. First, one can envision a market in legal decisions in which enterprising courts would sell the written opinions of their judges to law firms or to the various retrieval services on which lawyers rely (*Barnett* 1986, p. 38). Beyond this, one would expect the formation of insurance organizations to help individuals and firms pool risks with respect to liability and litigation costs. Individuals or firms could pay a flat fee to such organizations, as is the case with today's Health Maintenance Organizations (HMOs) in the field of medical care. To the extent that these organizations had clients with conflicting interests – with some clients more likely to be plaintiffs in certain classes of cases, and other clients more likely to be defendants – the organizations would have an interest in having courts articulate unbiased precedents, so as to minimize the number of future disputes occurring and, in turn, their costs. These organizations would also have an interest in reducing litigation costs by encouraging law-abiding behavior on the part of their clients. The organizations would thus be a modern-day version of the surety associations that developed under primitive legal systems such as that of the Yurok Indians (*Goldschmidt* 1951, p. 512) and that also appeared in both medieval Europe and Iceland.[15]

In a private legal system, one would expect courts to compete with each other to establish contractual arrangements with such organizations. The organizations would agree in advance to bring their disputes to those tribunals that had reputations for setting clear precedents – precedents being a legal version of preventive medicine. Even if a legal insurance organization had clients whose future concerns were totally biased (e. g., they were all sellers of a particular product known to be hazardous), the court with whom that organization does business might at the same time have contractual arrangements with other insurance organizations having diametrically opposed future concerns (e. g., they might represent consumer groups). Of course, if a court were known to issue biased rulings, we would be back at the question of whether private courts would dispense impartial justice. In any event, it seems clear that there would be ample incentives to put forth precedents.

By contrast, it is not clear that the incentives facing public courts are as strong. To some extent, judges may wish to articulate precedents as a way of acquiring prestige, but insofar as litigants' fees in public courts are below market-clearing rates, there is an excess demand for court services – the so-called caseload crisis. Tribunals may then – either deliberately or because of force of circumstance – ration scarce court time by avoiding or delaying precedent-setting cases.

Standardization of Legal Rules

As is true for the issue of precedents, the question of legal uniformity provides a good case study for what Harold *Demsetz* (1969, p. 1) has called the "comparative institutions" approach to questions of public policy. To say that private institutions would not provide the degree of uniformity that would be economically efficient in a hypothetical world of zero transactions costs is not to say that government institutions – which operate under positive transactions costs – produce a better result. One must compare the reality of one set of institutions with the reality of the other, not the reality of a set with the result one idealizes the other set is capable of producing under certain hypotheticals.

Commercial law again stands out. When one examines its history, one sees a pattern of behavior on the part of legislative bodies with regard to standardizing legal rules; this pattern is mixed at best. The development and adoption of the Uniform Commercial Code may seem to be a good example of an instance where legislative activity eventually helped to rationalize a melange of laws that had previously governed commerce. On the other hand, the existence of a problem to be solved was a result of the fact that government institutions did not produce legal uniformity. There were, and are, multiple state jurisdictions with often-conflicting rules. Moreover, the Uniform Commercial Code was based primarily on the principles of the Law Merchant; "the positive law of the realm was forced to conform to the mandates of the merchants, not vice versa" (*Trakman* 1983, p. 34).

On an international scale, the problems of multiple governmental jurisdictions have been even more pronounced, often leading to wars, and private arbitration has reemerged as a potent force in the 20th century, in part to promote greater legal uniformity than occurs under public jurisdictions separated by arbitrary political boundaries.[16] The International Chamber of Commerce Court of Arbitration, established in 1923, is one of more than 120 private organizations that help to adjudicate international trade disputes (*Lazarus* et al. 1965, p. 29). Many of these organizations focus on disputes regarding particular products. Others specialize on a territorial basis. The jurisdictions overlap and are free to evolve spontaneously. The establishment of various public jurisdictions in the form of nation-states and provinces has not been subject to such a discovery procedure.

A similar contrast between the public and private sectors was evident centuries ago. The universal character of the Law Merchant has been stressed by almost every scholar who has written about it.[17] Local government laws, however, often discriminated against "merchant strangers". They still do, as evidenced by modern protectionism.

Of course, law must to some extent show local variations to reflect differences in conditions and customs, and privately produced law has done this, a point stressed by *Anderson* and *Hill* (1979) as well as by *Mitchell* (1904). The common law has also at times shown an admirable degree of variation in its rules regarding, for example, water rights and liability for stray cattle (*Posner* 1987, p. 6). On the other hand, public authorities have often imposed uniformity where it is not called for, such as the U.S. government's setting of motor-vehicle speed limits that do not distinguish between conditions in New Jersey and Nevada.

But the more important point is that the degree of the law's uniformity that does, in fact, emerge under more pluralistic legal institutions (e.g., the Law Merchant) contributes to the view that there exists a rule of law that is independent of the will of state rulers. Indeed, the existence of pluralistic legal institutions makes the rule of law necessary as a means of economizing on the costs of resolving disputes among courts with overlapping jurisdictions. And the rule of law is the protector of liberty.

Private Protection of Legal Rights

The fourth point of controversy that must be addressed concerns the operation of private protection agencies. Would they involve substantial uninternalized benefits? Would they constitute a natural monopoly that would become a state or dominate society?

Private security agencies have multiplied like rabbits as people have perceived the public police to be inadequate, and one can see the means they have used to internalize the effects of their actions. The argument for the existence of externalities has again been that the deterrent effects of patrols and other enforcement activities on would-be criminals confer spillover benefits on neighbors who did not pay for the security provided. In the case of individual homeowners, however, the market response has been to put signs on the premises informing those passing by that the property is under the purview of such-and-such an agency. The implicit message is that the homes without such signs are *not* protected by that agency.

In a similar vein, the American Automobile Association (AAA) gives its members decals that they can put on their cars to inform people that, if a member's car is stolen, AAA will pay a reward for information leading to its recovery (*Friedman* 1979, p. 403). Cars without these decals do not have such protection. The point is that people *can* be excluded from security if they do not pay for it; spillover benefits need not exist.

On a larger scale, the market process has evolved as it has in many other instances of potential spillovers: by promoting innovative contracts and institutions to internalize the would-be externalities. Associations of condominium owners often purchase security for an entire area. Storekeepers in malls collectively purchase private protection. Individuals can choose to live in apartment buildings that offer guards or other forms of security. If the public police and the associated taxes were eliminated, one would expect to see ever-more diverse types of protection paid for by homeowners' associations and merchant groups. Most real-estate contracts would probably have the purchase of security be a condition for buying property. To the extent that entities such as streets and parks were privatized, private security could also be provided in what are now "commons" areas.

As far as the natural monopoly[18] issue is concerned, it should first be noted how many thousands of security agencies are presently across the United States. (The same applies to arbitration services.) A quick look at the Yellow Pages of any major city's telephone directory reveals dozens of firms offering protection of one sort or another. To say, as *Buchanan* does, "conflicts may occur, and one agency will win", is to assume that agencies continually fight each other until only a single one is left instead of settling disputes in a more peaceful, lower-cost fashion that enables many firms to survive and prosper.

Several examples of stateless societies serviced by private protection efforts have existed in history. Some of these societies lasted far longer than countries that tried to forestall a general outbreak of lawlessness by subjugating a state to a constitution. If those stateless societies did eventually perish or themselves produce states, however, one must explain why.

After five centuries of relative stability, Celtic Ireland and its private legal system were conquered by the British after an additional four centuries of struggle. Britain itself developed a centralized government out of tribal groups as a response to attacks from the Vikings, especially the Danes (*Blair* 1956, pp. 201–203). The private legal system of medieval Iceland apparently became increasingly centralized and finally broke down in the face of threats from Denmark and Norway.[19] In an oft-cited study of the development of nation-states, Franz *Oppenheimer* (1926) thus emphasized how states have arisen because of external factors (e.g., threats from outside enemies). It may be that a free market can support a multiplicity of private protection agencies for tremendously long periods when a whole area is not threatened by an outside force (e.g., a state). If the area *is* so threatened, however, market forces may generate a concentration of protection efforts in the endangered area as a response. The concentration of protective forces at some point itself becomes a state.

One must be careful, however, about claiming that stateless societies generate states only as a defensive measure against other states, for this would fail to account for the emergence of the very first state. It may thus be that there *are* occasions when the provision of protective services is a natural monopoly – perhaps when a climate of mistrust develops between sizable groups of people from distinct territories.[20] And if defense (or offense) is to be provided on a large scale, familiar public-good issues arise, perhaps leading to demands that the effort be supported by taxation, conscription, or the creation of fiat money. Needless to say, a purely private legal system would not survive in such conditions.

Social Conventions in a Private System of Law

The final area of controversy is the values (i.e., the social norms or "moral code") that would underlie a nongovernmental system of law. *Hirshleifer* (1982, p. 37) has argued that just because a group of people converges on a particular set of values does not mean that it has converged on the *best* set of values. On the other hand, *Ellickson* (1987, pp. 98–99) has argued that, if group members have repeated contact with one another, a free environment will lead to the emergence and general observance of values that are economically efficient.[21]

The efficacy of a group's values is very important for two reasons. First, law grows out of some sense of morality. If the sense of morality that dominates a society is warped in some way, the law is likely to become warped as well. Second, it must be remarked how infrequently most people use the formal apparatus of law. Surveys, for example, reveal that most people know very little about the legal rules that allegedly constrain their behavior (*Ellickson* 1987, p. 88), and almost two-thirds of the adults in the United States have used an attorney only once in their life or not at all (*Ellickson* 1987, pp. 89–90). The law is, of course, important, but less-formal norms would appear to be the biggest influence on how people interact with one another.

Much use has now been made of evolutionary theory in an attempt to explain how norms emerge and survive (or perish). *Hayek* (1984, pp. 318–330; 1988, chap. 1), for example, has drawn analogies between cultural and biological evolution and has spoken of a "group selection" process whereby those species or groups that have advantageous traits or norms are likely to prevail, while species or groups with dysfunctional traits or norms are likely to suffer a decline. One complaint about such analyses is that it has been argued in the biological literature that, strictly speaking, evolutionary processes select individuals or genes, not groups (*Wilson* 1975, pp. 106–129).[22] Thus, a norm of honesty may be generally beneficial to a group, but dishonest individuals within that group may be able to profit at the expense of honest individuals. So dishonest individuals may prevail (*Ellickson* 1987, p. 95).[23]

In other words, a free-rider (public-good) problem may plague the enforcement of a desirable norm. Most individuals within the group would benefit if everyone else obeyed the norm, but each person considered separately might often benefit by violating it.[24] Recall that *Ellickson* qualifies his claim about norms being efficient by saying that there must be repeated contact among group members. The rationale for his qualification is that if group members see each other regularly, they are more likely to develop informal sanctions against what is perceived as asocial conduct. This development of norms is especially likely in groups that are relatively small, where it does not cost individuals much to monitor one another. As an example, a rude person can be singled out and excluded from social activities; rudeness can thereby be lessened. If people don't see each other regularly, however, asocial behavior may go unpunished. In the large cities of a mobile society, for example, some people may be offended if Person X drives too aggressively, but Person X is unlikely to encounter those exact people again so why care if they dislike him?

Ideally, there would be some external, omniscient force that would sanction wrongdoers like Person X, but government is certainly not it. General civility cannot be imposed by force. God and the fear of the Last Judgment have been suggested as an alternative means of motivating individuals, and *Hayek* (an agnostic) has, in fact, put great stress on the role that religion has sometimes played in supporting Western values (*Hayek* 1988, chap. 9). At other times, of course, religion has played an opposite role.

Insofar as our analysis has maintained that respect for private property and related values is of paramount importance to the operation of an effective discovery procedure, processes of "group selection" – if we may use that term – do appear to work in their favor. Group selection accounts for the perennial net migrations of people from countries where there is relatively little respect for private property to areas where there is relatively more, and this movement has certainly helped the institution of private property to survive (while at the same time helping to delegitimize societies that are hostile to it). The prospects of greater economic success and greater liberty seem to be the main factors driving these net migration flows.

There is, on the other hand, no guarantee that areas where private property prevails will not rot from within, because of the free-rider problem discussed above. There is no invisible-hand process to ensure that a religion or any other compelling ideology will always be there to prevent cultural decline. In the extreme, there could be such discord with respect to values that the model sketched early in this paper could degenerate from a state of anarchy in the sense of "no government" to anarchy in its literal sense, meaning "without rules; chaos". As an individual, all one can do is exercise free will on behalf of the values and ideology in which one believes. One recalls the famous remark attributed to *Jefferson:* "Eternal vigilance is the price of liberty." (Since the family has for ages served as a repository of cultural values, the importance of sound family law – the rules governing marriage, divorce, and children – should also be mentioned in this context.)

One should not underestimate the capacity of "vigilance" and informal sanctions, plus simple inertia,[25] to support a group's functional traditions. After an elaborate study of the matter, Robert *Sugden* (1986, p. 177) went so far as to conclude simply: "... the morality of spontaneous order is conservative." A *strength* of a nongovernmental system may also be that, if a disagreement about fundamental values does arise, no one has a state readily available through which he can try to impose or subsidize his views.

Conclusion

By focusing our attention on processes of discovery, *Hayek* has given us a way of looking at the world that has only begun to be appreciated. The notion of a discovery process has long been present in the study of law, but in recent times the idea has been drowned by the flood of writings espousing various forms of legal positivism. Now, though, through the midwifery of Austrian economics, the concept of a discovery procedure has a chance for rebirth among legal scholars, albeit in a new form. Previously, legal scholars have spoken of the discovery procedure of the common law, whereas an approach thoroughly based on Austrian economics would have us seriously consider the potential of a private legal system to uncover rules and institutions conducive to spontaneous order. In this regard, this paper has suggested that *Hayek* himself may not have pushed the analysis sufficiently far.

While all the criticisms of a private legal system made by *Landes* and *Posner* and others merit much more discussion, at this point the argument for such a system seems weakest in the following respects: (1) Especially in areas threatened by external forces, such as predator states, one cannot dismiss lightly the concern that protection agencies may constitute natural monopolies; (2) there may be public-good/prisoner-dilemma situations such that even those wary of government powers would deem a state to be a necessary evil; and (3) the process that is to guide the formation and sustenance of norms and values does not inspire great confidence. As previously discussed, this last concern can be seen as a special case of the second concern above.

One can favor a stateless system, believe it could be reasonably stable for an extended period, and still conclude that, like it or not, the system would eventually break down or evolve into something else. The same can be said with regard to a system of limited government. Nothing lasts forever, and to arrive at this or any other truism one does not need much of a discovery process.

Notes

* The author is Professor of Economics at California State University, Hayward. The bulk of the research for this paper was conducted while he was Visiting Scholar at Harvard Law School. The author is grateful to Sanford Ikeda and to participants in seminars at Harvard and American University for helpful comments. He also wishes to thank his mentor in ethics and jurisprudence, Marcus *Singer,* and Bruce *Benson* for many useful discussions and leads to reference material. The usual disclaimer applies. A longer version of this paper served as the lead article in the Winter 1990 issue of the *Cato Journal.*

1 See, for example, *Leoni* (1972).
2 "Competition as a Discovery Procedure", Chicago, 29 March 1968. Published in *Hayek* (1978). For a more recent discussion of competition as a discovery procedure, see *Kirzner* (1985).
3 "Economics and Knowledge", 10 November 1936. Published in *Hayek* (1937).
4 Quoted in *Kirzner* (1987, p. 13).
5 Though differing in detail, this model was inspired by the model put forth in *Rothbard* (1970, chap. 1).
6 Of course, genuine "prisoner dilemma" situations do exist wherein, from an individual standpoint, the incentives to cooperate with others to internalize benefits are ambiguous. The question then is simply this: Given that such dilemmas exist in a world of transactions costs, what institutions work best? Are they monopolies over the use of coercion and that operate under incomplete property rights? Perhaps. But for a discussion of how cooperative behavior may turn out to be a dominant strategy in prisoner-dilemma situations under *noncoercive* institutions, see *Axelrod* (1984).
7 One argument in favor of having a powerful state is thus that the expected costs of fighting the state are so high that private parties will be deterred by and large from using violence. The question is then whether the state itself can be effectively constrained in using coercive power.
8 A related issue is how the efficient scale of operation for private protection agencies would compare to that for criminal groups. Gordon *Tullock,* for example, fears that criminal groups would operate on such a scale that they would dominate society, but *Anderson* and *Hill's* (1979) study of the American West found little to support that view.
9 *Umbeck's* title was meant only to point out that even a benign set of rights is often enforced by the threat of violence.
10 There would naturally be cases over which more than one court granted jurisdiction. The courts involved might indeed follow conflicting rules as to how the case should be resolved. An entire body of law called "the conflict of laws" has arisen to deal with such situations, however, and this law evolved spontaneously. See *Weintraub* (1980).
11 *Nobel Prize-Winning Economist: Friedrich A. von Hayek,* interview conducted by the Oral History Program, University of California-Los Angeles (1983, p. 348). See also *Landes* and *Posner* (1979, p. 239).
12 A state can be defined as an agency with a concentration of the privileged use of force. In a literal sense, the state does not have a monopoly.
13 Competing court systems also developed *within* the secular sphere. It should be noted that many decisions were enforced by a threat of ostracism rather than coercion.

14 "A serf might run to the town court for protection against his master. A vassal might run to the king's court for protection against his lord. A cleric might run to the ecclesiastical court for protection against the king" (*Berman* 1983, p. 10). See also pp. 292–294 and pp. 542–543. Rather than seeing the Middle Ages as a stagnant period of serfdom, *Berman* argues that it was a revolutionary period during which the Western legal tradition started to take form.

15 On the use of sureties in medieval Ireland, see *Peden* (1977). On the Anglo-Saxon tradition, see *Stephen* (n.d., Vol. 1, pp. 65–67). See also *Blair* (1956, pp. 232–235). On the use of sureties in medieval Iceland, see *Friedman* (1979). It should be noted that in medieval times membership in a surety was often compulsory.

16 One might ask why competing private agencies such as those under discussion would not be just as likely as nation-states to generate armed conflict on a mass scale. The brief answer is that the leaders of nation-states can more easily compel their subjects to subsidize the costs of their excesses.

17 "Each country, it may almost be said each town, had its own variety of Law Merchant, yet all were but varieties of the same species. Everywhere the leading principles and the most important rules were the same, or tended to become the same" (*Mitchell* 1904, p. 9).

18 One must distinguish "natural monopoly" in the technical sense of "large economies of scale" from "natural monopoly" in the sense of "it has usually ended up as a monopoly". For example, in most developed countries, post offices are virtual monopolies. They thus seem to be "natural" monopolies in the second sense noted above, although there are grave doubts about whether they are natural monopolies in the first sense noted above. We are speaking in the text of the possibility that protection agencies are a natural monopoly in the first sense.

19 The author claims no expertise on this matter. I owe the statement in the text to an Icelandic political scientist, Hannes *Gissurarson*. He grants that it is a matter requiring further research. David *Friedman* (1979, p. 407 n) speculates that an increasingly concentrated distribution of wealth may also have played a role in Iceland.

20 *Posner's* study of Homeric society lends support to *Oppenheimer's* view, but he does not rule out the possibility of states having emerged because of a concentration of wealth or because of demand for large-scale public projects. See *Posner* (1981, pp. 143–145, 163–165).

21 *Ellickson's* argument is based on the principles articulated in *Axelrod* (1984) [private communication]. See also *Smith* ([1759] 1976, Part. VI, Section II).

22 One can take comfort from the fact that many other animal species observe property rights – crayfish, certain butterflies, etc. – but the relevance of these biological data for forming a positive theory of social evolution among humans is controversial, to say the least.

23 Whatever the merits of his theory of cultural evolution, *Hayek* (1988, p. 25) maintains that it does not depend on the existence of group selection in the biological world.

24 A free-rider problem can likewise inhibit a change in norms; people might be predisposed to change, but there may be situations in which each individual will refrain from changing until others do the same. Thus no one changes (*Vanberg* 1986, p. 93).

25 Ibid.

References

Anderson, Terry L., and Hill, P. J., "An American Experiment in Anarcho-Capitalism: The Not So Wild, Wild West". *Journal of Libertarian Studies* 3 (1979), 9–29.

Axelrod, Robert, *The Evolution of Co-operation*. New York: Basic Books, 1984.

Barnett, Randy E., "Pursuing Justice in a Free Society: Crime Prevention and the Legal Order", *Criminal Justice Ethics* 5 (Winter/Spring 1986), 31–53.

Benson, Bruce L., "The Spontaneous Evolution of Commercial Law". *Southern Economic Journal* 55 (January 1989), 644–661.

Benson, Bruce L., *The Enterprise of Law*. San Francisco: Pacific Research Institute for Public Policy, 1990.

Berman, Harold J., *Law and Revolution: The Formation of the Western Legal Tradition*. Cambridge: Harvard University Press, 1983.

Blair, Peter H., *An Introduction to Anglo-Saxon England*. Cambridge: Cambridge University Press, 1956.

Buchanan, James M., *Freedom in Constitutional Contract*. College Station, Tex.: Texas A & M University Press, 1977.

Ellickson, Robert C., "A Critique of Economic and Sociological Theories of Social Control". *Journal of Legal Studies* 16 (January 1987), 67–90.

Friedman, David, "Private Creation and Enforcement of Law: A Historical Case". *Journal of Legal Studies* 8 (March 1979), 399–415.

Goldschmidt, Walter, "Ethics and the Structure of Society: An Ethnological Contribution to the Sociology of Knowledge". *American Anthropologist* 53 (October–December 1951), 506–524.

Hayek, F. A., "Economics and Knowledge". *Economica* 4 (1937), 33–54.

Hayek, F. A., "The Use of Knowledge in Society". *American Economic Review* 35 (September 1945), 519–530.

Hayek, F. A., *The Constitution of Liberty*. Chicago: University of Chicago Press, 1960.

Hayek, F. A., *Law, Legislation, and Liberty*. Chicago: University of Chicago Press. Vol. 3: *The Political Order of a Free People*, 1979.

Hayek, F. A., "Competition as a Discovery Procedure". In: *New Studies in Philosophy, Politics, Economics, and the History of Ideas,* pp. 179–190. Chicago: University of Chicago Press, 1978.

Hayek, F. A., "The Origins and Effects of Our Morals: A Problem for Science". In: *The Essence of Hayek,* pp. 318–330. Edited by Chiaki *Nishiyama* and Kurt R. *Leube*. Stanford, Calif.: Hoover Institution Press, 1984.

Hayek, F. A., *The Fatal Conceit: The Errors of Socialism*. Edited by William W. *Bartley*. Chicago: University of Chicago Press, 1988.

Hirshleifer, Jack, "Evolutionary Models in Economics and Law: Cooperation vs. Conflict Strategies". *Research in Law and Economics* 4 (1982), 1–60.

Kirzner, Israel M., *Discovery and the Capitalist Process*. Chicago: University of Chicago Press, 1985.

Kirzner, Israel M., "The Economic Calculation Debate". *Review of Austrian Economics* 2 (1987), 1–18.

Landes, William M., and Posner, Richard A., "Adjudication as a Private Good". *Journal of Legal Studies* 8 (March 1979), 235–284.

Lazarus, Stephen et al., *Resolving Business Disputes: The Potential of Commercial Arbitration.* New York: American Management Association, 1965.

Leoni, Bruno, *Freedom and the Law.* Los Angeles: Nash Publishing Company, 1972.

Mitchell, William, *An Essay on the Early History of the Law Merchant.* New York: Burt Franklin, 1904.

Nobel Prize-Winning Economist: Friedrich A. von Hayek. Interview conducted by the Oral History Program, University of California-Los Angeles. Los Angeles: Regents of the University of California, 1983.

Nozick, Robert, *Anarchy, State, and Utopia.* New York: Basic Books, 1974.

Oppenheimer, Franz, *The State.* New York: Vanguard Press, 1926.

Peden, Joseph R., "Property Rights in Celtic Irish Law". *Journal of Libertarian Studies* 1 (1977), 81–95.

Posner, Richard A., *The Economics of Justice.* Cambridge: Harvard University Press, 1981.

Posner, Richard A., *Economic Analysis of Law.* 3d ed. Boston: Little, Brown, 1986.

Posner, Richard A., "The Law and Economics Movement". *American Economic Review* 77 (May 1987), 1–13.

Rothbard, Murray N., *Power and Market.* Kansas City, Mo.: Sheed Andrews and McMeel, 1970.

Smith, Adam, *The Theory of Moral Sentiments.* 1759. Reprint. Oxford: Oxford University Press, 1976.

Stephen, James F., *A History of the Criminal Law of England.* London: Macmillan and Co., 1883. Reprint. New York: Burt Franklin, n.d.

Sugden, Robert, *The Economics of Rights, Co-operation, and Welfare.* New York: Basil Blackwell, 1986.

Trakman, Leon E., *The Law Merchant: The Evolution of Commercial Law.* Littleton, Colo.: F. B. Rothman, 1983.

Umbeck, John, "Might Makes Rights: A Theory of the Formation and Initial Distribution of Property Rights". *Economic Inquiry* 19 (January 1981), 38–59.

Vanberg, Viktor, "Spontaneous Market Order and Social Rules: A Critical Examination of F. A. Hayek's Theory of Cultural Evolution". *Economics and Philosophy* 2 (April 1986), 75–100.

Weintraub, Russell J., *Commentary on the Conflict of Laws.* Mineola, N.Y.: Foundation Press, 1980.

Wilson, Edward O., *Sociobiology: A New Synthesis.* Cambridge: Harvard University Press, 1975.

Kurt R. Leube
geb. 1943

Der Österreicher Kurt Leube gilt als einer der engsten Schüler Friedrich A. von Hayeks und ist seit den frühen achtziger Jahren „Research Fellow" an der Hoover Institution, Stanford University, wo er in den Gebieten der Ideengeschichte und wirtschaftspolitischer Grundsatzfragen von Transformationsgesellschaften forscht. Leube nimmt mehrere Gastprofessuren in verschiedenen osteuropäischen und südamerikanischen Ländern wahr. Seit 1984 wurde er zusätzlich zu seiner Forschungstätigkeit in Stanford an die California State University, Hayward, berufen und leitet dort das „International Masters Program in Austrian Economics". Im Herbst 1993 gelang es ihm, gemeinsam mit mehreren interessierten Persönlichkeiten in Wien, das „Internationale Institut Österreichische Schule der Nationalökonomie" (IIAE) mit Sitz in Wien und Stanford zu gründen. Leubes Arbeiten konzentrieren sich im wesentlichen auf die Österreichische Schule, methodologische Fragen und die Sozialphilosophie. Unter seinen zahlreichen Veröffentlichungen seien hier stellvertretend nur *The Essence of Hayek* (1984) und *The Essence of Friedman* (1987) hervorgehoben. Der vorliegende Aufsatz entstand 1993 und wurde als Kommentar zur Wiederauflage von Auspitz' und Liebens *Untersuchungen über die Theorie des Preises* (1889) geschrieben.

Einige Bemerkungen zu den „Untersuchungen über die Theorie des Preises" aus der Sicht der Österreichischen Schule der Nationalökonomie

„Die Volkswirthschaft hat es gerade so, wie irgend eine der exakten Wissenschaften, stets mit meßbaren Größenverhältnissen zu thun; sie genießt sogar den Vortheil, daß ihr von vornherein ein riesiges, wenn auch recht lückenhaftes Ziffernmaterial zur Verfügung steht."
Rudolf Auspitz und *Richard Lieben* (1889)[1]

„Die bisherigen Versuche, die Eigenthümlichkeiten der naturwissenschaftlichen Methode der Forschung kritiklos auf die Volkswirthschaftslehre zu übertragen, haben denn auch zu den schwersten methodischen Mißgriffen und zu einem leeren Spiele mit äußerlichen Analogien zwischen den Erscheinungen der Volkswirthschaft und jenen der Natur geführt." *Carl Menger* (1871)[2]

I.

Rund zehn Jahre nach der Veröffentlichung seiner revolutionären *Grundsätze der Volkswirthschaftslehre* (1871) begannen die Lehren Carl *Mengers* langsam Aufmerksamkeit zu erregen. Während bei Léon *Walras* und auch in gewissem Sinne bei W. St. *Jevons* mehr die ungewohnte mathematische Methode der Darstellung als die eigentliche Substanz ihrer Theorien das wirklich Neue zu sein schien, hatte *Menger* nicht mit diesen Hindernissen zum Verständnis seiner Wertlehre zu kämpfen. *Mengers* Problem war gewiß nicht das Unverständnis seiner Darstellung, sondern – weit schlimmer – er hatte es mit aktivem Widerstand der besonders in Deutschland vorherrschenden Schule gegen seine Lehre zu tun. Aber rascher Sieg neuer Ideen kann ja bekanntlich niemals Prüfstein für eine Leistung von reformatorischer Bedeutung sein. Der Einfluß seines Buchs begann sich auszubreiten, und *Mengers* Vorlesungen und Seminare zogen immer mehr begeisterte Studenten aus allen Winkeln der k. u. k. Monarchie an die Universität Wien. 1883 veröffentlichte er in Wien sein zweites großes Werk, die *Untersuchungen über die Methode der Socialwissenschaften und der Politischen Oekonomie insbesondere,* das in jeder Hinsicht mindestens ebenso wichtig und revolutionär wirkte wie seine *Grundsätze*. Galten diese bei seinen Schülern bisher noch als „Katechismus" der neuen Schule, so legte *Menger* mit seinen *Untersuchungen* nicht nur den noch fehlenden methodologischen Grundstein, sondern es gelang ihm auch, wahrscheinlich mehr als den meisten anderen zeitgenössischen Autoren, die besondere Natur der sozialwissenschaftlichen Forschung klarzumachen.

Bis in die achtziger Jahre war *Menger* als das alleinige Haupt der Schule hochangesehen und bildete in dieser quasi monopolistischen Funktion die erste Generation. Trotz aller Angriffe gegen die neue Lehre vom subjektiven Wert brachten aber dann die Jahre 1884–1889 für die „Österreichische Schule der Nationalökonomie" die bisher gewiß reichste Ernte an bahnbrechenden Veröffentlichungen. In rascher Folge erschienen in dieser bemerkenswert kurzen Zeitspanne u. v. a. nicht nur die berühmten Werke E. von *Böhm-Bawerks* und F. von *Wiesers* oder E. *Sax'* und J. von *Komorzynskis*, sondern auch die ebenso wichtigen Beiträge von Robert *Meyer*, R. *Zuckerkandl*, V. *Mataja*, G. *Gross*, H. von *Schullern-Schrattenhofen*, K. Th. von *Inama-Sternegg* oder Maffeo *Pantaleoni*. Der Weltruf der Österreichischen Schule war damit begründet, und der Einfluß der zweiten Generation strebte international einem Höhepunkt entgegen.

1889 aber ließen auch zwei andere Wiener Nationalökonomen ihre *Untersuchungen über die Theorie des Preises* erscheinen und legten damit ein Buch vor, das ohne Zweifel auch heute noch zu den bedeutenden Werken der mathematischen Nationalökonomie gerechnet werden muß. Allerdings paßte es mit seiner mathematischen Darstellungsweise nicht so ganz in den Rahmen der dominierenden Österreichischen Schule. Rudolph *Auspitz* und sein Schwager Richard *Lieben* standen zwar der Idee des Grenznutzens und auch der immer größer werdenden Gruppe um Carl *Menger* nahe, stützten sich aber bei dieser gemeinsamen Arbeit weniger auf das Werk ihrer Landsleute als vielmehr auf die Grundlagen, die etwa *Cournot, Walras, Gossen* oder *Jevons* gelegt hatten. Bedauerlicherweise wurde ihrem Buch aber sowohl in der k. u. k. Monarchie als auch in Deutschland die entsprechende Anerkennung versagt. Im deutschen Sprachraum wurde es überhaupt nur für einige kurze und zudem weitgehend ablehnende Besprechungen in Tageszeitungen als würdig erachtet. In Italien, Frankreich und England hingegen wurde es von den bedeutendsten Gelehrten zu den großen Leistungen der mathematischen Ökonomie gezählt. 1914 gelang Louis *Suret* eine gute französische Übersetzung, die aber, wohl durch das ungünstige Erscheinungsdatum bedingt, relativ unbekannt und ohne größeren Einfluß blieb.

Ein kurzer Blick in die Lebensgeschichte dieser beiden Privatgelehrten ist angebracht.

Rudolph *Auspitz* und Richard *Lieben* wurden beide im Wien des späteren Vormärz geboren und wuchsen dort in großbürgerlichem Milieu heran. Beide verbrachten einige wichtige und offenbar auch prägende Jahre mit naturwissenschaftlichen bzw. mathematischen Studien in Deutschland. Die drei vermögenden, kunstsinnigen und geschätzten Familien *Auspitz, Lieben* und *Gomperz,* untereinander mehrfach durch Ehen verbunden, brachten eine beachtliche Zahl gesellschaftlich erfolgreicher Geschäftsleute, akademischer Lehrer und Künstler hervor und bilden damit ein Stück typisch alt-österreichischer Kulturgeschichte.[3] Bei den *Auspitzens* muß neben Rudolph besonders der Gründer der wichtigen Wiener Privatbank, Samuel *Auspitz,* erwähnt werden. Rudolph *Auspitz* war mit der namhaften Malerin Helene, einer Schwester Richard *Liebens,* verheiratet. Im Lieben-Stamm sorgte aber auch Ida, Richards zweite Schwester, durch ihre unkonventionelle Vermählung mit dem Philosophen und ausgetretenen katholischen Priester Franz *Brentano* (einem Bruder des Nationalökonomen Lujo *Brentano*) jahrelang für Schlagzeilen und bittere literarische Auseinandersetzungen über die Interpretation bestehender Gesetze. Neben Richard müssen in dieser Linie auch noch Adolph *Lieben,* Professor der Chemie in Wien, und der Physiker Robert *Lieben* genannt werden. Und schließlich brachte die verschwägerte Familie *Gomperz* den bedeutenden Bankier und Herrenhaus-Abgeordneten Julius *Gomperz* und den großen österreichischen Historiker Theodor *Gomperz* hervor. Die bemerkenswerte künstlerische Begabung der Familien war auf die darstellenden Künste beschränkt und in der Hauptsache in reichem Maße unter den weiblichen Mitgliedern verteilt.[4]

Rudolph *Auspitz,* geboren am 7. Juli 1837 in Wien, widmete sich, seiner Liedenschaft folgend, den Naturwissenschaften und studierte zunächst bei *Brücke* in Wien, um anschließend zu *Du Bois-Raymond* ins preußische Berlin und dann zu Professor *Quincke* nach Heidelberg zu gehen. Es war besonders der große Forscher *Quincke,* der es dem mathematisch außerordentlich begabten *Auspitz* nie verzieh, der wissenschaftlichen Laufbahn den Rücken gekehrt und dafür in Mähren die erste bedeutende und sehr erfolgreiche Zuckerfabrik gegründet zu haben. 1870 ließ sich *Auspitz* in den mährischen Landtag und nur drei Jahre später in den österreichischen Reichstag wählen. Auf dem Boden eines konsequenten wirtschaftlichen Liberalismus stehend, machten seine unbestrittene Sachkenntnis und seine politische Standfestigkeit *Auspitz* zu einem hochgeachteten und oft konsultierten Vertreter.[5] Im Jahre 1905 legte er aus politischen Gründen sein Mandat nieder und starb ein Jahr später in Wien.

Richard *Lieben* war fünf Jahre jünger und wurde am 6. Oktober 1842 in Wien geboren, wo er zum größeren Teil durch Privatlehrer unterrichtet wurde. Zu Beginn der sechziger Jahre entschloß er sich aber, ähnlich seinem Schwager, zu einem Aufenthalt in Deutschland und widmete sich während zweier Jahre dem Mathematik- und Technikstudium in Karlsruhe. Im Hauptberuf aber war *Lieben* öffentlicher und verantwortlicher Gesellschafter des Bankhauses Lieben & Co., das 1842 von seinem Großvater in Wien gegründet worden war. Nebenbei diente er auch noch als Präsident oder Verwaltungsrat in zahlreichen privaten Unternehmen, die zum Teil noch heute aktiv sind. Seine umfassenden theoretischen und praktischen Kenntnisse ließen *Lieben* 1892 bei der österreichischen Währungs-Enquête-Kommission als Befürworter der Goldwährung oftmals das Wort ergreifen. Sowohl *Auspitz* als auch *Lieben* traten vor und nach der Veröffentlichung ihrer *Untersuchungen über die Theorie des Preises,* an der sie gemeinsam rund zehn Jahre gearbeitet haben, immer wieder mit kleineren, aber signifikanten Publikationen zu verwandten Problemkreisen gemeinsam hervor.[6]

II.

Der berühmte Mathematiker Karl *Menger, Mengers* Sohn, meinte einmal, die Abneigung seines Vaters gegen die Verwendung mathematischer Verfahren sei wohl darauf zurückzuführen, daß Carl *Menger* im galizischen Gymnasium die Differentialrechnung nicht erlernt habe. Auch wenn dies wirklich zutreffend sein sollte, liegt *Mengers* methodologischer Einwand doch wesentlich tiefer begründet. Obgleich Carl *Menger,* der Begründer der Österreichischen Schule, nicht einmal in seinen zahlreichen den Methodenfragen der Sozialwissenschaften gewidmeten Publikationen *expressis verbis* auf die mathematischen Methoden Bezug nimmt, können wir annehmen, daß er sie im allgemeinen für nicht besonders nützlich erachtete. Aufschluß bieten lediglich ein paar wichtige Briefe an *Walras* und einige sehr pointierte Randbemerkungen und Glossen, die *Menger* seinen Büchern häufig handschriftlich beifügte. In einem Schreiben z. B. an Léon *Walras* vom 28. Juni 1883 bringt *Menger* seine Abneigung dagegen zum Ausdruck, die Mathematik zu einer Methode der Forschung zu erheben. Für ihn sei sie nur eine Hilfswissenschaft, die mitunter nützliche Methoden in der Formulierung und graphischen Darstellung der Ergebnisse theoretischer Forschung liefere. Ungefähr acht Monate später grenzt *Menger* in einem weiteren Brief an *Walras* seinen eigenen Ansatz von demjenigen *Walras'* sehr deutlich ab. *Menger* schreibt, daß es ihm nicht so sehr um die Bestimmung quantitativer Verhältnisse der sozialen Erscheinungen und ihrer funktionalen Beziehungen gehe, sondern sein Interesse vielmehr auf deren Wesen und ihre kausalen Zusammenhänge gerichtet sei.[7]

Einige signifikante Randbemerkungen *Mengers* in der deutschen Übersetzung von John St. *Mills Grundsätze der politischen Oekonomie* von 1864 geben weiteren Aufschluß. Hier verwirft er die Konzeption des *Gleichgewichtes* und betont, sein Begriff der „genetischen Kausalität" sei mit der von *Walras* vertretenen Auffassung, nach der die verschiedenen Elemente des ökonomischen Prozesses sich wechselseitig bedingen und daher mit funktionalen statischen Relationen verknüpft werden müssen, völlig unvereinbar.[8] Aber auch die Glossen, die *Menger* in seinem persönlichen Handexemplar der *Untersuchungen über die Theorie des Preises* angebracht hat, lassen uns seine Position besser verstehen.[9] Und schließlich muß noch die Sammelbesprechung „Nationalökonomische Literatur in Österreich" in der Wiener Zeitung vom 7. und 8. März 1889 beachtet werden, obwohl *Menger* dort ausdrücklich betonte, daß es ihm hier nicht darum ginge, den Wert oder Unwert mathematischer Darstellung ökonomischer Lehrsätze zu kommentieren. *Menger* bespricht hier nicht nur das Werk *Auspitz'* und *Liebens*, sondern kritisiert dort u. a. auch *Zur Theorie des Preises,* das Buch seinen direkten Schülers, R. *Zuckerkandl.* Der etwas ungeduldige Ton, in der die Rezension von *Auspitz* und *Lieben* gehalten ist, und *Mengers* mitunter scharf formulierte Einwände bestätigen jedoch den Eindruck, daß er der Mathematik als Mittel der Forschung doch eher skeptisch gegenüberstand. Seine Kritik der *Untersuchungen* konzentriert sich in knappen Worten in der Hauptsache auf drei methodologisch wesentliche Punkte. Zum einen beschuldigt er die Autoren, die mathematische Methode nicht nur als Mittel der Darstellung, sondern eher zum Zwecke der Forschung verwendet zu haben; zweitens meinte er, daß *Auspitz* und *Lieben* in ihrem Buch nicht der analytischen, sondern der Suppositionsmethode folgen und ihre statischen Annahmen von Gleichgewichtszuständen einfach als gegebene Daten zu untersuchen beginnen; und schließlich behauptete er, daß sie ihre teilweise unhaltbaren Lehren zwar graphisch richtig darstellen und formulieren, damit aber nicht den ursprünglichen Mangel ihrer „Suppositionen" (unhaltbare Annahmen) beseitigen können.

Im folgenden werde ich mich in der Hauptsache jedoch auf die allgemeinen Einwände gegen die Annahmen der Gleichgewichtsanalyse und deren mathematische Darstellungsformen aus der Sicht der Österreichischen Schule zu beschränken haben.

III.

Die Anwendung der Mathematik in der theoretischen Ökonomie ist ungefähr so alt wie das theoretische Denken in diesem Gebiet. In der methodologischen Diskussion scheint der Streit um Begriff und Möglichkeit der Mathematik als Methode ständig latent zu sein und, dem Zeitgeist entsprechend, modischen Trends zu folgen. Ein Teil der Wissenschaft lehnt die Mathematik in der Nationaökonomie rundweg ab und erkennt nicht einmal der Größentheorie eine selbständige Stellung als Erkenntnisobjekt zu. Andere Theoretiker hingegen anerkennen die Größenlehre als ein Gebiet der Theorie und billigen der Mathematik darstellende Funktion zu. Sie lehnen sie als Forschungsmittel jedoch ab, indem sie die streng logische Entsprechung zwischen mathematischer Denkform und Erkenntnisobjekt in Abrede stellen. Gerade diese Entsprechung aber muß natürlich gegeben sein, wenn man von analytischen Resultaten überhaupt sprechen will, zu denen man auf anderem Wege nicht oder nicht mit der gleichen logischen Präzision gelangen kann. Die dritte, heute besonders in den USA wohl am zahlreichsten vertretene Gruppe sieht schließlich in der Mathematik die einzige Möglichkeit exakter ökonomischer Forschung und präziser Darstellung der jeweiligen Ergebnisse.

Besonders in den Wirtschaftswissenschaften werden mit Vorliebe die Begriffe und besonderen Zustände der physikalischen Wissenschaften zur griffigen Darstellung sozialer Ereignisse benutzt. Zum einen scheint dies wohl dem Zweck zu dienen, in einer Welt der Knappheit und Unsicherheit den Eindruck von Exaktheit zu vermitteln. Zum anderen muß, dem statisch formalen Modell entsprechend, der einzelne immer als ein gleichmäßig rational handelnder, meist aber geistloser *homo oeconomicus* angenommen werden. Und in folgerichtiger Konsistenz werden dann gleich auch ganze Gesellschaftssysteme mit Hilfe dieser *termini technici* als homogen handelnde Einheiten gedeutet und dargestellt. Dabei muß man fast den Eindruck gewinnen, daß ein Großteil der Ökonomen die Wirtschafts- und Gesellschaftsordnungen als das Ergebnis eines planvoll konstruierten Entwurfs betrachtet. Zivilisationen oder Gesellschaften sind aber das Ergebnis menschlichen Handelns und nicht menschlicher Absicht.[10]

So lernten wir in der Wirtschaftstheorie, genau wie in der Mechanik, z. B. zwischen stabilem und labilem Gleichgewicht zu unterscheiden. Nach *Pareto* bezeichnen wir üblicherweise ein Gleichgewicht als stabil, das nach leichter Veränderung, immer sofort nach der Wiederherstellung des vorhergehenden Zustandes strebt. Labil ist aber ein Gleichgewicht dann, wenn ein Wirtschaftssystem mehrere Gleichgewichtslagen besitzt; das labile Gleichgewicht bezeichnet dann die Grenze, von der aus man sich der einen oder der anderen Lage nähert.[11] Seit E. *Mach* 1883 in seiner *Mechanik* das Gleichgewicht der Statik gleichgesetzt hat,[12] benutzen wir auch diesen Terminus ohne zu zögern. Sollen nun aber dynamische Erscheinungen menschlicher Aktivität dargestellt und auch erklärt werden, so löst man sie einfach in eine Reihe aufeinanderfolgender Gleichgewichtszustände auf. Der Gleichgewichtspreis ist daher als der Preis definiert, der entsteht, wenn sich Angebot und Nachfrage nach einem Gut zu einem gegebenen Zeitpunkt im Gleichgewicht befinden.

Nun kann der Begriff des Gleichgewichtes, der in der traditionellen Analyse angewendet wird, ja wohl nur dann einen *eindeutigen* Sinn haben, wenn er auf Untersuchungen der Handlungen einer einzelnen Person angewendet wird. Er hat aber auch nur dann einen klar bestimmten Inhalt, wenn wir ihn durch Annahmen über die Voraussichtlichkeit ausdrücken. Diese Eindeutigkeit verfällt sofort, und es wird stillschweigend ein Element völlig neuen Charakters in die Betrachtung eingeführt, wenn diese Methodik zur Erklärung ineinandergreifender Handlungen einer Anzahl verschiedenster Individuen herangezogen wird. Natürlich kann man behaupten, daß jede isolierte Person immer im Gleichgewicht ist. Wesentlich ist hier aber nicht, ob eine isolierte Person immer im Zustand des Gleichgewichtes ist oder nicht, sondern vielmehr welche ihrer Handlungen in der Beziehung des Gleichgewichtes zueinander stehen. Klassische Sätze der Gleichgewichtsanalyse, wie z. B. „die relativen Werte entsprechen den relativen Kosten" oder „eine Person handelt so, daß die Grenzerträge jedes Faktors in all seinen verschiedenen Verwendungen die gleichen werden", sind ja schließlich alles Aussagen über Beziehungen zwischen verschiedenen Handlungen. Wir können daher Handlungen einer Person nur dann als im Gleichgewicht stehend bezeichnen, wenn sie als Teil eines Planes verstanden werden können. Nur wenn dies der Fall ist, nur wenn über alle diese Handlungen zum selben Zeitpunkt und unter denselben Umständen entschieden wurde, können unsere Behauptungen über die Zusammenhänge angewendet werden, die wir aus den Annahmen über das Wissen und die subjektiven Präferenzen der Person ableiten. Es ist hier jedoch in Erinnerung zu bringen, daß alle diese sogenannten Daten, mit denen wir die Analyse notwendig beginnen, nur der handelnden Person in ihrer Totalität gegeben sind und daher in *keiner Weise* objektiv feststellbare Tatsachen sein können. Alle diese Annahmen, die jeder Gleichgewichtsanalyse zugrunde liegen, werden jedoch immer als für uns alle gleichermaßen bekannte Daten angesehen.

Da einige Daten, auf die eine Person ihre jeweiligen Pläne gründet, die Erwartung sein wird, daß andere Personen in einer bestimmten Weise handeln werden, ist es für die Verträglichkeit der verschiedenen Pläne wesentlich, daß die Pläne des anderen genau jene Handlungen enthalten, die die Daten für den Plan des einen bilden. Und dies ist unmöglich. In der traditionellen Gleichgewichtsanalyse wird dieses offenbare Dilemma einfach damit umgangen, daß die sogenannten Daten in der Form der individuellen Bedürfnisse einerseits und der technischen Fakten andererseits allen Teilnehmern in gleicher Weise als gegeben angenommen werden und, weil sie ja nach denselben Voraussetzungen handeln, sich ihre jeweiligen Pläne wohl irgendwie aneinander anpassen werden. Daß man sich damit in einem Zirkel bewegt, weil die Handlungen des einen die Daten des anderen sein müssen, darf in der Zwischenzeit nun aber doch als allgemein bekannt gelten. Was aber unter den „Technikern" meist übersehen wird, ist, daß all die „Daten", von denen angenommen wird, objektiv die gleichen für alle Menschen zu sein, offensichtlich nicht mehr dasselbe bedeuten, wie jene Daten, die den Ausgangspunkt für die tautologische Umformung der Wahlhandlungen gebildet haben. (Diese unhaltbaren Annahmen sind im übrigen jenen „Suppositionen" gleich, die *Menger* in seiner Kritik der *Untersuchungen* hervorhebt.) Bei dieser Logik des Wählens sprechen wir nur von jenen Daten, die ausschließlich der subjektiven Interpretation der handelnden Person unterliegen. Sobald aber von der Analyse eines einzelnen auf die Gleichgewichtsanalyse der notwendigen Beziehungen zwischen mehreren Personen in einer Gesellschaft geschlossen wird, ändert sich notwendig der Begriff des Gleichgewichtes.

Auch der Begriff der „Daten" wird, wie vieles andere auch, in verwirrender Weise gebraucht. Die „Daten" können natürlich nur etwas „Gegebenes" bedeuten. Aber die in der Nationalökonomie wohl alles entscheidende Frage, *wem sie verfügbar sind,* ist damit nicht gelöst. *Nehmen wir in den Analysen nun eigentlich an, daß die Daten der beobachtenden Person gegeben sind, oder vermuten wir, daß die Person, deren Verhalten und Handlungen durch diese Annahmen erklärt werden soll, dieses Wissen hat?* Dieses Problem kann dann mitunter zu heiteren Pleonasmen, wie „gegebene Daten" führen. Es ergibt sich daraus, daß der „Preis" (oder die „Daten") nicht der Name für ein bestimmtes Ding oder gar eine gegebene physische Eigenschaft ist. Vielmehr ist er ein Phänomen, das durch bestimmte Beziehungen zwischen Menschen definiert ist und keine anderen Eigenschaften hat als jene, die aus den Beziehungen folgen, durch die es definiert ist. Insofern sagt uns natürlich auch eine „Theorie des Preises" nichts über das jeweilige Verhalten der Preise von Erdnüssen oder von Aluminium oder von Dingen mit verschiedenen physikalischen Eigenschaften. Die Preistheorie kann uns nur Auskunft über Preise von Gütern geben, bezüglich derer die verschiedenen Menschen ganz bestimmte Ansichten haben und welche sie in einer ganz bestimmten Weise auch verwenden wollen. Wir können daher die Preiserscheinung niemals nur durch ein zusätzliches, durch uns als Beobachter erworbenes Wissen über das betreffende Gut (Erdnüsse oder Aluminium) erklären, sondern *ausschließlich* durch zusätzliches Wissen über die Ansichten der mit diesem Gut befaßten Menschen. In den Sozialwissenschaften sind die Dinge nicht durch ihre realen Eigenschaften definiert, sondern immer nur durch die Ansicht, die Menschen über sie haben. *Die Dinge sind das, wofür die Menschen sie halten.*

Für die Österreichische Schule ergeben sich daraus zwei Schlußfolgerungen, die konsequenterweise zur Ablehnung der reinen Gleichgewichtsanalyse führen müssen. Zum *einen* muß jede Änderung des relevanten Wissens der handelnden Person das Gleichgewicht zwischen den Handlungen zerstören, die sie vor, und jenen, die sie nach der Änderung ihres Wissens unternommen hat. Jede Gleichgewichtsbeziehung kann daher nur Handlungen innerhalb jener Periode umfassen, in der sich die sogenannten (rationalen) Erwartungen als richtig erweisen. Und zum *zweiten* muß ein Gleichgewicht immer als eine Beziehung zwischen Handlungen, die notwendig nur nacheinander stattfinden können, definiert werden, so daß der Faktor Zeit essentiell wird. Denn nur damit wird, wie wir gesehen haben, der Begriff des Gleichgewichtes sinnvoll. Wenn nun in der mathematischen Darstellung das Gleichgewicht zeitlos gedacht wird, beraubt es sich jedes Erklärungswertes.

Die meisten dieser der Physik entlehnten Begriffe haben nichts mit dem Leben und Handeln von unvollkommenen Menschen, wie wir sie in den Sozialwissenschaften zu untersuchen haben, zu tun. Sie sind nur ein Gedankenbild, dessen wir uns bedienen, um das Handeln durch die Vorstellung eines Zustandes, in dem *ex definitione* nicht gehandelt wird, begrifflich zu erfassen. Dem Aufstellen von enorm komplexen Gleichungen wie auch der Darstellung der kühnsten Kurven müssen zunächst einmal immer nicht-mathematische Überlegungen vorausgehen.

IV.

Es sollte nun abschließend ohne Schwierigkeiten festzustellen sein, was dann aber der eigentliche Inhalt der Behauptung ist, daß allem doch zumindest die Tendenz zum Gleichgewicht inhärent sei. Diese Idee kann nach den Bemerkungen weiter oben wohl kaum etwas anderes bedeuten, als daß unter *gewissen* Bedingungen angenommen wird, daß das Wissen und die Absichten der individuellen Marktteilnehmer einer immer größer werdenden Übereinstimmung entgegengehen. In anderen Worten wird damit unterstellt, daß die (rationalen) Erwartungen der Menschen mit fortschreitender Tendenz zum Gleichgewicht immer „richtiger" werden. In dieser Form ist die Behauptung, daß den Märkten eine Tendenz zum Gleichgewicht innewohnt, offenbar ein empirischer Satz, der daher zumindest im Prinzip verifizierbar sein müßte. Dieser Satz scheint dem Hausverstand auch einleuchtend. Tatsächlich aber wissen wir damit noch immer nichts über die Bedingungen, unter denen angenommen wird, daß diese Tendenz auch wirklich besteht, und ebensowenig können wir damit die Natur des Vorganges, durch den sich das individuelle Wissen ändert, erklären. Die Tendenz zum Gleichgewicht kann nur eine Tendenz zu einem Gleichgewicht relativ zu jenen Kentnissen (Wissen) sein, die die Menschen im Zuge ihrer Handlungen erwerben. Wenn daher andere Veränderungen des Wissens „nur unter wesentlichen Modifikationen benützt werden dürfen" *(Auspitz/Lieben)* oder sogar als eine Änderung in den Daten angesehen werden müssen, so heißt dies allerdings, daß uns der ganze formale Theorieapparat nichts über die fundamentale Bedeutung solcher Veränderungen des Wissens sagen kann. Dies mag vielleicht auch zur Erklärung herangezogen werden, warum die mathematische Nationalökonomie so erschreckend blind gegenüber Zweck und Funktion sozialer Institutionen (wie Recht, Moral, Sprache usw.) ist, auf die unsere Wirtschafts- und Gesellschaftsordnung aufbaut. Die Frage nach dem Zustandekommen des Gleichgewichts wird ganz einfach mit der Annahme vollkommener Märkte mit vollkommener Information und ebenso vollkommenen Menschen als bereits gelöst angenommen. Fast möchte man darüber verzweifeln, daß die unselige Figur des *homo oeconomicus,* die Carl *Menger* erfolgreich auszutreiben begonnen hat, in der Gestalt eines vollkommenen Menschen durch das Umsichgreifen statischer Methoden sich wieder eingeschlichen hat.

Sollten wir daher nicht wieder einmal Werke der Österreichischen Schule zur Hand nehmen und uns darauf besinnen, daß wir in der Nationalökonomie immer nur Bewegungen oder Prozesse studieren, niemals aber einen Zustand im Gleichgewicht?

Anmerkungen

1 *Auspitz/Lieben, Untersuchungen über die Theorie des Preises,* Leipzig 1889, S. VII/VIII.
2 Carl *Menger, Grundsätze der Volkswirthschaftslehre,* Wien 1871, S. VII.
3 Vgl. dazu Josefine *Winter, Fünfzig Jahre eines Wiener Hauses,* Wien 1927. Die Tochter Rudolf *Auspitz'* gibt uns mit diesem charmant geschriebenen Buch einen kleinen Einblick in das Leben dieser drei bekannten Wiener Familien.
4 Über die vielfältigen Beziehungen der Familien zu den großen Künstlerpersönlichkeiten des damaligen Wien, vgl. Stefan *Hock, Grillparzers Werke,* Bd. 1, Leipzig (ohne Datum) und besonders auch Theodor *Gomperz, Essays und Erinnerungen,* Stuttgart 1905, das nach wie vor zu den verläßlichsten Quellen zählt.
5 Vgl. Rudolph *Auspitz,* „Österreich-Ungarn und die Brüssler Zuckerkonvention", in: *Zeitschrift für Volkswirtschaft, Socialpolitik und Verwaltung,* Bd. 12, März 1903; oder auch L. *Bettelheim-Gabillon,* „E. von Böhm-Bawerk und die Brüssler Zuckerkonvention (1903)", in: *Zeitschrift für Nationalökonomie,* Bd. 7, 5, 1936.
6 Vgl. hierzu etwa die angegebene Literatur in Otto *Weinbergers* Würdigung „Rudolf Auspitz und Richard Lieben. Ein Beitrag zur Geschichte der mathematischen Methode in der Volkswirtschaftslehre", in: *Zeitschrift für die gesamte Staatswissenschaft,* 91, 3, 1931.
7 Vgl. W. *Jaffé* (Hrsg.), *Correspondence of Léon Walras and Related Papers,* Vol. 1, Amsterdam 1965, S. 768 bzw. Vol. 2, S. 2–6.
8 Vgl. E. *Kauder, A History of Marginal Utility,* Princeton 1965, S. 99 und die dort angegebene Literatur.
9 Vgl. E. *Kauder,* „Menger and His Library", in: *The Economic Review,* Hitotsubashi University, Tokyo, Vol. 10, 1959, S. 58–64.
10 Vgl. dazu Carl *Menger, Untersuchungen über die Methode der Sozialwissenschaften und der Politischen Oekonomie insbesondere,* Wien 1883, S. 208 ff.
11 Vgl. V. *Pareto, Manuale di economia politica,* Milano 1906, S. 192.
12 Vgl. Ernst *Mach, Die Mechanik,* Wien 1883, S. 8.

ROGER W. GARRISON
GEB. 1944

Roger Garrison studierte zunächst Elektrotechnik in Missouri und strebte eine militärische Laufbahn in der amerikanischen Luftwaffe an, bevor er sich unter dem Einfluß Leland Yeagers ganz auf die Wirtschaftswissenschaften verlegte. 1978 wurde Garrison an die Auburn University in Alabama berufen, wo er seither seine Spezialgebiete Konjunktur- und Geldtheorie sowie Makroökonomie lehrt. Garrison ist einer der wenigen Vertreter innerhalb der sechsten Generation der Österreichischen Schule, der sich in seinen Arbeiten im wesentlichen auf die makroökonomischen Aspekte der Nationalökonomie konzentriert. Unter seinen zahlreichen Veröffentlichungen zur Kapital- und Geldtheorie sei hier nur auf seinen wichtigen Aufsatz „Time and Money: The Universals of Macroeconomic Theorizing" (1984) hingewiesen, mit dem er einen deutlichen Beitrag zur „österreichischen" Position lieferte. Seit Beginn der achtziger Jahre unterrichtet Garrison auch in den Seminaren des Institute for Humane Studies an der George Mason University wie auch in jenen für die Foundation for Economic Education in New York. Der hier abgedruckte Aufsatz entstand 1991 und läßt Garrisons spezifischen konjunkturtheoretischen Ansatz besonders gut erkennen.

New Classical and Old Austrian Economics: Equilibrium Business Cycle Theory in Perspective

The recent flourishing of New Classical economics, and especially its Equilibrium Business Cycle Theory (EBCT), has given a fresh hearing to the Old – but still developing – Austrian Business Cycle Theory (ABCT). While the New and the Old differ radically in both substance and methods, they exhibit a certain formal congruency that has captured the attention of both schools. The formal similarities between EBCT and ABCT invites a point-by-point comparison, but the comparison itself dramatizes differences between the two views in a way that adds to the integrity and plausibility of the Austrian theory.

In modern macroeconomic literature, the label EBCT is applied sometimes so broadly as to include New Keynesian as well as New Classical constructions and sometimes so narrowly as to preclude the very developments within the New Classical school that are most closely related to ABCT. So-called Real Business Cycle Theory, in which cyclical movements of macroeconomic variables are characterized by both market clearing and *Pareto* optimality, is sometimes designated as the only true equilibrium construction. The comparison of New Classical and Old Austrian theories is best facilitated by letting EBCT refer to those theories in which (a) individuals make the best use of the information available to them and (b) an informational deficiency temporarily masks the interventions of the monetary authority. As exposited by Robert *Lucas* (1981), Robert *Barro* (1981) and others, EBCT so conceived accounts for business cycles in terms of the actions of market participants confronted with what has come to be known as a signal-extraction problem. Difficulties in interpreting price signals during a monetary expansion also lie at the root of ABCT as introduced by Ludwig von *Mises* (1953) and developed by Friedrich A. *Hayek* (1967).

Comparing *Lucas's* EBCT with *Hayek's* ABCT, R. W. van *Zijp* (1990) argues that *Lucas* is not a Hayekian on the grounds of the differing goals of the two theorists. *Hayek* sought to explain the business cycle in terms of a multitude of partially conflicting individual plans; *Lucas* seeks to predict the behavior of the "representative individual" during the course of the business cycle (p. 20). Kim *Kyun* (1988) provides an historical perspective by finding links between modern EBCT and business-cycle theories of the inter-war period. He concludes that the New Classical economists have so revolutionized the style of argument that their ability to challenge old views and deal with key issues is seriously restricted (pp. 112–114). William *Butos* (1985) assesses the claims that *Hayek* pioneered modern EBCT and finds them misleading. While *Hayek* took the equilibrium relationships established by price theory as the point of departure for his business-cycle theory, the technique-bound EBC theories take those same relationships to be effective constraints throughout the course of the business cycle (pp. 337 and 341). These treatments of the relationship between EBCT and ABCT are mutually reinforcing and are consistent with my own Austrian perspective on New Classicism (*Garrison* 1986, pp. 443–445; 1989, pp. 19–23).

Substance and Method

It is possible to describe a business cycle in such general terms that the description is consistent with both EBCT and ABCT yet distinct from, say, Keynesian and Marxian theories. The common ground can most easily be identified in terms of the reactions of market participants to a price change whose origins are possibly real, possibly monetary, or possibly both. Similarities between EBCT and ABCT reveal themselves despite the fact that the particular price featured in the two theorists is the price of output (in EBCT) and the price of credit (in ABCT).[1] Points of congruency derive from the fact, emphasized in each theory, that market participants cannot easily (or costlessly) distinguish between the real and the monetary component of the change.

The appropriateness of the response to the price change clearly depends upon the origin, or cause, of the change. An alteration in the underlying economic realities requires accommodation in real terms; monetary manipulation does not. Until the true nature of the price change is known, market participants will respond, at least in part, as if its causes were real. If the price change is, in fact, purely of monetary origins, then market participants will eventually readjust their activities in recognition of the actual, and pre-existing, economic realities. Thus, both EBCT and ABCT allow for a certain non-trivial and systematic non-neutrality of money during the period the economy is adjusting to an increased money supply.[2]

If EBC models could be taken at face value, the substantive differences between these models and Austrian theory would be easy to identify. In their most basic formulations (e.g., *Barro* 1981, pp. 80–83; and *Hayek* 1967, pp. 69–100), the initial response by market participants takes the form of an increase in labor services in response to high nominal output prices (in the EBC model); of an inherently unsustainable capital restructuring in response to an artificially low interest rate (in ABC theory). The subsequent response takes the form of a reversion to the initial level of labor services (in the EBC model), of a time-consuming liquidation of malinvested capital (in ABC theory). If these differences were the essential ones separating EBCT and ABCT, then the two theories could rightly be viewed as variations on a theme. And there is even some overlap in the variations as evidenced by discussions in the Austrian literature (e.g., *Hayek* 1967 and 1975) of the misdirection of labor and by developments within New Classicism which incorporate a capital stock variable (e.g., *Lucas* 1981, p. 179 ff.) and even "time-to-build" considerations (*Kydland* and *Prescott* [1982], as discussed by *Lucas* [1987]). Seemingly, EBCT and ABCT have much common ground.

But EBC models are not to be taken at face value. An EBC model is not offered as a theoretical account of some actual or possible historical episode. Rather, EBCT is only a modeling technique designed to demonstrate that a model economy can exhibit cyclical patterns in macroeconomic variables without violating the constraints imposed by general equilibrium theory. Equilibrium conditions hold for the model economy throughout the course of the cycle. In the New Classical view, the constraint imposed by the logic of general equilibrium confers theoretical respectability on the model; econometric testing as suggested by exercising the model economy and performed on extended time-series data descriptive of the real-world economy establish the model's empirical relevance.

This New Classical technique is foreign to ABCT, which treats the business cycle as an instance of systematic intertemporal *dis*equilibrium. In the Austrian formulation, the very language used to describe the course of the cycle is the language of disequilibrium: Credit expansion suppresses the rate of interest below its natural level; the artificially low interest rate results in forced saving, which unduly restricts consumption; capital is malinvested; the boom is unsustainable; entrepreneurial errors are revealed in the inevitable bust. These notions cannot be described in the language of equilibrium without doing violence to their meaning.

Old and New Uses of Equilibrium

The Austrians, particularly *Hayek,* have made explicit but limited use of the concept of equilibrium in the exposition of their business-cycle theory. But, as van *Zijp, Kim,* and *Butos* have noted or implied, the limited use made does not qualify ABCT as a specific instance of EBCT. For the Austrians, the appropriate role for some suitable equilibrium construct is mandated by a self-evident methodological consideration: Any account of the origins of phenomena characteristic of business cycles, such as an uncoordinated capital structure, massive unemployment of labor, and other instances of widespread resource idleness, cannot assume those phenomena to exist at the beginning of the account. Theory, in short, is logically incapable of explaining what it assumes. *Hayek* (1948, p. 34) undoubtedly had *Keynes* in mind when he insisted that before we can even ask how things can go wrong, we need to understand how things could ever go right.

The very meaning of disequilibrium in the context of business-cycle theory derives from its being compared to some relevant equilibrium. That is, adopting a suitable equilibrium concept establishes the initial conditions and facilitates the analysis of an ensuing disequilibrium caused, say, by the central bank's cheap-credit policy. It allows our understanding of the particular kind of disequilibrium associated with the business cycle to be dovetailed with our understanding of the equilibrium that would have prevailed in the absence of the monetary disturbance.

This essential but limited role for an equilibrium concept is not at all what the New Classical economists have in mind. For them (e.g., *Lucas* 1981, pp. 287 and *passim*), the concept of disequilibrium is of no use in understanding business cycles. The phrase "equilibrium theory" is pleonastic and means, simply, "theory"; "disequilibrium theory" is self-contradictory and can only mean "non-theory". The methodological precept that underlies EBCT is that each phase of the business cycle can be understood as an equilibrium set of prices and quantities, or it cannot be understood at all.

The all-inclusiveness of the equilibrium concept in New Classicism warns against comparisons of EBCT and ABCT that ignore the radically different methodological contexts. For instance, the inevitable bust that figures importantly in ABCT cannot easily be translated into the language of EBCT. For the Austrians, "equilibrium bust" is a term at war with itself; for the New Classicists, "disequilibrium bust" can only mean an unexplainable downturn (cf. *Lucas* 1981, pp. 225 and 231).

The Evenly Rotating Economy and the Fully Articulated Artificial Economy

Criticism of even the limited use of equilibrium made by the Austrian theorists can help to assess the fruitfulness of "equilibrium theorizing" in each context. *Cowen* and *Fink* (1985) find a contradiction between ABCT and the assumed initial conditions that link business-cycle theory with established price theory. They base their case on the most thoroughgoing concept of equilibrium in the Austrian literature, the Evenly Rotating Economy (ERE) so designated by *Mises* (1966, pp. 244–250). The complete coordination of all economic activities, which defines the ERE, precludes disequilibrium of any sort. The ERE allows for no uncertainty and hence has no role for the real-world institutions that help market participants deal with uncertainty. Monetary institutions and even money itself are no part of the ERE – hence the contradiction between a theory of money-induced disequilibrium grafted onto a concept of moneyless general equilibrium.

All *Cowen* and *Fink* have shown, however, is that *Mises's* ERE is not the appropriate equilibrium concept to serve as the initial conditions for ABCT. It is not necessary for the initial conditions to preclude *all* kinds of disequilibria but only to preclude systematic intertemporal disequilibrium – the kind of disequilibrium for which the theory itself accounts. This limited equilibrium construct complies fully with both the logic and the spirit of ABCT.

In view of the differing uses of equilibrium constructs in EBCT and in ABCT, contradictions of the sort identified by *Cowen* and *Fink* are much more telling against EBCT. The equilibrium construct that underlies both the initial conditions and all subsequent phases of the business cycle is a clear rival for the ERE in terms of its severity and other-worldliness. The cyclical variations that mimic the ups and downs in a real-world economy play themselves out in the context of a "Fully Articulated Artificial Economy" (FAAE), in which all markets continuously clear (as in *Lucas* 1981, pp. 271 and *passim;* and in *Barro* 1981, p. 81–83).

In order that full articulation be possible, the FAAE must assume away virtually all the features that give economics its subject matter. The FAAE disallows diversity amoung market participants in terms of knowledge and entrepreneurial ability. Output typically takes the form of a single service indistinguishable from the labor that renders it. The price system is non-existent except in the trivial sense of the ratio of output to leisure. And except in some similarly trivial sense, there is no role in the FAAE for a monetary institution or even for money itself. Yet, a monetary impulse is what triggers the cyclical variation of output and prices. Money is injected into an artificial economy that has no non-trivial use for money.[3]

Any attempt to articulate the process through which a hypothetical monetary injection affects output and prices in the artificial economy inevitably draws on our understanding of how actual monetary injections affect the real-world economy. The characteristic effects of an actual monetary injection derive largely from the nature and limitations of the price system. Broadly conceived, the price system serves as a communications network, but any individual price signal, by itself, may be ambiguous. This limitation in the ability of the price system to communicate real changes in economic conditions underlies monetary theory from Richard *Cantillon* to David *Hume* to Friedrich *Hayek*. Hayek's "The Use of Knowledge in Society" (in *Hayek* 1948) virtually redefines the economic problem as a communications problem inherent in a society in which knowledge is widely dispersed among market participants.

Specifically underlying EBCT is the fact that market participants have no timely and failsafe method of distinguishing between real and monetary components of a price change. But a FAAE in which there is no dispersion of knowledge and only one output has little need for communications and even less scope for ambiguity. The communications network exists, if at all, in its most degenerate form.

Scope for ambiguity of a price change is incorporated into EBC models by a technique originated by Edmund *Phelps* (1970, pp. 6–7). A global economy consists of numerous local, or island economies, such that inter-island communication lags intra-island communication. Such models allow economic agents to observe price changes on their own island instantly and price changes on other islands belatedly. Ambiguity about the true meaning of price changes characterizes the period marked by the instantly perceived and the belatedly received price information.

Economic agents would react one way if a particular price change is attributable to monetary expansion, which is presumed to affect all islands equally, and another way if the change is attributable to underlying economic conditions, which is presumed to affect only the one island. But during the wait for the inter-island information, which will clarify the meaning of the local price change, economic agents must react in *some* way. Possible reactions during the period of partial information is constrained by the assumptions of optimizing behavior and continuous market clearing. The supposed behavior of the model's agents, however, depends upon whether the implicit reasoning has a supply or a demand orientation (*Friedman* 1978, p. 76). That is, a supply-side adjustment plus assumed market clearing and a demand-side adjustment plus assumed market clearing imply different behavior and different outcomes. While the virtue of the FAAE is believed to lie in its being fully articulated, the behavior of its inhabitants varies substantially from one model to another and invariably leaves much to the imagination.

Difficulties in understanding why agents in the FAAE would use money at all are transformed into difficulties in understanding how (or why) these agents would react to monetary expansion. Accounts of their supposed behavior derive their plausibility from – rather than confer their plausibility upon – our understanding of the effects of monetary expansion in real-world economies. The FAAE, then, which contains just the sort of contradiction identified by *Cowen* and *Fink,* cannot help us understand the real world. Rather, it is the implicit and intuitive understanding of the effects of actual monetary expansions that has concealed the contradictory construction of the EBC models.

The *Wicksell* Connection

Except for Marxian theories, nearly all modern theories of the business cycle have essential elements that trace back to Knut *Wicksell's* turn-of-the-century writings on interest and prices. Austrians, New Classicists, Monetarists, and even Keynesians can legitimately claim a kinship on this basis. Accordingly, the recognition that both the Austrians and the New Classicists have a Swedish ancestry does not translate into a meaningful claim that the two schools are essentially similar. To the contrary, identifiying their particular relationships to *Wicksellian* ideas, like comparing the two formally similar business-cycle theories themselves, reveals more differences than similarities.

Central to *Wicksell's* treatment of the relationship between prices and interest was the distinction between the natura rate of interest and bank rate of interest and the recognition that the bank rate can diverge from the natural rate. These are the ideas that directly influenced *Mises* and subsequent Austrian theorists. The institutional setting in which the interest rate reflects both the intertemporal preferences of market participants and the actions of policy makers, then, figures importantly in the Austrian account of the artificial boom and inevitable bust. Fritz *Machlup* (1976, p. 23) accurately summarized the Austrian view with the statement that "*monetary* factors *cause* the cycle but *real* phenomena *constitute* it". But to establish the essential difference between the Austrians and the New Classicists, it needs to be added that the focus of the Austrian theory is on the actual market process that translates the monetary cause into the real phenomena and hence on the institutional setting in which this process plays itself out.

The New Classicists deliberately abstract from institutional considerations and specifically deny, on the basis of empirical evidence, that the interest rate plays a significant role in cyclical fluctuations (*Lucas* 1981, p. 237 15 n). Thus, *Wicksell's Interest and Prices* is at best only half relevant to EBCT. More relevant, in establishing the *Wicksell* connection, is Ragnar *Frisch's* (1933) work on "impulse and propagation". This separation of issues in *Frisch's* writing formally parallels *Machlup's* characterization of the Austrian view, but the difference in the extent of the separation translates into a fundamental difference between EBCT and ABCT.

Frisch (1933, p. 198) took as his inspiration a metaphor that he attributed to *Wicksell*. Cyclical fluctuations in economic activity is mimicked by the motion of a child's rocking horse. The metaphor is intended to suggest that understanding the horse's rocking, or even its propensity to rock, requires an analysis of its structure. Further, the questions "What sets the horse to rocking?" and "What are the structural parameters that underlie its rocking motion?" are completely separate. The impulse that causes the motion need not have any particular relationship to the activated propagation mechanism that constitutes the motion. Taking the *Wicksellian* metaphor as their cue, the New Classicists are led away from the pre-eminent Austrian concern about the actual market process that transforms cause into effect and towards the belief that a full specification of the economy's structure, which is possible only in the context of an artificial economy, can shed light on an effect whose nature is fundamentally independent of the cause.[4]

Dichotomizing the analysis as it relates either to questions about the impulse that initiates cyclical movements or to questions about the economic structure in which cyclical movements can occur has allowed for developments within New Classicism that transcend the traditional categories of business cycle theories. Theories traditionally categorized as "monetary" and "non-monetary" can now belong to the same category. Within the context of New Classicism, Real Business-Cycle Theory (RBCT) is distinguished mainly in terms of the nature of the impulse that is thought to set the economic structure into its cyclical motion. In RBCT, business cycles are initated by real supply shocks rather than by monetary shocks. And while the hard-drawn version of RBCT's propagation mechanism (*Long* and *Plosser* 1983), assigns no role at all to money, more accommodating accounts (*King* and *Plosser* 1984) allow for money and credit to become involved through "reserve causation".

Dispute or agnosticism about the true nature of the impulse has only a minimal effect on the empirical research inspired by the monetary EBCT or the non-monetary RBCT. *Lucas* (1987, pp. 70–71), for instance, favors the former over the latter on the basis of the comparison of the amplitude of cyclical fluctuations with the magnitude of nineteenth- and twentieth-century supply shocks. The fact that monetary considerations can be ruled in or ruled out on such grounds suggests that money and monetary institutions are not nearly so central to New Classical theory as they are to *Wicksellian* and Old Austrian theories.

Broadly Historical or Narrowly Empirical Analysis

Fundamental differences between the process analysis of ABCT and the structural analysis of EBCT imply corresponding differences in the respective historical, or empirical, treatments of cyclical fluctuations. The Austrian theory finds empirical expression in actual historical episodes in which a credit-driven boom is followed by an economywide bust. The policies of the Federal Reserve System during the 1920s in the light of the subsequent crash in 1929, for example, provide primary raw materials for an historical study. The theory establishes the causal connection between the boom and the bust and explains many of the features of both, such as the movements of capital-goods prices relative to consumer-good prices during the boom, the high real interest rate immediately preceding the bust, and the disproportionately low value of long-term capital goods during the depression.

In the spirit of *Mises* (1969), theory and history are shown to yield complementary accounts of a particular instance of boom and bust, an instance that is understood to have occurred independent of our theoretical understanding of it. And the process analysis that provides the theoretical understanding requires, as its empirical complement, an economic history that gives full play to monetary institutions, policy goals, and beliefs held by opinion makers, public officials and key Federal Reserve operatives, as well as to the more narrowly conceived macroeconomic data.

The structural approach of EBCT leads to a fundamentally different kind of empirical researach. *Wicksell's* rocking horse can help to explain.

The motion of the rocking horse can be understood and predicted exclusively on the basis of knowledge of its structure. And in principle, as applied literally to a rocking horse, knowledge of the structure can be acquired without the horse rocking at all. Values of a few structural parameters, such as weight, center of gravity, and curvature of the runners, are enough to fully specify the parameters of the horse's motion.

Structural properties of the economy, however, cannot be measured independently of relative movements of economic variables. But the relative movements needed for the identification of the economic structure need not be movements that any contemporary historian has identified as a boom-bust cycle in the sense of ABCT. All that is required is that there be enough variation in the independent variables to allow for statistically significant estimates of the system's parametric values. In other words, the metaphorical rocking horse cannot be observed directly by econometricians. Available data consist only of the points of contact between runners and floor. Thus, inferring the structure from the data requires that there be some movement in these points of contact.

Since the needed variation in the independent variables falls as the sample size increases, the prospects for identifying the economic structure increase with the length of the period that serves as the basis for the empirical research. The typical data base used is the time series of macroeconomic variables from the end of World War II to the latest quarter for which data are available. Parameter estimates, then, are based upon data for the entire period whether or not the constituent sub-periods were part of a noticeable or a not-so-noticeable cyclical episode. Revealingly, the most noticeable of all cyclical episodes, the Great Depression, is viewed by New Classicists as an outlier that defies explanation by existing economic analysis (*Lucas* 1981, p. 284).

Contrasting examples of Austrian-based historical research and New Classicist-based empirical research are easily identified. Lionel *Robbins's The Great Depression* (1934) and Murray *Rothbard's America's Great Depression* (1975) clearly exemplify the analysis of a particular historical episode as the empirical counterpart of ABCT. The econometric testing of hypotheses consistent with EBCT is exemplified by Robert *Barro's* "Unanticipated Money Growth and Economic Activity in the United States" (in *Barro* 1981) and Thomas *Sargent's* "A Classical Model for the United States" (1976), both of which test an extended time series for relative movements in macroeconomic variables thought to be characteristic of cyclical activity. An interesting hybrid is Charles *Wainhouse's* "Empirical Evidence for Hayek's Theory of Economic Fluctuations", in which a number of hypotheses derived from ABCT are tested on the basis of monthly data for the period January 1959 through June 1981. There seems to be no hybrid of the other sort, in which EBCT is shown to illuminate some historical account of a particular cyclical episode.

Concluding Remarks

EBCT in its *Lucas* and *Barro* formulations and ABCT as spelled out by *Mises* and *Hayek* have a certain formal similarity. The two theories both owe something – though something different – to Knut *Wicksell*. Policy implications of the two theories, not discussed in this article, are clearly similar. Yet, in terms of the well recognized methodological distinctions that separate the Austrian school from the modern orthodoxy, EBCT and ABCT are worlds apart. Theorists who are more at home with ABCT than with EBCT will do well, though, to monitor developments of EBCT. These New Classical models continue to provide a forum for Old Austrian ideas.

Notes

Helpful comments on an earlier draft of this paper from Parth *Shah*, Sven *Thommesen*, and an anonymous referee are gratefully acknowledged.

1 The difference in terms of the particular price featured in the two theories accounts for an anonymous referee's observation that in EBCT the cycle is initiated by a rise in the interest rate (in the sense of a greater spread between input and output prices), while in ABCT the cycle is initiated by a fall in the interest rate (in the sense of cheaper credit).

2 Extending the comparison to encompass Monetarism would involve too great a detour. In general, the qualifier "non-trivial" distinguishes this general description from the Monetarist view, which characteristically trivializes all short-run monetary non-neutralities with the label "first-round effects". Otherwise, the *Friedman/Phelps* treatment of short-run and long-run Phillips curves identifies a market process similar to the ones identified by EBCT and ABCT. This similarity is the focus of *Bellante* and *Garrison* (1988). But for an argument that the *Friedman/Phelps* dynamics is not an integral part of Monetarism, see *Garrison* (1991).

3 *Garrison* (1989, p. 21) discusses what, in effect, is the *Cowen*-and-*Fink* contradiction in the context of *Barro's* back-scratching economy. *Lucas* (1987) attempts to "motivate the use of money" (p. 74) by introducing the concept of "cash goods", which – for reasons plausible enough to participants in the real-world economy – can be purchased only with cash.

4 In his historical perspective *Kim* (1988) gives some play to *Frisch* and the rocking horse as a link between *Wicksell* and EBCT and argues that EBCT is a "child of the Cowles Commission method", which was the method pioneered by *Frisch*.

References

Barro, Robert J. (1981), *Money, Expectations and Business Cycles.* New York: Academic Press.

Belannte, Don, and Roger W. Garrison (1988), "Phillips Curves and Hayekian Triangles: Two Perspectives on Monetary Dynamics". *History of Political Economy* 20, no. 2 (Summer).

Butos, William (1985), "Hayek and General Equilibrium Analysis". *Southern Economic Journal* 52, no. 2 (Oct.), 332–343.

Cowen, Tyler, and Richard Fink (1985), "Inconsistent Equilibrium Constructs: The Evenly Rotating Economy of Mises and Rothbard". *American Economic Review* 75, no. 4 (Sept.), 866–869.

Friedman, Benjamin M. (1978), "Discussion" (of Robert E. Lucas and Thomas J. Sargent, "After Keynesian Macroeconomis"). In: *After the Phillips Curve: Persistence of High Inflation and High Unemployment.* Conference Series No. 9, Federal Reserve Bank of Boston, pp. 73–80.

Frisch, Ragnar (1933), "Propagation Problems and Impulse Problems in Dynamic Economics". *Economic Essays in Honour of Gustav Cassel.* London: Allen and Urwin, pp. 171–205.

Garrison, Roger W. (1986), "Hayekian Trade Cycle Theory: A Reappraisal". *Cato Journal* 6, no. 2 (Fall), 437–453.

Garrison, Roger W. (1989), "The Austrian Theory of The Business Cycle in the Light of Modern Macroeconomis". *Review of Austrian Economics* 3, 3–29.

Garrison, Roger W. (1991), "Is Milton Friedman a Keynesian?" In: *Dissent on Keynes.* Mark Skousen, ed. New York: Praeger Publishers. Forthcoming.

Hayek, Friedrich A. (1948), *Individualism and Economic Order.* Chicago: University of Chicago Press.

Hayek, Friedrich A. ([1935] 1967), *Prices and Production.* 2nd ed. New York: Augustus M. Kelley.

Hayek, Friedrich A. (1975), *Full Employment at Any Price?* Occasional Paper 45, London: Institute of Economic Affairs.

Kim, Kyun (1988), *Equilibrium Business Cycle Theory in Historical Perspective.* Cambridge: Cambridge University Press.

King, Robert G., and Charles I. Plosser (1984), "Money, Credit, and Prices in a Real Business Cycle". *American Economic Review* 78, no. 3 (June), 363–380.

Kydland, Finn E., and Edward C. Prescott (1982), "Time to Build and Aggregate Fluctuations". *Econometrica* 50, no. 6 (Nov.), 1345–1370.

Lucas, Robert E., Jr. (1981), *Studies in Business Cycle Theory.* Cambridge, Mass.: M.I.T. Press.

Lucas, Robert E., Jr. (1987), *Models of Business Cycles.* Oxford: Basil Blackwell.

Long, John B., and Charles I. Plosser (1983), "Real Business Cycles". *Journal of Political Economy* 91 (1), 39–69.

Machlup, Fritz (1976), "Hayek's Contribution to Economics". In: *Essays on Hayek.* Fritz *Machlup,* ed. Hillsdale, Mich.: Hillsdale College Press, pp. 13–59.

Mises, Ludwig von (1966), *Human Action: A Treatise on Economics.* 3rd rev. ed. Chicago: Henry Regnery.

Mises, Ludwig von (1969), *Theory and History: An Interpretation of Social and Economic Evolution.* New Rochelle, N.Y.: Arlington House.

Phelps, Edmund S. (1970), "The New Microeconomics in Employment and Inflation Theory". In: *Microeconomic Foundations of Employment and Inflation Theory.* New York: Norton, pp. 1–23.

Robbins, Lionel (1934), *The Great Depression.* London: MacMillan.

Rothbard, Murray N. ([1936] 1975), *America's Great Depression.* Kansas City: Sheed and Ward.

Sargent, Thomas J. (1976), "A Classical Macroeconomic Model for the United States". *Journal of Political Economy* 84 (2), 207–237.

Wainhouse, Charles E. (1984), "Empirical Evidence for Hayek's Theory of Economic Fluctuations". In: *Money in Crisis: the Federal Reserve, the Economy, and Monetary Reform.* Barry N. *Siegel,* ed. Cambridge, Mass.: Ballinger Publishing, pp. 37–71.

Wicksell, Knut ([1898] 1936), *Interest and Prices.* New York: MacMillan.

Zijp, R. W. van (1990), "Why Lucas is not a Hayekian". Research Memorandum Series, No. 33, Tinbergen Instituut.

CHARLES W. BAIRD
GEB. 1938

Charles Baird wurde in Gardner, einer kleinen Stadt in Massachusetts, geboren und studierte zunächst an der Clark University und später in Berkeley Wirtschaftswissenschaften. Nach Abschluß seiner Studien übernahm Baird eine Assistenzprofessur an der University of California in Los Angeles (UCLA), an der er bis 1973 blieb. In diesem Jahr wurde er an die California State University, Hayward, berufen, wo er seither lehrt und forscht. Seit 1991 ist er auch Direktor des Smith Centers, eines sehr aktiven, marktwirtschaftlich orientierten Forschungsinstitutes an der Universität. Baird ist der einzige innerhalb der sechsten Generation der Schule, der sich auf die ökonomische Analyse des Arbeitsrechts und der wirtschafts- und gesellschaftspolitischen Effekte der Gewerkschaftsbewegung spezialisiert hat. Seine weiteren Arbeitsgebiete umfassen die allgemeine Wirtschaftspolitik und Mikrotheorie. 1982 erschien sein bisher erfolgreichstes Lehrbuch *Prices and Markets*, mit dem es ihm gelang, die Ideen der Österreichischen Schule erstmals in einem Standardtextbuch einer größeren Studentenschaft näherzubringen. Unter seinen zahlreichen Veröffentlichungen sei hier nur noch stellvertretend auf seinen wichtigen Aufsatz *James Buchanan and the Austrians: The Common Ground* (1989) hingewiesen. Der vorliegende Beitrag entstand 1985 und zeigt Bairds Position in seinem Hauptarbeitsgebiet sehr deutlich.

Labor Law and Entrepreneurial Discovery

The labor market ist one of the most highly regulated markets in the United States. There are regulations that prescribe such things as minimum wages, maximum hours, workplace safety and health rules, and retirement and pension provisions. In addition there are procedural regulations that specify the allowable processes by which employees and employers interact with each other. The most important of these procedural regulations is the Labor Management Relations Act of 1947 as amended in 1959 (LMRA). This is the law that specifies the rules of "collective bargaining" and union representation in the private sector of the economy. The focus of this essay is on the effects of the LMRA on the crucial role of entrepreneurial discovery in the competitive market process. Specifically, I argue herein that the LMRA severely handicaps American workers' ability to compete effectively in the world market. It does so by drastically reducing innovation in American labor/management relations.

Entrepreneurs and Entrepreneurial Discovery

The central economic actor in the competitive market process is the entrepreneur. An entrepreneur is a person who is alert to hitherto unnoticed opportunities to make pure economic profit through arbitrage, speculation, and innovation.[1] In any economy the plans and actions of millions of people must somehow be coordinated or else those people (or at least many of them) will not be able to execute their plans. In a private property voluntary exchange economy, entrepreneurial action is the chief coordinating force. In command economies authority and rules are used in (vain) pursuit of coordination.

Perfect coordination of economic plans and actions is a situation in which all buyers and all sellers can execute their respective plans. Perfect coordination is never achieved, but entrepreneurial action moves markets from situations of less coordination toward situations of more coordination.

Market discoordination shows up in several ways. One such way is the existence of price discrepancies for a given good at a given time. When more than one price exists for good X at a given time some buyers buy units of X at higher prices than those paid by other buyers of X. The reverse side of that coin is that some sellers sell for lower prices than other sellers receive. Some buyers, unaware of market conditions, offer prices that are too low and so do not get all of X they would like to get or may not get any at all. Some sellers, unaware of market conditions, ask prices that are too high, and so do not sell all they would like to sell or may not sell any at all.

Such price discrepancies give rise to opportunities for arbitrage profit. An entrepreneur is one who notices such opportunities and takes advantage of them by buying at the lower prices and reselling at the higher prices. It is the possibility of such pure gains that "switches on" the alertness of the entrepreneur to such opportunities. All the entrepreneur wants to accomplish thereby is to add to his own wealth; but there is another, unintended, result of successful entrepreneurial action. Success breeds imitation, so there is increased competition to buy at the lower prices and to sell at the higher prices. The price discrepancies narrow, more accurate perceptions of actual market conditions are spread, more plans can be executed, and discoordination diminishes. Any government regulation that reduces the possibility of gaining and/or keeping such arbitrage profits dims entrepreneurial alertness to the states of discoordination that give rise to the profit opportunities. As a result more discoordination will exist and persist than otherwise would.

Opportunities for entrepreneurial profit also exist to be discovered when there is discoordination between market situations at different points in time. Present coffee consumption, for example, could continue unabated at existing prices even though next year's coffee crop has just been drastically reduced by some natural disaster that ruins most of the currently growing beans. An entrepreneur who first notices that the destruction of the currently growing crop implies much higher prices next year than this year can make speculative profits by buying up some of the currently harvested crop, holding it, and reselling it next period. Again such behavior by the more alert will inform the less alert of such possibilities, the actions of the more alert will be imitated, the prospective intertemporal price discrepancies will decrease, present coffee consumption will decrease, and prospective consumption of coffee next year will increase. The unintended result of the successful entrepreneurial action is to make the plans and actions of both buyers and sellers in the coffee market more consistent with actual market conditions than they otherwise would be. Again, it is the possibility of speculative profit that switches on the entrepreneurial alertness to such price discrepancies over time. Any restriction on the possibility for speculative profit will dim that alertness and thus lead to more discoordination than otherwise would exist.

In both of the kinds of discoordination thus far discussed successful entrepreneurial action depends on alertness to situations that exist now or will inevitably exist in the future which hitherto have been unnoticed. Arbitrage profit and speculative profit are gained by entrepreneurial discovery of what is. There is another kind of discoordination which also gives rise to the possibility of entrepreneurial profit – discoordination between what is and what could be. As *Kirzner* puts it, "Alertness must, importantly, embrace the awareness of the ways in which the human agent can, by imaginative, bold leaps of faith, and determination, in fact *create* the future for which his present acts are designed".[2] Here the entrepreneurial action that leads to more coordination than otherwise would exist is *innovation*. And, as before, it is the possibility of pure entrepreneurial profit that switches on the necessary alertness to what could be but is as yet unimagined by anyone. Any regulation that makes such innovation more difficult or more costly than it otherwise would be will diminish the prospective profitability thereof and therefore decrease the amount of innovation that is actually undertaken.

Entrepreneurial discovery of opportunities for profit from arbitrage, speculation, and innovation is not the result of purposive search for knowledge, the need for which is already known. Such purposive search is often carried out by organized research teams and involves decisions based on the comparison of the anticipated costs and benefits of the search. Entrepreneurial discovery, on the other hand, involves knowledge the need for which and the usefulness of which is as yet unnoticed and unknown.[3] Entrepreneurs, motivated by the prospect of profit to be tuned in to hitherto unnoticed opportunities, discover what others have overlooked, or ignored, or could not imagine. It is spontaneous discovery that cannot be duplicated by planned search, for all planned search involves an already perceived need. Successful planned search usually causes others to say, "It's about time". Successful entrepreneurial discovery usually causes others to say, "Why didn't I think of that?"

Government Regulation and Entrepreneurial Discovery

Government regulation adversely affects entrepreneurial discovery in four ways. Israel *Kirzner* labels these effects undiscovered discovery, unsimulated discovery, stifled discovery, and wholly superfluous discovery.[4]

First, government regulation is often undertaken to correct some perceived failure of the private market. In the absence of such regulation, if there were a genuine problem that could be corrected, entrepreneurs would be alert to discover novel and profitable ways of dealing with it. There is a strong tendency for entrepreneurs to discover existing efficient solutions and imagine innovations that make efficient solutions possible in the future. Government regulations imposed as solutions to the perceived problem tend to keep that which is as yet undiscovered permanently undiscovered.

Second, it is impossible for government functionaries to simulate the entrepreneurial discovery process because they cannot capture the profits that result from successful discovery and so will not be alert to such opportunities. Even a bureaucrat who is dedicated to the public interest is unlikely to discover that which is as yet undreamed of by anyone. The best a dedicated bureaucrat can do is engage in purposive search for that which he knows he doesn't know.

Third, government regulation often takes the form of restriction of particular market activities such as market entry by interlopers who may have new ideas about how to do things. A major vehicle for entrepreneurial discovery, in other words, is the freedom of newcomers to innovate. If gains from innovation are foreclosed by blocked entry (government-granted monopoly) there will be less alertness to opportunities to innovate than there otherwise would be.

Finally, government regulation creates its own opportunities for profits from political competition. Alertness is diverted away from market competition and innovation toward political competition for special favors. General benefits through entrepreneurial discovery in the private market are sacrificed in favor of attempts to discover opportunities for political gains by organized interests who pursue narrow benefits for themselves at the expense of all others. The positive sum game of entrepreneurial discovery in the private market is gradually replaced by the zero sum game of entrepreneurial discovery in the political market.

The Labor Management Relations Act

This law was originally enacted in 1935, and it was then known as the National Labor Relations Act (NLRA) or the Wagner Act. The NLRA was amended in 1947 and renamed the LMRA or the Taft-Hartley Act. The LMRA was again amended in 1959, but those amendments in no way affected the features of the law that are of concern here. While the current law is often called the NLRA, its actual name is the LMRA, and that is the name I use in this essay.

There are three features of the LMRA that have particularly adverse effects on entrepreneurial discovery in the labor market: exclusive representation, union security, and the proscription of employer-sponsored unions.

Section 9(a) of the LMRA states that a union that is selected by a majority of employees of a firm in a union representation election shall be the exclusive bargaining agent for all the employees of that firm.[5] The winning union not only gets to represent those employees who freely choose such representation, it also gets to represent those employees who want to be represented by some other union as well as those employees who do not want to be represented by any union. The winning union gets to be a monopolist in the provision of representation services to the employees. Competition from other unions and from nonunion modes of representation is blocked by force of law. Those who argue in favor of this monopoly unionism do so by analogy with the principle of exclusive representation in Congress. The winning congressional candidate in a congressional district is the exclusive representative of all the citizens in that district, and that monopoly representative is picked by majority vote. If it is all right to do this in the case of Congress, these proponents of monopoly unionism argue, it is also proper to do so in the case of union representation. Of course, this is an entirely inappropriate analogy because what is proper in the case of government, which by definition has a monopoly in the legal use of force, is not necessarily proper in the case of a private association of private people such as a labor union.

Section 8(a)3 of the LMRA empowers labor unions that are exclusive bargaining agents to agree with employers that all employees either must joint the union thirty days after being hired (a union shop) or, in other cases, may refrain from joining the union but still must pay union dues (an agency shop). Not only must employees who do not want to be represented by the union acquiesce to such representation "services", where there is a union shop or an agency shop they must pay for what they don't want or be fired. Not only is the union granted a government protected monopoly, it is empowered to force people to pay for what it monopolistically provides no matter how poorly it performs. These two forms of union security are designed to protect the unions against dissatisfied employees who would otherwise withhold support from unions that perform poorly. One of the most important mechanisms of the competitive market process – escape from poor performance – is blocked. Those who argue in favor of such union security arrangements do so by claiming that since a union by law represents all the employees of a firm, all those employees gain from the representation. An employee who did not have to pay union dues would be a free rider – i.e., would get union-generated benefits for free. Of course, these same proponents of union security are not willing to advocate that the law be changed so that a union would represent only those employees who want such representation. If the law were changed in that way there could be no free riders.

Section 8(a)2 of the LMRA forbids employers to be involved in the "formation or administration" of any labor union or to contribute either financial or nonfinancial support to any labor union. This feature of the law is addressed to the alleged role of company-sponsored unions in the years prior to the passage of the original Wagner Act. It was widely asserted that such "company unions" acted merely as fronts for the employer who would use them to exploit his workers. According to union folklore, company unions were formed merely to meet the requirements of Section 7(a) of the 1933 National Industrial Recovery Act so that the "real" unions, such as the American Federation of Labor, could be kept out. The truth of the matter is that most company-sponsored unions were formed in an effort by both employees and employers to discover effective modes of labor management relations. Many of them could reasonably be regarded as early forms of what today are called "quality circle" arrangements whereby employees participate in the formation of management decisions regarding production arrangements. Company unions stressed the fact that labor and management are complementary members of the production team. The independent unions, on the other hand, tried to sell the spurious idea that management and labor are natural enemies. The massive recognition strikes of 1933–1935 were, by and large, not strikes by a majority of employees of the involved firms. More often than not an outside union got a few employees of a firm to go on strike and then the union would send in "flying squadrons" of nonemployees to act as pickets and to intimidate the majority of the employees, members of company unions, who wanted to continue to work.[6] The role of company unions was nicely stated by Judge John P. *Nields* in his decision in the 1934 Wierton Steel case which involved a fight between a Wierton-sponsored and an independent union:

> It is said that this relation (between management and workers) involves the problem of an economic balance of the power of labor against the power of capital. The theory of a balance of power is based upon the assumption of an inevitable and necessary diversity of interest. This is the traditional old-world theory. It is not the 20th century American theory of that relation as dependent upon mutual interest, understanding, and goodwill. The modern theory is embodied in the Wierton plan of employee organization.[7]

The LMRA and Entrepreneurial Discovery

It is no secret that many basic industries in the United States, such as autos and steel, are in trouble. They are unable to compete effectively with foreign producers, notably the Japanese, and so they are declining. In response to this decline both management and unions have appealed to the federal government for protection against foreign competition and for taxpayer subsidies. I contend that it is no accident that the industries that are most imperiled by competition from the Japanese are precisely those industries that are most heavily unionized according to the strictures of the LMRA. The principles of exclusive representation and union security together with the proscription of alternative forms of unionism involving active employer participation have blocked the discovery of superior forms of labor management relations that would have permitted these industries better to adapt to changing market conditions.

Because of the principle of exclusive representation there cannot be active competition between two or more labor unions at the same firm at the same time. Neither can there be competition between union and nonunion providers of representation services. Individuals cannot even represent themselves. Protected by its government-granted monopoly, an exclusive bargaining agent has less incentive than it otherwise would have to be alert to possible innovations which would benefit both managers and workers by lowering costs and thereby allowing the firm to be a better competitor. Indeed, the exclusive bargaining agent has little incentive even to be alert to opportunities to better improve its own services to employees. It does not have to fear that dissatisfied employees will seek representation services elsewhere or decide to represent themselves. The only way individual employees can escape from union abuse is to organize a majority in favor of undertaking a lengthy and costly decertification procedure which is purposively structured to make success difficult. If more than one union were permitted to function at the same time, and if individual employees always had the ability immediately to opt out of the services provided by an unsatisfactory union, every union would have a keen incentive to remain alert to opportunities to improve its services to employees.

The principle of union security makes it even easier for exclusive bargaining agents to survive without being alert to opportunities to discover how better to serve the common interests of employees and employers. If employees cannot even withdraw financial support from union officers who perform unsatisfactorily, those officers can tune their alertness to ways to better serve themselves rather than their members.

Protected by forced union dues they are free to undertake what, from the point of view of employees and employers, are wholly superfluous discovery processes. A symptom of this is the current enthusiasm of labor union leaders for laws enforcing the spurious doctrine called "comparable worth". If such laws were passed wages would no longer be determined by collective bargaining; they would be determined by political wage boards. Apparently union officers now think they are better at political manipulation than collective bargaining.[8]

The proscription of employer involvement in labor unions cuts off an obvious avenue of entrepreneurial discovery in labor relations. Since workers and the owners of capital are complementary participants in production it seems likely that if workers and management were free explicitly to cooperate in experimenting with alternatives to the existing structure of unionism, significant innovations would be discovered and implemented. The Japanese model of labor-management relations is often held up as the one we ought to emulate. That model is squarely based on employer participation in labor unions. It is striking to realize that the infamous company unions of the 1930s could have evolved into labor management institutions similar to those so highly regarded and recommended today. If it hadn't been for the adoption of the LMRA they might have done just that. Or some altogether different and superior forms of unionism might have emerged. The tragedy is that we can never know what might have been discovered in the absence of these government-imposed blocks to entrepreneurial discovery. All we know is that we are the victims of undiscovered discovery.

In Conclusion

Deregulation is in style. It has been undertaken in various degrees in several industries such as airlines, banking, trucking, and telecommunications. It is time to add the labor relations industry to that list. Only by deregulation of the labor market can the benefits of entrepreneurial discovery be realized. The only way we can discover what we don't know about improving unionism is to set up the necessary conditions for that discovery process to occur. Deregulation is the most necessary of all those necessary conditions.

Notes

1 Israel M. *Kirzner*, "Uncertainty, Discovery, and Human Action", in: Israel M. *Kirzner* (ed.), *Method, Process, and Austrian Economics* (Lexington, MA: D. C. Heath and Co., 1982), Chapter 12.

2 *Ibid.,* p. 150, emphasis in the original.

3 Israel M. *Kirzner, The Perils of Regulation: A Market-Process Approach* (University of Miami Law and Economics Center, 1978).

4 *Ibid.,* pp. 13–19.

5 For a thorough description and discussion of each of the major features of the LMRA see Charles W. *Baird, Opportunity or Privilege: Labor Legislation in America* (Bowling Green, OH: Social Philosophy and Policy Center, Bowling Green State University, 1984).

6 *Ibid.,* pp. 42–44.

7 *Ibid.,* p. 43.

8 See Charles W. *Baird*, "Comparable Worth: The Labor Theory of Value and Worse", *Government Union Review,* Vol. 6, Number I, Winter 1985, pp. 1–29.

Quellennachweise

Baird, Charles W.: Labor Law and Entrepreneurial Discovery, in: „Austrian Economics Newsletter, Fall 1985", The Ludwig von Mises Institute, Auburn University, 1985, Seiten 1–5.

Christainsen, Gregory B.: The Legal System as a Discovery Process. Dieser Aufsatz ist die vollkommen neu überarbeitete Fassung einer Arbeit, die ursprünglich unter dem Titel „Law as a Discovery Procedure" im „Cato Journal", Bd. 9, Nr. 3, 1990 erschienen ist.

Ebeling, Richard M.: Mises' Influence on Modern Economic Thought, in: „Wirtschaftspolitische Blätter", Wien, 1981, Seite 9, Nachdruck mit freundlicher Genehmigung des Verlages Österreichischer Wirtschaftsverlag, Wien.

Garrison, Roger: New Classical and Old Austrian Economics: Equilibrium Business Cycle Theory in Perspective, in: Murray N. *Rothbard,* „The Review of Austrian Economics, Vol 5, Nr. 1", Kluwer Academic Publishers, Boston/Dordrecht/London, 1991, Seiten 91–103.

Haberler, Gottfried von: The Evolution of Keynesian Economics, aus: Gottfried *Haberler,* „The Problem of Stagflation, Reflections on the Microfoundation of Macroeconomic, Theory and Policy", American Enterprise Institute for Public Policy Research, Washington D. C., 1985, Seiten 26–41.

Kirzner, Israel M.: Government Regulation and the Market Discovery Process, aus: Israel M. *Kirzner,* „Discovery and the Capitalist Process", The University of Chicago Press, Chicago, 1985, Seiten 136–149.

Lachmann, Ludwig M.: Marktwirtschaft und Modellkonstruktionen, in: „Ordo, Jahrbuch für die Ordnung von Wirtschaft und Gesellschaft, Siebzehnter Band", Helmut Küpper vormals Georg Bondi, Düsseldorf und München, 1966, Seiten 261–280.

Leube, Kurt R.: Einige Bemerkungen zu den ‚Untersuchungen über die Theorie des Preises' aus der Sicht der Österreichischen Schule der Nationalökonomie, in: Haim *Barkai,* Stefan *Jäggi,* Kurt R. *Leube,* Jürg *Niehans,* „Rudolf Auspitz' und Richard Liebens ‚Untersuchungen über die Theorie des Preises', Vademecum zu einem Klassiker der Preistheorie", Verlag Wirtschaft und Finanzen GmbH, Düsseldorf, 1993, Seiten 85–97.

Machlup, Fritz: On the Meaning of the Marginal Product, aus: Fritz *Machlup,* „Economic Semantics", Transaction Publishers, New Brunswick (U.S.A.) and London (U.K.), 1991, Seiten 191–206.

Morgenstern, Oskar: Vollkommene Aussicht und wirtschaftliches Gleichgewicht, in: „Zeitschrift für Nationalökonomie, Band VI, 1935", Swets & Zeitlinger N. V., Amsterdam, 1966, Seiten 337–357. Abdruck mit freundlicher Genehmigung des Springer-Verlag, Wien.

Robbins, Lionell: The Significance of Economic Science, aus: Lord *Robbins,* „An Essay on the Nature and Significance of Economic Science", The Macmillan Press Limited, London and Basingstoke, 1984, Seiten 136–158. Abdruck mit Genehmigung von Macmillan Press Ltd.

Rosenstein-Rodan, Paul N.: Grenznutzen, aus: Ludwig *Elster,* Adolf *Weber,* Friedrich *Wieser,* „Handwörterbuch der Staatswissenschaften, Vierter Band, Finanzen – Gut", Verlag von Gustav Fischer, Jena, 1927, Seiten 1190–1213.

Rothbard, Murray N.: Austrian Definitions of the Supply of Money, aus: Louis M. Spadaro, „New Directions in Austrian Economics", Sheed Andrews and McMeel, Inc. Kansas City, 1978, Seiten 143–156.

Shackle, George L. S.: Cost and the Meaning of Choice, aus: G. L. S. *Shackle,* „Epistemics & Economics, A Critique of Economic Doctrines", The Syndics of the Cambridge University Press, Cambridge and New York, 1972, Seiten 130–136. Abdruck mit Genehmigung von Mrs. Catherine Shackle und Cambridge University Press.

Streissler, Erich: The Intellectual and Political Impact of the Austrian School of Economics, in: „History of European Ideas, Vol. 9, Nr. 2", 1988, Seiten 191–204. Abdruck mit Genehmigung von Elsevier Science Ltd., Pergamon Imprint, Oxford, England,.

White, Lawrence and *Selgin* George: The Evolution of a Free Banking System, in: „Economic Inquiry, Vol. XXV, Nr. 3", Western Economic Association, Huntington Beach, 1987, Seiten 439–458.

Yeager, Leland: Why Subjectivism? Dieser Aufsatz ist eine korrigierte und leicht überarbeitete Version einer Arbeit, die ursprünglich im „The Review of Austrian Economics", Bd. I, 1987 erschienen ist.

Bildnachweise

Gottfried von *Haberler*   Bildarchiv der österr. Nationalbibliothek – NB 520.275

Oskar *Morgenstern*   Bildarchiv der österr. Nationalbibliothek – NB 524.342